Wenhua Chuancheng
yu Minzu Jiaoyu
TIANYE DIAOCHA

文化传承与民族教育
田野调查

——三十三位凉山彝人访谈录

阿里瓦萨（刘正发）／著

中央民族大学出版社
China Minzu University Press

图书在版编目(CIP)数据

文化传承与民族教育田野调查：三十三位凉山彝人访谈录/刘正发著.—北京：中央民族大学出版社,2010.3
ISBN 978-7-81108-699-7

Ⅰ.文… Ⅱ.刘… Ⅲ.①彝族—民族文化—调查报告—凉山彝族地区②彝族—少数民族教育—调查报告—凉山彝族地区 Ⅳ.K281.7 G759.2

中国版本图书馆CIP数据核字(2009)第099862号

文化传承与民族教育田野调查
——三十三位凉山彝人访谈录

作　　者	阿里瓦萨（刘正发）
责任编辑	杨爱新
封面设计	布拉格工作室·热瓦迪
出 版 者	中央民族大学出版社
	北京市海淀区中关村南大街27号　邮编：100081
	电话：68472815（发行部）　传真：68932751（发行部）
	68932218（总编室）　　　68932447（办公室）
发 行 者	全国各地新华书店
印 刷 者	北京华正印刷有限公司
开　　本	880×1230（毫米）　1/32　印张：16.75
字　　数	421千字
版　　次	2010年3月第1版　2010年3月第1次印刷
书　　号	ISBN 978-7-81108-699-7
定　　价	42.00元

版权所有　翻印必究

序

我们这一代彝族人的名字富有这个时代的特点，有的只有彝族名字；有的只有汉族名字；有的以前用汉名，现在只用彝名；有的以前用彝名，现在只用汉名；有的既有汉族名字又有彝族名字。本访谈的记录者属于后者，既有彝名又有汉名：阿里瓦萨和刘正发。

刘正发老师是我的同事，我们也算是同学，我读研究生时他读本科，同在一个系。毕业后我们都留校工作，你来我往，感情甚深。

本访谈录，是刘正发老师攻读博士学位期间，不断穿梭于云南、四川彝区进行实地田野调查的成果。他选取了三十三位不同行业、不同学历层次的彝人进行访谈，之后整理而成。访谈内容涉及凉山彝族的历史、教育、家支、社会、政治、经济、宗教、婚姻、习俗等方方面面，内容很丰富。从这些访谈中折射出许多思想，许多让人思考的东西，多少反映了当地彝族人对传统文化教育和现代教育或对现代学校教育的态度和反思，颇有一定的理论和实践意义。

刘正发老师让我为其写序，确实不敢当，推了好几次，也没有推掉。我想这是刘老师对我的鼓励。我一直从事少数民族教育的研究和教学，特别关注少数民族传统教育和少数民族地区现代学校教育的发展。我想借此机会，也和刘老师访谈过的这些彝人一样，就少数民族教育谈点自己的学习体会，权当是刘老师的第三十四位访谈者。

近二十年来，少数民族教育研究取得了许多成果。但也还有许多问题没有解决。如少数民族教育到底由哪些要素构成，它的基本内容是什么，如何对它进行分类、少数民族教育概念的界定至今众说不一，等等。我们认为，少数民族教育是由少数民族传统教育和少数民族现代教育两个部分组成的。但长期以来，我们一直忽视少数民族传统教育，忽略了少数民族传统教育在少数民族现代教育中的作用，并认为少数民族教育就是少数民族现代教育，以致少数民族地区的现代教育长期与少数民族传统教育处于相互隔离状态，使许多少数民族地区的现代教育办学效益低下，现代教育在这些地区无法发挥其应有的教育效果。

少数民族传统教育，是少数民族在过去长期的历史发展中形成的。其内容、体制、形式、方法等在少数民族社会内传承、保留和运用，影响现代教育。它具有很强的生命力，并随着少数民族社会的发展而变迁。它和少数民族现代教育相互依存、相互影响、相互制约，共同构成少数民族地区民族教育体系。

少数民族现代教育，主要是指20世纪初开始发展起来的现代学校教育，特别是1949年以后，随着社会主义制度在少数民族地区的建立而发展起来的学校教育体系。少数民族传统教育与少数民族现代教育互为作用，少数民族现代教育需要继承和发展少数民族传统教育，少数民族传统教育的发展也需要少数民族现代教育的不断补充。

因此，我们必须重视少数民族传统教育。

第一，传统教育是在各民族传统文化的土壤中生长起来的，它的思想、观念，无不是传统文化的积淀，也可以说它是各民族传统文化的重要组成部分。因此，传统教育具有长期性、缓慢性和滞后性。在这种情况下进行教育的变革或移入新的教育体系，就必须考虑传统教育。教育不像政治那样，可以在短期内出现剧烈变化，甚而使社会形态出现飞跃。教育是以传授知识和技能，从而形成一定的观念态度为主要任务的。这就决定了它不是一蹴而就的事情，必须经过必要的积累过程，具有相对的稳定性；教育又是以人为对象的，由于人的复杂性，包括其生理、心理、文化背景等，决定了教育难以实现突进。如果不考虑其传统教育，完全照搬西方教育或内地教育，将会导致民族地区现代教育的发展更加缓慢。许多发展中国家和地区完全模仿西方教育的结果都证明：在一个有自己的文化传统的国家和地区，简单地照搬他国或别的地区的模式，往往是要失败的。

第二，传统教育的特性决定了少数民族传统教育具有很强的惯性机制，一种观念、一种思想、一种行为方式一旦形成，就会形成一种习惯、一种定势，具有稳定性。如果少数民族地区的现代教育没有很好地在其传统教育这个"母体"上得到"嫁接"的话，少数民族传统教育就会排斥现代教育，干扰现代教育，影响现代教育在民族地区的发展。

第三，传统教育中包含着合理的优秀的教育思想、制度和方法，这些合理的优秀的教育思想、制度和方法符合教育发展规律，符合人的认识发展规律，因此会世代流传下来。少数民族地区的现代教育要继承优秀的教育传统，并在新的历史条件下加以发扬，把传统教育中有生命力的思想、内容和形式融入新的结构、新的体系，成为促进民族地区现代教育发展的巨大动力。

第四，少数民族传统教育是不断发展变化的。少数民族传统教育的形式有：家庭教育、学校教育、社会教育、自我教育、自然形态教育五种形式。传统教育的教育内容是通过这五种教育形式实现教育目的的。从教育内容的广义上来讲，是一个社会文化的全部，社会文化只能依靠教育才能得以传承和发展。社会文化的教育内容和教育形式是稳定的，这种稳定的教育形式和教育内容，使社会文化在下一代身上得以再生，使后代人对前人所创立的社会文化具有一定的适应力。一定社会所特有的文化传统，包括教育思想、道德观念、价值取向、风俗习惯、思维方式等，存在于整个社会、渗透于人的生活的方方面面，强烈地制约着人们对子女的教育形式和教育内容。一旦社会文化即教育内容发生变化（增加或减少），教育形式也随之变化，反之亦然。因此，少数民族社会由于社会的变迁，现代教育形式的移入，传统教育的形式和教育内容都发生了一定的变化。

少数民族传统教育内容中道德礼仪观念、家族观念、婚育观念、勤俭观念、自律观念、处世观念、宗教观念、生产劳动、军事、工匠、宗教职业等教育的教育内容都有了变化。如军事教育由原来的单纯为了家族复仇变化为现时的民兵教育和学军活动；宗教观念教育有了很大的改观，现在，少数民族地区农村中多数人生病还是到医院就诊治疗；有的民族等级观念正逐渐消除，如四川凉山彝族地区随着奴隶制的灭亡，社会主义制度的建立，等级观念已逐渐消失。兹伙、诺伙、曲诺和其他等级的彝族除在婚姻观念上还有一定的顽固性外，在其他方面已无表现。许多少数民族的科技、语言、文字、文学艺术教育在原来的基础上增加了许多内容和形式，自律观念增加了一定的社会主义法制内容；生产劳动教育在原来的基础上增加了许多新的内容，如农业生产中的地膜覆盖技术、肥料的使用等，特别是增加了一些种植业和养殖业的内容；工匠教育也在原来的基础上增加了一些新技术的内容；宗教职业教育曾一度消失，但近几十年来又有大力发展的势头，而且学习的方法有所更新，如用录音手段记诵学习经文等。但是，根据大量的调查，从总体来看，除了军事教育和等级观念以外，其他的教育内容变化不大。如四川凉山彝族等级观念，在婚姻的等级内婚制度中仍然没有多大的改观；自律观念上仍然以少数民族传统社会的习惯法为准，在少数民族社会中仍然用习惯法来调解、处理纠纷和案件并教育社会成员。因此，传统教育的教育内容作为少数民族社会文化的重要组成部分依然保持着其常态。

少数民族传统教育中的家庭教育、学校教育、社会教育、自我教育和自然形态教育这五种形式，随着少数民族社会和历史的变迁，现代学校教育的移入，同样发生了一些变化，但这种变化形式表现为只增不减。家庭教育增加了现实社会的教育内容；学校教育除宗教职业教育仍然存在外，其他形式的学校教育已转变为现代学校教育，且多数学校教育的教学语言也随之转变为汉语；社会教育增加了新的内容，各自治区、州、县（旗）、乡（镇）、村都建立有成人文化教育机构，如文化补习夜校、扫盲班、扫盲后继续教育班、各种技术培训班等，还有电影、电视、报刊、广播、文艺演出、博物馆、群众文化公共场所等。自我教育形式还增加了学习汉文的内容。总之，传统教育形式的这种扩展式的变化，在传统的基础上，为培养下一代拓展了更为宽广的教育环境和接受教育的机会。

综上所述，少数民族地区现代教育的发展，必须从少数民族地区传统教育的实际出发。

1. 传统教育对少数民族社会的影响

由于语言文字、行为规范等是构成人们社会生活不可缺少的要素，而这些要素又需要通过教育加以传递，因此，这些要素就影响了人们对教育内容的选择。各民族社会都会把自己的语言文字作为教育内容中的一个必不可少的重要内容；各民族特有的行为规范、道德礼仪、习惯、科技知识、文学、音乐、舞蹈以及手工技艺、生产劳动等教育内容也是非常重要的内容，除部分现代学校教育使用少数民族文字外，这些内容大多只能通过少数民族传统教育的形式来实现。

传统教育对少数民族社会的影响，还渗透到各民族社会的每一个个体成员中，各民族重视伦理道德教育，而且有很深的历史渊源，一直产生着巨大的影响。道德教育牵涉社会生活的方方面面,如家族道德、自律道德、婚姻道德、家庭道德、生育道德、交易道德、交往道德、生态道德、宗教道德等,各民族社会成员若要适应这个社会的生活,就得接受道德内容的教育,而道德教育只能通过传统教育的形式才能实现。

少数民族传统教育还通过沉淀在人们深层心理结构中的价值取向和心理倾向,来影响少数民族社会成员的所有选择和行为准则。这种影响具有广泛的渗透性和强大的制约力。

2. 少数民族传统教育对现代教育的影响

传统教育是历史又是现实,它是历史在现实中的积淀。因此,少数民族传统教育不仅作用于过去,而且构成一种强大的现实力量作用于当前乃至未来的少数民族社会。现代教育不能不受传统教育的影响。现代教育如果是一颗树苗的话,那么传统教育应是土壤。现代教育是在原有教育的基础之上建立起来的,它绝不可能完全脱离传统的根基而任意创建。因此这种传统与现代的更替,旧教育到新教育的更新,始终只能是渐变的过程。但是,少数民族社会的现代教育,大多数是 1950 年以后完全按内地汉族地区的教育模式移植而来的,实际上少数民族地区真正大面积开展现代教育是从 1958 年开始的,在取代少数民族传统教育的同时,出于迅速发展各民族地区各项事业的急切愿望,多考虑了现代教育的共同规律,较少顾及其具有特殊性的一面。实践证明,少数民族地区现代教育这种急风暴雨式的"革命",有很多值得总结的经验教训。教育变革中的渐进性决定了教育是一种无法摆脱传统影响的文化。任何一种新的外来教育模式,即使使用了强有力的行政手段来推行,到头来还必然要被盖上本民族的烙印。少数民族地区现代教育,同样也在后来的发展中吸收了传统教育中的语言文字教育。但各民族地区的发展不平衡,可以说少数民族传统教育对现代教育的影响面太小,少数民族的现代教育仍然没有很好地生长在少数民族传统教育的土壤里。

3. 少数民族现代学校教育必须从少数民族传统教育实际出发

教育是以人为对象的，由于人的生理、心理、文化背景等差异，决定了教育难以实现突进。如果不考虑人的传统教育，完全照搬西方或内地的教育，将会导致少数民族地区现代教育的发展更加缓慢。这在发展中国家和地区都不乏先例。从少数民族地区现代教育的实际来看，没有很好地在少数民族传统教育这个"母本"上得到"嫁接"，少数民族地区传统教育实际上一直在排斥现代教育、干扰现代教育，影响少数民族地区现代教育的发展。由于家庭教育、社会教育与现代学校教育的形式和内容相互割裂，引起学生厌学、辍学、改学职业宗教等不乏其例。

少数民族传统教育中有许多优秀的教育思想观念、教育原则与方法、教育制度等，这些思想观念、制度、方法等符合教育发展规律，符合各民族人民的认识规律，世代沿袭至今。如各民族的语言文字教育及教学原则和方法、文化的传承教育、道德礼仪教育、勤俭观念教育和自律观念教育等，是古今中外、任何民族教育都要采用的，这些传统构成的教育内容是少数民族现代教育的基础，绝不能完全抛弃。现代教育应从传统教育中吸取精华部分，批判地吸收有利于现代教育的一切积极因素。少数民族地区的现代教育必须继承这些优秀的教育传统，从少数民族传统教育的实际出发，在新的历史条件下加以发扬，把传统教育中有生命力的思想、内容和形式，融入现代教育中新的结构和体系，使之更加适应少数民族传统教育和实际，成为促进少数民族地区现代教育发展的巨大动力。

是为序。

曲木铁西
2009 年新春于北京

前 言

　　时光匆匆，转眼又是一个隆冬。两年多前的 2006 年 6—8 月，为了顺利完成我的博士学位论文，在导师王军教授的指导下，我选择了云南和四川，对凉山彝族人和凉山彝族人居住的城镇要塞、乡间沟壑和村落山谷，进行了为期两个多月的田野调查。当我结束田野调查，风尘仆仆赶回北京后，紧赶慢赶、粗略地整理完所有田野调查内容的时候，惊奇地发现，在田野调查中对凉山彝族人的访谈录音部分，内容十分丰富，涉及面很宽广，很有意思，也很有意义。但是，在我的博士学位论文成型过程中，很难把所有内容都放进去。一阵苦思后，我决定依据博士学位论文论证的需要，选取调查内容相关部分，作为论证的原始材料，恰如其分地放进了我的博士学位论文里，更多的访谈内容则搁置下来，看日后能否单独出版。2007 年 5 月底，我顺利通过了博士学位论文《凉山彝族家支文化传承的教育人类学研究》的答辩，获得了法学博士学位，博士学位论文也被评为当年的优秀博士学位论文，6 月底如期毕业。接下来的日子，我系统整理了田野调查过程中访谈录音部分的所有内容。这部《文化传承与民族教育田野调查——三十三位凉山彝人访谈录》，就是从所有田野调查访谈中选取出来的、具有代表性的三十三位凉山彝族人的访谈内容。

　　这些访谈内容，不同程度地涉及凉山彝族人和凉山彝族地区的历史、教育、家支、社会、政治、经济、宗教、婚姻、习俗等方方面面的文化，尤其是在凉山彝族家支迁徙、谱系传承、婚约关系、双语教育、现代学校教育以及社会发展等方面进行了较为深入而详细的访谈。三十三位凉山彝族人敞开胸怀、畅所欲言、各抒己见,以各自的经验、智慧和生活阅历,毫无保留地说出了自己的观点和心声。这对于上完小学三年级时还不会说一句完整的汉语句子,如今已取得中国少数民族教育专业博士学位的我,又是一次震撼和教育——我深深地感受到凉山彝族传统文化的源远流长和厚重,凉山彝族地区传统文化与现代文化交融发展、碰撞变化的情形:诸多传统文化的形成,传统文化教育与现代学校教育的交织关系,传统文化在传承过程中与现代文化相互交融发展的同时发生的碰撞和撕裂,逐渐变化、变异和变迁,甚至消亡和被摒弃的过程;深感凉山彝族传统文化教育、现代学校教育与民族文化传承三者间有机结合的任重道远;真切地感悟到传统文化和现代文化对凉山彝族人的思维、意识、观念、人生观、价值观、道德观以及生活状态和生存方式的深刻影响和深远意义;也领略了凉山彝族人的真挚、善良和永不服输、生生不息的开拓精神。在多次访谈过程中,不同的被访谈者对其中某一问题"仁者见仁,智者见智"的思辨能力和情真意切的精神,以及好像天生就具备的敏锐眼光、聪慧贤达的神态,也令我十分钦佩和赞叹。

我是凉山彝族颇勒惹额家支阿里分支的后代,20世纪70年代出生在四川省攀枝花市盐边县龙胜乡鹫顶山脚下一个风景秀丽、三面环山、泉水叮咚、居住有几十户彝族人家的小村冒堡社阿里拉达沟。离沟几公里外的地方就有汉族人居住,祖父辈常与汉族人交往,我也从小就进入汉语授课的乡完小接受教育。但除了课堂用语外,几乎很少说汉语。课堂外的社会教育和家庭教育都是浓浓的彝语和彝语圈文化,直到考上离家百十公里远的县民族中学以后,才改变了生活圈子和文化圈子,更多地接触了汉族人,接受汉语和汉文化的教育。有意思的是,刚上一年级的时候,担任语文课教学的汉族老师怎么也叫不出我的彝族姓名阿里瓦萨，就索性给我取了一个刘正发的汉族姓名。自那以后，这两个姓名就一直伴随着我在求学和生存的道路上历尽磨难、风雨兼程，"茁壮"成长。直到现在，故乡的彝族父老乡亲，大多数依然只知道我叫阿里瓦萨，而很少知晓刘正发是谁；相反，求学路上的同学、老师和身边的同事、朋友，却很少有人知道阿里瓦萨是我。更有意思的是，我已经慢慢变成一个文化边缘人，因为附着在我身上且内化成我的思想的既有彝族的文化，又有汉族的文化，甚至还有一些英、美、日等他国的文化。很多时候，许多优秀的彝族传统文化已渐渐从我身上流失，而对很多汉民族的优秀文化我却不懂或知之甚少，许多先进文化及其内容也没有建构起来或表述不清。这就是文化的我——阿里瓦萨（刘正发），这就是传统教育和现代学校教育在我身上交融、交织的最佳体现。我在深受彝族传统文化的熏陶、教育和洗礼的同时，沐浴着主流文化的阳光和雨露而成长。可以说，没有现代学校教育就没有我的今天，没有传统教育，我就不是今天的我。因此，当我回到故乡，当我走进彝区，当我面对传统文化的传承和同胞们的成长时，抑或当我守望现在、思索和考量过去和未来的时候，我常常为彝族先民们留下的深邃思想智慧结晶和博大厚重的文化遗产而骄傲和自豪，也常常为党和国家改革开放和民族教育事业的发展和进步而感动和感恩。

今天，想起两个多月田野调查的日日夜夜，很多情景、声音和笑脸，依然历历在目，依然使我泪流满面，感动不已。在访谈录音过程中，欣然接受我访谈的那些凉山彝人，无论是专家、学者，还是官员、村民，他们那种专注而真诚的神态，睿智而敏捷的思维，独到而犀利的观点，渊博而精湛的学识，滔滔不绝的话语，依然使我叹为观止；那些不同的被访谈者对某一问题"仁者见仁，智者见智"的畅所欲言和情真意切以及好像天生就具备的敏锐眼光，也十分令人钦佩。这正是我竭尽全力把他们的思想和话语结集起来，出版这部原汁原味的彝人访谈录的原因，当然也征得被访者的同意。尽管有些说法、观点、言辞还值得商榷、探讨、验证和考验，个别被访谈者对某一问题的某些观点和看法我也不一定赞成，甚至有不同看法，但是出于忠实被访谈者的思想和尊重被访谈者人格的原则，在录音整理和成文过程中，我忠实地记录和再现了被访谈者的原话、原文、原貌以及访谈的时间、地点和被访谈者的姓名及其影像。

这是一部口述文化。是一部运用社会科学研究方法中的田野调查访谈法完成的、由第一手材料汇集而成的口述文化集。我自不量力地认为，这部口述文化集会为很多关注、关心和研究凉山彝族人和彝族地区发展的各界人士提供一份很好的参考素材，也为广大读者了解当今凉山彝族地区的教育、家支、文化、婚姻和社会现状以及凉山彝族人的心理状态提供了活生生的原始材料，应该说具有很强的可读性、学术性和前瞻性，具有很高的理论价值和社会价值。访谈录中反映出来的很多文化现象，也很值得我们去认真探究。整部书的编排以访谈时间的先后顺序排列，插入了一些被访谈者的影像和实地拍摄的图片，并附上我本人田野调查访谈的路线示意图、父子连名谱系图和硕、博士考查团暑期调研的成果，更具真实性、严肃性和吸引力。期盼着各方专家和友人的赐教和批评。

目 录

田野调查访谈提纲 ……………………………………… (1)
  访谈题目（一）……………………………………… (1)
  访谈题目（二）……………………………………… (2)
田野调查访谈 …………………………………………… (4)
  一、2006 年 6 月 23 日上午　阿苏大岭 ……………… (4)
  二、2006 年 6 月 23 日上午　赵新国 ………………… (21)
  三、2006 年 6 月 24 日上下午　马立三 ……………… (32)
  四、2006 年 6 月 25 日下午和 26 日上午　曲木约质
                ………………………………………………… (52)
  五、2006 年 6 月 29 日下午　杨正冬 ………………… (61)
  六、2006 年 6 月 30 日上午　杨希 …………………… (63)
  七、2006 年 6 月 30 日下午　金古甲哈　杨明武 …… (67)
  八、2006 年 7 月 2 日上午　马雄才 …………………… (93)
  九、2006 年 7 月 2 日晚　依伙务力 …………………… (97)
  十、2006 年 7 月 3 日上午　李弘 ……………………… (104)
  十一、2006 年 7 月 3 日晚上　依伙阿普 ……………… (115)
  十二、2006 年 7 月 4 日下午　卢保生 ………………… (117)
  十三、2006 年 7 月 7 日下午　苏学文 ………………… (138)
  十四、2006 年 7 月 8 日下午　沙玛老人 ……………… (158)
  十五、2006 年 7 月 9 日上午　林英发 ………………… (166)
  十六、2006 年 7 月 10 日上午　陈勤学 ……………… (185)
  十七、2006 年 7 月 11 日上午　金古五斤 …………… (197)

十八、2006年7月11日下午和23日下午　杨继武 …（238）
十九、2006年7月12日上午　沙万祥 ……………（265）
二十、2006年7月12日下午　瓦扎伍合 …………（279）
二十一、2006年7月13日下午　沙玛书记 ………（292）
二十二、2006年7月15日上午　蒋日万格 ………（299）
二十三、2006年7月15日下午　杨康 ……………（316）
二十四、2006年7月15日下午　吉伙体兹 ………（318）
二十五、2006年7月15日晚　杨文忠 ……………（332）
二十六、2006年7月17日上午　阿西拉依 ………（335）
二十七、2006年7月22日上午　陈国光 …………（353）
二十八、2006年7月30日下午　巴且日伙 ………（375）
二十九、2006年8月1日上午　潘文超 ……………（415）
三十、2006年8月1日下午　何刚 …………………（431）
三十一、2006年8月4日上午　马尔子 ……………（443）
三十二、2006年8月6日晚　吉好好达 ……………（467）

附录 ……………………………………………………（479）
　一、盐源县泸沽湖镇彝语、摩梭语语言使用
　　　情况调查报告 ……………………………………（479）
　二、笔者田野调查访谈路线 …………………………（508）
　三、笔者父子连名谱系 ………………………………（513）
主要参考文献 …………………………………………（514）
后记 ……………………………………………………（515）

田野调查访谈提纲

访谈题目（一）

1. 请您谈谈您家支的情况。
2. 请您谈谈凉山彝族家支及其分布情况。
3. 您怎样看待现在凉山彝族地区的家支活动（正、反两方面）？
4. 您怎样看待凉山彝族家支的发展和演变？
5. 您认为研究凉山彝族家支文化的价值和意义何在？
6. 您怎样看待凉山彝族婚姻缔结情况？
7. 您认为凉山彝族诺伙（黑彝）和土伙（白彝）之间一般不通婚的原因是什么？
8. 您认为凉山彝族人一般不跟汉族人或其他民族的人通婚的原因是什么？
9. 您认为凉山彝族的兹莫（土司）、诺伙（黑彝）和土伙（白彝）是怎样来的？
10. 您认为凉山彝族习惯法的优点和不足是什么？
11. 您知道凉山彝族传统教育有哪些内容？
12. 您怎样看待现在凉山彝族儿童的教育状况？
13. 您认为凉山彝族女童不上学、失学或升学者少的原因是什么？
14. 您怎样看待现在凉山彝族地区的学校教育？
15. 您认为现在凉山彝族地区双语教育模式中一类模式好，

还是二类模式好？或者是都好、都不好？为什么？

16. 请您谈谈凉山彝族今后发展道路如何走，尤其是凉山彝族的教育应如何发展？

17. 您还有什么想说的吗？

访谈题目（二）

——对云南省宁蒗彝族自治县金古忍石家支的个案访谈

1. 您家支起源于什么时候？是从别的地方迁徙来的吗？是什么时候从什么地方迁徙而来的？到现在有多长时间了？有几次迁徙的经历？从什么地方迁到什么地方？迁徙的原因是什么？迁徙时和哪些家支一起来的？那些家支后来发展得怎么样？

2. 您家支现在有多少人？分布在哪些地区？有多少人参加工作？参加工作的人中男女各多少位？他们所任的最高职务是什么？是谁？男的还是女的？有小学以上学历的人口有多少？大学生有多少？最高学历是什么？是谁？男的还是女的？

3. 您家支在历史上有过冤家械斗吗？如果有的话，与哪些家支有过冤家械斗？是什么原因引起的？冤家械斗打了多少年？后来怎么结束的？

4. 您家支与哪些家支开亲？是世袭姻亲吗？为什么？您家支的人有无与汉族等别的民族开亲的？原因是什么？家支成员中有无兄妹之间或叔侄之间等乱伦的事情发生过？若有，怎么处理？结果怎样？有无因婚姻、乱伦或其他原因被开除出家支的人？您家支的人和诺伙（黑彝）家支的人开过亲吗？原因是什么？有无与汉族等其他民族的人发生恋情败露的？若有，怎么处理？结果怎样？

5. 您家支有无家支头人？如有，到目前为止，有多少有名的德古、苏易和冉阔？他们叫什么名字？男女各多少？在世的人还多吗？他们的职责是什么？能否举几个事例说明？一个人成为家支头人的条件是什么？能否举例说明？

6. 您家支史上有无做过"尼木威阶"？为什么？是否做过"尼木措毕"？能否说说看？如做过的话由谁来做？谁来主持？哪些人参加？有什么程序？过年、过节祭祀祖先神灵吗？为什么？

7. 您家支是否开过家支会议？开过多少次？为什么开会？由谁来召集？花费用吗？如花，费用谁出？一般哪些人参加？结果怎样？"吉尔吉特"和"蒙格"有何区别？

8. 您家支成员必须背记父子连名谱系吗？为什么？男女都背记吗？为什么？舅舅家的谱系背不背？儿童背记父子连名谱系由谁来教？在什么地方什么时候教？教的过程当中讲家支的历史和其他事迹吗？您家支怎样教育儿童？教育儿童的内容有哪些？怎么教育？一般由谁来教？在什么地方教？什么时候教？结果怎样？您对现代学校教育有什么看法？

9. 您家支成员中有无流浪者？有无乞讨者？为什么？由谁来照顾和抚养孤儿或孤寡老人？对杀不起猪过年的家支成员家庭怎么办？当家庭或家支成员有变故或有灾难事件发生时怎么办？

10. 您认为维系您家支的核心东西是什么？

11. 您认为您家支存在这么久的原因是什么？

12. 您觉得彝族应当怎么发展？

13. 有关凉山彝族的教育问题您有什么想法？

14. 您还有什么想说的吗？

田野调查访谈

一、2006年6月23日上午8：30—10：00

被访谈人：阿苏大岭，男，彝族，原云南省司法厅厅长，云南省彝学学会理事；

访谈地点：云南省昆明市新南疆宾馆一层茶室；

在场人：赵新国博士。

"没有知识，东方西方都不亮嘛！"：畅谈教育

我对少数民族贫困地区的人民、农村基层生活的结构和基本要素以及如何与现代化接轨有较多的思考。以前，我从基层走上县长、县委书记这样的领导岗位以后，最突出的工作理念是把提高人的素质放到首位来抓。从20世纪80年代开始，我担任宁蒗县县长。从1981年、1982年开始，下了很大的工夫，到全国各地招聘教育界优秀的老师到宁蒗县来搞教育。搞了几年之后，教育质量不断提高了，但我还不满足，又到江苏省南通市海安县考察，感觉那个县的教育搞得很好，在江苏省教育当中是搞得很好的一个县。我们就跟他们协商，搞好关系以后，提出对口支援建设的要求。最后引进了他们县的一些教师，大约引进了几十位到宁蒗县，创办了宁海中学。

笔者：这些老师现在还在宁蒗县吗？

现在江苏的老师主要集中在宁蒗民族中学，宁海中学的江苏籍教师拆并到民族中学了，叫宁蒗宁海民族中学。当时吸取经验，提出多种办法，采取多种措施以后，把宁蒗县那个地方的教育搞上来了。1980年我当县长时，正式招考毕业生来工作，一个合格的中专生都找不到，更不用说大学生了。经过几年的不懈努力后，宁蒗县的教育提升到丽江区全区第一。先是中考第一，后来高考第一，再后来，每年上线升学的学生从100多人到200多人、300多人、400多人、500多人、600多人，逐年提升，直到去年800多人，今年已达到1000多人了。后来，我的接班人都是顺着我的思路，把宁蒗县的教育继续发展下来的。这是我干得最满意的一件事情，也很成功。我讲的这个宁蒗县的例子，不单是一个县的问题，我基本的看法是这样。我来到云南省当司法厅厅长以后，也是全国人大代表，曾经也是云南省人大常委会的委员。我从人民代表的这个角度，给人民代表大会、给各级政府提了一些意见。什么意见呢？就是把贫困地区的教育列入扶贫的重点，把扶贫的重点放在教育上。现在我重点跟你谈的是宁蒗县的事。实践使我悟出这么个道理。什么道理呢？当今贫困地区最关键的问题，在教育上。经济问题固然很重要，但是，教育问题更重要。

具体到某家人来讲，某家人，他家经济上解决了温饱问题，固然是个好事情。但是最重要的，比这个更重要的是他家的子孙，他家的娃娃，是不是能够读上书，能够考入大学，能够把他的知识水平提高，认识提升。这个才是治本的东西。而且是永久性的长远的东西，是质的提升了。经济上温饱问题解决了，还够不上质的提升。但是，把人的知识水平提高了，就是质的提升。这是一个很大的转变，历史性的转变。所以，我们要抓这个，抓教育。我曾经在多个场合上阐述我的观点。就是说，现在时代不同了，过去几千年里，人的生存是靠体力的。从猿到人，从几十万年前的元谋人算起，170多万年了，这些时间当中人的发展是靠力气，力气是第一的，谁的力气大，谁就是优胜者。但现在就不行了。现在时代不同了，时代变化了。从现在开始，谁的智力优秀，谁就是优胜。智力、智商好不好，决定他的文化水平怎么样，知识水平怎么样，决定着他的竞争力。所以，过去几万年、几十万年，靠体力劳动来生存，而这个时代，已经变样了，从现在开始变了。今后当然体力劳动还是要的，但不是主要的了。主要的是智力，为主的是这个了。现在，现代化的工厂建在我们贫困地区，贫困地区的娃娃若没有知识，他就进不了那些工厂当工人，更不要说当公务员，更不用说到什么地方去当老板了。现在的劳动，很多都是电脑化了。就是进城打工，农民进城打工都要有一定的知识、文化，不然就打不成工，去打工，人家不要。因此，时代变了以后，必须要把教育放在最首要的位置上来抓。

云南省宁蒗彝族自治县民族中学正门

因此，我向省里面提这个建议，提了好几次了。我现在退休了，就没有地方提了，今天就提给你了。你们年轻人，可以宣传，可以去干。但是，今后我回老家时，还会跟宁蒗县、丽江市那些领导和朋友们说我的观点。现在穷一点不要紧，当然，富裕是很好的，但是穷一点，在经济上穷一点，没关系。过去我们祖祖辈辈穷了几千年都过来了。最关键的问题是能够把我们娃娃受教育的问题解决好，把教育办好，保证所有娃娃都能够上学。上学以后，把教学质量搞好，然后，争取能够上大学。大学毕业后，就是没有就业的门路也不要紧。只要有知识了，就业门路是广得很的。问题是没有知识，才更没有就业的门路呀！对有知识的人而言，就业门路是东方不亮西方亮嘛；没有知识，东方西方都不亮嘛。我曾经给一些人说过，没有知识的人，人权都没有。事实上，读不上书，进不了学校，没有知识这种人，生存的权利都被开除掉。事实不是这样的吗？我们可以好好算一算。你让他去参与民主，他拿什么去参与民主？他参与民主，没有价值的民主人家不听，谈观点谈不拢，谈不到一起，人家咋个听你的民主呢？你参加工作，人家不要你。你想参加工作，考公务员也没有你的份。生存的权利法律上是有，但实际上被开除了，只能混混而已，混日子罢了。在我们这些山区，说老实话，山区的这些娃娃本来素质是很好的，很优秀。因为是从山清水秀的地方出来的，耳聪目明，身体很好，个子也不矮，跑得起。本来素质是很优秀的。过去历史上，我们跟不上别人，主要就是文化上落后。文化上落后不要紧，现在，他们完全可以吸收现代化的文化。从小时候做起，把优秀的老师引进来，把我们本地的老师培养起来，现在更有条件了。刚才我说我当县长时，全国各种资源都是最紧缺的时候，大学生也不多，现在是大学生"满天飞"，说老实话，到全国哪里去找什么样的优秀老师都能找来。那个时候，不要人家的户口，不要人家的工资关系和党团关系，你要什么，我承认就是了，是那样干的。只要你来我们这个地方，实实在在地证明，原来是什么学校毕业，你有这个知识，关键是你有这点本事，我就承认，是这样子干过来的。

笔者：宁蒗县的教育中，一年级的学生学习彝文吗？

不学彝文，直接学汉文。要用彝文来"掺和"的话，就跟不上汉族学生了。

笔者：凉山州那边的双语教育有一类模式和二类模式，您怎么看？

我们宁蒗没有，直接接受汉文教育，可以的，没问题。小孩小时候接触、接受，完全可以的。我已经做出来了，实践已经证明了。江苏人到我们那个地方担任老师，头三个月学生听不懂他们讲的普通话。过三个月以后，娃娃抢着去，那个学校都被挤满了。七八十人挤在一个班里上课，就是那个宁海中学，原本是五六十个人一个班。宁海中学是初中学校。后来又抽一部分精干的老师到民族中学教高中。他们教出来的学生很不错。教育这个东西不能当一般事看待。人家那些老师的品德、敬业精神、知识水平都比我们这些地方的老师优秀得多。

笔者：您引进的老师现在还在吗？

好几批了。已经有五六批了。五年一换、三年一换地干。工资已高于我们本地的老师。他们老家那边还有工资。他们喜欢干，各方面荣誉也得到了。

笔者：宁蒗县的村小、完小里没有开设彝语文学习？

没有。不过双语教学在开始这个阶段是用的。有些娃娃不懂汉文。彝族老师就用彝文来讲解，解释一下。但是，很不规范，看情况，这个人不懂这句话，就给他翻译这句话。比如：苦荞汉语怎么说，彝语怎么说。不是规范的。有些是父母去解释，更多是由老师来给他讲解，让他弄懂。老师里面彝族老师还是多的。汉族老师开始也学些彝族话，给娃娃上课时讲些彝语，多数情况下用汉语教。这样子很好。孩子们用彝语来学的话，有个转换的过程，有时候会混淆，还不如直接接受汉语教育更好一些。彝族传统文化只能靠家庭教育和社会教育。比如参加一些彝族的生产、生活仪式，人死了怎么办，人病了怎么办等。他们就是这样成长起来的（指在场的赵新国博士），是在刚才我说的那个学校里成长起来的。

赵新国：是的，是的。

笔者：您在民族中学上的学吧？

赵新国：是的，在民族中学上的，民族中学毕业的。

云南省宁蒗彝族自治县民族中学教学楼一角

笔者：失学女童问题怎么解决呢？

这个问题的解决在于教育，把地方教育办好，女童受教育就多了。用灵丹妙药一下子解决，是不可能的。因为女孩不读书是一种意识形态、思想观念，传统的意识形态在作怪。长期以来，彝族有个传宗接代的观念，认为传宗接代是由男性来完成的。汉族也有传宗接代的观念，其他各民族也有。但是，彝族更深一点，由男性来接代这种意识较重。我现在反复考虑，也不能说不好，不能说这完全是很差的东西，很落后的东西，不能这么说的。它是一种希望，一种寄托。人为什么不停地奔波，不停地奋斗、再奋斗。为国家为民族而奋斗，这是一种；还有一种是为自己而奋斗。为自己而奋斗，不能为自己的坟墓而奋斗，而是看着子孙后代而奋斗。上对得起祖宗，下对得起子孙后代。这是一种认识，一种思想。如果连子孙后代都没有，不光是彝族，任何民族包括汉族都一样，是接受不了的。现在，汉族生很多娃娃的人多得很，老板生七八个的都有。它是一种寄托。为中国而奋斗，也是为子孙后代而奋斗嘛。国家领导人也为子孙后代而奋斗嘛。但是，国家领导人不仅仅是为他们私人的，而是为中华民族的子孙后代而奋斗的。一个家庭也是为他的子孙后代而奋斗的。他自己怎么过，当然过得好一点，大家都高兴，过得一般一点也没什么。重要的是把后代人培养出来。如果没有后代人，讲老实话，谁都会是在这个问题面前过不去了。谁都有这个问题，年轻的时候，可以马马虎虎地过，越到了老年退休的前后或不能干活的时候，他对这个问题的认识就越突出。没有子孙后代的那些人家，很麻烦，很悲观的。有后代，最好有几个儿子，然后才是姑娘。现在都是这样的。当然人家先进国家，如德国、美国、英国那些人，有可能是不一样的。但是，中国与那些国家是有点不一样的。以后，可能慢慢有个过程，达到真正的男女平等，这个是需要时间的。从过去到现在，都是男人占优势，因为男人在生活上强一点，力气大一些。刚才我说从今以后是靠智力，靠智力来实现平等。男女平等，真正是从这个方面去实现平等，并不是口号上去实现平等。男女在现代知识面前就是平等的，内在的因素决定女人的优势显现出来，自然而然的，她的重要性就显示出来了，跟男人就平等了。这个问题，之前怎么说，男的占优势一点，体力上占优势一点，智力上理论上说是差不多的。不知道什么原因,男的干大事者多,女的干大事者不多。怎么讲呢?男女平等要有个过程的。男女平等是要的,但是,实事求是地讲,在任何一家面前,要对男的和女的进行选择,目前这个情况下,是男的为重。各民族都一样。为什么中国现在男女比例失调很厉害,就是这个原因,对女的不重视。所以,在大小凉山彝族贫困地区,几年就用一个办法把这个问题彻底解决是不可能的,还需要几代人的努力,甚至几十代人的努力。

"我们是双诺波惹下面的牛涅阿苏家。":家支迁徙

笔者:你们家是从哪里搬迁来的?

我们是从大凉山搬来的,曾居住在一个名叫龙头山的山脚下。以前认为是在美姑县境内,后来那个地方的人说,是金阳县的。是金阳县和美姑县的交界处,在金阳一侧的瓦特乡的一座高山山脚下,离美姑县较近。以前我们老祖宗下来时,还没有分哪个县,是从被称为双诺波惹的那个地方搬来的。平时我们宣扬自己的家支时,说我们是双诺波惹下面的牛涅阿苏家。牛涅阿苏家支有八个分支,习惯上叫阿苏忍黑(阿苏八子)。之前还有几千年的历史,具体就不知道了。但从汉语词汇上可以查出来的。明朝万历十五年的时候,牛涅这个人太厉害,统治着大凉山东部一带。昭觉、金阳、美姑这一带都属于他的统治区,太厉害了。然后,他不断侵犯到周围的地方,又不听皇帝的话。当时四川省里面就上告皇帝。皇帝批准后,四川省调了六万五千兵力,一路从成都出发,一路从乐山马湖这边上来,还有一路从西昌上去,分三路进攻。缴杀了半年多,从明朝万历十五年农历十一月干到第二年五六月份,好半年多才打掉。那个时候,烧杀抢掠,不留根地干。牛涅及他的手下被打得四处窜逃,不久后平息了,很多人只有躲在山里和沟里。汉兵收回后,有部分人回去了,多数人是散落到四面八方,到处迁徙走了。我们是从十二代起,才从大凉山搬迁到小凉山这边的，十二代之前都是居住在大凉山那边的。阿苏忍黑（阿苏八子）的后代，大部分还是居住在大凉山，只有一部分来到小凉山了。我们家是阿苏八个儿子当中"佳诺"这一支。这支相当一部分人还在大凉山，大概居住在昭觉、越西、喜德和西昌一带。有一部分还住在盐源县，住了几十年后，一些迁到宁蒗县，现在分布在战河、新营盘等地，父亲和我都生长在新营盘这个地方。

笔者：你们家搬迁来的时候是自己来的？还是和诺伙（黑彝）一起来的？

"乌戈兹米，尼戈尔吉"。老大是土司，老二、老三是百姓。老大是掌权的，权力就一直传给老大。老二、老三是百姓，这是原来的规矩，黑彝是近代以来的事情。兹米是掌权的。"乌"是哥哥，是兹米；"尼"是弟弟，是包括黑彝在内的百姓；"戈"是分支繁衍发展的意思。

诺伙与兹莫争抢"约格阿尖"后的故事：黑彝"尼木威阶"

笔者：您认为黑彝是怎么来的？

哥哥和弟弟各家发展到一定的时候，弟弟就不管哥哥是不是哥哥，你干你的，我干我的，你干我也干，我们都要平等地干，到一定的年代后，弟兄都一样了。弟弟厉害了就不管哥哥，一个人干了。老父亲干不来的，我们一起平等来干，这样民主观念就出来了。你一个人干不合理，我们几个人一起干，我可以听你的话，但家产、权力大家一起来分享。但是，从哪一代开始的，没有证据，我也不懂，不研究这些东西。年代较远了。但是，彝族当中可以肯定的一条是，原来有"乌戈兹米，尼戈尔吉"的事。只是后来"诺伙"冲破了界限。虽然听哥哥话，这一条规矩是保持的，不管怎么说，上一辈的人在，下一辈的人不插话，这个规矩是保持到现在的。但是，他们不跟百姓通婚了，自认为一个等级，具体到底是怎么来的，值得研究。

如今在昔日黑彝补约乌哈家旧址建起的新农村房屋

笔者：您知道"尼木威阶"的事是怎么回事吗？

"尼木威阶"是后来的事了，一些诺伙与兹莫斯格家为争"约格阿尖"（一只公羊，笔者注）而变仇人后，阿依措品和兹莫斯格之间相互厮杀。之后黑彝这些家支之间，相互争权夺利就打起仗来。有些黑彝在大凉山居住不了，就往小凉山这边搬迁。据说瓦扎、热柯、罗洪、龙木、补约这些往这边走以后没有开亲通婚的对象，就为了内部开亲而举行了"尼木威阶"。因为在这边与他们等同的家支找不着，在这种情况下，为了保持好血统，干脆相互通婚。在第七代开始打鸡杀牛做"尼木威阶"的仪式后，彼此就分成不同的家支而相互开亲通婚了。但是，在一个分支内部是不开亲的，如瓦扎家繁衍多少代也不通婚，其他补约、罗洪等分支都一样，家支内部到了几十代也不开亲。但是，做了"尼木威阶"仪式以后，瓦扎和罗洪可以通婚，罗洪和龙木也可以开亲通婚了，瓦扎和补约也可以开亲通婚了。实际上，他们的祖宗都是一个，按彝族习惯是不能开亲通婚的。他们的家谱我现在都保存着。

是这样的：武哲—武哲施南—施南乌特—乌特吾南—吾南曲布—曲布都木—都木梗直—梗直普伙—普伙哈合—哈合苏吉—苏吉播火—播火巴哈—巴哈依乌—依乌依迪—依迪列古—列古拉普—拉普迪俄（16代）。他们都是从拉普迪俄这一代之后分家的。拉普迪俄-迪俄肯姆是老大；拉普迪俄—迪俄迪林是老二；拉普迪俄—迪俄俄敌是老三；拉普迪俄—迪俄拉依是老四；老四绝代了。拉普迪俄—迪俄俄敌是阿都。阿都阿更是罗洪和瓦扎的祖先。拉普迪俄—迪俄肯姆是补约。拉普迪俄—迪俄迪林是龙木、龙武、巴且、祝尔、热柯这些家支。迪俄肯姆—肯姆肯依—肯依拉依—拉依拉次—拉次俄觉—俄觉史惹—史惹能惹—能惹吉次—吉次阿史—阿史普成—普成吉果—吉果鲁几—鲁几合加—合加威敌—威敌祖足—祖足口坡—口坡阿仗—阿仗尔鲁—尔鲁罗杰。罗杰是补约乌哈，这个人是"民主改革"前夕，宁蒗县补约家最厉害的人。鲁几合加是来宁蒗县找土地的人。鲁几合加与你们盐边县那个地方的尼惹萨拉博是两老表，合加的妈妈是尼惹萨拉博的姑姑。他们俩一起到宁蒗这个地方来找居住的地方。当时，用杆秤称两块一样大的泥巴，重的地方就是好土地，含有多种矿物质，且含量很高。他们这样做是有科学道理的。轻的地方是矿物质含量少的地方，是不好的土地。他们一直找，后来找到补约乌哈家居住的那个地方，就是现在跑马坪乡沙力坪村这个地方。合加威迪看上这块土地后就居住下来了，而尼惹萨拉博看不上就回盐边县去了。鲁几合加—合加威敌—威敌祖足—祖足口坡—口坡阿仗—阿仗尔鲁—尔鲁乌哈。乌哈在宁蒗县成立彝族自治县时，任政治协商委员，后来任政协副主席。补约家职位最高的人就是他了。这个人，自治县成立时辈分最大的也是他，是大哥辈的。其他补约家的人全部都坐在他下面的。土司下面是土目，据刘尧汉先生和方国瑜先生他们调查，牛涅阿苏是个土目，不是土司。

"兄弟关系，怎么能通婚呢？"：婚约关系

笔者：您怎么看待黑彝和白彝之间一般不通婚的事？

阿苏与热柯是兄弟关系，阿迪、阿细与瓦扎也是兄弟关系，金古、蒋日、吉伙与补约也是兄弟关系。

笔者：为什么呢？

都说是一家人一个祖宗传下来的子孙。同根是没有问题的。阿苏家的祖先"牛涅"，即牛涅阿苏跟瓦扎、热柯是同等级的，甚至牛涅还管着他们。不然，当时明朝出兵六万五千人，为何重点去攻打"牛涅"家呢？其他那些还够不上敌人嘛。这事距今四百多年了，约四百二十年左右，围剿牛涅家。我认为黑彝和白彝之间不通婚，主要是因为兄弟关系吧。兄弟关系，怎么能通婚呢？

"'耗子尾巴'长不了。"：家支活动

笔者：您是怎么看待家支势力和家支活动的？

家支这个东西是一定历史阶段形成的，社会发展到一定历史阶段后产生的一种社会现象。当时有它存在的价值。当时彝族人民依靠这个来生存。彝族的社会制度当中，利用这个来保护一部分人的生存。凡属于它这个血统范围内的，它都要来保卫，来保护，来救济，来关心。反过来说，自己受到保护，贡献一定的物质给这个家支，也不是不应该的。而且不是捐给家支头人，而是像现在的税收一样，并不是单给哪个人吃的，是集中收集在一起的，形成了一个制度。哪个人出了什么事情，就去帮助，去尽义务。出大事捐多少，出小事捐多少，还看贫富程度。富人有富人的义务，穷人有穷人的义务，包括战争中的赔命金，过去都是家支内大家共同承担的。比如某个家支家的人被别人杀掉，人家赔

个命金，赔的命金不完全归他的父母亲所有，而是这个家支参与的人共同拿去分了。反过来说，某一家支的人被这个家支的某个人杀掉，赔这个人的命金时，这个家支家的所有成员全部都要出钱。杀人者为主要出资者，但是，其他人也出，加起来才够赔偿。所以，过去的历史是这样子的，这是在一定历史阶段形成的一种社会政治活动的产物。因为那个时候，山高皇帝远。皇帝管不到这些地方，统治阶级的法律也管不到这些地方，只能用这些规定去规范。不然，怎么生存呢？许多没有家支的百姓，都一定要找一些有势力的黑彝或土司来保护他们，他们要给这些土司或黑彝上贡，然后，在其所辖范围内，在他家的名下生存。我的权利受到什么侵犯就要告到土司或黑彝那里，土司或黑彝就出来为我说话，是这样的。不然怎么生存呢。到了现在，大家都统一受到国家法律保护，实事求是地统一受到中华人民共和国法律的保护，都有统一的市场规则。在统一市场规则面前，家支就失去了它的效用或效用变化了，没有必要再搞这些东西。现在有些人还在搞，是旧的观点，旧的传统，依然还在他们的现实生活当中流传而已。这个东西，我认为它存在的实质意义不大了。因为它被法律替代了。被统一的民主、自由、法律和国家的有关规定替代了。国家、国际都有统一的市场规则，像WTO，家支怎么拿去入轨呢？这个问题是国家统一规定的，国家统一应对国际市场的规则。国内各民族、各家各户、所有人都有统一的法律来维护他的权益，不需要别的团体来维护、保护的。如果别的哪一个团体来维护，那就不合法了。反过来，违反法律的行为多起来了，不是多此一举吗？现在很多家支活动，实事求是地说，是"耗子尾巴"长不了，"过期"了，过时了。当然，现在还有一些残存，只有到一定时候，家支观念才能消失。只是现在不像以前那么强烈了，我认为上百年以后才能彻底消失，这种观念的存在，还会延续上百年，在几代人里还会有的。

笔者：作为一种文化可能还会存在很久吧？

作为一种文化可能还会存在几百年甚至更长。但几百年不长，三四代就一百年。一代人一般25年，五代人就是一百年了。

笔者：假如说彝族有自己的国家政权，家支有无作用呢？

没有作用，实在没有什么作用的。国家不可能用血缘关系来维护，来维系社会，来制定什么制度。一个国家在世界上生存，都要跟世界上的各种文化处理好关系。任何人都能在一个国家内享受平等，才能跟世界接轨，被世界承认。关键是被世界承认。不然，世界不承认你，你自己去干，干啥我不管你，变成这样就不行。被世界承认，你就得接受别人的东西。你的被别人接受，别人的你也要接受，是对等的，公平的。法律必须是基于这一点来制定，才是正确的。对任何人、任何事都是平等的，不分内外。这样才能让自己处于被他人接受这么一个位置上。不然的话，自我封闭，就搞不成现代化社会。所以，现在过分强调家支的作用，意义是没有的了，大搞这些家支活动的意义也没有了。

笔者：您认为研究家支应该怎么做呢？

你们是研究生，站在研究的角度，站得高点来看，站在时代的前面来启示后面的人。这个东西要跟全球接轨。现在全球就是一个地球村。从这样一个角度来看问题，过去历史上形成的各民族的传统文化，现在都有一个逐渐淡化它的特殊性，逐渐融合大家的普遍性和统一性的趋势。当然，关于特殊性和统一性的争论很多。但我认为统一性越来越多，这是可以肯定的，也是不可逆转的历史趋势。但是，特殊性也有一些好的东西。从发展趋势来说，肯定是统一的，统一以后效率就提高了，不然提高不了效率。但是，反过来说，全球都是一盘棋，将来像吃饭一样，在一个桌子上，只有四菜一汤的话，就干不成什么了。菜要多样化一点才是丰富多彩的。这个问题怎么取舍呢？我认为有价值的就得留着，没有价值的就应该抛弃，不保留。那么什么是有价值的？

别人也认可，我也认可，这叫有价值。只有自己认可，别人不认可，是没有价值的，是不？有没有价值，应该这样看。不然，我宝贝得很，我一个人抱起，那么就搞不成了嘛！

"毕摩文化的历史很长。"：宗教文化

笔者：您认为民族传统文化和现代文化应该怎么结合起来？

我认为少数民族的传统文化和现代文化完全可以有机结合起来。

笔者：您怎么看待非物质文化？

毕摩文化作为非物质文化遗产是很好的。毕摩文化是个大宝库。实事求是地说，其他民族的许多东西已经被人挖掘出来了，毕摩文化则没有得到真正的挖掘。现在有些人正在研究、挖掘和开发，这里面许多东西值得人们去研究。过去历史上彝族对人类的贡献还是比较大的。有些东西是现在和将来也有研究价值、有可取之处的。我们老祖宗曾经是这样过来的。因为毕摩文化这么长久，世界上拥有这么长的历史的文化还不多。其他的，虽然有些发展得快，但历史没这么长，毕摩文化的历史很长。它讲的是几千年前的事了。现在，从我掌握的情况来看，至少有七八千年的历史。就文化而言，不只是文字，至少有六七千年以上了。天文、八卦还有二十八宿书。在湖北某县出土的某种日历书是先秦文化，主要是楚文化。那个时候就这样记载了。到现在是三千多年了。那以前演化了多少时间，才到了那个地步呢？所以，至少是七八千年了。我退休以后，对这方面我还是在做研究的。过几年我要在毕摩文化方面出一些书。

笔者：您怎么看待彝族人用牲口转人头后祭祀的事情？

实事求是地说，人类历史从过去一直到现在，全世界绝大多数人还是唯心的，唯物的是少部分人。但是，也可以肯定，唯物的是先进的，应该这样说，我们这些人，这一点是看懂了的。马克思主义的物质第一性，这个唯物观点，我认为是正确的。哲学

上，认识事物这一点，最基本的这一条物质第一性，唯物主义这一点是对的。我看人类发展到这一步，能够突破唯心主义、唯心论，达到唯物论这个阶段，这是先进的，应该说是先进的文化。尽管全世界大多数人还是唯心的。唯物论有资格说自己是全人类最尖端的文化。在哲学领域来讲，是没问题的。用牲口怎么转头，过去毕摩都有一整套程序仪式，这个还是属于唯心论的方面。

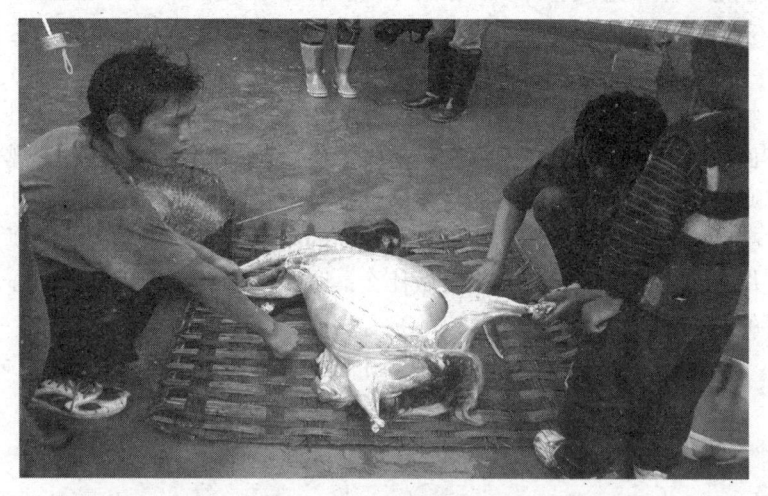

火把节祭祀用转过人头后宰杀剥皮的一只绵羊

笔者：迷信和唯心是不是一回事？

迷信和唯心从大的来说就是一回事了。有上帝、天、地、人，天第一，地第二，人第三，然后天指挥人，指挥地，听天由命。这种情况，过去几千年来都是这样子呢。这个东西曾经起到一定的作用，它推动了人类历史向前进。因为人们什么都不懂的时候，茫茫然然的，怎么办呢，没有办法。这个时候他要打木刻，通过烧灼羊肩骨等这些东西来判断各种动物和人的行为和事件。木刻好，羊肩骨好，就干得，不然就干不得。他们干了，下决心去干了，就能干成功，打胜仗。不然就不敢去干，什么事情都不敢干，干不成。这样也难推动人类历史和社会的前进。

笔者：在天文上看年、月、日占卜的那些文化您怎么看？

那里面有物质的东西，科学的东西，是迷信和科学的大杂烩，混在一起的。主要的部分是迷信，大量的属于迷信的内容。但是，里面蕴藏着许多科学的东西。阴阳学就是利用男女生殖器来研究事物的，完全用男根和女阴来推论世界上的万事万物。这一点是物质的、科学的。以这个道理来类推整个世界，万事万物。过去老祖宗的阴阳学说《易经》里面的东西，毕摩文化里面也含有这个东西。《库色》是属于迷信的，但是，它有一套规则来运算。唯心有唯心的规律，唯物有唯物的规律。看太阳、月亮的运行，看天体运动，本身是唯物的东西。但以那个运动的规律来指挥地上的事务，今天做什么，明天做什么，又变成了唯心的东西。

笔者：哦，今天占用您太多时间了。谢谢您！

不用谢。

二、2006 年 6 月 23 日上午 10：30—12：00

被访谈人：赵新国，男，彝族，云南大学马列主义学院讲师，法学博士；

访谈地点：云南省昆明市新南疆宾馆一层茶室。

"家支现在可以影响到很多方面。"：家支活动

笔者：您认为研究家支有意义吗？

家支发展的大趋势是走向消亡的。但宁蒗的家支活动可以说是在复活、反弹。有段时间，家支没起什么好作用。现在，经济条件变好后，家支活动反过来加强了，更加频繁了。家支成员集中在一起，相互关心，询问情况。你到宁蒗可以调查。家支里面第几条怎么搞，第几条是什么规定等，即家支公约。

笔者：哪些家支有呢？

吉伙、蒋日、金古、沙玛家支都有，而且离消亡还很远很远。经济条件变好以后，能够搞家支活动了，现在社会生活中，家支的作用很大，在基层民主选举方面很起作用。我们有个复旦大学毕业的阿西家支的人，在家支力量的胁迫下，无法在丽江政府机关就业，回到县里后，直接到乡里待一年多一点，就被他那个家支和姻亲家支选来当乡长。这就是家支力量的因素。因为这个乡，只有阿库、阿西、阿迪三个大家支的人在主事。乡里需要一个大学毕业生，到那里之后，叫他到县里来当团委书记，家支头人也不让他来。这就是家支的力量。家支现在可以影响到很多方面。我也在观察，现在社会，家支是很重要的，以后就说不清楚了。我们沙玛石易家支，几年来，居住在盐边、盐源和木里县的家支成员，已经在泸沽湖开了三次家支会议。每年开一次会议，而且也制定了一些规矩。规矩中最核心的有几点：一是这三个县某个家支成员中小孩考上北大、清华、川大、云大时，每家出多少钱资助；二是平时发生什么事情都互相帮助；三是在利益面前，家支内部成员是必须互助的。一旦这个家支跟另一个家支在争夺利益的时候发生一些矛盾、一些纠纷，就要把家支成员集中起来反击那个家支。从政治学者的观点或角度来观察，有一定的正确性。正面是它能够促进一个彝族社区的稳定与和谐；从负面作用来看，家支可能破坏彝族社区国家政策的畅通执行。上级政府的意图是让你去当那个乡的乡长，但无法执行。那个乡的家支选了一个他们自己家支认可的人去当。它也是按照选举规定来做的，有什么办法呢？

笔者：以前有对当地人"以夷治夷"的制度，现在这种情况可不可以理解为以家支治家支呢？

本来组织上为了一个乡的稳定，让一个人去当（乡长）。但是，家支又希望另一个人上，这样组织上让去的人得不到支持，起不到任何作用。而家支希望去的人得到了支持，他去了以后，那个地方就能够治理得很好，能够更和谐和稳定。对此，组织上是不是有所思考呢？也就是以家支头人来治家支。以禅战河乡为例，阿迪、阿西相互通婚的人很多，组织上的意图是，不派阿迪、阿西、阿库家支的人去当选乡长，而是派另一个家支的人过去。因为他如果能公平对待的话，三个家支的人都会服气的。如果派一个阿迪、阿西的人去，阿库那边就不一定干了。因为在争夺利益时，在分配有些资产时，如救济、社保等问题时，阿迪、阿西家支的人肯定首先考虑的是本家支中困难的人，而对其他家支的人睁只眼闭只眼。

笔者：公平方面差一些，但大的方面时应该没有问题吧？

如果纯粹只有一个家支在那乡，比如说住在那里的人全都是沙玛家支的人，那么就听沙玛家支的人的话，是不错的，很自然的事情。其他家支的人也可以这样做。现在经济条件好了以后，家支活动能够把整个大、小凉山的家支成员都汇集在一起，也能够弄清楚家支成员的分支情况、分布情况。有条件以后，大家凑些资金，派一些人专门去搞清这些问题。整个宁蒗都在这么搞。这就使大家更加关注家支问题。我们宁蒗县第一大家支原来有人在县委、县政府当领导，就拨了一部分钱给他们家支中的专家学者去整理他们家支的谱系，搞清楚每个分支的分支情况、分布情况、迁徙情况等。随着经济的发展，家支意识在不断增强。但这种意识会不会发展到凌驾于国家的政策、党的政策、法律法规的规定之上，这是完全突破不了的事，也是不可能的。但在一些范围里面，与党的政策有一些抵触，有一些歪曲。从我们宁蒗县的实际看，有些时候，家支活动越来越频繁。你吉伙、阿迪、阿西家支带头搞后，我沙玛家支也要搞，不甘落后。把大家组织在一起，办点事情也好办，我们沙玛石易家已经开了三次家支会议。但我一次都没有去过。

笔者：您应该参与，因为你是沙玛家支的人中学位最高的人。

我去不了，没空，孩子小，也不太想参加。不知今年还开不开。去年还送只杯子到我这里给我，非常好。家支的规矩有些规定，但具体条文我没有看见过。在宁蒗县，不仅仅是沙玛石易家有，其他家支基本上都有。最原始的，一般只写有正面意义的，如帮助家支成员读书等。负面的，只在私下说，一般不写在规定里。宁蒗县人口较多的家支是金古忍石、沙玛石易、海子忍所、阿迪、阿细、阿库、吉克等。现在同学、同事等民间关系网中都有一些规则，也能影响到一些政治决策，但不明显。这些组织以情感为中心，汉族或其他民族的人都能参与。他们按彝族的规则办，有可能被"彝化"，变成了彝族文化传承中的一员。

"我父母是彝族嘛！"：文化、教育

笔者：您觉得彝族传统文化与学校教育应该如何结合？

阿苏阿普当县领导时，彝族文化主要是在农村里面开展教学，正规学校里面没有开展。农村是在夜里，农闲时，开扫盲班。而且，县里还拨款派了一些人到凉山州彝文学校学习后回来当老师。只是没有在正规学校教育里进行彝文教育。每一个乡，每一个村，又派人到县城学习后去搞扫盲工作。农村的年轻人、老年人都在扫盲。现在，他们基本上都懂得彝族文字。

笔者：现在从文化角度上讲，从文化同化、文化交流、文化传承、文化传播的理论来讲，彝族人自小就接受父母、家庭和社区的教育，有自己的思维、语言和习惯。但是，一旦进入现代学校学习，马上接受汉文教育，出现了文化断层，重新学，大部分人学不会，成绩不好，就产生厌学等情绪，很多人成绩出不来，升学无望。只有一部分人学出来了，包括您这样的。从小学到初中陪伴您到大学到博士的同学有多少呢？有多少同学读书成才了呢？尤其是女孩。这是不是文化教育断层的后果，还是有其他方面的原因呢？您认为是什么原因？全部用彝文教育是不是好一些，从一年级到大学全部教授彝族文化和彝文语言文字，把汉语作为一种外语来学，是不是更好一些，您认为呢？

当然彝文教育好，用彝文教学当然好了。不过，汉文是必须学的。

云南省宁蒗彝族自治县彝族妇女

笔者：现在有些人提到素质、文化时，经常问你有素质、有文化吗？有无文化、素质，指的是你有无汉族的文化，有无汉族人的素质。评价方式和内容都是汉族的，以汉族的为标准，或者是主流文化的标准，视角是主流文化的。但是，对彝族人来讲，有无素质、文化实际上应该以彝族文化、知识、内容作为评价的标准。那些德古、苏易等聪明圣达的人，如果论彝族文化和素质，他们最高。您认为呢？

所以，刚才讲过，现在就是两难。一个是传统文化应该传承、保护。另一个是阿苏阿普（阿苏老人）所说的全球化，你的东西要人家认可，人家不认可是没有价值的。我的观点是在两难的情况下，找一条合适的路，怎么把这些东西结合起来。最好是用彝文来教学，用彝文课本来教育。这样做肯定是很顺畅的。但是，这条路根本行不通。

笔者：为什么呢？

用彝文教学只能学到一定的时候，到一定的时候再往上走、往上学就没有出路了。从小学起用彝文教育，学到中学，才突然转换掉，多难。不转换，彝文不可能在全世界通用，只能在彝族这个地方用。除非是建立一个国家，但这是不可能的事情。那么，这是死路一条。因此，只能在小学的时候适应、接受汉文化的教育，早一年适应早一点接受早一点学好。当然，农村儿童接受这个教育需要一个过程。只有教育到一定的阶段或一段时间之后，思维才能转化。因此，思维的转化是很麻烦和痛苦的。以前，彝族老师的汉文素质功底差，有些东西解释不清楚，汉族老师又不懂彝语，没法解释，这是很不好的事情，现在，稍微好一些。因为，现在学汉语的渠道多了。改革开放以后，宁蒗县彝族和汉族之间的交流就频繁多了。儿童直接被送到现代学校里接受教育，首先就接受汉文化教育。彝族文化只能在农村父母和家庭里传承了。有些彝族的风俗习惯，在农村也逐渐消失了。现在只有农村还保存着一点，在城市里面已经没有办法保存，县城更是如此。到县城以后就知道，宁蒗县稍微好一些，穿彝族服装、说彝话者还比较多。彝族文化首先从外表上体现的。如果不穿彝族服装了，房屋建筑也没有彝族的特点了，逐渐被汉族服装、汉族建筑替代，被西式建筑替代了，然后，逐渐彝族语言也不讲了，文字也消失了。现在大多数年轻人，年轻小孩的生活中，从服装、建筑到一般的语言，都开始消失了。更深层的是，现在和以后，我的这些娃娃，从内心上就不认同你了，不认同彝族了。只有"我的父亲是彝族呢"这点，只有这一点了。

笔者：您的孩子还有彝族意识，我的孩子恐怕是真的没有了。

"我父母是彝族嘛！"只有这句话了。除非在彝区生活、长大的那些人，还好一些吧。因此，逐渐在心理上不认同，那就等于完了，彻底被汉化掉了，就像现在的满族人一样，只背点皮皮了。

笔者：从心理上不认同就完蛋了？

是完蛋了。

笔者：您认为这种趋势好吗？怎么评价？

这是一种趋势，也是社会发展的必然，没有办法。只有在农村里（情况好一些），恐怕农村里的下一代，也没有办法了。下一代，再下一代，整个社会文化环境都变样了，你叫他认同，他也没有办法认同的。只有任其自然，听天由命吧。最终彝族人也会消失掉。

笔者：消失是不对的。作为世界多元化、多文化、多种形态的东西，怎么能让它消失了，自然界都有各种各样的动物，各种各样的植物。消失掉了或者成为博物馆的东西，怎么行呢？

几千年以前，只有几个民族，看书就知道，原来昆明、贵州、成都的坪坪坝坝都是彝族人的居住地，现在都是汉民族人的居住地了。玉溪市里的华连县是彝族自治县，山上的老人生活中还有一点彝族的传统文化，但年轻人与汉人已经没有什么差别了，语言、生活习惯等全部都汉化了。

笔者：这样人家生活得好，也幸福。

是的，人家幸福愉快，也没有什么坏处。文化的好坏，像刚才阿苏阿普说的那样，全世界都得承认。如同一个国家被联合国承认以后才有地位、主权一样，是很重要的。因此，好的文化，国家一样要保护和发展。彝族传统文化，由彝族自己保护，可能越来越落后。我自己的谱系我懂,我哥全都懂。

笔者:谁教你们呢?

父母教的,主要是父母教,我叔叔也教。小时候,他们告诉你,你从哪里来,什么家支,家支成员是哪些,分支情况如何,姻亲家支有哪些,家谱是什么,沙玛家支的人都居住在哪里,等等,都讲述给我们听,教育我们。大约我们七八岁的时候教我们必须要背诵的,必须会背。我哥所有家支谱系都能背。哥哥必须懂得整个家族的情况,其他人不严格要求。如果我哥没有儿子,我有儿子,以后就从我这里接下去了。我母亲是哲家支的女儿。妈妈是从哪里来的,什么家支,分布情况如何等都要了解和掌握。

笔者:在哪里教你们啊?

随便,在吃饭的时候,聊天的时候,放牧的时候,随时随地都可以教。教后,过一段时间,就全记住了。父亲教我,我教我儿子。这是从古至今延续下来的教育方式。彝族传统文化教育还是以家支作为一个主线来教育的。你的家支成员在哪里,你的姻亲家支在哪里,以家支为主线、脉络铺开。你"次伟"在哪里,你"乌萨"在哪里。这样教育以后,认识父亲这方,认识母亲那方,然后认识彝族这个网,形成一个网络。几十个,上百个的家支组成了一个网络。这就是彝族。家支在新中国成立前,像法律一样保护自己家支里面的人。现在,家支的一部分功能被国家的行为、政策和法律代替了。但是,一部分家支的功能还在,还在发挥作用。有时候,还发挥很大的作用。在利益争夺时,家支的功能就淋漓尽致地发挥出来了。如果没有一种利益驱使,不摆在利益面前,就看不出来。如果有利益争夺,就会寻求政府解决,政府若解决不了,就在家支内部解决。家支的作用就发挥出来了。

"试想我能娶一个沙玛石易家的姑娘来做老婆吗?":婚约关系

笔者:我认为彝族文化精华部分或优秀的传统文化是以家支为中心、主线传承下来的。包括互助、械斗、祭祀、婚姻、伦理、道德等各个方面都是以家支文化为主线,包含所有内容的,包括毕摩文化也在里面。您认为是这样吗?只是目前一些研究者把毕摩文化从家支文化里分解出来而已。因为毕摩文化最终还是为家支服务的。"尼木措毕"是超度父母祖先,转头祭祀也是祈求祖先保护自己等。所以,从这个角度上讲,家支文化包含太广了。家支文化的内容太多了。背家谱、家支结构、家支成员之间的称谓、家支文化中的毕摩教育、冤家械斗、团结互助、伦理道德、生育仪式等,都是以家支为一条线展开、发展出来的。如果把家支当做一个人体的话,那些东西就是构成人体的各个器官和组织,都在里面。您认为呢?

是这样的。家支通婚,在彝族社区里看,只能是不同的家支之间才可以通婚,一个家支内部是不可以通婚的。这是以家支来界定的,不是拿其他什么来界定的。家支主要一点是血缘,以父亲的血缘为主,以父亲的血缘为准。不管你飞到哪里去,都是这个家支里面的人。不管隔了多少年,多么(有)科学(知识)的人,都不能通婚,隔了几十代人也不行。在彝族观念当中,这是彝族的文化。虽然都是沙玛石易家的人,相隔了四五十代,可能血缘关系已经不存在了,按照科学原理来讲,同姓也不是,旁系也不是。但在彝族人的观念当中,你不管几代、几十代、几百代,只要是一个家支里面分出来的人,都是一种直系亲属,同样都是一个家支里的人。是这样来的,是这样认识的。这是认识观念上的一种东西。家支影响到彝族人的通婚,影响到彝族人的交往和交流。从科学的角度或国家婚姻法的角度上看,家支内部成员已经可以相互通婚了。但从彝族家支文化的角度上讲是不能通婚的，至少现在是不能通婚的。试想我能娶一个沙玛石易家的姑娘来做老婆吗？不管隔四五代，还是相隔几十代，都要将你砍头的。

笔者：也不能谈恋爱吗？

别说是谈恋爱，连一句害羞的话都不能讲，姊妹之间不能开玩笑。这就是一种文化。这种文化是以家支为主线表现出来的。我觉得毕摩文化是为家支服务的。毕摩有一种文化表现就是念经。念经以后，从心理上对活着的人有安慰和鼓励。家支是不可能消失的。你采取强制性的办法也消失不了，只能任其自然。随着经济的发展，社会的发展，人与人之间真正达到平等的时候，才有可能逐渐消失。物质达到非常丰富，彼此不需要相互的东西，也不需要保护，我也不需要你保护，你也不需要任何人保护，才可能慢慢消失。至于通婚的观念，可能永远存在。即使你走出彝族的社区，彝族的社会，彝族的文化，在大都市里面，已经被汉化，但你是沙玛石易家支的人，在你不了解实情的情况下，娶了一个沙玛石易家的姑娘，只要一知道，也是不行的，必须离婚。有个被汉化的沙玛石易家庭住在昆明，再过几代、几十代，他们后代的男女之间也有可能相爱成家。但是，在彝族社区里是不可能的。即使你非常喜欢她，爱她，如果你是沙玛石易家支的人，知道她也是沙玛石易家的姑娘，就根本不行，不可能的。是一种文化的力量阻止你，你们再相爱，相爱再深也没有用，文化的力量就把你限制死了。家支概念的界定，在血缘关系上，在家支里面，具体的表现在特征、通婚、称呼和文化的传承上。彝族的任何文化都通过家支来传承。因为你父母教你，在你的意识形态、思想观念里面打下烙印。不然，你怎么会有这种意识了呢？父母告诉你，你是这个家支的人，这些是你的家支成员，那些是你的姻亲家支，这些是你的亲戚，那些是你的什么人等，一代一代传承、教育和传播下来。不然，你就无法适应这个社区的文化生活。如果你不接受传承，不接受教育的话，就好像你生活在大城市里一个朋友都没有一样。家支就是一个朋友，是相当好的一个朋友。是这样的。一个朋友都没有，光杆司令一个人，在这里走一下，那里走一下，就变成非常孤独的人了，也不能融进其他文化里面。因此，很多原则性的东西，你是不能去违反、去违背、去违抗的。比如说通婚这个东西，你不能违反，抵抗也没用。有些利益的争夺还是可以调解的。但有些东西是不能开玩笑的，尤其是婚姻不能开玩笑，在家支内部。

笔者："尼都肯革黑尼，附都肯革阿海"，意思是祭祀可以开玩笑，缔结婚姻决不能开玩笑。

是的，定死的、原则的东西，是不能碰的。家支内部通婚了，不管你多么有科学依据，都会被干掉的。

笔者：不管相隔多少代、居住多远都一样。

是的。

笔者：今天太谢谢您了。

不用谢！

三、2006年6月24日上午11：00—下午14：00

被访谈人：马立三，男，彝族，原云南省民委主任，现任云南省彝学会会长；

访谈地点：云南省昆明市楚雄大厦五层中国彝族通史编纂委员会办公室；

在场人：赵新国博士。

"如果没有家支，就没有生存的条件。"：家支文化生态

笔者：马主任，您好！您怎么看待凉山彝族的家支问题？

彝族地区的问题，重点是家支问题。政策上好了，宽松点了，家支问题就冒出来了。政策上"左"了，家支问题就作为阶级斗争问题来搞（整）了。家支问题要正确看待。我认为家支是历史上客观存在的。家支跟各民族有源和流的问题一样。家支也有源和流的问题。一个民族也有源和流的问题。为什么形成

家支比较根深蒂固的观念，直到现在还存在，这有历史和社会的原因。过去凉山彝族处在一个较为封闭的环境，它原来也不是山地民族，最早住在包括成都平原和云贵高原等在内的很多很好的地方，那里都有彝族老祖宗生存过。后来为何一部分跑到山里去，主要是民族压迫、民族隔阂和民族战争的结果。各种原因造成了一部分彝族成为山地民族。

由于抵御外来民族的侵略，反抗外来民族的压迫，就一致对外，不管哪个家支，黑彝也好，白彝也好，都一致对外。大多情况下一致对外，这是各民族生存的一个特征。中华民族在抗日战争之前，国共两党斗争相当激烈。1937年卢沟桥事变发生后，以毛主席为首的共产党提出建立统一战线共同抗日，建立民族统一战线后，国内的阶级矛盾处于次要地位，民族矛盾上升为主要矛盾，眼前是日本帝国主义，要团结起来一致抗日，取得了成功。缩小到各个民族都是这个特征。过去彝族内部由于奴隶社会的存在，加上等级森严，这种情况下，如果没有家支，就没有生存的条件，就被人家买卖。问你是哪个家支的，你没有家支，你不认识自己家支，自己的家谱都不认识，就会被社会历史淘汰，就会受欺负，任凭人家宰割。这种事件太多，就靠家支的力量来维持生存。即使家支与家支之间发生矛盾，遇到外来民族欺负时，也一致对外。凑钱凑人都要整，甚至陪人命都要共同来整，只有这样才能生存，否则就无法生存，被人家整掉。家支是历史造成的，它不是异想天开的，是一种历史存在。民族矛盾、民族压迫加上彝族社会内部奴隶社会等级森严等原因造成的。

家支形成后，在一定时期里起到很好的作用，推动社会历史前进，推动社会经济发展，起到很好的作用。如天灾了，大家凑钱来互济互帮，翻山越岭都要去帮忙，哪怕只有一点粮食都要拿出来，互相支援，出了问题，相互支持。直到现在，有谁家孩子上大学，家支成员必须拿钱帮忙，拿钱资助考上大学的家支成员，家支内部和谐团结。另外，生老病死，都要来帮忙，共同解决。反过来，对那些搞偷的、骗的，搞歪门邪道的，搞这样那样的坏事情的人要重处；婚姻上乱来的要重处，婚姻上越轨，违反了彝族的一些习惯法，在男女关系上、婚约缔结上乱来时，整个家支都来进行谴责，进行处理，按照习惯法解决。这些都是好处，是好的方面，积极的方面。但是，家支也带来一些问题，随着社会的进步，经济的发展，家支继续存在，强化家支意识，有时，有的地方就不对味了，一些违反法律的事，照干不误。家支之间比势力的事，照干不误。敢于违反国家的法律和国家的政策，这是不对的。还有就是不同家支之间强调家支势力，欺软怕硬，欺负或者看不起弱小的家支，甚至没有家支的就被看不起。这几年农村搞村民改革，村委会主任民主选举，在宁蒗这些地方，在凉山的有些地方，家支越大，势力越大，投票人就越多。原来曾经被抓来当奴隶的后代，即使是大学生、博士生，进去选，去乡里选，人不错，也能干，但那里家支势力太大，自己却没有家支，落选了。不投你的票，能怎么办，背后还说，这样的人，过去你是我们的娃子，现在还想来统治我们，来管我们，没门。那些地方的人心态就是那样，他接受不了（民主选举）。这是违反历史发展规律的，是错误的。还有就是利用家支，在家支与家支之间闹矛盾，打群架，去抄人家的家，拉人家的猪、牛、羊。这些都是不对的。

笔者：这种现象现在还有吗？

现在有啊！可能有啊。宁蒗也有，凉山也有，攀枝花也有。去抢，强行抢，国家法律他不管，这是正确的吗？不是正确的，是错误的。家支带来的危害，越到后面越大。社会在进步，大家都进入了现代化。因此，家支在一定历史时期里，起到一定积极的作用，越到后来越阻碍社会的发展和进步。影响一个民族内部团结和一个民族与其他民族之间的团结，这是有利有弊的。目前,可一分为二地看,有利有弊。

笔者:那怎么办?

将来历史发展,(家支)自然会消失的。人为消灭是不行的,就像宗教,在"文化大革命"时期,大肆消灭宗教,许多东西拆掉了,许多人被批斗,再斗还是斗不掉,人们意识形态存在的东西,在当时生产力还不够发达的情况下,人为的整是不行的。家支也是如此,人为消灭它,不可能。家支本身的存在,还有很长的路。在改革开放后,思想解放了,人家不服,人家不听你那套。只有随着社会进步,经济发展,科学普及,慢慢消灭,自己消灭自己,自己慢慢不起作用,自然消亡。

(家支)跟当时经济发展、社会发展有渊源关系。其实,原因就是历史原因,一句话,历史原因根深蒂固。一般来讲,民族矛盾也是主要的原因之一。其次,自然灾害、民族战争。当然民族矛盾也包括在民族战争里。还有天灾,当时科学不发达,各方面造成这种文化(跟瘟疫有关)。记住经济基础决定上层建筑,上层建筑反映到一系列文化上,也会产生这些文化内容。比如,彝族的服饰,本来我们彝族在坝区,本来是坝区民族,结果流落到山区去了以后,服饰就变了,穿披毡,用牛羊毛、牛羊皮来擀制披毡和皮挂;服装上,半透明的服装就不能穿了;穿大裙子,既要盖又要垫,就是大裙子出现的原因。服饰文化就这样变了。同样,仍然在坝区地方居住的彝族人服装,虽然花纹不变,基本图案不变,颜色不变,但是已经变得半透明了,穿起薄的衣裳来,因为那里很热,适者生存,不适应者被淘汰嘛。流落到山区的适应那个地方的自然气候条件,服饰文化自然就变化了。同样,饮食文化也如此。在坝区,海拔很低,热量高,气候很炎热,可以种葱葱蒜蒜,炒炒整整,啥子都可以整,好办得很。流落到山区后,怎么办,葱葱蒜蒜种不起,找不来,炒炒整整没有条件,没有原料。不过,有的是牛羊,干脆整"砣砣肉"干。

饮食文化就变了。这不是彝族人天生就有的，不是彝族人头脑中本来就有的，而是后面变来的，为了适应那个地方的自然气候条件，变了。

一位彝族家庭妇女正在小溪里洗土豆

同样，建筑文化也变了。山区就地取材，啥子都用木板板，啥子都用木头，不得不这样做了。也就是经济基础决定的，没有办法，只能就地取材，改用板子盖房，代替瓦片，如果建茅草屋，冲墙都没法冲，海拔高、气候太冷，冰霜随处可见。房子用木板板围起，这些都是在动态中变化，跟经济基础有关系，经济基础决定必须这样做，没有其他办法，为了生存。原因就是经济落后，科学不发达，造成这些历史事实。反映在文化上，黑彝、白彝不通婚，跟汉族不通婚，跟其他民族不通婚，也都有历史原因。黑彝也不是原来就等级很高，也不是生来就高贵，生来就是统治者，而是在特定的条件下，特殊的历史时期，一些黑彝成为统治者，自视高贵。同样是黑彝，在特定条件下，特定的时期，地位没有那么高，也不是统治者。云南有些黑彝还被白彝统治着。黑彝村子我去看过，现在石林的有些地方，以前一部分黑彝被撒尼人统治着。而在四川大凉山，由于奴隶社会的存在，有些黑彝认为只有他自己才是真正的彝族，其他都不是彝族，是被抓来的，这样认识是错误的，是不客观的，是不懂彝族历史的。现在数数家谱谱系看看，数来数去都归祖在一处。古伙也好，曲涅也好，甚至往前推到"六祖分支"的时代看看，分支以前的笃木时代，越往前追，越是一个源头，哪有纯而纯的黑彝、纯而纯的白彝呢。包括我们彝族与其他很多民族，从基因上去找的话，很多都是共同的。再往前追，人种还是蒙古人种，包括汉族在内，亚洲黄色人种在内，基本上都是蒙古人种，往上追到一个"树疙瘩"（同一祖先）。往下追来，越来越分支，是各种原因造成的。分支以后，语言上慢慢有差异，风俗习惯上慢慢变化，出现各种各样的差异。就像文字，像辞海上记录的文字，不断淘汰，不断发展。文字嘛，汉族文字这样，彝族文字也这样，语言这样，风俗习惯这样，需要就发展了，不需要就淘汰了。如彝族文字当中，"牛"过去叫"尼"，四川叫"拉布"或叫"能"，"能"也不对嘛，"拉布"也不对，语言文字就这样演变了嘛。

到山区去了，山上有动植物，它语言就有发展了，给它一个符号，给它一个科学名称了。如杉树取名"汝"，竹子取名"玛"等。同样，彝族跑到汉族地区去了，说到"绵羊"时，啥子叫"绵羊"哦。山羊叫"赤"、"阿赤"，这些认得。"黝"（绵羊）认不得。因为那个地方不养了就没有了，自然就不认识了，子孙后代不养了就没有了。芭蕉果，在有些彝族地区有名字，但拿到高寒山区彝族那里，芭蕉果是什么呀？我们那里的彝族就没有给它取过名字了。所以，语言、文字和风俗习惯都是在动态当中变化，在变化发展过程中留存。文化也在各个民族之间互相渗透、传播和继承。也有的互相没有渊源，发生联系是后边的事情，反映到文化上来，有些也是经济基础决定的。在历史上，在阶级社会当中，人是不平等的。人们为适应这种阶级社会，为了适应这种生存条件，在意识形态上就发展出很多东西，为了适应它，就产生了一些文化。家支这个东西，只要外来民族来侵略就一致对外，外家支来欺负，也一致对外。只有这样我们沙玛家才能传下来，否则，我们沙玛家就断根了，或像一盘散沙那样，什么都搞不成。大民族就不存在这个问题，汉族老大哥，人太多，太多了就什么都有。人员少，民族越小，凝聚力越强，对抗性越大，必须形成一个拳头，对内对外，里里外外都用这种方式处理，来解决矛盾。然后就形成相应的习惯法，它是没有办法的办法，形成自己独特的方式来解决社会矛盾和人际关系问题。

笔者：凉山彝族家支里面，有人认为只有黑彝才有家支，白彝没有家支，有人认为黑彝和白彝曾经是一个家支，后来才分开的。您觉得呢？

我认为几种情况都有。有的是黑彝、白彝一个家支，我们沙玛家就是这种情况。现在初步算下来，传到我身上已经是80多代了。其中，有黑彝的历史，有白彝的历史，越追溯上去越是一个根。现在算起来与金阳的沙玛兹莫家是一个家支的人，是一个祖宗。就是这种情况，各种原因演变而来的。因为凉山那个特定的奴隶社会里，白彝可以降为安家娃子，安家娃子还可以继续降。汉族地区抓来的人，本来是锅庄娃子，慢慢的能力强一点，就搞成安家娃子，甚至，经过多少代后，跟主子家的家谱合在一起，演变成白彝或黑彝。还有的是黑彝跟白彝家谱没有什么关系，彼此无关。黑彝和白彝是历史上产生的。原来在云南有乌蛮和白蛮，乌是黑，是乌鸦的乌。东爨乌蛮，西爨白蛮，白蛮是以白族为主的，实际上也是彝族，是土（曲）诺的一部分。由于它跟汉族通婚早，接受汉文化七八百年，慢慢变成了汉化白语。还有一部分是古彝语。彝族跟白族有关系，不仅是彝族，中国各民族大都是如此。外来民族只有 10 个民族，就是信仰伊斯兰教的民族，即回族、维吾尔族等外来民族。但现在已经变成中华民族的一员了。还有，我们云南的佤族、德昂族、布朗族，这些是蒙古高棉语系，是属于柬埔寨蒙高棉语系的。这些是国外来的还是国内土著，还搞不清楚，还有争论。关于黑白（彝）的问题，也是慢慢演变成某个地方黑的高贵，某些地方白的高贵，不是只有凉山州的部分黑的不得了，不是这种情况。而且，有一部分是元明清时代汉族派进去的土司，跑到彝族地区，慢慢地变成彝族的也不少，自称为彝族了。我是土司，不是黑彝，黑彝不敢说，是土司。当时的土司中，彝族土司有，汉族土司也有。彝族土司中，利利土司大。

"我们本来不姓沙玛，而是姓什易。"：沙玛家支的迁徙

笔者：您是从何地迁徙到您出生地的？

追根溯源来看，（我们）原来本是云南人，从云南过江到金阳，现在的凉山金阳县。那个时候，金阳有土司，是沙玛土司管辖区。我们本来不是姓沙玛，而是姓什易。什易加个沙玛，就成了沙玛什易。阿库加个沙玛，就成为沙玛阿库。罗布加个沙玛就成了沙玛罗布等，都是加个沙玛而姓沙玛了。在沙玛兹莫管辖之内的人，大部分都变成了姓沙玛。那里有土司观念，没有黑彝观念。土司是封建社会的官职，而不是奴隶社会的官职。它不分黑彝不黑彝，反正你是我的臣民，你是我的百姓。在凉山，有的汉族也是数家谱代数而成为沙玛家的人。沙玛土司家谱有一段跟我们家的一样，后来离我们20代左右时，有一个人有 7 个儿子，7 个儿子因为社会矛盾，打仗以后就分开了。一部分人流落到凉山西部地区的美姑、昭觉一带，去了以后受黑彝的统治，沙玛土司

统治的人都是百姓,都是"格",都是白彝,黑彝就这样对待这些人。沙玛兹莫手下去的这些老祖宗有造反精神,认封建社会,不理奴隶社会那一套,不听指导,经常造反。有的直接迁到黑彝罗洪家管辖的地方,造反后走了。有的迁到瓦扎家管辖的地方,造反后走了。七走八走,跋山涉水就迁到盐源,居住不久又从盐源迁到宁蒗。到宁蒗后曾经在热柯家管辖地区生存,也曾在补约家管辖地区待过。热柯、补约都是黑彝。我奶奶是补约家管理家务的管家。据说我爷爷是娶不起老婆的一个人,几兄弟商量后,把我奶奶拐起走。丽江这边不敢走,往回走到盐边。我们沙玛家亲戚就把他们放在山上,过了大约一个来月,黑彝未能追到,才把他们送到盐源沙玛家。那个地方属于罗洪家管辖范围,有一家罗洪家跟其他罗洪家的叔伯兄弟关系不好,后来跟我们一起搬迁到香格里拉,中甸,那时叫中甸,就在黑巴雪山下。黑彝白彝一起去那个地方后,由于不知藏族的深浅,把藏族的娃娃抓来当娃子,是亲自抓来的,慢慢的矛盾增多,藏族人来打。我父亲的一个哥哥被打死了,年纪轻轻的被打死了。跟藏族打,藏族人很多。那时候,中甸县是藏族人当县长,不知有多少藏族士兵,反正有矛盾就打。后来藏族就来抓人了,抓人时,那些彝族人就把盐源带来的娃子送给藏族,说是杀人凶手,作替死羊了,被枪毙掉了。之后陪人命时,彝族内部起矛盾,干来干去黑彝跟白彝就有矛盾了。白彝人多,就把黑彝家的猪杀了吃了,公开商量好后,带着老婆孩子过江,过丽江、金沙江,往维西去,搬到了维西居住,并不时与黑彝打冤家。我家就是这样三渡金沙江,第一渡是去金阳,是从云南到四川金阳。第二渡是丽江,丽江过中甸,是从宁蒗到丽江,再去中甸。第三渡是去维西,是从中甸到维西。曾经三渡金沙江哦。

笔者:维西没有黑彝居住吗?

没有黑彝居住。以金沙江为界,金沙江以西是属于无黑彝地区，全是白彝居住地区了。我们是1936年过江到维西县去的，我是维西县出生的。维西县以前没有彝族人，后来去了很多彝族。以前的老一辈，不管去哪里，一般都跟黑彝一起去，一起搬家。如果没有跟黑彝一起去，就觉得危险，怕被别人卖了，黑彝被当做保护伞，黑彝保护他，黑彝是他的身份证。我这个沙玛，不跟黑彝去，跑到另一个黑彝地方，被黑彝抓起来，当做娃子使用。怎么办呢？人家不管你什么沙玛不沙玛，抓起来当娃子再说。因此，黑彝就是身份证。所以，以前搬迁一般都跟黑彝一起走，黑彝不走就不离开，生怕被别人卖了。后来，中甸这个地方矛盾激化，没有办法，黑彝也没地方去，我们干脆离开他们，免得受苦受罪。我爷爷的脚胫曾经被黑彝用锯子锯断过。喔，干哦，沙玛家的人相当有造反精神，就这样逃走了。

笔者：维西那边都有哪些家支居住啊？

基本上都有，阿里家支、沙玛家支、阿硕家支、阿鲁家支、阿库家支、波苦家支、吉伙家支、阿妞家支、吉能家支等等，多啦。但是，大部分都是新中国成立前后离开黑彝地区搬过去的。我们沙玛家去时还不多，不过互相之间暗地里相互打听，相互间不断走动，有联系。现在有三四千彝族人，搬去玉龙、兰坪、怒江州的也不少。

"他是不错，就是婚姻这条差了。"：婚约关系

笔者：您认为一般黑彝和白彝不通婚是什么原因呢？

这是奴隶社会造成的，主要是大、小凉山有这种情况，其他地方没有。其他地方搞不好白彝还不跟黑彝通婚呢。因为他们这个地方人数太少了，自己跟自己通婚，慢慢地身体素质就降低了。在凉山这个地方，特定社会形态造成了特定等级观念。你是我统治的，你是我的白姓，我的娃子，我还跟你通婚，心理上接受不了，心理上不能接受，自然就不通婚了。现在主要是老一代

的观念还保守。年青一代好多了，尤其是读书的，有他自己的看法了。不读书的人，大部分与农村的老一代一样。他们宁愿跟汉族结婚，也不愿跟过去的奴隶娃子的后代结婚。不过，这种观念也会慢慢地消失，随着特定社会意识形态的消失而消失，但时间不会很快，不会很短。你是我统治的人，我的奴隶，心理上怎么能接受呢？只能慢慢来。

笔者：居住在维西那里的彝族婚姻情况怎么样？

维西那边的彝族和彝族之间开亲，某种情况下比大、小凉山更严格一些。我是例外，我是在北京读书时讨了个白族老婆回来的，也受到过很大的谴责。但是，由于我能力太强了，人家也服了。现在背后还是有人讲，背着我还是讲的："他是不错，就是婚姻这条差了，讨了一个白族老婆，是差劲的很了。"这是我猜测的，肯定在我背后有这样的议论。这种婚姻现在压力小了，我们那个年代很烦恼哦。你们阿里家有三弟兄，我亲自看到的。新中国成立时，阿里家三弟兄中老幺那个，跟傈僳族那里抓来的娃子，一个放羊的奴女好上了。他们两个同居后，生了两个娃娃。他的亲戚就劝他赶快处理，他不干。他不干怎么办呢？他的家支就请曲木家支的人来杀他。请来的枪手拿起枪，站在沟这边，隔着沟瞄准。他家在沟对面，我们在这边看着。他家支的人故意把羊子放在他家的燕麦地里，他就跑到猪圈上面去叫喊："啊，小孩子们，小孩子们……好好看着羊子哦……"那样干叫的时候，这边就"呼"的一枪把他打了下来，打死了。打死以后，他家支的人马上把他的两个孩子和那个傈僳族老婆连夜带走。晚上白天不停地赶路，一直送到大凉山或小凉山彝族地方去卖掉了。那时候，那种事情很残酷的，重者杀掉，轻者赶走，开除家支族籍的。

笔者：那时候差不多新中国快成立了吧？

是新中国成立初期的时候。新中国成立初期还发生这样的事情，看来家支婚姻习俗相当严格，不是开玩笑的。比较亲的人不忍心，怎么办？实在没办法了，私底下叫他赶紧跑、跑、跑，跑得远远的，从今以后不要到我们听到的地方来了。走啊，走啊，快点走啊！这样跑掉的，就能留下一条命了。都是家支内部的事，但外边呼声大。有时候，有的地方，全村的人都凑柴来烧，活活烧死的。相当严格相当残酷。你跟其他民族的人通婚，了得啊！你跟不同等级的人通婚，了得啊！黑彝乱干男女关系都是悄悄的，只是大家暗地里知道，也就算了。要是让大家都明明白白知道的话，也是按照习惯法处理的。那为什么那些人那样干啊！等级观念很森严，很严格的。

现在我们沙玛家支在这些地方还是非常严格的，一般不娶其他民族的女人。现在，我有两个侄子从昆明读书回去了，有个娶了个汉族姑娘做老婆，很是现代。在昆明读书这几年，什么样的世面他不认得呢？娶了一个汉族老婆，还没有结婚，领到家里边，晚上还睡在一起，这种情况，彝族规矩里是不允许的，是要不得的。一个是娶汉族老婆是错的，是不能娶的。第二这种事本身就丢脸了，两个人还要睡在一起，太不好了嘛。为此，我家兄弟去吊脖子（吊颈），我幺兄弟发现后把绳子解开了才捡回一条命。丢脸啊！他是觉得丢脸才去吊颈的。

笔者：是您亲侄子吗？

是亲侄子啊。还有一个我妹妹家儿子，在他兄弟媳妇面前挖洋芋时放了一个屁，大家吃晌午饭时，他走进森林里边去了，吊脖子死了。也就是说我妹妹的儿子在他弟弟的老婆面前放屁后吊死了。

笔者：是前几年的事吗？

是啊。我们这边还是很严格的。你们那边大、小凉山的人多了，改革开放以后，想通的人多了。我们这些地方还是戒律森严的，都是原来传统的那一套。习惯法就是这样子的。哥哥在兄弟媳妇面前的言行很严格的,是一生都不讲话的。

笔者:您侄子娶汉族姑娘也是前几年的事吗?

三年前吧。现在还在一起呢。因此,见面时,彼此总觉得不太安逸,不太舒服。那个汉族姑娘跑到我们彝族村子里来,表现一直不错。不怕脏不怕累,不断地做家务,什么都做,已经是相当努力的了,还是感动不了上帝,你说怎么办嘛。

笔者:在哪儿工作呢?

在家乡嘛,在乡政府里工作。他娶的那个汉族姑娘是乡团委书记,人家都是公务员了,我兄弟他们还是那样不情愿。我后来看见二侄子时,就开始向他打招呼了。看到这个事情,我劝他,必须要娶彝族姑娘。全县彝族姑娘找不到合适的怎么办,要跑到兰坪县彝族村子里去娶。现在他自己娶来一个彝族姑娘,是个小学教师。难啊,根深蒂固的观念。

笔者与彝族专家马立三先生(中)、赵新国博士(右)

笔者:您认为这样的观念好吗?

不好嘛。好啥子嘛。但是客观存在，一时还难以改变，你强迫它改变也不行。

笔者：对他们来说是好吧！

我看不到哪儿好，肯定不好嘛。不论从宏观上还是微观上看都是落后观念的一种表现。各民族互相通婚是件好事嘛，是求之不得的事嘛。近亲结婚，不跟外面接触是不行的。民族界线历史上打不开，现在要去打开，要从婚姻上去打破。婚姻上打破了就好办了。再穷都跟上了，再富也跟上了。婚姻上一打破就好整嘛，婚姻上不打破就麻烦了。婚姻比组织部长厉害得多，东南西北它都能调起走。比如，我们云南的一个小伙娶了内蒙古的一个蒙古族姑娘，他分到云南后，那个蒙古族姑娘不一起来的话，他还是要跑到内蒙古去找她的嘛。或者那个蒙古族姑娘想方设法跟他来云南嘛。这种情况组织部门是干不赢它的嘛。他或她非要走不可，你怎么办。婚姻上打破，那不得了的，婚姻是纽带，婚姻关系很厉害的。

"怎么能干得赢从汉文学校出来的毕业生嘛！"：教育

笔者：您觉得彝族孩子读书不成功者多的问题应该怎么解决呢？

这个嘛，我的想法是彝族集中的地方，要集中办学。学校修大一点，老师配强一点，学生才能多起来，才好教学，相互学习。不懂汉语的地方，用彝语来过渡一下。彝语仅仅是作为一个工具来过渡一下，长远计，还是学习汉语。至于散杂居区的彝族小孩，要在家门口自己办学，是永远办不好学校的。必须要国家拿出钱来，吃住都集中在一个地方。宁肯集中在人口比较密集的、教学质量比较好的地方去学习。这样跟汉族学生一起学，语言上交流了，学习上相互学习，相互促进了。外来的老师教起来快得很，家门口争着办起一个学校，今年请个代课老师，明年来个代课老师,三天打鱼两天晒网,搞不成,培养不出什么人才来的。因此,我的想法是,多办一些寄宿制学校,尤其是凉山彝族地区多办寄宿制学校,这才是个好办法。寄宿制办不起来的地方,要把孩子送到人口多的地方、学校办得好的地方集中学习。这样五个人当中出来三四个不说,一两个也不错。家门口办学,我的老家就是这样子的。请个汉族老师代课一学期,第二学期就不来了,也没办法。当地有个初中毕业生来代课,今天放羊啦,明天挖洋芋啊,搞不成。人家城市里的学生,白天好好学不说,晚上父母亲还守着孩子做作业。我们家乡那个地方,一天上课两三个小时都没有保证,怎么能跟别人比赛嘛。而中考高考的时候,分数面前人人平等。很多时候,不是智力的问题,而是根本保证不了孩子们的学习时间。在农村那些地方,更不能批评学生负担重了,学生没有什么负担,根本没有什么负担,整天上两三个小时的课就完事了。城市里是过重了,有些学生深更半夜了作业还没有做完,父母还守着一起做。所以,一是尽量地进汉族学校里学习,当然人口太多了,没有办法。二是人口密集的地方,集中起来办学,不要分散办学,这样好一点。三是加强教育和引导。现在读书读不成,读不出来,关键是教育跟不上,观念跟不上。

笔者:跟从小就学汉语而听不懂有关吗?

有关系。不过,可以用彝语来过渡一下,没有其他办法,只能用彝语来过渡。但是,我认为汉语已经学得不错的学生,就不要再去读彝语了,耽误时间,负担重,时间抢跑了,直接接受汉文化教育好。

笔者:您怎么评价凉山彝族自治州有些彝文学校毕业的学生找不到工作的事情?

这个事情很复杂。那些彝文学校就是计划经济年代的产物。那时候,国家为了增加我们彝族干部的数量,而不是为了就业,千方百计搞起彝文教育。那时候，就是依靠彝文学校毕业的那部分学生来增加干部数量，各方面都有好处。现在看来，应该说是起到很好的作用的。但是，继续这样搞下去的话，恐怕不行了。自成一个国家是可以搞的，在汉语文化的包围下，是没有前途的。对少数民族语言文字，我在成都会上讲，宏观上、长远一点看，不要抱更多更大的期望值。现在人人都在学汉语、跟汉语，汉语也在跟英语，将来还不知跟哪个语种去呢。世界一体化了，经济全球化了，本民族的语言文字用不成，用的是人家现代汉语的东西，英语的东西，不懂汉语，不懂英语，是搞不成工作的。这个年代还拿起彝文来工作，难了，不是解放初期的时候了。因此，这种学校要逐步改制，改成双语学校或汉语学校。不然的话，学生学出来以后没地方就业。既使就业了，在评职称、升职务的时候，怎么能干得赢从汉文学校出来的毕业生嘛！所以，我说期望值不要太高。不过，要好好研究是应该的。

"具体就不谈了。"：毕摩文化

笔者：您认为彝族的毕摩文化怎么样？

宏观上讲，毕摩文化不得了，现在写彝族通史时发现，我们原来认为毕摩只搞些祭祀活动，其实不只是这样的。它的知识非常丰富，毕摩文化不等于所有彝族文化，但彝族文化的大部分都是在毕摩文化里头。所以，现在楚雄州拿出1000万元来收集、整理、出版毕摩经100卷。毕摩经不是一本两本噢，毕摩经图文并茂，艺术性相当高的。凉山失传了不少，有些失传掉了。毕摩文化是不得了的问题。原来彝族社会有兹、莫、毕、更、卓的分法。元明清时搞改土归流，很多兹、莫称为土司了，演变了。彝族社会最古老的时候，就有兹、莫、毕、更、卓，毕是第三，就像汉族历史里的天、地、军、师一样的。具体就不谈了。

"彝族社会许许多多人命关天的事，
都用习惯法来解决。"：习惯法

  凉山彝族的习惯法，是过去彝族的法律。在那些年代里，人们之间出现纠纷什么的，你去哪里找皇帝，去哪里找衙门，找了也没有，去哪里找也不知道。我们在这个天地里处理事情，自己处理自己的矛盾。外边人来进攻我们，发生一切冲突我们怎么解决，就用这套办法。法律不健全怎么办，只有靠习惯法来整。习惯法名堂多得很。

  笔者：您觉得习惯法是什么时候形成的？

  逐步逐步形成的，不可能是哪个阶级、在哪个时间段一下子形成的，而是长期形成的，而且不断丰富、不断完善的。

  笔者：有成文的习惯法吗？

  成文的习惯法有的嘛，咋个没有呢？有，彝族文字规定的。但统一的没有，只是在一个范围里有。彝族文字记下来的有，但是，是在一个范围内使用，而不是普遍的一本本书。

  笔者：那您觉得彝族的习惯法具体怎么样？

  习惯法是彝族的法律。长久以来，彝族社会许许多多人命关天的事，都用习惯法的原则来解决的。大、小凉山的彝族，什么事情都是按照习惯法解决的。婚姻有案例，怎么重处都有依据。一般的怎么处理，重的怎么处理，轻一点的怎么解决。涉及杀人怎么处罚。兄弟之间、家支内部矛盾怎么处理。与别人之间闹出人命怎么处理，等等，都在习惯法上有明确的规定的。习惯法对我们大、小凉山彝族的影响是根深蒂固的，直到现在我们国家有法律了，但是，许多地方私了的还很多。打死人了，怎样杀牛、羊、猪给他安葬，老婆孩子怎么安排等。有些地方，半官方整的也有，反正怎么整都得整掉民间的这些纠纷。随着我们国家法律的健全，普法的深入，人们法律素质的提高，逐步逐步的家支制

度和习惯法就会消失，就会随着历史社会的发展而消亡。凡是意识形态的社会文化，它的产生、发展和消亡都有一个过程。现在只能强调法律，强化法制观念来逐步逐步削弱它，人为的办法解决和消灭家支是不行的。这种事情，在历史上干过的，啥子都搞批判。家支头人拉来批斗，批过去斗过来都搞过，但不起作用。人们的认识到位了，彝族人出来读书了，上大学的多了，跟其他民族一样认识世界了，语言也通了，就好办了。有好多事情，心理素质是共同的，意识形态是一样的。

云南丽江玉龙山上的松坪子景点一角

"将来生一个奇胎或怪胎怎么办？"：对婚约关系的看法

（发展以后）反过来再看看这些问题，就自然而然没有问题了。如表哥表妹通婚的事情，大学毕业的，读过书的人，认识就不一样了。父亲或母亲的兄弟姐妹的孩子通婚，读了大学的彝族年轻人，大学毕业了的人，就接受不了了。他们觉得两兄妹通婚，父亲的姐妹、我姑姑的孩子跟我结婚，接受不了。知道这个是不好的。甚至还懂得从生理学上去看待，将来生一个奇胎或怪胎怎么办？生出娃娃不聪明咋个整？他就会考虑这种问题了。随着社会发展，知识增多，人们认识到了。人的知识越多，层次就越高，素质就越高。当然，对这些问题也要一分为二地认识。有的所谓的优良传统，过去习惯法的规定，历史上存在过的、现实中依然存在的有些东西，也有可取的地方，是可以发扬和歌颂的。比如，一个始祖繁衍下来的家支成员男女之间禁婚、禁性行为等习俗，是值得提倡的。这一点是非常严格的。人与人之间有严格的生活习惯和言语规则。直到现在，我们村里还没有乱来的。弟弟的媳妇跟哥哥之间不能随便开玩笑等规则依然很严格。这种当然严格一点好，男女之间不能随便乱来，更不能发生男女性关系。这比起其他一些民族来讲，好得多了，不能乱来的。一个村里边，人家姑娘长得好，不能去调戏，不准胡来。人家张三李四家的儿媳妇，别人不能乱开她的玩笑，不能动她的一根毫毛，谁敢动她一毫毛，全村的人都来收拾他。以前，严格一点的时候，是命令乱来的人去吊脖子，去吊死的。吊脖子是很严格的。这里面有糟粕，也有精华，反正精华的我们继续发扬，糟粕的要遗弃。有些习俗随着社会的发展，已经很落后了，反映到婚姻上比较严重。不跟其他民族通婚，原因我刚才说了，一个是民族压迫、民族歧视，看不起你，祖宗历代互相间就有仇恨，咋个会通婚嘛；二是语言不通，风俗习惯不一样，心理状态不一样，就无法通婚了。在高寒山区，把一个坝区姑娘嫁给他，生活习惯不一样，语言不通，根本受不了嘛。这种婚姻上的隔阂归根究底是过去的民族压迫造成的，是民族压迫、民族隔阂带来的恶果。彝族说"烂汉族、烂汉族的"，这么教育孩子；汉族也喊："喔，蛮子来啦，蛮子来啦"！"倮倮来啦，倮干子来了。"这么教育孩子，怎么通婚嘛。民族间互相看不起，互相歧视。在凉山奴隶社会时期，人穷得要死，也敢把别人家娃娃拉来当娃子。你说咋个整嘛。谁也不管，谁也管不着，我行我素。以前，越西县有一个国民党派去当县长的汉人，在半路上被彝族抓去当奴隶，直到新中国成立时才放出来。你说这个咋个说嘛。咋个通婚嘛。

好了，我们先去吃饭，边吃边谈吧。

笔者：好的，谢谢您。

不用谢。

四、2006年6月25日下午15：00—17：00 和 6月26日上午10：00—12：00

被访谈人：曲木约质，男，彝族，云南省楚雄彝族自治州彝族文化研究所课题组负责人；

访谈地点：云南省楚雄彝族自治州彝族文化研究所曲木约质家里和云南省楚雄彝族自治州彝族文化研究所课题组办公室；

在场人：钱丽云女士。

"你青蛙和我赛跑，有什么可比的呀？"：民间文学

笔者：您认为凉山彝族儿歌有哪些内容？

儿歌是在农村跟爷爷奶奶们一起聊才能听到很多的。主要有两种：一种是父母、爷爷、奶奶教给孩子的，主要是奶奶和母亲唱给小孩听的，有两三种方式。

笔者：收集好的典型的例子有吗？

收集好的不多。有一本放在家里的云南民歌集里，可能有一些彝族的儿歌，到时我送给你一本吧。另一种是小孩自己和朋友们一起玩时唱的歌。

笔者：是彝族过年的时候玩猪蹄时唱的吗？

不只这个。那是当做游戏玩的一种。娱乐游戏儿歌，不少，曲子大概是这样唱的："阿……金尼（一种鸟）天上飞，小兔地上叫，小伙子的荷包……"曲调很优美，词汇比较形象生动。用这个教育小孩子是很好的。这些是彝族的儿歌。

笔者：这些您全懂，全知道吧，都能唱吗？

懂得不多，会一些，有七八首吧。

笔者：您懂的现在能记能背的录制好，以后很有用的。

是嘛。这些是一种。另一种是童话故事，彝族有很多童话故事。那个《狼和青蛙》的故事中，狼和青蛙赛跑，狼对青蛙说："你青蛙和我赛跑，有什么可比的呀？"狼很看不起青蛙。结果，比赛时，青蛙悄悄跳到狼的头顶上，开始赛跑。狼跑啊跑，快累死了时，跑到了终点。一到终点时，青蛙"嗖"的一声跳到狼的面前，说：看我比你跑得快吧，而且，你狼的毛还咬在我嘴里呢。狼一看到自己的毛，只好认输了。还有《狗熊瞎子》、《吃人妖婆》，等等，都是儿童十分喜爱的童话故事。在彝族纯粹的神话故事里，有成人的故事，如创造人说等，也有宗教方面的故事，还有专门的童话故事。现在彝学界很少研究这些方面，实际上这些是很丰富的。云南彝族也有很多童话故事，但用彝文写的还没有。用汉语写的、以彝族文化因子为内容的较多。有一个叫普飞的作家，前一段他寄给我一本书，我们是朋友。普飞现在很有名气，仅次于彝族作者李乔了，主要是写彝族童话和寓言故事出名。他的童话和寓言故事已翻译成7个国家的语言出版了。

笔者：是现在创作的童话和寓言故事吗？

有一部分是现在创作的,有一部分是传统故事改编的。

笔者:把传统的整理出来的多吗?

不多,有一部分。他的创作是站在彝族传统故事的基础上,读起来很有彝族的味道。从现在世界文化的角度来讲,童话故事还很重要的。现在创作的童话寓言故事较少。所以,他就走通了一条路,有这样一个人,对小孩子的教育引导很好。彝族有很多寓言故事、儿歌、游戏等。游戏也有很多,可能你也知道不少。比如,抓石子等。

笔者正在对曲木约质先生(左)进行访谈

"现在什么都在淡化。":教育、文化

笔者:您认为凉山彝族姑娘读书成功者少是什么原因呢?

彝族女孩读书成功者不多的原因,我认为应分阶段来讲。二十多年前,也就是改革开放前,出来者少。一方面是彝族有重男轻女的思想观念,不让彝族女孩去读书或读书者少。读书者也很少读出来，客观上有教育不好的原因。到了改革开放以后，尤其是这几年，认字很少者也出来打工了。比如，宁蒗县的彝族，很多一个村子的姑娘和小伙全都出来打工了。过彝族年时，猪也没有人去杀，只好请汉族临时工来杀猪了。这些出来打工的人过年也不回来，以前彝族过年怎么也要回家的，必须在家的。现在打工的舍不得花路费，单位也不让请假。我想逐步逐步就可能汉化了，彝族年有可能就消失了。现在什么都在淡化，但是，过年，这是我们彝族文化中生命力最强的部分。从心理上来讲，现在我们这些在外面工作的人，只要家里打电话过来，说过彝族年了，即使回不了家去过年，心里也总是惦记着过年的事。我在楚雄也是，我自己在家里设个祭台，祭祖献牲。把猪肉砍成砣砣肉，来祭祀祖先。

笔者：您在这里还祭祖啊？

过年时祭祖呢，祭呢。

笔者：哦，传统文化就是这样影响人的。而且，在外面时间长了，民族意识有可能进一步增强了。我就有这种感受。在家时，周围的人都是彝族，没有人想到汉族或其他民族。出来后，见这个见那个都说你是彝族，自己也就自然而然地增强了彝族意识。真的，我是亲身体会的。以前在读中小学的时候，在自己家乡时，最多哪个汉族学生偶尔说你一句"倮干子"的时候，非常生气想动手打架，一般平时没有汉族和彝族的概念。到大学读书后，周围突然有各个民族的人时，自己的彝族意识就增强了，想回避也是不可能的事。

你说这个问题抓住了一个要点，也引起我的共鸣。现在少数民族的青年，可能很多都有这种感受。就拿彝族人来说，彝族青年的民族情感、民族意识，很多在本土、在自己家里是学不来的。没有读书读到高层次的人，只在当地生活的那些人，一般传统是继承的。但是，民族与民族之间体现出来的民族情感，民族意识，还是淡泊一些。有一定文化层次的人，读到一定高度的人，参加工作的人，如何对待这种民族文化，民族情感，民族意识，有自己的认识和把握。现在，在云南和四川，都有炒作民族文化的东西。一炒，民族文化，民族意识，民族情感就增多了。这些人当中，一个是学者，一个是干部。现在有些干部，就是用彝族这个招牌，以彝族身份当上干部以后，他的民族情感和民族意识就加深起来。这两年在楚雄，有些干部也是在过年过节的场合体现出很浓的民族情感。这是一个特点，是你说的那个特点吧。

调研期间笔者与云南楚雄彝族文化研究所一行人合影

以前地方上的民族群体意识，最早体现在生存竞争中，要团结。一个是家支情感，一个是民族情感，跟外面交流少，到汉族地区受欺负了，就群起而攻之。现在在外面工作的人，与我们国家是分不开的，我们少数民族，我们彝族，有许多人在外面工作,也是一个群体。这个群体里,我发现不管贵州的也好,云南的也好,对彝族情感都有亲和力。民族院校毕业的学生,像西南民大、中央民大毕业的彝族学生,民族情感更浓,一般学校的学生要弱一点。

笔者:是一圈一圈的。

在民族院校读书者,学校里有其他民族的学生,各民族学生都有各自的民族认同感。这些民族学生有的出国,还要与外国学生竞争。现在中国实力增强了,他们在国外也有地位。我看工作了的干部和彝族学者、上大学的、上中专的学生,民族情感比较深、比较浓一些。

"家支制度是凉山彝族社会的维系者。":家支

笔者:有一个问题以前和现在都很少人去认真探讨,但是,在凉山彝族人的思想意识里面却依旧存在,有些地方还非常严重或非常浓,这就是诺(黑彝)和土(白彝)的区分,也有诺合和土合之说或诺惹和土惹之说,您对此有研究吗?有何看法吗?从它的起源、发展,包括婚姻、等级等各方面来说,您是怎样思考或认识的?

这个问题是研究家支问题避不开的课题,家支文化里面有个内容就是等级制度。凉山彝族奴隶社会制度包括两个核心内容,就是家支制度和等级制度,整个社会就是以家支作为纽带维系起来的。家支原则是超越各种原则的,是超越等级制度的,也就是说家支制度是超越等级制度的。

笔者:为什么呢?

也可以这么说,家支制度是凉山彝族社会的维系者,促进社会秩序正常的。比如说习惯法的判例,在整个凉山彝族,大家都知道,维护整个社会的稳定,是靠习惯法的。没有国家,没有行政机构,但是,大家都遵守习惯法,确保习惯法有关条款的执

行。如一个案例中，判哪个人赔偿几两金子，判哪个人去偿命，判哪个家支对哪个家支进行赔偿等都有明确的规定。调解一些纠纷，尤其是在婚姻纠纷的调解当中，是依照家支习惯法来处理的。因此，家支制度是凉山彝族社会的主要制度。刚才说等级制度，在新中国成立前很严的。体现在婚姻上，体现在一些家支的活动中，婚姻保持血缘等级纯正，同等级之间结婚。新中国成立后，政府的工作使奴隶翻身，由于政府的行为，阶级淡化，取消等级制度。但是，在私下，在民间，这个等级制度还是很严的。改革开放以后，以前生产队在一起劳动的做法消失了。搞包产到户，家支势力开始抬头，政策也宽松。

笔者：政策宽松，民族文化就复兴了。

家支制度就更加强化起来了。比如，有些纠纷调解，家支压力很大，法院判了不服，家支里重新再判。

"我们也是不跟他们通婚的。"：婚约

现在彝族出来了很多人，尤其是最近七八年以来，出来很多。彝族女孩子出来的也很多了，出来打工挣钱。

笔者：出来打工者，据您观察了解，在婚姻上有什么变化吗？比如有无嫁给其他民族的。

婚姻变化这方面，按百分比来讲，可能有30%的（嫁给其他民族）情况。我认为，我们彝族里面有不同的内部结构，如白彝的后代，家支强大的那些出来打工的彝族姑娘，在找对象时，还是找出来打工的彝族小伙子，找汉族等其他民族的人还是很少很少的。我认识我们曲木家支的一个侄女，她在昆明打工，有一个汉族男朋友，但是，后来还是没有嫁给汉族而嫁给了彝族。在外面打工的很多彝族姑娘，在婚姻上，她们的家支里有人在做工作。她自己也知道，自己找了汉族的话，父母去世时，献祭的牛羊也不好扬名。家支文化对她们有很深的影响，家支压力对她们

有大的作用。她们的父母、叔伯、舅舅们也是让她们找彝族结婚，对她们压力很大。她们在外面打工一段时间后回家乡了，在家乡安家落户的也有很多，至少有60%吧。在外面找汉族的是极少数。这些年大概是这样的。不过，几年以后就不清楚了。

在打破等级制度婚姻方面，黑彝等级的男人找其他等级的姑娘或外民族的姑娘结婚的，现在也多起来了。

钱女士：你们那里也多吗？

机关的多，农村的极少，农村不同等级开亲的还是很少很少的。

笔者在云南省宁蒗彝族自治县永宁乡调研时在永宁加油站前留影

钱女士：这就是传统文化流传下来的反映。

改革开放后到最近几年，白彝跟下一等级的嘎加和加西通婚的还是很少。

钱女士：我们武定那边有，只是没有你们那边那么明显。武定那边支系多,有部分划给傈僳族了。有部分黑彝,现在家支观念还根深蒂固,不跟其他支系的彝族通婚。

她那边是以支系来说的,她的支系在武定是属于黑彝,她算是黑彝。

钱女士:我在外面工作,那么多年了,家里照样也是反对的。是这样的,这个支系全部是黑彝,黑彝里还要分的。比如,我家下边的等级的人,我们也是不跟他们通婚的。

笔者:为什么呢?

等级观念的影响,等级制度的残留。有些支系的人,以前是租种她家的地的。

钱女士:包括汉族都租种我们彝族的地。

笔者:今天十分感谢两位了。

不用谢!不用谢!

五、2006年6月29日下午16：00—16：30

被访谈人：杨正冬（前左1），男，彝族，云南省丽江市团委书记；
访谈地点：云南省丽江市阿丹阁大酒店贵宾楼2332房间；
在场人：杨希先生。

"其实，更多的是婚姻集团的关系。"：家支关系

瓦扎是由阿迪、阿细家支从大凉山带过来的，罗洪是由都散、吉威家支从大凉山带过来的。为什么我们在小凉山能够有今天，像你说的，我们金古惹所家支人多，这不是乱宣扬的，而是说明了一个渊源，那就是小凉山彝族社会是经历冤家械斗过来的。我们金古惹所家支是在冤家械斗中成长起来的。为了自己家支的利益，补约家认为补约家重要，瓦扎家认为瓦扎家重要，彼此争强好斗，结果损失惨重。但也促进了社会生产的发展，这是

彝族人的个性。

  瓦扎地方的阿迪、阿细、阿库家支的人认为，我们补约地方的金古、阿鲁家支的人不讲诚信。冤家械斗以后，用白银来抵命债时，瓦扎家出了20个白银，补约家才出了10个白银，人没有我们这边多，给少了也拿我们没办法。这些都是古时候的事了。我可以给你举个例子：今天丽江市委党校张先生，是大学毕业生，是我的老领导，是我上面一届的丽江市团委书记。张先生的人品相当好，可宁蒗县有人说他不行，你说怎么办嘛。一个人做得再好、也有人说不好的。以前，在宁蒗县范围内，有补约是金古、阿鲁的地方说法，意思是说金古和阿鲁家支很厉害。其实，更多的是婚姻集团的关系。因为金古、阿鲁两个大家支之间开亲通婚嘛。瓦扎地方阿迪、阿细两个家支开亲，阿迪五子和阿库五子之间通婚。但没有金古和阿鲁家支那么厉害的。

六、2006年6月30日上午9：00—11：00

被访谈人：杨希（前右1），男，彝族，云南省宁蒗彝族自治县泸沽湖农产品开发公司总经理；

访谈地点：云南省丽江市阿丹阁大酒店贵宾楼2332房间；

在场人：杨正冬等人。

"金古到底从哪里来。"：金古忍石家支的基本情况

笔者：您认为你们金古忍石家支是从哪里搬迁来的？

金古到底从哪里来，我也说不太清楚。从家谱书里看，是从昭觉来的，至于从昭觉什么地方来，也不太清楚。但是，书里讲是从昭觉的斯木补约的斯其觉史这个地方迁徙而来的。到现在大多数有五六代人居住在宁蒗这里了，有的已有七八代了。现在金

古忍石整个家支大约有 3 万人，小凉山比大凉山多，分布在宁蒗县、大理的剑川县、怒江的兰平县、大凉山等地区。目前在金古分支中，在宁蒗县担任国家公职最大职务的是金古五斤，原是宁蒗县人大常委会主任，现已退休。丽江市是杨明武，现担任丽江市人大民族事务委员会副主任。吉伙分支是吉伙龙佳，前任宁蒗县委书记，刚调到丽江市里，还没任职。蒋日分支只是正科级干部。金古忍石家支的大学生不多，到目前为止，只有本科生两个，专科生两个，博士生一个。其中，金古分支有本科生，蒋日分支有博士生，吉伙分支也有本科生。与金古分支中吉伙分支的我这个小分支开亲的家支有：我妈是木忍沙玛分支的，属于吉米家支。大哥和二哥的老婆是阿鲁家支的，我的老婆是莫色家支的，弟媳是贾巴家支的，妹夫是加萨家支的。大伯家的老大媳妇是的哲家支的，老小媳妇是中甸的藏族人。大伯家的大姑娘嫁给沙玛石易家支的人，二姑娘嫁给阿细家支的人。四叔家的大儿子媳妇是海乃家支的，小儿子媳妇是摩梭人，姑娘嫁给吉克家支的人。五叔家有三个儿子，大儿子的媳妇是阿克家支的，二儿子的媳妇是能尔家支的，小儿子的媳妇是纳西族人。我大姑嫁给阿余家支的人，二姑嫁给马海家支的人，三姑嫁给加萨家支的人。我父亲排行老三。

我总结过了，我们金古忍石家支的婚姻结缔情况有四个特点。一是没有固定的世袭婚姻缔结家支。过去我家姑娘嫁给你家，你家姑娘嫁给我家，有这种情况。但更多是跟不同的家支开亲。二是跟其他民族的人通婚，比如藏族、摩梭人、纳西族等。三是与不同等级的人开亲，比如与比自己等级低的人开亲。这种主要是自由恋爱，不是父母包办。不过，最后还是按照彝族婚姻程序进行办理，女的嫁过来。四是我们家支的婚姻基本上是自由恋爱而来的，至少有一半以上吧，其余的都是父母的兄弟姐妹帮着决定。这种情况大约持续五六代了。

我们金古忍石家支中,有名的德高望重的人还是不少的。如金古吉哈、金古五斤等人。有什么事情都找他们商量着办。苏易和毕摩是没有。也不是毕摩世家。冉阔是有的,金古五斤也算是一个不错的冉阔了。我们金古忍石家支中尼木威阶的事没有。尼木措毕也好久没有做过了。我们金古忍石家支中是否开过家支会议?我的记忆里没有。

　　我们金古忍石家支中是否背父子连名谱系?是不用说的,都在背,但是,没有强制性的要求。舅舅家的谱系不会背得很多。在我们金古忍石家支中,整个家支成员里没有流浪者,至少没有听说过。孤寡老人是有的,但一个儿子或一个女儿都没有的人是没有的。

　　我认为维系家支的核心的东西是大家的家支观念,如对生活困难者进行帮助和救济等。家支观念是核心,连这种观念都没有的话,就可怕了。家支存在久远的原因是,上几辈的人的生存能力就很强,在艰苦的环境里能够健康成长,有相对固定的居所、财产和土地,这是维持我们这个家支长久存在的主要方面,而不是一家经常分到别的地方去居住,我们几代人都住在同一个地方或区域,又是亲戚又是邻居的,很好。

"让老百姓脱贫致富。":彝族发展的思考

　　彝族的发展问题是仁者见仁、智者见智,大家想法不太一样。我认为:第一,彝族首先要跳出自己把自己封闭起来的圈子,即跳出自己的旧框框——只跟自己民族交往,只与自己民族通婚等旧思想、旧观念。现在丽江彝族人已很多,有个人大代表,提出解决丽江的彝族死无葬身之地问题的提案,提出彝族人死时火化,举办葬礼习俗的时候,人很多,要场地等。他的提案一年多了,还没有结果,但引起了政府和一部分彝族人的欢迎,提得好。但是,怎么解决是一个观念问题。我认为这个提案主张

的是找一个举办葬礼的地方。这是个好主意。但是，我认为人死后火化时，还是放进殡仪馆的火葬场进行火化为好，然后收拾好骨灰放到自己想放的地方去就可以了，既方便又实用。但是，有些人说，殡仪馆里的火葬场什么人都放进去火化，不清洁，不纯洁。我认为人死了，哪里存在清洁不清洁的事情嘛。我认为彝族的观念还落后，彝族文化相对而言是保守的文化，彝族保守的文化和陈旧的观念严重地制约了彝族的发展。因此，要发展就要在观念上突破。第二，现在的彝族人更多地为自己的子女提供教育机会，（笔者：是现代学校教育的机会吗？）是的，尤其是农村，更应该想办法去解决子女的教育问题。第三，从当地政府的角度出发，要发展好本地区少数民族自己的经济。宁蒗县是国家级贫困县，经济不发展就会永远贫困，彝族就永远贫困，脱不了贫。宁蒗县彝族占50%多，又是彝族自治县，整个县的经济得不到发展，整个县的大部分人就处于贫困状态，彝族人自然就处于贫困状态，所以政府一定要想办法搞好经济，让老百姓脱贫致富，过上好日子。

七、2006年6月30日下14:00—17:00

被访谈人：金古甲哈（右），男，彝族，原云南省宁蒗县检察院第一任检察长，公安局政委，现已退休；

杨明武（左），男，彝族，原云南省宁蒗彝族自治县政府办公室主任，现任丽江市人大民族事务委员会副主任；

访谈地点：云南省丽江市茶馆；

在场人：杨希先生。

"金古这人是在斯木补约出生的。"：金古忍石家支的迁徙

笔者：你们金古忍石家支是从哪儿迁徙来的？

是从四川凉山昭觉县斯木补约这个地方迁徙来的。金古这人是在斯木补约出生的，金古阿姆、蒋日和吉伙是大老婆的儿子，另外四个是小老婆的儿子。金古的父亲是拉次俄觉，是与诺伙补

约家同祖。谱系是拉茨—俄觉—迪俄—肯姆—肯依—海依—俄布—金古。金古这个人是和诺伙补约家有血缘关系的。大概从俄布金古到现在，繁衍最长的已经到 19 代了，一般是 13 代左右。到我俩身上是 14 代，是从海依俄布 - 俄布金古开始计算的。

笔者：现在到你们俩身上只有 14 代吗？

是的，已经有 14 代了，从金古开始算得。

杨明武：金古是俄布的儿子，俄布前面呢？

俄布前面是诺，是拉普迪俄。

笔者：哦，金古家支是从诺里分出来的吗？

是的，是属于诺的拉普迪俄家的，是从诺里分出来。据说是诺和诺家的女奴生的，即金古的父亲俄布是诺，金古的母亲是诺老婆的陪嫁女。

笔者：这些在你们家谱书里好像没有记载呢。

有的，有的。都是从公认的古伙、曲涅顺下来的，到阿次次、阿香香，再到拉普（拉普就是诺。）拉普迪俄—迪俄肯姆—肯姆肯依—肯依海依—海依俄布—俄布金古。从阿次次、阿香香到俄布金古大约是 19 代。我们的祖先为何到日诺盐北（现云南丽江的永胜县笔者注）来的，主要是斯木补约这个地方人多，土地贫瘠，出产不好，而日诺盐北是个有名的地方。据说这个地方碗筷、木勺等餐饮用具与扫出来的灰尘混在一起，意思说是个很富裕地方。因此，不能住在斯木补约，陆续搬迁到这个地方来的。

笔者：你们家支是怎么迁徙而来的？

主要是从四川大凉山昭觉斯木补约那个地方搬迁来的。但是，搬迁而来的地点，也有多种情况，并不都是从一个地方来的，而是多个地方。有喜德搬来的，有美姑搬来的，多数是昭觉搬来的。

杨明武：金古阿普（金古爷爷）这个人，大约生活在明朝神宗万历年间，大约是在1660年，距今有400余年的历史。

但是，搬迁到宁蒗来的历史只有两三百年。金古的后代一般在四川喜德、昭觉、冕宁、西昌一带居住，居住不少时间后才搬迁来的。是陆陆续续搬迁来的，而不是一次性搬来的。

笔者：搬迁时怎么来的？是自己来的，还是跟黑彝一起来的？

杨明武：多数是自己搬迁来的。

多数说法是去日诺永北找个好地方居住。日诺永北就是万格山下，被称为永北的地方。

杨明武：就是现在的永胜县，永胜县原来称为永北。永北当时很出名，这个地方是出产好粮食的地方。

大概盐源县的部分也在里面了，万格山下那边的说法。

杨明武：盐源县以下也叫小凉山，现在好像仅指宁蒗县一带为小凉山，宁蒗县成为小凉山的代名词了。

笔者：你们搬迁来以后到现在快有四百年了。

是的，到宁蒗大概是三百年了。

杨明武：也不一样。有的是一百多年，有的是二百多年，有的是三百多年。

我们金古忍石家支的后代是分几次几批搬来的，从不同的地方来的。

杨明武：陆续搬来的，从不同的地方，不同的年代，陆续来的。

不是一次性一起下来的。我俩的祖先阿普（爷爷）这一代曾在四川喜德县一带居住。我们父亲们问爷爷们，为什么搬迁到这些地方来，爷爷们说日诺永北有名啊，万格山下的永北这个地方碗筷和勺子混在灰尘里面了，荞麦秆当做笛子吹了，很富裕，找钱致富很容易，很方便，有吃有穿的。听到这样的说法就来了，有能力有本事的人前面来，差一点的跟在后面来。是陆陆续续来的，我们爷爷是后面一段时间来的。爷爷他们后面可能就很少有人搬迁来了。

笔者：金古忍石家支分支里最早搬迁到宁蒗县一带居住的是哪一个分支呢？

最早的一支可能与诺伙补约家的祖先一起来的，是与万佳威迪和阿鲁兹都一起来的，万家威迪是补约斯苦。

笔者：是和诺伙补约家一起来的？

是的，一起来的。

杨明武：补约家可能先来的，之后有些金古的后代就跟来了。

笔者：什么原因呢？

有些与诺伙一起来，有些认为永胜这个地方富裕有名就来了。当时，日诺永北是有名的，就像现在的香港、澳门那样有名的。走，去万格山下的日诺永北，去那里找好吃好喝的。

笔者：来的时候，你们祖先是和一些姻亲家支的祖先一起来的吗？

诺伙补约与另一个诺伙尼惹萨拉博一起来，土伙也来了不少。据说万佳威迪与他一起来的是他母亲妹妹的儿子，一个叫尼惹萨拉博的尔额家支的人。尔额的后代是会理会东那边人，属于"所地"土语支系的。万佳威迪和尼惹萨拉博一起，一路上寻找居住地，最终来到现在蒋日木几博士家父母住的地方。在万格山下面，万佳威迪就说我就住在这里了，就在这里发展繁衍了。尼惹萨拉博说这个地方诺伙和土伙分不清，碗筷和勺子混在灰尘里，以后更难分诺伙和土伙了，你住我不住。这样，尼惹萨拉博就回去了，再也没有搬来。我们金古家支和阿鲁家支的后代就跟着来了。

"是一个渊源的。"：金古忍石家支与黑彝补约家支的关系

笔者：黑彝补约家支是从哪儿分出来的？是从拉普迪俄开始分出来的吗？

杨明武：本来我们金古和黑彝补约家是一起的。

这边住的黑彝祖先都是拉普迪俄的后代，都是从拉普迪俄分出来的。包括补约、瓦扎、罗洪、龙木、热柯这五家黑彝都是拉普迪俄家的后代，是从拉普迪俄家分出来的。

笔者：那么这五家黑彝和你们金古忍石家支是属于一个家支的？

是一个渊源的，后来历史变迁了。据说黑彝中有"尼木威阶"的事情。"尼木威阶"以后就变成姻亲家支了。热柯和罗洪只隔七代就开亲了。后来，补约与瓦扎、罗洪等家支也开亲了。后来这五家黑彝都相互开亲了，原本都是一个家支的。

笔者：是在拉普迪俄那一代开始做"尼木威阶"的吗？

不，"尼木威阶"的仪式可能还在后面举行的。拉普后面还有好几代，迪俄迪尼—迪尼阿孜—阿孜阿海—阿海都尔—都尔阿敌—阿敌阿依—阿依措品是热柯巴且。迪俄约敌—约敌阿都—阿都约布—约布政史—政史阿梯—阿梯所骨是瓦扎。约敌阿果—阿果能色—能色阿木是罗洪。罗洪、瓦扎和补约都是在迪俄分出来的。也有人说罗洪、互扎是后面一点分支的。罗洪里面有罗洪阿木、阿木舍祖、阿木舍普和阿木俄觉等分支。瓦扎也是从迪俄分出来的，龙武也是从迪俄分出的。拉普迪俄之前就不太清楚了。宁蒗这边的黑彝都是从拉普迪俄分出的，拉普迪俄是大众化了，是人人都知道的。拉普迪俄之后繁衍出太多的支系，分出的家支也太多了。果基是从拉普迪俄之前分出来的。迪俄四子中，迪俄肯姆是一家，迪俄迪尼是一家，迪俄约敌是一家，是在阿都的地方居住。这之前，还有"兹"，有"列古七子"的说法。其中，

有兹三家在此分、黑彝四子在此分的说法。

笔者：这些是怎么形成的呢？

形成兹和形成诺，据说"哥哥分出成为兹米，弟弟分出成为尔吉"。即三个哥哥是兹，四个弟弟是诺。列古和利利兹莫是两大势力。有"好是利利好，大是利利大"的说法。意思是说利利兹莫家的势力最大。

笔者：兹是因为掌权而有势力的吗？老大、老二和老三成为兹，其余四个成为诺。一般统称为兹莫三子和诺合四子。

杨明武：还有可能是前三个是一个母亲生的，后四个是一个母亲生的。但是，历史久远了，说不清楚了。

还有列古双莫俄尔布典是黑彝，列古诺都莫色是黑彝，列古诺骨散只散额尔重马海是黑彝，列古拉普迪俄是黑彝的说法。兹中有列古普色利木利利兹的说法，其他的我不会说了。

笔者与金古甲哈先生（右）和杨明武先生（左）留影

笔者：那么你们金古忍石家支是由黑彝俄布与陪嫁奴女之间有关系后生下金古这个始祖的吗？

杨明武：是的。但是，降低一级成白彝了。本来是黑彝的。因为俄布是黑彝，老婆是陪嫁奴女，两个人有关系后生下了金古这个人，金古就是我们的祖宗。也就是说金古的父亲是黑彝，母亲是白彝，金古被降成了白彝。

据老人说，俄布这个人稍微笨一点，是哥哥，他的父亲海依娶了一个媳妇给他。可是，黑彝姑娘人才不及陪嫁女。有人跟她开玩笑说你要哪个？他就指着漂亮的姑娘说要那个。并且，死活都要那个漂亮的姑娘。他父亲海依没办法，就把那个漂亮的姑娘许配给他了。当时，还不怎么讲究黑彝和白彝之间不同等级的事情呢。实际上，直到现在，同祖的黑彝补约家的人，都叫我们金古家的人哥哥呢。有人说那个漂亮的姑娘是沙玛阿库家支的姑娘。是不是真的，我就不知道了，也没法考证，只是这么个传说，我们老一点的人都知道这个说法。

笔者：金古是阿姆、蒋日、吉伙这三个人的父亲，金古的血缘一半是黑彝，是吗？

是的。

笔者：是不是俄布与沙玛阿库的女儿只生了金古这个人？

杨明武：据说是只生了金古这个人。按照彝族的习惯法，金古的身份就降低了，降成了白彝。这可能是后来的事吧。俄布有一个弟弟叫海依拉次，是俄布的亲弟弟。拉次俄觉就是补约黑彝家。拉次俄觉家的家谱，我基本上全懂，与我们金古家的家谱来自于一个始祖。我能背诵其中补约家一个小分支的代数到现在的人身上，一点问题都没有。现在这个家支的后代，人不多了。

笔者：为什么呢？

黑彝本来人就不多，在民主改革期间和"文化大革命"期间，又大量被批斗致死。

笔者：拉次俄觉发展而来就是黑彝补约家支了。罗洪、龙木家支也是在拉普迪俄时分出来的吗？

是的。是在拉普迪俄时分出来的。迪俄四子嘛。迪俄肯姆是补约。迪俄迪尼…阿依措品就是巴且家支。阿依伙车是热柯家支。迪俄约敌…阿梯所骨是瓦扎家支。迪俄阿果…阿木九子是罗洪家支。

笔者：现在你们与诺（黑彝）之间的关系如何？

与黑彝之间的关系很好，相互之间是什么辈分，什么关系，这条是保持着的。彼此之间互相称谓是什么，是按彝族传统习惯传承下来的。现在黑彝也不像新中国成立前那样，娶媳嫁女或人死的时候让我们背一些义务，搞一些摊派出钱出物出力了。那种事已经没有了，一去不复返。居住在一个地方的，还是相互关心，相互帮忙，彼此关系融洽的。新中国成立前，我们白彝给黑彝的尔普比普是存在的。比如，黑彝的人死了，白彝七家合出一头牛或六家合出一头羊的事情是有规定的。一个黑彝老人死了，看是办大葬礼还是一般葬礼还是小葬礼。小葬礼一般十家白彝合出一头牛。大葬礼搞得隆重一点的话，四五家白彝合出一头牛，甚至一家出一头牛。新中国成立以后，这些事就彻底没有了。

笔者：那以前金古忍石家支的人的主子是五家黑彝都有吗？

金古忍石家支的成员在瓦扎黑彝和罗洪黑彝家管辖下做平民的是没有的，基本上都是补约黑彝家的平民。补约黑彝家支的平民主要是金古忍石家支和阿鲁家支。瓦扎黑彝家支的平民主要是阿迪家支和阿细家支。热柯黑彝家支的平民主要是布散家支和井威家支。龙木黑彝家支的平民主要是阿克家支和阿鲁家支。阿鲁家支的人是补约和龙木两家黑彝的平民。

笔者：补约和瓦扎两家开亲吗？

开亲。

笔者：你们金古忍石家支与阿迪家支和阿细家支开亲吗？

开亲。

笔者：一个主子下面的所有平民都互称兄弟吗？

是的，都算作是一个大家支的成员。互相开亲的没有，称表兄表弟者也是没有的。我们金古、蒋日、吉伙分支里面也没有结婚的。主子家的人，与我们同辈的，年龄比我们小的，叫我们哥哥。是晚辈的，叫我们叔叔、伯伯等。我们也那样称呼他们的。

笔者：这是为什么呢？

杨明武：这是以家谱谱系规定来行事的，以前都是弟兄关系，后来有的成为主子，有的成为平民。但是，谱系还是相连下来的。根据谱系代数，疏理下来就清楚辈分之间有何种关系，应该称呼什么了。

笔者：宁蒗县的五家黑彝都相互开亲吗？

都相互开亲的。

笔者：成为兄弟关系的有没有？

杨明武：没有，都独当一面，各占一个山头，都是相互开亲通婚的。

笔者：现在从通婚情况看，黑彝和黑彝开亲，白彝和白彝开亲，黑彝和白彝开亲者没有或很少。为什么呢？

确实很少，只有极个别的。主要是黑彝要保持自己纯洁，血统纯洁。

杨明武：黑彝认为他们自己的血统是高尚的，是贵族的血统，与平民开亲了，就降低了血统。所以，不允许哪一个开亲或通婚，不能乱来。

笔者：从家谱来看都是起源于一处的，如何有贵贱之分呢？

杨明武：最初可能是由于贫富差距，慢慢分出来的。后来，他们认为自己的血缘是正宗的，自己是正宗的彝族，不与其他平民或民族开亲或开亲者少。但是，也有一些开亲的。中甸那边有。还有的媳妇是汉族。在凉山州也有，这些都是比较进步的。

一般农村的黑彝，对婚姻问题是相当严格和森严的，一般不与我们这个等级的人开亲。

笔者：是不是他们多么贫穷也不跟很富裕的白彝开亲呢？

杨明武：是的，穷死他们也不跟白彝开亲。在"文化大革命"的时候冲击很大，也没有改变过，相当顽固的。

有的到很远的地方去娶或嫁到很远的地方去。如到四川九龙、甘孜、阿坝、俄边等地去找媳妇，也不与白彝开亲。

杨明武：你们那边不知道怎么样？在这里，以前我们与我们下面的奴隶等级的人也是不开亲的。现在，有的人与汉族人通婚开亲了，有的人与其他少数民族的人通婚开亲了。但是，不与下一个等级的人通婚开亲，直到现在也很少。而且，有这种通婚开亲的人，私下也被其他家支的人看不起，认为是下贱的。

笔者：所以，传统这个东西很顽固。

杨明武：彝族的婚姻缔结制度相当森严，相当顽固。

笔者：你们认为为什么那么顽固呢？

哈哈，主要是思想观念在作怪，是历史遗留下来的意识形态在起作用。出现这种事，会受到其他家支的议论和非议。认为是异类了，"这家人这样开亲了，我们不能与这家人开亲了"等，好像是那家人做了一件很违规、很不道德的事情，很对不起他们的事情一样。每个人都在议论这种事情。所以，大家都严守这道防线，不断延续下来。黑彝也只有一些开明开通的人才娶了白彝姑娘，其他黑彝就不是这样了。他们认为你无论当多大的官，有多少钱，多有能力和本事，尽管在心理上或私底下也非常佩服你，但是，在婚姻上还是不与你开亲的。不然，就认为超越界线了。

笔者：现在也是这样吗？

现在也是这样的。现在有些黑彝依然认为，某个黑彝男子不娶黑彝姑娘的话，他当再大的官都不稀罕。认为他在婚姻上已经违规了，下贱了。也就是严重违背家支习惯法了。大家心里边好像都过意不去了，尽管表面上相互都不错。

杨明武：实际上心里头不再是舒舒坦坦的了。

"在家谱书里写得有。"：金古忍石家支的人口

笔者：目前你们金古忍石家支人口大约有多少呢？

杨明武：男性有1.5万多人，在家谱书里写的有。但是，那是不完全统计的。四川甘洛县的蒋日分支人口有八百多人，我们写书时先统计在内了。但是，后面他们说可能不是我们金古忍石家支的分支，就没有算进来，实际上是的。另外，布拖县的吉伙分支有600多户。但是，这些吉伙分支的人，没有能够把家谱谱系完全背诵出来。我们请非常懂的人在过火把节的场地上说明。但是，因说不清楚，加上说土语，我们听不太懂。语言有差异，就没有把他们统计在内，写在家谱书里。如果把他们都加上去的话，就不只3万多人了。搞不好，有四五万人。另外，一些零零星星没有统计在内的，还有很多。我们写家谱书的时候，投入的人力、物力、财力都不够，就以宁蒗县为主做的。因此，在宁蒗县是没有漏掉的了，四川漏掉的还相当多。这本书里统计的，男性人口大概有1.5万人，女性人口加上约3万人。在前言里我写上了，操北部方言的彝族约有300万人，我们家支有3万多人，大约占1%强一点，也是比较大的家支之一了。

笔者：现在金古忍石家支各分支的人中，参加工作的人多吗？

杨明武：参加工作的人很多。

笔者：你们统计过吗？

具体人数没有统计过。不过担任副科级以上干部的大概有100人，县团级以上干部的有10多人，厅局级以上干部的有几个人。

笔者：大学生有多少呢？

研究生中，现在蒋日木几已经是博士生了，本科生也不少。下面解说一下我们家谱书的封面。封面上设计有七棵竹子，代表七个儿子。其中，三棵在一起，意为有三个人是大老婆的儿子；四棵在一起，意为四个人是小老婆的儿子。彝族谚语有"杉树依靠竹林，竹林依傍杉树"的说法。故上面还有一棵杉树。彝族全国有几百万人。形象一样，服饰一样。主要是四川和云南这边人多。广西、贵州那边的彝人也是跟我们同祖的，但是，语言已不相通了。

杨明武：另外，有一个民族学院毕业的人跟我一起设计的封面。

笔者：这个人现在在哪儿？

杨明武：现在退休在家了。

笔者：是在宁蒗县城吗？

不是，在他老家，是蒋日木几博士的叔叔。在农村，沙力坪村，名叫蒋日万格。

笔者：我还想去拜访这个人，蒋日木几博士给我讲过。

这个人很有知识，很有学问。

"小的冤仇是有的，大型的没有。"：金古忍石家支的冤家械斗

笔者：在你们家支里发生过冤案械斗的事吗？

我们家支与别的家支之间发生过冤家械斗。如蒋日家支与阿鲁家支之间有过械斗。

笔者：你们金古家支内部各分支之间有吗？

小的冤仇是有的，大型的没有。

杨明武：金古、蒋日、吉伙之间一直没有械斗过，比较团结。现在最远的大约相隔19代了，彼此之间也没有通婚的。

一位彝家妇女正在打理火把节祭祀用的燕麦

笔者：你们家支与吉克、阿鲁等家支之间有无冤家械斗啊？

杨明武：有没有？我不知道了。有无冤家械斗过呢？应该是有的。

与阿鲁家支之间是有械斗的，与吉克家支之间械斗也是有的。但是，这些都是小械斗，小规模的。在蒋日木几博士的老家那个地方，为了争抢姑娘的婚嫁，阿鲁家支与蒋日分支之间械斗过，阿鲁家支的分支与分支之间也有过械斗。有一年，一次死了6个人，是阿鲁家支的分支。蒋日分支为了争姑娘的婚嫁权利而介入了械斗。金古忍石各分支的人之间，最长的家谱谱系有19代。四川那边也有19代的。其中吉伙龙佳小分支家和吉伙体兹小分支家已发展到19代了。吉伙体兹的孙子那一代，就是第19代。相隔这么久，但是，金古忍石家支内部还没有开亲通婚的。古人教育过："抢夺家支的媳妇是抢篱笆墙的柴块。"家支成员之间彼此争抢女人，彼此对姐妹无礼等乱来者，是必须烧死的，或开除家支，或下毒药，或令其吊脖子死等。事实上，真正的事件我还没有看见过。教育是这样教育我们的，但事实上，家支的人有通奸行为或抢夺女人是很少发生的，几乎没有。

笔者：你们家支与阿鲁家支之间有过械斗史，是为了争抢女人，主要是发生在蒋日分支家的人身上。这个问题，要问蒋日分支的人才清楚吧？

杨明武：是的，你问杨进武就清楚了。

蒋日分支家发生过的械斗不大，但是，情节有些特殊，就是蒋日木几博士这支了。有个叫蒋日尼里的人，杀死了一个叫贾巴尼惹的人。故而有械斗过。蒋日尼里是蒋日木几博士的爷爷辈的人。以前，有一年，过彝族年的时候，嫁出去的女人们背过年肉、过年酒回娘家拜年的时候，蒋日尼里带着自己的老婆和孩子，用马驮着酒和肉回娘家。在路上与一个黑彝补约家叫补约佳都的人相遇，彼此之间发生口角后打架。补约佳都的一个随从叫贾巴尼惹的人，为了保护他的主子补约佳都，拿着马鞭子打蒋日尼里。这天，蒋日尼里没有打赢，吃了大亏。但是，他对贾巴尼惹说了一句："贾巴呷呷（呷呷是常用的名字，笔者注），你记住哦，今天我被你打够了，以后走着瞧。"过了一年以后，贾巴尼惹他俩又相遇了，就说："贾巴呷呷，在马路坝子上，我被你打的那天，你今天还记得吗？"贾巴呷呷说："嗯，还记得，还记得，你不要生气啊。""生什么气啊？"说着"嘎"的一声，用枪打死了贾巴尼惹。之后，因为这事件，两个家支的人争斗了不少时间。贾巴尼惹是毕摩世家，后来还用毕摩的用语来咒骂蒋日家支，一直到新中国成立时才平息。

"表态了。"：金古忍石家支的婚约

笔者：金古家支的开亲对象有哪些家支呢？

杨明武：太多了，阿细、阿迪、能尔、阿鲁、阿直、阿卓、

阿克等家支。太多了，数不过来。现在与其他民族开亲的也逐渐多起来了。与藏族、汉族、纳西族、摩梭人、普米族等开亲通婚，形成多角关系。

笔者：与汉族等其他民族的人也开亲了？

是的，有的。他的儿媳妇就是藏族。（杨明武先生指着金古吉哈说，他最小的儿子的媳妇就是藏族人）。

笔者：您同意了吗？旧的思想观念认为是不行的吧。

金古吉哈先生哈哈一笑，说阿苏大岭你认识吗？

笔者：昨天我从他那里过来的。

阿苏大岭问我："你儿子的媳妇说起了没有"？"说起了，说起了，他自己说了一个。""是什么样的一个？""是藏族人。""你表态了没有？""表态了。"我表态了，又不是我要媳妇，是我儿子的媳妇。他喜欢的，他们俩相互喜欢，两个相互喜欢就成了。

杨明武：他儿媳妇是个研究生呢，像你一样是教授级了，在市党校当老师。

笔者：在旧社会，这是不行的吧。

是很严格的，不行的。就是不能跟其他民族开亲通婚。家支内部也不能开亲通婚的，不能乱来，彼此的女人也不能偷奸。

笔者：有无乱来的？

没有，我没有听说过。即使有，也悄悄地处理掉了。

笔者：有人说，过去放了一个屁都有吊脖子死的。这种事真的有吗？

说是这么说，但是，我没有见过。在婚姻上，父母包办，子女不愿意而死掉的，是不少的。父母把姑娘许配给别人，姑娘不愿意就吊死了。

"调解民事纠纷很公道。"：金古忍石家支的德古及家支会议

笔者：你们家支历史上有名的德古有多少？都有谁啊？你们俩也是有名的德古了吧。

杨明武先生：不算不算，比我俩能干的人不少呢。历史上有个叫金古尼特拉史的人，很有名。

笔者：此人的那一代到你们俩的辈分上有几代了？

尼特拉史，我们应该叫他叔叔，是叔侄辈关系。另外，还有相当于我们兄弟辈的叫金古果热很有名。还有蒋日拉伙也很有名。

笔者：他们为何出名呢？

他们当中，有的当过宁蒗县副县长，过去也是冉阔。女的有念祖阿牛很有名。吉伙木乃也很有名。吉伙木乃懂很多很多彝族谚言，调解民事纠纷很公道。金古海干惹也很有名，他是调解民事纠纷公道而出名的。还有他在民改的时候，拥护共产党政策，教育自己子女有方，家庭也很富裕。蒋日十三也很有名，他是杨博士的爷爷。

笔者：你们金古忍石家支的人经常开家支会议吗？

杨明武：家支会议不经常开，只是写这本家谱书的时候开过几次。

笔者：以前历史上开过家支会议吗？

杨明武：历史上开过很多次。

历史上一年开一次。小型的会议，叫兹沙玛沙格。地域范围较小，也就是家支内部出现纠纷时，召开这种会议。有的是三年开一次，四年开一次，看情况，这是商议比较大的事情。家支内部事情闹大了，不能不开的时候，大家出钱财来开会。比如，有一个人被关进了牢里，召开家支会议商议，大家一同出钱把他赎回来。还有主子嫁女或娶媳妇或老人去世的时候，大家出于义务

出钱财，或出一头牛或出一只羊等。这种事比较大，要召开会议研究决定。

笔者：这种会议是由你们家支头人来召集的吗？

杨明武：是的，由头人来召集，统一思想，统一行动。

"口传教育是有的。"：金古忍石家支的家谱教育

笔者：你们家支有无对儿童进行口传教育家支谱系呢？

口传教育是有的。男孩肯定有，必须教的。女孩也教。但是，男孩是必须教的。

彝族妇女服饰与背篓

笔者：怎么教？

主要是晚上睡觉前，父亲抱在怀里，一串串，一代代教给孩子的，然后孩子自己传诵。由父亲说给儿子听，两三个晚上不停地教。当儿子能背一点一点时，进一步加强和巩固。

笔者：一般几岁开始教呢？

一般四五岁开始教。我现在能记一些家谱的内容，就是小时候我父亲抱着我教给我的。

杨明武：很小的时候就开始教了。所以，他能记住那么多，大了就不行了，记不住。

现在大了就不行了，记不住了。我今年都73岁了，已经记不住了。

笔者：您现在教您儿孙家谱吗？

教的。

杨明武：现在儿孙们基本上都懂。

笔者：主要是在晚上教，在火塘边上教，在放牧时教。

是的，是的。

笔者：家谱教给女儿吗？

女儿教得少，还是有点重男轻女的思想。女儿都是要嫁给姻亲家支的人，将来由她的姻亲家支去教她们。为什么要教儿子呢，主要是认为儿子至少要懂三代人的谱系内容，若不懂三代人的谱系内容，那就太差劲了。老人会责骂自己的。三代人的谱系内容就是指你爷爷和你父亲分别是哪个家支家的女人生的，就是爷爷和父亲的母亲分别是哪个家支的姑娘，还有你妈妈是哪个家支家的姑娘。

笔者：这么说来还是非常重视女性的嘛。

你可以不重视你女儿，但是，你要非常重视你母亲、你奶奶的来历才行。

笔者：舅舅家的家谱也要教吗？

教的。彝谚语说"没有舅舅都要找水井作为舅舅，超度的那天都要到水井边上去念诵舅舅的家谱"。舅舅家的谱系是必须懂的。我的母亲是马海家支家的姑娘，我的舅舅就是马海家支的人。马海家支支系很多，谱系很多，但是，我母亲的兄弟那个支系的家谱我必须懂,一定要认得。来个客人,来个本家支的人,不认识的人来了,你问他住哪儿的,是哪个家支的,哪个分支的,最后问是哪个家支家姑娘的孩子。这样问的时候,如果他不能清楚地说出来,不能理清楚的话,你就有疑问了:是真的还是假的,心里就不一定相信他了。

"也没有人当乞丐。":金古忍石家支成员间互帮互助

笔者:你们家支人中有无孤寡老人呢?

无儿或无女者有。但是,无儿无女的人应该是没有的,也没有人当乞丐。我父亲的兄弟有六个,有儿子的只有三个人。明武父亲、我父亲和另一个叔叔。我俩是一个爷爷的。没有儿子的也有三个人,其中,有一个年纪十七八岁时就死了。另两个人只有女儿,这是我们这支爷爷辈下来的人的情况。其他分支就不太清楚了。

笔者:你们家支的人之间互相帮忙是经常的吧?尔普比普经常出吗?

尔普比普是经常出的,经济宽裕者多出一些。农村里一般有固定的习惯,就是一家出一斤酒,一升粮食或面面。

笔者:一般出多少钱?

钱是从20元开始的。我们家支内部是固定的,某人的父母或岳父母去世时,每家出20元是固定的。此外,自己能出多少就是自己的面子了。

杨明武:一般不得低于20元。现在我们在外面的机关干部,比如,我们属于一个家支的人,不管哪个人的父母去世或岳父母去世的,只限于直系亲属内的人,每人出20元。但是,我们彼此关系好的,也有可能出300元、500元来帮忙的。不过,最低不能低于20元了。

笔者:这是几代人以内这样做呢?

杨明武：金古、蒋日、吉伙各分支都是这样做，就是十多代二十代内的。

笔者：也就是说吉伙分支有事时你们全出来帮忙。蒋日家出点，金古家出点，是这样吗？

是的，是的。

笔者：现在在农村也是这样吗？

杨明武：农村也是这样的。只要父母在农村也都出这些钱，按这种规矩走。

农村有自己的范围。一般以一个村庄或者一个行政村为主，是小范围的，遥远的相互不知道，范围大了就不行了，就不出了或自愿。

荞麦、小孩和妇女

笔者：但是，知道就出呗。

是的，知道就出。

笔者：比如你俩知道或听说家支成员中某个人的什么人去世了，就召集家支成员中有影响力的人商议，哪些人去现场，哪些人去不了，但出份子钱，让去的人带去。

杨明武：是这样的。我们在宁蒗县这样做，在丽江市也这样做。但是，丽江市就不仅仅是金古家支了，还有在丽江市工作的所有彝族都通知到，都来参加。比如说，谁的父母去世，就通知所有丽江市的彝族。你出30元也好，50元也好，100元也好，300元也好，根据自己的财力和面子来出。

笔者：在丽江市的所有彝族人都通知吗？

杨明武：是的。

有时候，比如出事时杨明武不在，我在，我就帮他先垫着份子钱，他回来后就给我。

杨明武：这种事现在比较流行，现在你到哪个家支内部去了解，都是这样。你也就知道了。比如金古忍石家支中的金古、蒋日、吉伙这些人，为什么能够一条心地做事，即维系你们家支的核心是什么？就是血亲的亲情。

兄弟之间也有不太相亲相爱的时候，但是，被家支的家谱谱系拢在一起了。都是同一个渊源，都是血亲的亲戚，都是一个家支成员，谁也不能否认，不想在这个行里而想分出去的要求是没有的。如有，那为什么呢？还得说清楚，不说清楚是不能分的。

笔者：您想分出去也分不出去了。

是的，不能分，而是集中在一起。除非搞偷抢、吸毒、贩毒那样乱来的，失财、赔财的那些人，是不管的，死了就抬上山烧掉即可。

笔者：你们家支有被开除家支的人吗？

杨明武：彝族里有，但是，我们金古忍石家支里好像没有。没有，没有。不过，听说新中国成立前金古忍石家支的金古分支里，居住在约山那个地方的，有被开除家支的一家人。

笔者：为什么呢？

是名叫金古塔伙这么一个人。因为他拐走了吉伙分支的一个媳妇而被开除整个金古忍石家支了。

笔者：这个人有后代吗？

有。但是，人不多。新中国成立以后也就没事了，大家都不提这事了。

笔者：家谱就像公章，盖着就不变了。

是的，是身份证呢。是身份证，是通行证。有很多好处。但相互通奸不行，欺骗不行。在男女性方面，不管是兄妹也好，姑孙也好，还是别的什么，是有伦理道德制约着相互间的言行的。

笔者：金古家支能够发展传代到今天，最主要的原因是什么呢？

我认为还是彼此之间是否是自家人，是否是一个血缘，一个根骨的认同吧。

杨明武：我们祖先小老婆的四个儿子繁衍分支下来，大部分居住在四川凉山，只有100多人迁徙，居住在宁蒗县境内。这些人和我们一样，同是一个家支的人。

我们彝族人在一个家支里，即使相隔几十代后相遇，也能通过谱系的梳理，理清楚彼此之间长幼、兄弟姐妹等关系。据了解，各个家支的代数发展到现在，基本上都大同小异。比如阿迪家支是15代，莫色家支也是15代，迪惹家支也是15代等，基本上都差不多。

笔者：你们家支做过尼木措毕吗？

做过。但"文化大革命"期间，受过严重打击，超度祖先的事情，基本上没有做过了。我爷爷、奶奶和我父母死后，两代人一起超度的。也有三代人一起超度的，还有一代人单独超度的。

笔者：您的父母超度了吗？

杨明武：我父母辈以上的都超度了。我父母一辈没有做大型的道场，简要超度后，就送到岩洞了。

"应跟着共产党的政策走。"：彝族发展的思考

笔者：你们认为凉山彝族今后应该怎么发展才好呢？

我认为，应跟着共产党的政策走，这是大路线大政策大方向。小路线小政策还是以家支为荣，家支成员之间要团结互助，相亲相爱，不论谁家贫穷或哪个人不幸成为孤儿，都要保护和帮助他们。谁都不能忘了本。

杨明武：我们都生活在社会主义这个大家庭里面。首先，应该遵纪守法，好好学习科学技术知识，学好政策，听从政策，跟着共产党走。这是大的环境，谁也不能改变的。其次，家支内部要不断增强团结，尊老爱幼，相互宽容，发扬彝族人民的光荣传统，照看贫苦人，相互关心，相互支持。这是我们民族的优秀特点，应继续保持下去，才能生存发展下去。

笔者：您能说具体一点吗？

杨明武：从我们民族发展的角度看，历史发展到了今天，科学知识是不能不学习的。我们彝族人如果不好好学习科学知识，就不能与时俱进，就跟不上时代的步伐了。还有就是我们彝族后代子孙们一定要把学汉文化放到首位。学好之后，才能赶上汉族和其他民族的发展进程，与其他民族一起进步。不然的话，只抓住我们彝族的这点东西，是跟不上其他民族的发展，会被历史淘汰掉的。所以，首要的是要好好学习科学知识，与汉族和其他民族同步前进，同步学习。而且，应该比他们还要下工夫去学习。其次，我们彝族当中有很多优秀的东西，是很有必要继续传承下去的。许多优秀的文化不能丢，应当吸收，统一认识。同时，彝族文化中不良的习俗、习惯，应该抛弃，丢掉。优秀的部分、精华的部分要继续保留着，继续保持下去。彝族文化里有许多优

点、特长是值得肯定和发扬的。比如彝族人之间互相帮助，互相救济的事情。一个家支里边，哪家穷得过不成日子了，大家都受不了，就齐心协力来帮忙和照看。这个比汉族、比其他民族来说是进步一点，先进一点。这是要发扬的，应该发扬的。很多汉族，隔了一代、两代就难以互相照看了，甚至是亲弟兄，一个是万元户，一个是一分不分，都相互不来往，各过各的日子。一方穷得要饭吃，可怜得很，也不管。这点比起我们彝族来说是最差的了，我们彝族不是这样子的。哪家好点，当然地照看穷的一家。社会上就形成这个氛围，这是一个优秀的特点。应该继续保持，继续发扬光大。这样，就能一起发展，共同进步。某一家暂时处于相当贫穷的阶段，你扶他一把后，可能他以后就有更大的发展。如果你不看不帮，谁都不帮一把的话，有可能他就成为要饭的人，丢了整个家支的脸面。因此，这些优秀的民族文化，一定要继续发扬光大。这样，我们民族的生存发展才有希望，富裕、和谐才能长久。

"不能当做主流学。"：彝族语言文字教育

笔者：我们彝族人，一般前代人教育后代人都用彝族传统文化和语言文字，现在后代人又学习汉族文化的东西，你们认为怎么结合才有好成果呢？

哈哈，哈哈。

杨明武：彝族现在在机关里的人，主要是学习汉族的东西，比较多了。农村里，还是侧重于彝族的东西。农村家庭里重点教育和学习彝族的文化，懂彝族语言和文字。这样的人，现在在我们宁蒗县还是不少的。妇女懂的也不少。因为扫盲的时候，是用彝族语言和文字的。九年义务制教育，在"双基"验收时全面扫盲。在我们这里，彝族无论是男还是女，懂彝族文字者很多，在农村，彝族容易懂，扫盲也容易。学汉语的，学了一两年也懂

不了多少。彝语的只要学,一两个月后基本上就全懂了。接受得很快,所以,懂的人不少。

笔者:我们老家那里有人说学了汉文就不能学彝文了,你们这里有这种说法吗?

杨明武:我们这里,这种情况是没有的,多一门知识嘛,多好啊。我们这里,在机关里的人,懂彝文的人就不多了,数量很少。在农村还是相当多的。机关里学习、教育、运用的都是汉文和汉语。

笔者:只学汉文不学彝文,彝文会不会慢慢消失呢?

彝文应当继续学的。但是,只能附带学,不能当做主流学,附带学吧。因为,彝文只能在彝族内部使用,在彝族圈子里交流,只能做研究用。但是,现在,人们越来越国际化,知识是国际性的,彝文拿到更大的范围来交流是不可能了。自己好好的只干这个,自己就把自己的范围圈小掉了,永远走不出世界,走不出中国。因此,汉文要好好学,你如不学汉文的话,能在中央民族大学当教授吗?只学彝文是绝对不行的,不学汉文,将来是不可能有更大的发展的。因此,要好好学汉文,才有希望,才有发展。重点是汉文,当然,彝文也不能丢,要附带学。多学会几种文字、几种语言,对一个人素质的提高是有很多帮助的。

杨希:我提出三个意见,第一是必须解放思想。彝族人不能让彝族文化限制起来。彝族文化是一种保守的文化,彝族发展到现在已经几千年了,新中国成立也六十年了,黑彝和白彝不开亲,白彝和其下等级不开亲,还处于这个状态,这在其他民族里是绝对没有的。可见,彝族文化是很顽固的。事实上,这种文化限制了彝族的发展。因此,第一要解放思想,把一些落后的文化观念彻底抛弃掉。第二是更多地接受现代化教育。孩子们读书的问题,千方百计搞上去,争取人人都读上书。不读书,就永远进步不了,发展不了。只有读书,才有出路,才能改变陈旧的观念。第三是从扶贫这块入手，从国家和政府的扶贫和经济发展这块入手。宁蒗县是彝族自治县，大部分是彝族，又是贫困县，国家级贫困县。贫困问题解决不了，想读书也读不了。即使考上大学，读书的学费都解决不了。因此，贫困问题是制约彝族发展的重要问题。这个问题解决不了，彝族的发展也只能是一部分人的发展，国家的发展也只能是一部分地区的发展，而不是全部的发展，全面的发展。

笔者：今天耽搁你们两位太多的时间了，谢谢！

不用谢！不用谢！

八、2006年7月2日上午9：00—11：00

被访谈人：马雄才（右一），男，彝族，云南省丽江市检察院副检察长；

访谈地点：云南省丽江市阿丹阁大酒店贵宾楼2332房间；

在场人：李弘先生。

"出来一批经济带头人了。"：经济发展思考

民族地区的经济问题，一方面是经济发展较落后，资源利用有问题；另一方面是不知道如何保护自己的资源。彝族本来资源就很少，怎么利用资源、如何发展，这些没有考虑太多，有多少吃掉多少。这是个弊端。这些年的实践证明了，如果经济不发展，谈整个民族的发展是不可能的。这些年凉山彝族吸毒的人较多。现在我们司法记录上显示，宁蒗县95%的吸毒者是彝族，整个县22万多人口，宁蒗彝族人占50%不到，一半都不到。

笔者：他们为何吸毒呢？

关键是精神空虚，致富没找对路子。

笔者：没有什么事做吗？

没有想做的事，就想吸毒了。这是一个方面。再一个方面是教育基础太差，太落后，导致思想素质太差，涵养不高。

笔者：吸毒者哪一类人多？

一般是小学五年级以上，初中生以下，初中毕业或没有毕业这个层次的较多。

笔者：初中毕业以下的人？

是的，半懂不懂的这些人。这是文化落后的表现。另一个原因是经济基础差。就是这两个因素决定的。好在小凉山的彝族人走出一些有所作为的人了，尤其是在经济发展上探出了一些路子。比如，培养自己民族的人，专门从事经济（找钱）工作。新中国成立以来，特别是三中全会以来，专门培养的现在可以说成为经济带头人了，出来一批经济带头人了。尽管这批经济带头人真正成熟的还不多，但是，毕竟走出来了，有些是已经大大方方地走出来了。像阿克吾嘎这种当煤老板的人，已经是走出来了。这是凭他自己的能力和运气走出来的。如果换另外一个人的话，也可以干下来，完全能干下来。我说这个的意思是指深层次的创造、进行规范管理的人还很少。

笔者：是指高级企业家吗？

是的，企业家很少，高级企业家还没有。正儿八经的企业家，应该是会管理，懂经营，不能单凭自己的力气去闯市场的。

笔者：宁蒗县像吾嘎这样的人，据您了解有多少人呢？

像吾嘎这样的人，在宁蒗最大的应该只有他一个，资产最多的，目前就是他一个。但是，像他一样闯的人不少，有一二十人，不少于20人吧。一种是有点基础的，包括这些人在内，还有些正在闯荡。这是经济方面，要培养自己民族企业和企业家。

另一种是注重本土经济,洋芋、荞子等,传统农业不抓不行,离开传统农业不行。通过增加一点科技含量来整,不然的话,因气候、海拔、种子方面的原因,还有市场等多方面的原因限制,本来生产不出什么东西来,又不能够面向市场销售,不能够发展也不行。这是从经济发展上看,凉山彝族已经起步了。

彝族妇女服饰之一的手工刺绣荷包

另外是教育问题。我个人的观点是,山上的有些孩子进步了,把娃娃带出去,哪怕只到条件好一点的地方去居住,从高海拔地方迁到低海拔的地方来居住，都是好事情。现在政府引导移民搬迁，实质上起不到什么效果。

笔者：有些是不是不让搬迁？前天我询问在玉龙高山云杉坪居住的彝族，他们说之前在那里做生意的，大概60多户，是政府认可的。但是，还有10来户是后面搬迁来的，户口不给上，什么都没有。

这些人很多，自由搬迁来的很多。

笔者：政府应该在资源许可的条件下给他待遇，认可他们嘛。

那个地方是生态环境条件不允许。人太多了，会对周围的生态环境造成破坏，有很大影响。

笔者：是对生态环境有影响吗？

是的，如果是无计划的迁居到那里的话，会破坏当地的生态环境的。生态环境被破坏了，来旅游的人就少了，当地的经济收入就会受到很大的影响。因此，政府不采取措施的话，是不行的。

好了，我们先去吃饭吧，下午再谈吧！

笔者：可以了，谈了不少了，下午我已约好朋友了。十分感谢您哦。

不用谢！

九、2006 年 7 月 2 日晚 20：00—22：00

被访谈人：依伙务力，男，彝族，云南省丽江市邮政局办公室主任；

访谈地点：云南省丽江市相思茶馆。

"都是起源于四川凉山的。"：彝人迁徙

我们颇勒惹额家支，有一种说法是，颇勒阿孜阿里、颇勒玛支吉觉、颇勒布古依伙、颇勒且萨日里，五个儿子的后代成了五个分支。居住在宁蒗这边的人，都是起源于四川凉山的，是从那里搬迁到这边的。在宁蒗这个地方，补约地方金古惹所家支的人多，瓦扎地方阿迪、阿细两个家支的人多。我们依伙、阿里到处都有住的，但很少有许多人居住在一起的。现在迪庆藏族自治州都有我们家支的人居住，还有兰坪、维西等地方，也有我们家支

的人居住。说大一些云、贵、川、黔都有彝族，彝族是个伟大的民族，有光辉灿烂的历史文化。住在丽江的纳西族才有 800 多年的历史，而彝族至少有四五千年的历史了。我经常这样说，我们的文化是很深奥的。我父亲是个毕摩，是彝族的知识分子。他经常这样教育我。

"认识、了解后就喜欢上了。"：婚姻、家庭

笔者：你们家有几个兄弟姐妹？

有 7 兄弟姐妹。我是老三，我下面有 3 个弟弟，共有 4 弟兄。我弟弟们都在广州、深圳打工，很好，突破了老观念。

笔者：您排行老三，您上面是女孩还是男孩呢？

我上面是两个姐姐，我下面有 3 个弟弟和一个妹妹。儿子当中，我是老大。

笔者：你们家在娶媳嫁女时都按照彝族传统规矩来办吗？

先按彝族传统规矩来办，然后按新型的汉族或其他民族的（办）。如组织打跳、唱歌等节目，在彝族人结婚的场合上展现。有老人去世时，也大量唱歌跳舞，包括彝族的"达梯舞"。

笔者：您现在娶了汉族姑娘作媳妇，有什么问题或不便吗？

我前妻 18 岁时跟我结婚，19 岁时有了一个女儿。我前妻比我大 5 岁，是父母亲包办的那种婚礼。

笔者：是您舅舅家的姑娘吗？

不是舅舅家的姑娘。但是有姻亲关系。那时候，我还不怎么懂事。后来参加工作，步入社会以后，方方面面来看，我们没有太多的共同语言。因为她不识字，没有上过学。现在这个老婆是个汉族。

笔者：您前妻与您共处了多长时间呢？

我俩一起共同生活了 10 年。但是，我基本上都在外面，她在乡下，只是家安在一起，夫妻之间没有多少感情。搁了七八年

的时间,像"八年抗战",之后才放弃,离婚了。

笔者:与前妻有几个孩子?

有一男一女。现在这个媳妇生了一个女儿。

笔者:你们已做了七八年的夫妻,怎么能放弃离婚了呢?

拖到后来,是以民族习惯协议离婚的,内部调解。

笔者:给了对方多少钱呢?

所有家产全给了她。10年前离婚时,我给她2万元,相当于现在的10万~20万元吧。

笔者:现在她嫁到别处去了吗?

没有,一直这样待着,是马海家支家的姑娘。她一直这样过着,有点可怜。

笔者:您现在回去时去看她吗?

专门去看的时候没有。但是,为了孩子,还是经常打电话联系。没有敌我矛盾嘛,这是人民内部矛盾,没有什么了不起的。

笔者:您的两个孩子对您有认同感吗?

当然有认同感了。双方都是父母,孩子是无辜的。

笔者:孩子上学的费用是您出吗?

当然是我出啦。

笔者:这样做,您现在的媳妇不生气吗?

不生气,生啥子气嘛。

笔者:没商量就您自己决定了?

是的,全都由我做主决定。

笔者:您现在的爱人年龄比您小很多吧?

也不小了,28岁了,小我七八岁吧。

笔者:怎么认识的?

一是老乡,二是认识、了解后就喜欢上了,自然就结婚了。

笔者:是按照汉族习惯结婚的吗?

是的,按汉族习惯办的。

笔者：您的兄弟姐妹们都来祝贺了吗？

当然来了，现在彝族人已经很开放了，当地彝族与其他民族结婚的也不少。彝族都开放了，以后可能民族融合就很快了。

笔者：您和现在的爱人一起生活多长时间了？

一起生活 10 年了。

笔者：彼此有什么不同的心态吗？

主要是生活上有些不同，饮食文化上有差异。我喜欢吃煮的或烧的，大大的砣砣肉，煮来吃或烧来吃，多好啊。她喜欢炒炒煎煎的。不过，现在基本已趋同了。

笔者：她也是宁蒗县人吗？

是宁蒗人。

笔者：你俩喜欢并结婚，有阻碍吗？

有阻碍，特别是我的父母亲或我家支的人，开始都不同意。尤其是一般的老人都反对我这桩婚姻。先前说要把我开除家支呢，后来也没有什么动静了。

"本身彝族都是一个父亲母亲的后代。"：黑彝、白彝的关系

笔者：您认为彝族中的黑彝和白彝是怎么来的？

这事让我来说的话，最先是没有黑彝、白彝和奴隶之分的。本身彝族都是一个父亲母亲的后代。但是，随着社会的发展，人的名字变成姓，通过一段很长的时间后，产生了富者和穷者。富者和穷者一起生活后，黑彝、白彝和奴隶就开始产生出来了。我的观点是这样的。

笔者：您认为黑彝、白彝之间一般不通婚是什么原因呢？

以前黑彝认为他们黑彝的骨头比白彝好。但是，现在我们这些地方，黑彝的女儿也有到处嫁的，黑彝的儿子也有娶其他民族的姑娘做老婆的。

笔者：比如您知道的都有谁啊？

比如，以前宁蒗县有个黑彝男的娶了一个汉族的姑娘做老婆。还有一个黑彝姑娘，也嫁给过去奴隶等级的人的，还不是白彝呢。

笔者：据您了解他们结婚有阻碍吗？

有阻碍。但是，没办法，有阻碍也不管用。

用于彝族火把节的松木火把

"必须有一个适应过程。"：现代学校教育

笔者：您读书读到几年级？

高中毕业，之后邮政局招干，就招进邮政局工作了。我是1987年12月参加工作的。

笔者：您认为彝族姑娘读书出来参加工作的人很少原因是什么呢？

第一是地理环境的限制。我们彝族大多数是游牧民族，喜迁徙，搬来搬去的。居住条件也差，一般都居住在海拔一两千米以上的地方。而且，居住比较分散，集中在一起很难。这样办学校，这里一家，那里几家的，不好弄。很多老师也不安心，学生也难得集中。以前，还有一种重男轻女的观念在作怪。所以，彝族人读书的人少，女孩子读书的人更少，读了书成功的人，也更少。

笔者：这种情况，您认为怎么办呢？

怎么办呢？应该安居，定居。你住在那个地方就得定居，不能搬过去搬过来的。定居以后也不要东一家西一家的，应集中起来居住。然后，好好办个学校，孩子们好好学习，男孩女孩都一样对待。

笔者：彝族小孩从小讲彝语，上学时学汉语，用汉语教，有无文化语言上有障碍的原因呢？

有的，肯定有。彝族小孩从小只讲彝语，去学校学汉语时，必须有一段适应过程，是吧。他刚进入学校时根本不懂汉话，几年内只能学习汉语，适应汉语。所以，彝族小孩读书跟不上，是有原因的，跟这个文化和语言的适应过程有很大关系。因为彝族小孩子突然学汉语时，像哑巴，像聋子，听不懂话，说不出话，认不得字。他认不得什么，一切都从头开始学起。

"里迪阿所家是老大。"：家谱教育

笔者：您父亲是毕摩，姓名叫什么呢？

叫依伙乌达，也叫乌达兹合，老家是宁蒗县新营盘乡的。

笔者：那个地方全是他在做毕摩的事吧？

当然了，是德高望重的啦，是彝族的知识分子。

笔者：他是毕摩，您小的时候，教过您什么没有？

小时候教给我的是我家的家谱谱系。我刚懂事时，我父亲就教我背家谱。那时候，正好五六岁吧。

笔者：怎么教呢？

背诵家谱谱系，从颇勒乃乌开始的。我们是依伙里面的里迪阿所小支家的。依伙里面，里迪阿所家是老大。因此，从里迪阿顾这一代开始背起。前面是从颇勒惹额开始的，最先还是从天上开始背的。即木乌—的伙—的你—里迪—阿所—比夫—热拉—克忍—阿梯—史克—忍古—梯祖—史土—尼古（尼古是我爷爷的名字）—兹合—云发（云发是我的名字）。我只懂得我自己的谱系，其他分支的我不懂。

笔者：现在您娶了汉族的姑娘做老婆，谱系怎么办呢？

我弟弟们也懂。但是，我想写成书面的文字，将来合适的时候，交给我儿子，写好的，让他保存。

笔者：您父亲有几个兄弟姐妹？

我父亲有三姊妹，男的只有他，另有两个妹妹。

笔者：您父亲教您谱系时，一般在哪里教的？

这是我刚懂事的时候，父亲抱着我睡觉的时候教我的。就像哄我睡似的，在睡着前教。他对我说，彝族人不能不懂自己的谱系，而且必须要记住。这样说着就教给我了。那时候，记性相当好，小孩子时代，记性真的好得很。只教两三个晚上，我就能像滔滔江水那样背出自己的谱系来了。

笔者：也教给您弟弟他们吗？

是的，我下面的弟弟懂得多，老三老四就不太懂了。我是老大，不懂不掌握是不行的。

笔者：家谱一般都是教给老大的，小的自学，女儿也教吗？

女儿们不教。但是，她们自学了不少，懂得一些。

笔者：您母亲是哪个家支的？

是阿纽家支的，与西南民族学院有个阿纽老师同属于一个家支的。

笔者：今晚我从您这里学到很多东西，谢谢您。

都是一个家支的后代，相互认识就很幸运了。谢什么，不用谢。

十、2006年7月3日上午10：00—12：00

被访谈人：李弘，男，彝族，云南省丽江市丽江日报社总经理；

访谈地点：云南省丽江市丽江日报社总经理办公室。

"家谱属于一种文化范畴。"：家支、家谱

家支来讲，我们阿里、依伙都是颇勒惹额家支的分支。阿里分支从比克惹黑（比克八子）一代起，分八个小分支。这八个小分支都分到什么地方去了，我了解得不多。宁蒗县有比克恒惹和比克阿克小分支的人居住。我是阿克小分支家的。在宁蒗县范围里，跑马坪乡居住有一些人，包括我家。另外一些地方也有一些人居住。宁蒗县是金古惹所家支的人最多，基本上遍布宁蒗县

各个地方。家支的发展，有一种说法是从四川凉山那边迁徙而来的，到宁蒗的历史有一百多年的时间。包括金古惹所家支都认为是来自于大凉山的。还有一种说法，我们阿里分支是从大凉山盐源县有个叫阿里嘎（路）的地方搬迁来的，现在在那个地方，阿里分支的人还非常非常多。

笔者：您怎么看待有些彝族家支修家谱的问题？

家谱属于一种文化范畴，过去认识得不够，现在金古忍石家支等很多家支都在修整家谱。我是因为一方面经济原因，另一方面兴趣也不大，因此，没有修整我家的家谱。我们彝族人家支观念较浓。汉族是一代亲，三代疏，四五代就完了。虽然有家谱，"孔老二"也有七八十代的家谱，但是，像我们这样注重亲戚观念的没有。我认为修家谱的事没有任何问题。它是一种团结，一种凝聚力。这种凝聚力，汉族人无法与我们彝族人比。所以，我一般去凉山时，我到处问，有没有阿里、日伙家支的人，都在什么地方居住啊？彝族人的这种亲戚观念非常突出，比任何民族都讲究。在丽江纳西族人的亲戚观念也不太强，兄妹都很少互相照看，一两代以后就基本上没有联系了。而我们，你看，你我从家谱来看，尽管在盐边县范围，我俩相隔可能已经有20来代了，一般以25年或30年为一代，按这个规律计算，也有300~400年了。尽管这么长久，家谱那么多，我们之间仍然是亲戚，仍然很亲近。我们的子女，仍然不能通婚和开亲。所以，修家谱是有科学的，在建立和谐社会中很有用的。彝族人的亲戚关系，传统上都通过家谱来理清，来认同。不管你在四川，在云南，还是在外国居住，彼此都相互问候着生存，惦记着发展。这是一个家支内部和谐，一个民族内部和谐的表现。因为彼此都是亲戚，再加上不同家支之间的互相开亲，亲上加亲，和谐相处。如你和我开亲，我和他开亲，他和你开亲，相互开亲，相互照应，共同进步和发展。在婚姻上和谐，很多事情就好办了。很多时候，有些事，法律不一定能解决，但是，家支能够解决，碍于亲情和面子，就能调和。所以，不能一概地把家支看成太差或不好的东西。当然，也有一些家支纠集起来，做一些不好的事情。比如，有去烧杀别人的，欺负别人的。这是不可取的。但是，也说明一旦一人有困难，就有八方来支援。有点什么困难，都有人来相助。比如，有一个人快死了，住进了医院，本来靠一个人或一个家庭是不行的。但是，有了家支，就靠家支的人来筹资。你出一点，我出一点，就能把这个人挽救过来了。多么伟大，多么有意义啊。因此，修家谱不但有记载历史文化的作用，也是彼此相知、彼此了解、相互帮忙、和睦相处的必要。

"三代娶同一家支女人做老婆，子孙长得像猴子。"：婚约关系

彝族在婚姻缔结上，等级非常严格。比如，我们是阿里分支中比较正统的人，在阿里分支中有一些人，幽默一点的说法就是"身份"还有点不够的人，这样的彝族人还不少。这是非常忌讳的，被称为"朔"（有烂汉人的意思，主要是早期被彝族人俘虏来或买来当奴隶的汉人或其他民族的人及其后代，笔者注）。包括我们在丽江市工作的有些人，别人认为他是"朔"，他自己好像并不这样认为，只是隐隐约约有点清楚。这种事，在一般情况下，谁也不能公开说明是"朔"的。不能提的，要提出来的话，是非常忌讳的。很多时候，只能凭自己的感觉去掌握。婚姻上，自古以来，等级婚姻是存在的，这是不可否认的。

笔者：您认为这种事情一直存在好吗？

当然不好了。这是过去奴隶社会的等级观念，哪儿好呢？特别是在现在新社会里，这是很不好的，应该全力反对。应该从婚姻自由的角度看问题，与时俱进的角度，婚姻上不应该再谈等级不等级的事了。好不好不用再讨论，肯定不好的。这是最起码的常识。彝族谚语有"三代娶同一家支女人做老婆，子孙长得像猴子"的说法。三代内开亲的话，是很不好的，汉族也这样说，这是近亲结婚。缔结婚姻，如果一直是等级内婚的话，从科学上讲，子孙会弱智和长相丑陋的。我这小支的子孙还可以，素质也不错，智商、人才和身材都行。但生活中那样的例子屡见不鲜，那些近亲结婚太严重的子孙后代，太差了，聪明者不多。这点，也有专家讲过，要么人才太丑，脑子不一定不聪明；要么脑子不一定非常聪明，人才还可以。这是专家说过的，并不是绝对的。人才不行，脑子也不行的也不多。

笔者：您认为民族传统的东西不应该全部否定，是吗？

是的，很多传统的东西是好的。传统上有"没有舅舅都要找水井作舅舅"的说法，这在旧社会有比较复杂的原因，有家支就有凝聚力，亲上加亲。现在的社会就没有必要了，共产党统一领导，一个统一政府管辖，一个统一法制制约。这种情况下，无论哪个人，无论是谁，只要有感情，有基础，有缘分，就可以结为夫妻。这是应当提倡和发扬的。这就是打破等级婚姻的事情。旧社会里，奴隶主与奴隶主之间结缔婚姻，曲诺与曲诺之间结缔婚姻，彝族人与彝族人之间结缔婚姻。不用说诺（黑彝）了，曲诺也认为彝族人与其他民族的人结婚是不好的，非常反对。但是，这几年开始解禁，各民族之间通婚多了。民族团结、民族融合是大势所趋嘛。过去是各民族之间战争、械斗等纠纷、闹矛盾、闹人命的很多，现在，彝族与普米族、纳西族、汉族都有不少通婚的人了，非常好。子孙后代也很好，很聪明。这种事情大量出现，原因是等级观念问题逐步解禁了。

笔者：您认为彝族人之间的等级是怎么产生的？

等级的问题，从过去马克思和恩格斯的观点，是以经济财富来划分的。有了经济差别就有了等级区别。但是，彝族讲究血统，与马克思的观点不太一样。比如，我俩是兄弟，你是博士，你见多识广，聪明能干，搞不好将来你变成了百万富翁。这样，我们之间就有差别了,将来我没有吃、没有穿的时候,就到你那里去打工挣钱。那个时候,一划分成分的话,你是奴隶主,我是到你家打工的,我就变成了奴隶。这就是以经济财富划分的结果。彝族人也是,我相信古代最早的时候,肯定也是由经济财富来划分的,不可能是天生的,无缘无故产生的。但是,现在好像是天生的一样。天一生下来,兹就是兹,诺就是诺。认为即使他们生出来的子孙后代,穷得要死,到别人家去要饭吃,也是好骨头。

笔者:不管是黑彝还是白彝,彝族人兄姐家的儿女永远是兄姐,是吗?

是的,是这样的。彝族人一般以家支谱系理清彼此之间的关系。你看,我昨天在电话里问你,我是比克阿克小分支的人。如果你是比克恒惹小分支的人的话,你是弟弟,我是哥哥。因为我的年龄比你大好多岁不说,我们俩的祖先是亲兄弟关系,而且比克阿克是哥哥,比克恒忍是弟弟。如果你是比克阿克家的话,我可能是哥哥,也可能是弟弟得一代一代理清楚才知道。因为我们俩的祖先是同一个小分支,就得好好理清楚才能断定了。这点与汉族是不同的。也就是说,在同辈之间,分长幼时,彝族人首先考虑的是谁是兄长家的孩子,之后再考虑年龄大小的问题;而汉族等其他民族的人,只考虑年龄大小问题,不考虑谁是兄长家的孩子。还有兄弟之间有点不同的是,同是姨妈家的孩子,彼此之间,汉族人是可以通婚的,而彝族人是像亲兄弟姐妹一样,不能通婚的。姑表是彝族汉族一样可以通婚的。彝族人没有姨表之说,姨表之间是不能结婚的。与汉族人或其他民族的人不通婚的原因很简单,就是一种旧观念,老观念。其他民族的人,可能没有这种传统观念。这种观念的结果,说形象一点,就像山羊和绵羊不能结合在一起一样。当然,深层次的可能与彼此之间的语言、风俗、习惯不同有关。以前,有这种通婚的事情,甚至被开除家支，断绝关系，不认了的。当然，不是自古以来就有的。但是，过去汉族人十分受歧视。因为，在彝族人周围居住的汉族人差得很，经常被抢来做奴隶，被称为"朔"。旧社会，少数民族聚居区的族人像不见得像现在这样好。那时，住在彝族人周围的汉族人差得很。人才、智商等各方面都差。反正是这样的，说不清楚。但是，总的来说就是一种旧观念、旧思想。比较歧视、看不起其他民族。与汉族人或其他民族的人结婚，相当于山羊和绵羊、黄牛和水牛、马和骡子，很别扭的，是不可能结合在一起的，是不可思议的东西。彝族黑彝与白彝之间的婚姻关系问题，主要是一种等级观念的问题。我是奴隶主，我比你高明，比你高贵，比你好。但是，我们白彝，以前划分成分时，也有划成富农、中农和奴隶主的。还有呷加、加西，后来被划分为中农、下中农、贫农的。凉山那边重新划分时，我都被划分为中农，是团结的对象，不是依靠的对象，后来又变成下中农了。以前，笼统分为：这是兹莫，这是诺伙，这是曲伙，那是呷加，那是加西。自古以来就有这种观念，是不对的。尽管我没有做过认真的研究，但是，按马克思主义观点来讲，就是因为有贫富差距，按经济、按地位来划分的。当时所谓经济富裕也就是土地有多少、牛羊有多少。

笔者：您了解宁蒗县这边现在黑彝和白彝之间通婚的情况吗？

现在已有通婚的，与汉族开亲通婚的也不少了。但是，不同的人，观念上还是不一样的。我就是老观念，我认为他是"朔"，就不可能与他开亲通婚。开亲了就不行了。现在，有过去比我们等级低一点的一家人的姑娘与我这小支的人结婚了，别人就在议论。"哎，阿里家已经差劲了，骨头已经不行了"等说辞，我听了很难受，很不是滋味。但是，我自己还是不能随便讲，不能随便去问别人家的家支起源，有哪些分支、小支等问题。在我的观念里,理论深层次上,土司、黑彝就是经济富裕的人。经济富裕,无非就像汉族那样有工业,有公司,有产业嘛。在奴隶社会时期,是以有多少奴隶、占有多少比例、土地有多少、牛羊有多少等,以占有财产的多少来衡量和划分的。通婚很多也是看是否门当户对的,一般都是经济富裕的与经济富裕的开亲。

彝家的木梯、竹席和木制厢房

"一匹马只值一碗酒。":习惯法

习惯法中有许多东西是优秀的文化,有的甚至现在的国家法律都替代不了的。当然,公开这样说可能不太恰当。比如,彝族习惯法说:"一个人只值一匹马,一匹马只值一碗酒。"说明人与人之间有杀斗,有矛盾,有纠纷或矛盾很深,纠纷重重,现在的法律搞不好,不好解决,不能解决。但是,习惯法是彼此知晓的,当事人彼此之间多多少少有些亲戚关系。有问题了,买酒给对方喝，彼此说明、解释清楚，就可以化解，可以调解，就没事了。关于习惯法，我只能说这些浅层次的东西了。

"读书才有出路、有前途的观念占主流了。"：教育

笔者：您认为彝族农村失学儿童多的原因是什么呢？

主要是经济发展落后的原因。其次，是不让女孩子上学。认为女孩子是别人的，将来会嫁人的。过去，这种观念比较突出，现在好多了，让女孩子上学的也多了。新中国成立初期严重一些，我曾经专门为彝族小孩子不怎么上学的问题写过一些内参，呈送到省里和中央。为此，新华社记者都来问过我。原因是宁蒗人观念落后，教育上，学生失学的太多了。后来的观察，发现观念落后不是主要原因，读书无用论已经不存在。读书才有出路、有前途的观念占主流了。这几年，宁蒗县的教育发展和教育成绩越来越好。前两天，杨老师告诉我俩了不是。宁蒗县在全丽江市各地区来说，经济发展和社会发展都是比较落后的。在泸沽湖地区，当年还存在着母系氏族的社会状态，宁蒗社会是奴隶社会。但是，十多年来，宁蒗县的教育已经搞得非常好了。教育质量很高，这是了不起的。像你所说的孩子不能好好上学的原因，并不是不想上学，而是经济困难，人多照顾不过来，学费不少，书费不少，吃用耗费等负担不起。有些孩子考上大学都上不了学，说来说去就是经济问题。经济太困难了，而不是观念的问题。观念问题是过去的事情了，现在姑娘上学者不少。而且，妇女干部也不少了。其中，中学生、中专生、大学生很多了。说明社会在进步，少数民族也在进步。进步的关键，还是靠共产党的领导。女童失学等问题主要是经济问题，观念问题也有一些，女儿总是要嫁给别人的嘛。农村里，一般人家都认为，女孩子到了十七八岁，就打发给婆家最好。这种想法，在机关单位是绝对没有的。就像我的姑娘，已经生育一个女儿，如果再生的话，就是超生

了,就要被开除公职的。有时候,老观念是非常难受的。我姑娘家比较富裕,他们也在说,也在犹豫,开除就开除,只要花点钱财,找些钱财就行了。没生个儿子,总觉得非常悲哀,觉得根都没有了,怎么办呢?困惑着呢。失学的问题,主要是经济问题。在农村,除了经济外,女孩和男孩比较起来,即使男孩成绩不好,父母也宁愿让男孩去上学。要多呼吁,国家要多支持凉山彝族地区的教育,要特殊关照,特殊扶持才行。因为,经济上确实太困难。改革开放以来,少数民族地区确实有了很大的进步,在不断发展。但是,由于历史、自然、地理等原因,与沿海地区是没法比了,即使在省内比,也差得很。所以,经济上困难是一个重要的方面,需要国家给予重点扶持。什么都走向市场经济,什么都是市场,彝族文化就越来越走下坡路了。再这样传下去,就比旧社会还差了。这样,党的政策就显不出什么优越之处了。

笔者:除了经济上困难以外,有没有文化上的因素。比如,彝族孩子从小讲彝语,上学用汉语,就跟不上了。有这个原因吗?

说实在的,这种问题应该不是很重要的原因。只有"女孩上学干什么呢"的观念有一些。不仅是彝族,汉族也有重男轻女的思想。但是,最重要是经济困难的原因。教育问题,小凉山大概是这样的。新中国成立以来与汉族地区一样,实际上都是一种模式。在四川凉山还有彝语教育,这边没有。双语教育基本上也没有。与汉族地区一模一样,统一教材,全国统一教材,全省统一教材,都是用汉语教学。双语教育在四川凉山好像做得比较成功。搞双语教育,可能效果更好一些。因为彝族在彝族地区学汉语,就像我们中国人学外语一样,有一个过程。我们这里一上学就是学汉语,我小时候就是这样学过来的。实践证明,还是基本上能跟上去,是成功的。因为现在宁蒗县的人,已经有博士生,北大、清华的本科生也很多了。说明国家的教育政策,在少数民族地区或落后地方也能取得成功,取得好的成果。比如,这几年，宁蒗地区虽然什么都落后，那与新中国成立前的历史、地理等原因有关，但是，教育仍然搞得很好，这是一种模式。当然，这几年国家搞统一政策，云南省统一办半寄宿制、寄宿制学校等都是上面的政策，并不是本地的发明。双语教育少数民族地方应该搞。但是，宁蒗不知为何没有搞。

笔者：您小时候有没有接受双语教育？

没有，从来没有。不存在的。一来就是国家统一教材，统一老师，与汉族地区一模一样，与汉族学生一模一样。

笔者：课堂教学上有无彝语翻译的？

当时，外来的汉族老师多，倒是他们必须学习彝语，懂一些简单的彝语会话，这样过来的。因此，彝族地区的教育，尽管因为历史、自然、经济等原因，形势非常严峻；但是，教育并不落后，今年中高考，成绩很不错。这跟当地政府的政策和民族学生喜欢学习，喜欢接受教育有关。穷则思变嘛。为什么穷？就是因为不读书的缘故。所以，民族学生都喜欢读书，喜欢用功。家长都能够把子女送进学校上学，尽管很困难。但是，（他们）不怕困难，也没有别的办法。不过，家里有好几个子女的，在困难面前，宁愿让男孩上学，女孩退学。因此，首要是经济困难的原因。其次是观念的原因。不是观念的话，怎么不退男孩而退女孩呢？宁蒗县凉山彝族的教育还是不错的，共产党和当地政府扶持，当地农民也重视，当地学校也是最好的，投资方面领导都很重视。宁蒗县还有一个领导重视教育的故事。以前，阿苏大岭担任县领导的时候，提倡把老师当做舅舅来看待，来敬重。因为彝族人认为舅舅最大，舅舅最受尊重。因此，阿苏大岭的话可出名了，"老师就是我们的舅舅"。宁蒗县的教育是非常不错的，可以写一些深度的东西。是一种新模式，宁蒗县的教育是一种模式。能不能实施双语教育，小学阶段可能好一点，初中就没有必要了。初中、高中阶段再搞什么双语教育，就没有多少必要了。

除非从研究彝族文化的角度，专门培养彝学专家，那就另说了。现在的寄宿制，实践证明是不错的。一村一校也是不错的，这些都是上头的政策，并不是我们少数民族传统的东西。一村一校、寄宿制、半寄宿制，是国家的政策。由于实施这种措施，国家关心，当地政府重视，每年考上大学的学生，已经不少了，考上大学的彝族孩子也不少了。宁蒗县教育很有名的。我以前每年都写些文章论述和报道。这几年，宁蒗县的科普方面也有大的进步。科普教育和普及的程度，在全国有点名气的。但是，现在差一些，农业电脑种植难以搞上去。

"也需要输血。"：彝区发展

发展问题：政策方面，国家应当不断支持、扶持民族地区，尤其是宁蒗县这样的国家级贫困县。因为历史、地理等原因，并不是人不对，民族不争气，而是生活在这样一种地理和地貌环境中，又不像沿海地区，国家重点开发和建设。当然，什么都靠国家也不对，要靠当地人民自力更生，艰苦奋斗。不过，由于地理、历史等原因，再努力，再奋斗，也需要输血、造血，需要一定的资金支持。所以，国家对不发达地区进行扶贫资金投入，实施西部开发，搞小康社会建设，实现和谐社会环境，少数民族地区的经济建设必须搞上去，少数民族的教育必须搞上去。这就需要国家扶持，国家支持，读书出来者多起来才行。现在已经培养出了本科生、研究生，有了不少书记、县长等少数民族干部，甚至，有的还走上更高的国家领导岗位。这是国家扶持、支持的成果，也是少数民族努力奋斗的结果，今后应该继续加强。我们先吃饭吧，边吃边聊吧。

笔者：好的，谢谢您。

谢什么呀，都是一个家支的人。

十一、2006年7月3日 18:30—19:00

被访谈人：依伙阿普，男，彝族，云南省宁蒗县交通局纪检委书记；

访谈地点：云南省宁蒗彝族自治县县城某餐馆；

在场人：依伙乌阶（汉名：马志才），云南省宁蒗县教育局干事。

家支、迁徙、婚约

笔者：请您谈谈宁蒗县颇勒惹额家支的来源吧。

我是颇勒惹额家支依伙分支的。我们是从我父亲的爷爷这一代开始迁徙来的，是从四川凉山盐源县搬来的。他是一个毕摩，也是一个苏尼。一边走一边做毕摩来到跑马坪的时候，娶了一个吉克吉木家的姑娘后，定居下来，生了三个儿子。老大居住在金子口，与阿尔家开亲。老二居住在支长拉，与佳萨家开亲。老三居住在跑马坪，与莫色家开亲。这样，我爷爷的父亲、我爷爷、我父亲和我都居住在宁蒗县境内，已经有四五代人了。

笔者：您父亲的爷爷搬迁来时与黑彝一起来还是自己来的？

自己来的。来到这里后，在跑马坪补约黑彝家管辖的地方生存下来。我们是依伙比木分支的人。跑马坪黑彝有名的就算补约老二家。沙力坪白彝有名的就算阿鲁顶子家，黑彝算补约家。跑马坪是因为在一个小山坡四周，绕有一条跑马道而得名。也是逢年过节的时候，各家支骑马比赛的地方。这个地方，过去森林茂盛，土地为烂泥坝地和草坪。后来经过改造，烂泥坝地改成能种玉米和土豆的田地。这是阿苏大岭当跑马坪乡党委书记的时候开垦的。

马志才：在婚姻上，只有彝族人与彝族人开亲通婚的话，后代不会发展好,甚至有可能阻碍社会的发展。我们在婚姻上与其他先进民族相互开亲通婚,是先进的。但有一点,我们本民族的习俗、语言、文字,这个根不能丢掉。丢掉这个根的话,你就沾不上彝族人的血统和文化了。因此,要与其他先进民族通婚,同时,也要继承和发扬本民族优秀的传统文化。身为彝族这点不能变,变了,以后就变成其他民族的人了,彝族这个民族就没有了。现在黑彝的后代与汉族通婚的也不少了,是件好事。这些年,我们这里的人观念开始变化了。

笔者在云南省宁蒗彝族自治县县城与本家支部分成员就餐留影

十二、2006年7月4日下午12：30—14：00

被访谈人：卢保生，男，彝族，云南省宁蒗彝族自治县民族中学校长；

访谈地点：云南省宁蒗彝族自治县民族中学校长办公室；

在场人：杨春先生。

"我是坐享其成了。"：宁蒗民族中学教育教学概况

笔者：您当校长之前在哪里工作？

我是1986年从民族中学高中毕业后，考上西南师范大学中文系读大学，毕业后，又分回民族中学任高中语文老师。我教的第一届拿下了地区文科状元后，我就调到宁蒗一中去任语文课老师。1997年送走一届后，又调到民族中学当副校长。不久，调回一中当副校长。2002年调到贝安中学当校长，任职两年以后，调回民族中学当校长。当时，我到贝安中学时，海安中学快破败了。贝安中学原来是海安的，后来海安交给本地干了一年以后，

被乡下的中学打败了。

笔者：海安中学现在还有吗？

现在牌子挂在民族中学了。原来宁海中学在下面，海安老师撤走后，上海贝尔阿尔卡特公司来赞助，有一个条件就是改校名。于是就改为贝安中学，我是贝安中学的第一任校长，第二年就改掉了。宁海中学的老师，来到民族中学的还有十多个人。所以，牌子就挂到这里来了。因此，宁蒗县民族中学又叫宁海民族中学。

笔者：老师们还在学校教学吗？

还在这里，在学校教书。还有十多名是民族中学第四届的海安教师。我是2004年调到民族中学当校长的，到现在已经满两年了。

笔者：您这个校长的行政级别是什么级别？

正职待遇，是正科级。实际上，可能是二级那种正科长级吧。因为我们学校的主管单位是县教育局，县教育局才是正科级单位呢。

笔者：一中也是一样吗？

一中也是一样的。一中、民中、贝安、职中，这几所中学都是一样的，校长都是县委组织部管的干部。

笔者：现在民族中学有多少学生？

学生有2406人。其中，高中生1500多人，初中生800多人。

笔者：男女比例如何呢？

女生已经占到44%左右，比较高了。刚开办的时候，一个班里最多只有十几名女生。我们这里有全省唯一的女子班，是初中生，有两个女子班。

笔者：只招收女生吗？

只招收女生。以前，已经招了好几届了。现在我们准备把它完善起来，想从初一年级到高三年级都设置起来。今年准备在高三年级招收一个女子班。

笔者：在校学生当中民族结构怎么样？

民族学生占到70%多一点，有1800多名少数民族学生。其中，彝族学生占50%左右。以前占60%多。

笔者：学校面积有多少？

学校占地面积146亩。

笔者：在岗老师呢？

教职工有158人。其中，专职教师125人。当中，高中教师81人，初中教师44人。

笔者：教师职称结构怎么样？

职称结构，中职多一点，初职更多，高职有点少。海安老师当中，高职比较多，本地老师高职目前只有3个人。

笔者：教师学历结构怎么样呢？

学历结构，基本上是本科毕业。

笔者：有研究生吗？

研究生还没有。差的就是这个了。

笔者：一般老师每月能拿多少？最多能有多少？

这里拿得最高的是海安老师，每月能拿到6000多元。因为他们是双份工资。这是一个条件，他们在宁蒗县吃一份，在海安县那边吃一份。这就是他们来这里的优惠政策。

笔者：这里一般一个老师一个月能拿多少？

这是按职称给的。高职应该拿多少，就是拿多少，中职应该得多少就是多少。只是海安老师有一些浮动工资，与本地高职老师相比，海安老师的还高一些。

笔者：海安教师敬业方面如何？

是比较敬业的。可以这么样说，没有海安的初中教师，宁蒗县的初中教育就不会翻身。1988年之前，我们宁蒗县的中专生名额，很多都被丽江市其他三个县占掉。其他三个县的中专师范生毕业后，到我们这里来工作。1988年以后，引进竞争机制，教学质量逐步搞上去了。实际上，丽江市的很多中专生，前几名都是宁蒗县的学生。大变样之后，初中教育翻身了。

笔者：当时是什么样的竞争机制？

从江苏省南通市海安县引进海安老师，海安老师和本地老师开始在教学质量、教学水平上进行竞争，评比制度很完善。每年都统测，中考都要评比的。这样一来，海安老师和本地老师就形成了强烈的竞争机制。

笔者：校园四周为何围着围墙呢？

不围的话，学生就不能在校园里面好好学习了。周边环境也非常恶劣。不围起来，一棵树都活不了，安全系数也不高。

笔者：您这个校长办公室跟我们大学校长的办公室差不多嘛。

这是前任校长做好的，我是坐享其成了。

笔者：您认为你们学校现在最大的困难是什么？

最大的困难是硬件条件比较差。比如，化学实验室、物理实验室等有待建成。我们这么多学生使用实验室，应该是双套的。但是，现在只有一套。而且，非常陈旧，连通风设备都没有。现在，连一个像样的图书馆也没有，图书存量只有两万五千多册。如果生均20册的话，连一半都没有。体育设施已花了200多万元来建设，但仍然不够，标准的运动场也不够。还有标准的阶梯教室也没有。硬件投入还远远不够，与县一中相比，至少还差1000万元以上的资金投入。差1000多万元，那就是县一中现象，反正他们做大做强也是应该的。但是，两所学校在一起比较的话，是相当不公正的。有些确实是不一样的，差的地方是客观存在的。

笔者：你们学校的财政拨款怎么样？

教师工资是县里全额拨款的。其他我们有一定的收费。

笔者：一年拨多少？

有几百万呢，光学费是158万元。

笔者：收费怎么收？

初中生不收费，"两免一补"正在实施。"两免一补"的政策很好，国家今天做到这一步，已经很不错了。做到这一步还不读书的话，就是老百姓自己的问题了。以前是人民教育人民办，现在是人民教育政府办，国家办。现在我们这里就是这样的，乡下的15所学校已经全免了。从今年开始的，是教育局自己付钱了。教辅资料是不免的，教材有些是学生自己出，该收钱的还是收一点。

笔者：学生的学杂费还收吗？

学生的学杂费，初中生已经不收了。上面还要下拨的，一个学生34元。

笔者：学生的教科书是自己买吗？

是的。该收的还是收一点。听说2008年就全免了。

笔者：整个宁蒗县有多少所中小学？

目前有30多所中小学。16所中学当中，只有一所是完整的设有初中的中学，就是民族中学。县一中只有高中，没有初中。明年可能又成立一所中学，叫大渠中学。

笔者：两免一补是件大好事？

当然是件大好事了。对老百姓来讲，是件非常好的事情。但是，还是有不少流失的学生。

笔者：一般初中、高中不存在流失了吧？

还是存在的。有一些学生辍学去打工了。去年"两基"基本实现了。但是，还是有流失的。当然，不是很多的。

笔者：流失学生当中，男生多还是女生多？

差不多吧。

笔者：你们学校里彝族老师有多少？

彝族老师还是很多的，大约有三四十人。彝族所有教职员工加起来，共有59人。我们了解了，包括西昌、盐边、盐源这些地方都达不到这个水平。以前，很多彝族老师只能教文科，教理科的没有几个人。现在，各个科目都比较齐全了。并且管理上也做得很出色。宁蒗县有这么特殊的县份结构，在管理上也有点特殊性才行。尤其是在德育教育工作上，彝族人的工作有特色，有特点。校长的位置，要彝族人做了才顺顺利利、服服帖帖的，比较好办事。包括班主任也是彝族老师当比较放心。

笔者：为什么这样子呢？

这是个威信问题，威信在那里，彝族老师胆子大一些，敢抓敢管。

笔者：是不是也有传统文化的因素在里面呢？

是的。在宁蒗县，彝族是主体民族。学校里，彝族学生比较多，彝族老师教育彝族学生比较顺理成章一些。同文同祖，心理素质一样，还有很多都有亲戚关系。在讲道理的时候，从亲戚关系的角度考虑，从情感的角度出发，彝族学生就比较爱听。如果一个班主任带领一个班，能够把一个班学生的根底全部都搞清楚，亲戚之间错综复杂的关系搞清楚以后，工作起来就很方便。比如，老师和学生之间，是从哪个地方看是亲戚，是什么亲戚，彼此之间应该是什么关系，做到心中有数。这样，教育学生的时候，学生感觉到你在为他们做事，在关心他们的成长，自然就鼓励了他们好学上进而不出事了。

笔者：你们学校有无英语演讲协会、书法协会等学生社团？有无歌咏比赛活动？

我们是利用节日开展活动的，有"国庆"演讲比赛，冬季教职工和学生篮球、足球运动会，有师生书画展，书法评比等，这些都有的。但是，都是利用课外的时间来做这些事情。课内时

间很少,基本上每一天都排满了课程。

笔者与云南省宁蒗彝族自治县民族中学部分教育教学管理者合影

笔者:你们学校学生入党的情况怎么样?

学校对成绩好的学生,为了帮助他,给他更有利的条件,让他入党,每年都有几个指标,学生入党是很多的。我们学校的学生可以保证,成绩好的,品德也是好的;成绩不好的,品德不好的,他想读书也读不成,更不用说是入党了。我们学校的政教工作者都是非常仔细的,工作作风非常好。如果一个学生品德不行了,不珍惜自己的学习机会了,首先是比较轻的处罚,有轻的违纪违规行为的,要教育三次。教育三次以后,实在不行了,还给家长一次机会。当然有突发的恶性事件无法挽救者是一次性处理的。这样,能够在这里读下去的学生,即使成绩不太好,思想品德方面实际上也是过关的。所以,我们学校对思想品德教育是非常重视教育的。德育教育我们放在一个很高的高度看,不好的学生要引导他改正，规范好。因此，学生入党的也是有的，可以入党者，够条件者，自己写申请书。但是有时候，可能（教育的）速度快了一些。因为时间不等人，而培养需要一个过程。

笔者：你们学校有无早恋的学生？

恋爱现象肯定有。只要学校存在，只要有人，就免不了，肯定有的。只要男生和女生作为不同的性别属性而存在，肯定是免不了的。但是，敢于发展到不可收拾的地步者不多见，一般不会发展到很深的程度。对于早恋，我们是教育和引导，特别是初中生，实施九年义务教育，任何人都不敢动，一个都不能少，开除都没法开除。真的，一个都不得少的。

笔者：据您了解，宁蒗县是不是所有的适龄学童都接受了九年义务教育呢？

乡下的，我不清楚。但是，从去年"普九"验收的结果看，基本上是达标了。达标的地方很多，没有达标的地方几乎没有。当然，也有流失的部分，也有些水分的。

笔者：你们学校的老师都是哪儿毕业的？

杨春：以前都是民族中学毕业的，后来是从云南师范大学毕业后，分回这里。只有宁蒗县一中，没有民族中学的话，我们彝族儿女不知有多少被堵在农村，娶个媳妇，安个家，稀里糊涂就过完了自己的一生。

是啊。如果没有民族中学的话，包括我们这些人，已经是老人了，不知住在什么地方了。我初中毕业那年，丽江师范学校定向招生，比我成绩好的人都考上了。当时，民族中学已经成立三年，办起了高中，我才进入这里学习。不然的话，县一中考不上，全部被堵死的。那时候，被子、毛毯、蚊帐都是国家发的，一星期还吃上一顿肉，自己什么钱都不用出。我们的成长，民族中学功不可没啊。

笔者：那是什么年代？

那是20个世纪80年代。我是1983年到这里来学习的。

笔者：跟我们盐边县民族中学一样，民族中学建立的时间都差不多。

那个时候是市级民族中学，曾经面向全市招生。

笔者：现在不是了吗？

现在不是了。我认为县委、县政府应当争取，成立市级民族中学就好了。

笔者：那为什么取名为宁蒗县民族中学呢？

当时，这里是省里办的19所民族中学之一，是市级民族中学。现在云南省各州市都有了自己的民族中学。玉溪民族中学也不在玉溪市而是在峨山市，也算是峨山彝族自治县的民族中学。但是算市级民族中学。现在，丽江市还没有市级民族中学。每个县都有自己的民族中学了。将来不一定，如果我们县委、县政府不注意的话，投资力度大一些，发展速度快一点，规模扩大一些的话，玉龙民族中学或古城民族中学都可能比我们发展得更好。谁成为市级民族中学，是谁也说不清楚的。

笔者：丽江市各个县都有自己的民族中学了吗？

是的。但是，像我们这样规模的民族中学还没有。

笔者：你们努力争取一下嘛。

我们不好争取，争取太积极了，就是越级了。应该是县教育局去争取，县委、县政府去考虑。

笔者：当时为什么建在这里呢？

因为当时宁蒗县教育很落后，阿苏大岭书记争取过来的，意义很大。民族中学在宁蒗县办起来以后，其他三个县的学生都到这里来读书。现在县政府办公室的马主任就是这里毕业的。他是永胜县人。我们在这里读书的时候，华坪、永胜、丽江的学生都很多。市级民族中学嘛，全市各民族学生都往这里填报志愿，考到这里来读书。现在，应该尽快争取，正式改为市级民族中学，给它正名。

笔者：作为市级民族中学，会面向全市招生，是不是对宁蒗县的学生有冲击啊？

他们可能不会来的。

笔者：学校办得很好，学生可能就排起队来了。但是，学校招生规模总是有限的。

当然，他们愿意来，优秀的学生愿意来，完全是可以的。不过，优秀的学生是不会来的，最终还是只能招宁蒗县的考生，对宁蒗是有利的。

现在，孩子不读书，责任在老百姓身上，不再是国家和政府的原因了。因为，现在已经开始实施两免一补的政策，免掉了学生的书费和学杂费，还有适当的补助生活费，大大减轻了老百姓的经济负担了。

笔者：目前您感到最自豪的是什么？

第一，民族中学的人际关系比较和谐。不管是同事之间，还是班级之间，还是师生之间，都很团结。我眼中的一个标准，就是要讲团结。我作为一个学校的领导，生活在这么一个团结的群体当中，感到很自豪。第二，作为民族中学的老师，都有服务和奉献的精神。来我们这里参观访问的人较多，大家都很忙。但是，奉献精神较强，许多老师都是日夜坚守自己的岗位，做好自己的工作，经常加班加点，兢兢业业的工作。第三，由于上级领导支持，老师敬业，学生勤奋，这几年来，民族中学始终都是宁蒗县经济建设和社会发展中能够做出比较大的贡献。这些都是本人感到自豪的地方。第四，许多从民族中学毕业出去的人，很多都在外面做得很不错。像在北京工作的马新民，市教育局的杨晓敏，还有毛旭博士，杨洪林博士，还有原来我高三班的一名同学，现在已经是著名的诗人了，是云南省作协副主席了，在各行各业的人才都比较多。所以，我感到非常自豪。

笔者：压力是什么呢？

压力主要是竞争的压力，许多方面的竞争。每个学校的师资都比较紧缺，能够上高三课程的人不多，很多是新手。而学生规模扩大比较快，合格教师和优秀教师的培养非常紧迫。外面的社会对教师的吸引力又比较强大。市里每天都来挖优秀的老师，师资不断流失，优秀教师紧缺。第二，学生生源素质不是很高。民族中学是全县最大的寄宿制学校，学校招收的学生来自全县16个乡镇的中小学，都是普通老百姓的孩子，招生都是面向农村，面向少数民族的。学生家庭比较贫困。老百姓的孩子中，学得好的学生，又到别的学校去了，大多数都是三四类的学生。所以，费了九牛二虎之力，才创造出今天的好成绩。

笔者：财政方面的压力大吗？

财政方面的压力还是有点大。我接任校长时，欠了130多万元的债务，通过一年多的努力，还得差不多了。但是，学校不断建设，不断提高教师的待遇，规模扩大后，需要资金的地方也很多。虽然收入不断增加，但是，还是有些入不敷出呢。

笔者：您觉得您这个地方素质教育和应试教育的关系怎么样？

我认为应试教育也是最好的素质教育。到目前为止，其他不说，由于升学压力，我们县里的两所学校，即民中和一中，应该是在进行你死我活的搏斗，谁的升学率高谁的生存空间就大，谁的社会影响就大，谁对社会的贡献就多。你说是不是这样？竞争压力很大的。但是，像这样一个特困县，办这么两所学校，其实也很不容易。全国其他的特困县，恐怕都没有这种情况。有两所完中，成绩都不错。今年高考上线的，已经超过千人大关。近1400人参加高考，1045人上线，还不计宁蒗籍的学生在外面就读的。这个数字你看厉害吧，哪个特困县是这样的？

笔者：学校对老师和学生有何奖励机制？

都有。有评奖方法，有奖励机制。我一时讲不清楚，大概得奖最多的一个人，奖金能拿到一万元。我们去年特尖班的老师，因为有两名学生高考考了 600 分以上的成绩，每人奖励了 5000 元，在开学典礼上进行奖励和表彰。这个是社会需要的，也是形势所迫。现在都说待遇留人，情感留人，政策留人。但是，说来说去情感和政策实际上都不如待遇的，你说是不是这样的。

"它的政治意义已经取代了教育意义了。"：资助、支教

笔者：社会上各种资助学生的资金多吗？

资助还是多的。现在资助我们学校的有十多家，每年收到的资助资金大约在 60 万元。像我们校友马新民他们组织的"未名"奖助学金、青基会的沈秘书长他们组织的"民顿"奖学金。盐边县那边在上海工作的肖文高他们，也在这里搞了一个华益集团奖助学金。毛旭博士他们搞了"爱心"奖学金。省民委每年下拨一二十万元的资助，等等。加在一起算，每年大概有 60 多万奖助学金呢。还有贝安的一对一资助也很多。这个学期五月份又来了一批，如南通市东风日产带来了 20 多万元，是响应南通市委书记的号召，向海安老师学习的结果。意思是说，这么多年海安老师，孤军奋战在宁蒗县少数民族地区，创造出很好的成绩，收到很好的效益，值得南通市各行各业的人民学习。将来有机会，如果可以的话，南通市各行各业都应来宁蒗县民族中学支教资助。我看做得很好，成功的话，南通市 780 多万人，一个人资助一元钱，也就有了 780 多万元。只要政府积极争取，积极搞活的话，应该没什么问题。

笔者：只有民族中学里有海安老师吗？

是的，只有民族中学里有。

笔者：原来是专门有个学校的吗？

最早的时候，先是集体引进海安县支教教师。最先从初中开

始的，初中在县城北边，现在贝安中学的前身，即宁海中学，取宁蒗和海安两个名字的第一个字组合而成的新名称，办起了初中学校。不久，宁蒗县的初中教育就翻身了。所以，可以这么说，没有海安的初中支教老师，就不可能有宁蒗县初中教育的发展和腾飞，也不可能有今天宁蒗县蒸蒸日上的教育发展。现在也可以这么说，没有海安的高中支教老师，宁蒗县的高中教育也不可能翻身，更不可能腾飞。

笔者：据您了解，像海安支教这种事在全国其他地方有没有？

云南省宁蒗彝族自治县民族中学的主教学楼

支教是有的。海安老师曾在新疆和甘肃也做过支教。但是，比较持久的一如既往的就是在宁蒗县，我想在全国范围内都是不多的，做得成功的也不会太多。现在海安支教的内涵已经很多、很丰富了，已经发展成为典型了。2004年开了个"宁海模式"

的研讨会，出版了研讨会论文集子。它的内涵已经包括各个方面了，甚至它的政治意义已经取代了教育意义了。

笔者：现在还有多少人在这里支教，他们的生活包括家庭孩子的出路怎么解决呢？

这里现在还有 19 个人。一家人一起来支教的有几家。把自己夫人带来支教的有一家，其他都是单身汉。我们学校自有支教老师开始，就建了一个海安园，大多数海安老师都在那里娱乐。大多数老师都是自己解决自己的生活问题，已经非常适应了。

笔者：有在这里娶妻或嫁人的吗？

没有，没有。这是不可能的事情。单身者都有女朋友或已经有家庭了。

笔者：相当于两地分居，他们的子女在这里读书吗？

对他们子女有个优惠条件，他们的子女可以在这里读书，也可以在这里参加高考。到现在，有些海安老师已经连续三轮在这里支教了。

笔者：啥意思呢？

意思是说，有些老师第一轮来了，第二轮也来了，第三轮又来了。开始时五年一轮，前两轮都是五年。从 1988 年开始到现在，已经是第五轮了。到民族中学支教是从 1993 年开始的，已经是第四轮了。一轮五年，差不多 20 年了。后面三轮是每轮三年。前后加起来，到今年已经是 19 年了。

笔者：这种事情应该是大书特书的典型事件。

有的，宣传的也很多。我听说今年 11 月份，任长霞剧组要来这里拍电视剧，专门宣传海安教师的事迹。

笔者：你们学校有外籍教师吗？

长期的没有，短期的有。这次有 10 天左右的，有美国的 3 位教师进入我校教书。我们这里有个叫周建华的老板，赞助着我们两个女子班。

笔者：赞助哪些方面呢？

每个月每个学生赞助60元，一年按10个月计算，每年每个学生600元。一个班50人，两个班加起来，一年就是6万元。如果高中女子班的学生与他签合同的话，他可能赞助一个学生每年1000元。他的意向是，将来在我们这里，能够请外籍教师来教学，学校只需提供场地给他就行了。他是上海的一个老板，他的公司到处都有。在泸沽湖有个叫意福岛的度假村，听说他在内蒙古还有两个金矿。因此，有心人多，热心人多，是好事情。

笔者：看来外界特别关注你们这里，还有很多无私的赞助，当然他们可能有他们的想法。不过，还是做得比较不错的。

不错的，好心人很多。但是，另一个方面，我们自己也自强不息，人家赞助我们这里，可能也是感觉到我们这里不错，是一件很值得做的事情，很有价值的事情。如果我们不自强，办得不成样子的话，人家赞助多少钱都没有意思了。有许多孤儿在我们学校读书，有30多人，香港人来赞助孤儿的也不少。

笔者：这里的孤儿单独分班吧？

没有，没有。全插到各个班里面去。我们这里高中有特尖班，有尖子班，有普通班。分班的目的，是为了竞争，为了分槽喂养，因材施教，培养人才。

"现在基本上都汉化了。"：双语教育、双文化教育

笔者：在乡村小学里都是用汉语教学吗？

现在基本上都汉化了。乡下小学有部分老师用汉语，也有用彝族来教的。如教1、2、3、4……数字的时候，教一些动物的名称，如乌鸦、喜鹊等词语的时候，用彝语教学，用彝语解释更好，更清楚，更容易接受一些。用彝语教学，主要是解释性的部分。

笔者：宁蒗县以前有过双语教育吗？

以前好像有过。我知道有一个乡村搞过，就是现在县教育局干事马志才工作过的那所小学，曾经教过彝语，搞过双语教育。我们在想，民族中学将来能不能搞一些彝文兴趣班，是不是把彝语开起来。彝语开起来以后，弄得好的话，许多尔比尔吉（格言谚语）、故事传说、歌舞仪式等彝族优秀的传统文化就能传承下去，对丰富学生的文化知识也是很有作用的。但是，现在升学压力重得很，哪个敢管这些事情？哪个敢做这种事情？想法是有的，但是，还是不敢贸然做这些事情。可能也不太现实，多方面的限制还很多。但是，我总认为，作为一个彝族人，应该了解自己的民族，了解自己的民族文化、民族历史，懂得自己的民族语言和文字。我听说现在西昌等一些地方，彝话不讲不说，连彝族身份都不敢报的人也多，因为彝族身份而感到害羞的人也有。本来就是彝族嘛，何必呢？这是改变不了的事实嘛。我们将来会做，现在为这些事而准备，将来要全面发展。在高考、中考不滑坡的前提下，从师资上、资金上，各方面的条件上都准备一下，提供一些方便。艺术教育方面、素质教育方面的课程都要开起来，作为一种校本课程搞起来。我们学校彝族学生这么多，将来彝文课作为兴趣爱好开起来，肯定很好。有些事情应当让大人物来做，从观念上重视，从政策上扶持；具体的事情只能让学校来做，学校有这个条件，有这个阵地。但是，只让学校自己去做的话，有些事情，做得好不好很难说，也可能起反作用。

笔者：彝族小孩子在家从小说彝语，上学时突然用汉语教学，有无障碍？

障碍应该不大。农村的孩子可能障碍很大。尤其是口语、听力上，很吃紧。机关单位职工的孩子就不存在这个问题，有幼儿园教育，像有些家庭连彝语也不说了，孩子也就不懂彝语了。但是，能不能够走出去，往往是经济条件决定的，经济条件好的家庭，孩子们更容易走出去，更有机会走出去。不过，彝族文化的传承是越来越弱了。

笔者：以前提得很响的素质教育现在不提了吗？

推进了一些课程。但是，都在做一件事情，加班加点地做一件事情，就是搞升学教育。这是真的。一个学校的教学质量就是这个学校的生命，谁都马虎不得。这几年高考难度不是很高，我听说，高考命题中心的有些人，为了推进新课程，推进素质教育，有意减轻高考难度。因此，这几年高考难度不是很大。因为，有些地方是一边推进素质教育，一边搞升学教育，结果高考不太好，两头顾不了。实际上，我认为文化知识教育也是素质教育之中的素质内容。

坐落在泸沽湖畔的云南省宁蒗彝族自治县永宁乡落水村希望小学正门

"每年有 45 万元奖金。"；奖励机制、高考

笔者：我听说，在丽江市的一些中学，如考上一个全国文科状元，或全省、全市、全县的状元，或一个学校高考、中考的状元，有不同的奖励机制。你们有吗？

有，我们学校定了规则，我们这里考个市状元难度很大；但是，考上县文科状元，我们会奖给学生个人 2000 元。高考 600 分以上的，给学生个人奖励 2000 元，县里再给学生个人 5000 元，加在一起就是六七千元的奖金了。

笔者：今年是 5 人上 600 分以上，大概要奖励二三万元了吧。

今年 5 个人，我要拿出 10000 元奖给学生了。但是，县教育局奖励我们学校 7 万 5 千元，其中，5 万元是奖给我们学校的，2 万 5 千元是奖给学生的。宁蒗县的规定是，每年县政府和县教育局都要重奖教育战线上作出贡献的人和单位，每年有 45 万元奖金。

笔者：专门奖励高考？

不是，奖励全县在教育战线上作出贡献的人。从小学到高中，即从小学升初中，初中升中专或高中，高中升大学，总共有 45 万元奖励金。去年宁蒗县一中和我们民中就拿了 12 万元，加上其他，一共拿了 16 万元。今年更多了，按原来奖励原则的话，今年宁蒗县一中 7 个人，就有 10 万 5 千元；我们民中 5 个人，有 7 万 5 千元。两个学校加起来就是 18 万元，再加上七七八八的，一共 20 多万元。其他就拿不到多少了。

笔者：这么说来，从政府角度上来讲，是非常重视教育的。

是的，非常重视。今年财政收入已经突破了往年，全县好像 1800 多万元。还是不多，才 1800 多万元，教育重奖就拿出了 40 多万元，县委县政府确实是尽力了。

笔者：一般竞赛有学生参加吗？

竞赛还是有学生参加的。如化学竞赛、历史竞赛等。

笔者：在这些竞赛中拿到名次后有奖励吗？

有奖励，但没有重奖。不仅是学校，整个教育都是以高考为指挥棒。指挥棒是高考和中考的标杆，特别是高考。现在，一个中心，就是高考。高考是重点，也是难点。高考牵动着宁蒗县24万人的心，牵动着宁蒗县各级领导的心。我看，不仅仅是宁蒗县的老百姓，而是还包括宁蒗县出去的各级领导，各类人物。从中央到省里，从省里到市里，再到县里都非常关心宁蒗县的教育，宁蒗县的高考。

笔者：刚才您说奖励每个上600分以上的学生2000元，实际上你们学校没有出钱而是政府出钱了。

是学校自己拿钱的，然后，政府再奖励我们学校。事实上政府还没有给我们学校钱的时候，我们学校自己就已经奖励出去了。我们学校自己有这个机制，实际上支出与政府的奖励是抵平的。所以，学生们非常在意，老师们也非常在意，家长们也非常在意。说难听一点，就是重赏之下，必有勇夫嘛。但是，这也是唯一的一条路子。学生们读了那么多年的书，没有考上高一级学校，干什么去呢？宁蒗县这个地方，本来就业岗位就不多。你没有文凭，没有学历，能做啥？所以，一贯的思想，就是把学生培养出去，将来到外面去工作，到外面去就业。这样，高考成功，于公于私都有好处，高考成功教育也就成功了。

笔者：今年整个宁蒗县参加高考的学生大概有多少？

民族中学和县一中合起来是1368人，在外面上学者不算。上线者1045人，升学率为80%以上。

笔者：还有20%不上线是何原因呢？

主要是成绩不好，基础不好。

笔者：上线的人当中各民族学生比例是多少？男女学生各占

多少？城乡人口各占多少？具体统计过吗？

这些肯定是要统计的。但是，现在还没有统计出来。

笔者：去年的有吗？

去年的有，在名册上。有些学生说不清为何不上线。有些平时成绩看来不可能上线的，但是，高考时发挥得好，上线了。有些该上线的，平时成绩比较好，但是，高考时发挥得差，就没有上线。总体来说，没有上的基本上都是基础不太好的学生。

笔者：有没有家庭环境或民族文化的原因？

原因是多种多样的，最主要的可能是智力因素有差异，勤奋与否、努力与否有一些差异。民族文化因素应该也是有一点的。宁蒗县彝族多一些，看起来比较落后一些。傈僳族学生这几年高考发挥得很好，比彝族差一点的，可能就是傈僳族了，各个方面都差一些。但是，这几年高考状元都是傈僳族学生。1997年考上清华大学的傈僳族学生是县一中毕业的。

笔者：是农村出生的吗？

是城镇的。另外，还有两名我们学校的傈僳族学生也是很不错的。

笔者：今天我遇到一个摩梭考生，在昆明读高中，今年考了600多分，是县城人。

在外面读书的，有些还不如在宁蒗县读的。像我们民族中学当年中考状元考了628分，全县第一名，今年在市一中参加高考，只考了645分。县一中今年高考第一名，也是当年的第二名，考了650多分，差不多的。

笔者：除宁蒗县的学生以外，这里有无"高考移民"的现象？

民族中学非常正规，高考移民的一个也没有。

笔者：县一中有吗？

县一中不太清楚，有可能有两三个学生。

笔者：他们成绩怎么样？

据说有一个考了631分。去年海南高考第一名是高考移民者嘛。读书不努力，不勤奋是不行的。我们这里的学生不用要求，自己早晨五点多钟就起来读书了，学习氛围好。以前我们读的时候，这些山上围墙也没有，每个勤奋的学生都有自己的一条路。每天来来回回地走着看书、背书、学习，每个学生自己就走出一条路来。现在也差不多，这里离县城远一点，比较安静，是个读书的好地方。

十三、2006年7月7日下午15：00—18：00

被访谈人：苏学文，男，彝族，云南省社科院宁蒗彝族自治县民族文化研究所所长；

访谈地点：云南省宁蒗彝族自治县政府民族研究所所长办公室；

在场人：杨春先生。

"原来在美姑县'所诺乃屋'这个小山堡下居住。"：家支迁徙、规约

笔者：请您谈谈您家支的情况，好吗？

好啊。家支情况，我们宁蒗县这里与四川大凉山一样。但是，彝族人到宁蒗县的，只来了一部分人。更多家支或家支人的一部分，还在大凉山那边。没有来宁蒗县这边的家支也很多。

笔者：你们家支是从哪里迁来的？

我们家支最早是从四川大凉山美姑县来的。我们家支的名称是阿苏忍海（阿苏八子）。原来在美姑县"所诺乃屋"这个小山堡下居住，后来先迁徙到昭觉县居住，然后，辗转到西昌市居住，再迁到西德县居住，再迁到盐源县居住。最后，又迁徙到宁蒗县红旗乡有个山头叫"能不顶"的地方居住。这个时候，听说永北这个地方很好。永北就是现在的永胜县。当时，我们在种粮食以外，还种些鸦片。收割鸦片后，就拿鸦片到永北去卖。当时，永北是交易鸦片的唯一一个地方。新中国成立前，我们彝语叫"永北尔库"或"日诺永北"，就是永北城的意思，在现在的永胜县县城。我们凉山彝族人就在这个地方与外面的汉人进行鸦片交易。那个时候，没有公路，只能走小山路去。路上有个叫永北清管的地方，有非常好的土地，气候也好，我们就看上了那块地方。于是，我们就从红旗乡搬迁到那个地方去居住了。是从我爷爷的爷爷那代搬去的，到我身上，已经有五代人居住在那里了。宁蒗县的彝族人，最早接触汉族的，就是我们那个地方的这些人了。

笔者：你们居住的那地方现在属宁蒗县吗？

现在是属于宁蒗县管辖的。与当时大部分居住在万格山上的阿苏家支和其他家支的人比较，我们居住在下面的人，因为最早接触汉族人，懂汉语，在宣传党中央政策的时候，也能够早接受。我们居住在下面的彝族人比较开明。在万格山上面的彝族人，旧社会时为了本家支的利益，为了姻亲家支的利益，经常有纠纷。直到新中国成立几十年以后，如果有纠纷出现，还是你带着一帮人到我家闹，我带着一伙人去你家闹，以这种方式来解决纠纷。尤其是这几年来，虽然开放和改革在深化，但旧社会遗留的东西也在抬头。我们住在下面的人，因为人多，也开始出现一些偷窃、骗吃、骗喝的人。也有互相打斗和格杀的。但是，带一帮人到彼此家去闹事或解决纠纷的,不是很多。没有居住在上面的那些人那么复杂。

流经玉龙雪山的滔滔不绝的金沙江水

笔者:您认为彝族家支活动的好处是什么?不好的地方是什么?

彝族家支活动好处是很多的。彝族人自古以来就非常重视三条:第一是重视家谱谱系,重视本家支的情义。第二是非常重视姻亲家支的情义。第三是非常重视(看重)朋友。看重谱系的表现是,每一个家支成员都在本家支内部经常打听家支成员的去向和活动情况,照看有困难的家支成员等。看重姻亲的具体表现是,经常留意、打听姻亲家支的情况。看重朋友的表现主要是看重与其他民族的人交朋友。比如汉族、藏族、傈僳族等朋友。彝族人不能没有这三条的。主要原因是有事情发生的时候,能够相互帮助、互相帮忙、互相救济。看重家支,不可能纠集家支成员来反对、反抗共产党，这是绝对没有的。与其他家支或民族争斗的事也是没有的。只是在本民族本家支内部需要解决一些事情时，遇到困难时，发生事件时，大家一起来解决。有时还请姻亲家支的人一起来解决，有时也请朋友帮忙解决。彝族谚语有"十人抬一根门柱就轻松"的说法，就是这个道理。因此，看重亲戚、看重姻亲、看重朋友，就是这样来的，这是我们彝族特有的文化。家支内部和姻亲家支的人搞好团结，彝族自古以来就是这样。现在在共产党领导下，这三个方面更突出了。

笔者：您家支以前搬迁来的时候，是自己单独来的还是跟黑彝一起来的？

是自己搬迁来的。宁蒗县的白彝大多数不是跟着黑彝来的。因为这些人的祖先都是一些"僚人"。在大凉山的时候，与兹莫对着干，与黑彝对着干。"我不想在兹莫管辖之地居住，也不想在黑彝管辖之地居住。我要到别的地方去居住，那里更自由"不服管。我们这里的彝族人就是这样的，全都是大凉山下来的。所以，宁蒗县彝族的祖宗，没有从别的地方搬来的，都是从大凉山搬迁而来的，基本上都是一些"僚人"，不愿意在大凉山兹莫或黑彝的管辖之地生活，喜欢找个自由的地方居住，故而搬迁到这个地方。有这么一批彝族人来这个地方了，之后黑彝就跟着来了。宁蒗县的五大黑彝都是后跟来的。在我们宁蒗县的彝族人，古伙和曲涅两大支系的后代都有，而且相互混杂居住。古伙的人也有，曲涅的人也有。尤其是古伙的人较多。后来黑彝来了，古伙的人认为，离开大凉山是为躲避你们，现在你们又来管制我们了，我们才不愿意在你们手下居住呢。因此，大部分古伙的人又迁徙到你们那边的盐边县、米易县、会东县和会理县去居住了。当时，那些地方还没有黑彝居住。过去，在我们宁蒗县以金沙江为界，在永胜、丽江那边，很早的时候还没有彝族居住，只有纳西族。后来，有些彝族搬迁到那里去居住了，最早就是从这里逃跑出去的。其中有两种人，一种是不愿意在黑彝补约家支的管辖和限制之下生活而逃跑的，他们跑到金沙江那边去居住了，以那边为据点，来反抗黑彝的势力。后来，补约家的一些人还想跟随他们到那边去居住，结果在丽江城里被白彝抓起来，架上马鞍，让女人骑上，押到金沙江这边才放回来。并告诫说："你们回去吧，永远不要再来了。这边是白彝居住的地方，不是你们黑彝居住的地方。如果再来就打死你们，丢进江里去喂鱼。"

还有一种人是做错了事，违背了彝族家支习惯法。比如，兄妹偷情或婶侄偷欢或家支成员之间互相偷抢女人等，被开除家支后被赶走或逃跑过去的。我们这里的人认为，只要渡过金沙江到那边，就算是被开除出家支了，就不认他们了，他们也不能回来了，生死也不管了。

笔者：这部分人多吗？

过去彝族习惯法里规定，如果兄妹或婶侄或翁媳等家支内部成员之间偷情乱伦，违背人伦道德而通奸，要么命令当事人自尽，要么抓起来，放在柴堆上活活烧死，比汉族的法律更严格的。谁敢呢？所以敢做的人不是很多。不过，还是有人违背的。那些违背者知道被其他人察觉后，赶紧逃到金沙江那边去了。新中国成立后，在政策感召下，金沙江两边的人也和好了。各个家支的人也和解了，有来往了。这边也有很多人陆续迁徙到那边去居住。现在剑川、玉龙等地方，都有我们彝族人搬迁过去居住了。丽江那边居住的彝族人都是从宁蒗这边搬迁过去的。

笔者：您见过或知道兄妹或婶侄等偷情乱伦的人吗？

这些过去是很多的，很多都逃跑到江那边去生活了，被开除出家支了。在我的记忆中，我没有看见过被烧死的。极个别家支出现这种人都是自己解决掉的。我见过一些人，有的吊脖子死了，有的吃毒药死了，有两个自行了断了。听说火葬的时候，都烧在一起，要弄到两条河汇合的地方烧掉。

笔者：为何到那个地方去烧掉呢？

因为他们做错事了，不干净了，也没有后代。烧后会被水冲掉，意味着本家支成员中就不会再出现这种事情了。

笔者：具体知道是哪个家支的吗？

哪个家支的我记不清楚了。不过，烧的那个地方，我看见过。但没有仔细看，不敢仔细看哦。两个人都烧葬在他们居住地的下面的河边，是最近几十年的事情。

笔者：是兄妹吗？

是兄妹或者婶侄，不太清楚。

笔者：在哪个地方？

是松树河村，战河乡的。距乡政府有三公里左右的地方。我们路过的时候，还看见火葬坑呢。"是什么人葬在这里啊"？"有人说是做那种事的两个人，他们两个人自行了断了以后，被葬在这里的。"后来，就再也没有看见过类似的事情了。再说，共产党也不提倡搞这个。有事情出现了，也只能在自己家支内部悄悄解决掉。有的被别人知道了，也要掩人耳目，不让更多人知道。有的当事人被家支内部的人叫来做工作，说被别人知道的话，是丢人现眼的，是不道德的，就在家支内部解决掉了。这些年来，医学已经很发达。有身孕的话，也悄悄地吃药或打胎，就解决了。

"黑彝不是很早就有的。"：黑彝和白彝的由来

笔者：您觉得黑彝和白彝是怎么来的？

黑彝不是很早就有的，是历史发展到中间的时候，才出现的。据说是在"列古忍石（列古七子）"这个时期分出来的。列古有七个儿子。彝族谚语有"兄分兹莫，弟分平民"的说法，就是说的这件事。他们兄弟七个人，其中"列古普色尼木利利"成为兹，"列古萨特萨尼马海"成为兹，"列古持莫俄尔布典"

成为兹,"列古地古海乃莫色"成为兹,"列古尔兹尔格阿毕博史"成为兹,一直到最小的那个叫列古拉普,拉普迪俄是黑彝。"兄分兹,弟分奴",主要是根据有无家产、是富裕还是贫穷来分的。这样六个兄弟是兹,最小的第七个拉普迪俄是奴了。但是,后来他认为成不了兹,兹把他当做奴隶了,他就从中间闯出,称为是"诺",就是自己称自己为"诺"。成不了兹,也不甘愿成为"奴隶",就自称为中间的一层"诺"。以后,兹不愿与他们开亲,他们只好做尼木威阶仪式后彼此开亲。因此,"诺女"没有嫁到兹家的。兹认为与他们开亲还不如与汉族开亲。兹的后代现在还不少,已经比较解放思想了,也与别的民族开亲、与"诺"开亲了。有的兹的后代已经不懂彝语、只懂汉语了。是这样的。"诺"是比较顽固的,兹不跟他们开亲,他们也不跟白彝开亲。从历史到现在,他们自己家支之间开亲。

笔者:那白彝的来源呢?

白彝都是兹下面产生的。兹有古伙兹,也有曲涅兹。白彝中,有些是从古伙兹里产生,有些是从曲涅兹里产生。是怎么产生的呢?主要是兹和兹的女侍从之间发生性关系后产生的。在我们宁蒗县的海子忍所,包括沙玛曲比、吉木、阿约、能吾、杰则、列史、阿库等,都是沙玛兹莫家女侍从的后代。历史上,最早是沙玛兹莫与利利兹莫之间开亲。沙玛兹莫家娶了利利兹莫家的女儿,利利兹莫的女儿出嫁的时候,有两个陪嫁女。当时从利利兹莫家到沙玛兹莫家很远,因为没有现代交通工具,而且,彝族有一种习俗是,新婚时,新娘需节食,少吃少喝,以免在路上因为上厕所之类的事而出丑。利利兹莫的女儿节食了十五天后,结果在路上饿死了。利利兹莫家送亲的人没办法,只好安葬了利利兹莫的女儿,想办法让其中的一个陪嫁女当做新娘嫁给沙玛兹莫家。后来这个陪嫁女生了雅阁署布,成了有名的雅阁署布的母亲。故而,雅阁署布的后代在背家谱的时候,有"雅阁署布麻额玛额（雅阁署布是还是不是，笔者注）"的说法，就是指的这段历史过程。当时选出嫁给沙玛兹莫家的陪嫁女有了雅阁署布这个儿子以后，比较狂妄，忘记了自己是陪嫁女之一，对另一个陪嫁女常常无理打骂和责备，也经常虐待她，结果受虐待的陪嫁女把这件事抖出来。沙玛兹莫家很生气又无奈。把雅阁署布当成兹呢还是当做白彝呢？考量了很长时间。当做兹呢，他母亲是陪嫁女；当做白彝呢，他父亲是兹，怎么办呢？于是，有人说当成兹，因为，他父亲是兹。有人则反对，还是当做白彝吧，因为，他母亲不是兹家的女儿，当做兹不合格，只能当做白彝。而沙玛兹莫家历史上是毕摩世家。最后决定把毕摩的毕具和经书送给署布，让他的子孙后代都作毕摩的事情。因此，海子忍所就是沙玛兹莫家已故新娘的陪嫁女的子孙，就是这样来的。实际上，其他许多白彝基本上都是类似的来源。有的是这家的奴女之子，有的是那家的奴女之子，等等这样产生的。黑彝人口较少，瓦扎和龙木家支的人口更少。有些是家支内部开亲，有的七代以后就开亲了，也有五代以后就开亲。是家支内部开亲的。

笔者：这是不是尼木威阶的典故？

是的，是的。

"彝族婚姻是很有特色的。"：婚姻、冤家械斗

在很古以前，你们阿里家是颇勒忍额（颇勒五子）家支的。其中一个分家支与另一个分家支相互开亲的话，在彝族规矩中是不行的。即使不知道或做错事而相互开亲的，也要请毕摩或德古来说明清楚，是不是以后不再开亲或者还在开亲。有两种办法，一种办法是前面做错了，就举行穿钻牛皮仪式后纠正过来，往后不能再开亲了，回到一个家支上面来；另一种是已经开亲几代人了，纠正起来比较难，只好做尼木威阶的仪式，从总家支中分出来，成为姻亲家支。黑彝就是这样来的。最顽固的黑彝，就是表

现在婚姻上。宁蒗县的黑彝对宁蒗没有作出过多大贡献。他们搬迁到宁蒗县以后种植鸦片、吃鸦片，收些租子来过日子。没有建过学堂，没有挖过一条沟，没有修过一条路，也没有搭过一座桥。到新中国成立时，共产党派地下党来到黑彝家的时候，有个叫胡丹的人住进了跑马坪补约黑彝家进行地下工作。还有瓦扎、补约、热柯等黑彝家支中，有个叫热柯阿鲁子的人有名，补约乌哈也出名，万格山上的瓦扎阿牛也有名。他们都认为共产党人好，势力也大，人口也多，不应该反抗他们，应该当做朋友。这对顺利解放宁蒗县也起了一些作用。除此之外，他们的贡献有什么呢？过去黑彝和白彝之间大的冤家械斗没有过，但是，白彝是在黑彝的管辖之下生存的。个别黑彝男子也有被白彝男子打死的，因为白彝男子比较"僚"。悄悄拿起枪，打死两三个黑彝后逃走的人也不少。黑彝之间则经常冤家械斗。热柯家支和瓦扎家支之间是敌人，经常干仗，主要是由开亲通婚的事情引起的。你想娶我家女儿，我想娶你家女儿。但是，都开不起亲来，儿女成不了夫妻。当时，一个姑娘相当值钱。一个黑彝的女儿，可能这个家支也来说亲，那个家支也来提亲。结果为了争抢一个姑娘和开亲之类的事情，就动起手来，引起纠纷。

笔者：发生冤家械斗的原因主要是什么？

一个是婚姻，一个是权力争斗，一个是为了争抢土地和百姓。比如，补约拉布克里家来到对面居住的时候，补约家说周围土地都是我补约家的。瓦扎家来到万格山上居住后，就说万格山上的地方都是我瓦扎家的。山水、树木、草场都是我瓦扎家支的。另一个补约乌哈家来到跑马坪居住后，就说整个跑马坪都是我补约家的。黑彝家支之间，彼此都不让别人来居住，为此常常发生纠纷和矛盾。还有为了彼此开亲通婚的事情纠缠不清。另外，你认为你聪明圣达，我认为我聪明能干等等的争论，也使彼此不服气而产生械斗。其实补约、瓦扎等黑彝家支都是从拉普迪俄开始分支的。迪俄迪尼—迪尼尔尼—尔尼阿依—阿依措品是巴且家支的祖先。迪俄肯木—肯木肯依是布约家支的祖先。迪俄阿木—阿木忍古是罗洪家支的祖先。龙木阿海是龙木的祖先。宁蒗县的彝族家支有名的有阿苏忍海（阿苏八子）、海子惹所（海子三子）、金古忍石（金古七子）、颇勒忍额（颇勒五子）等。原则上同一个家支内部开亲是不行的。不过，有一些白彝的同一个家支内部也有开亲了的。如都尔忍古（都尔九子）中的马海尔质、马海博、纳哲之间已经开亲了。现在纳哲与马海开亲已经好几代了。其他家支的内部分支之间，开亲的还没有。这些年彝族与其他民族开亲的人也不少了。共产党政策提倡，社会也进步了。过去从来没有通过婚的两种人也开亲了。一种是不同等级之间的，你是奴隶（井），我是白彝（土或曲），奴隶（井）之女嫁给白彝（土或曲）家的有了。白彝（土或曲）之女嫁给奴隶（井）家的也有了。黑彝男子娶其他民族女子的也有了，黑彝女子嫁给白彝男子的也有了。

笔者：土或曲和井是两个层次吗？

过去我们这里划分阶级时，兹是一个层次，诺是一个层次，土或曲是一个层次，井是一个层次，共四个阶层。

笔者：土诺是什么意思？

土诺跟诺差不多，势力也大，家产和财富也多，有些赶不上诺的那个层次的白彝叫土诺，家庭很富裕。有人解释土诺为土是土惹，诺是诺惹，这是不对的。土诺是刚才我说这种意思才对。我问过很多人，说土是土惹，诺是诺惹，不是那样子的。土诺是有土地、家庭很富裕、主子也没有，诺想剥削他也不成的人。因此，在解放时，划分成分为地主、富农、中农、下中农、贫农等几种，土诺是地主或富农这一级别的。有枪，也有像富裕的黑彝一样有奴隶娃子的。

反正，彝族婚姻是很有特色的。现在开放多了，一个民族进步，应该在婚姻禁忌上突破。想和谁开亲就开亲，想与谁恋爱就恋爱。现在出去打工的，刚才我说了一些，鼓励他们到处去打工。如到深圳、上海等发达地区，鼓励他们在当地娶媳妇，居住下来。那样，深圳也有彝族人居住，上海也有彝族人居住，天津也有彝族人居住。到处都有，香港、澳门等都有彝族人居住。这样才对。已经有一些人居住在那里了，有的还带着当地的姑娘到老家来举办婚礼了。都集中在大凉山、小凉山居住有什么作用呢？有啥前途呢？许多古老的彝族谚语如今开始灵验了。如"后来者创，后来者新"。子孙后代不断创新，知识多，眼界广。将来不知还创出什么新东西来呢。

"家谱是口传的，很快就能记住。"：家谱教育

笔者：您小时候背诵过家谱吗？

背过，家谱是很简单的。家谱是父母拿来教我们的，一代一代一代来教我们，小时候教的，全部都记住了。家谱是口传的，很快就能记住。家谱背得完吗？一个家支内部，能够把所有家谱完整地背出来者，有一二人，最多三四人就不错了。有些人，是自己身上这支家谱他都不认识。我是很小的时候就能背诵自己的家谱了。后来，参加工作以后，到处跑的时候，彝族的家谱，无论住在大凉山还是宁蒗县的，哪些分支是大支，哪些分支是小支，哪些家支去什么地方了，我都很关注的，也了解过一些。现在，还基本清楚，也能背出一些。也能翻阅一些书，知道的比较多。在家时，也问问父母。家谱较多，美姑县已经出版过它们县彝族各家支的家谱，最初从哪儿来的全都有。而且，最早的谱系书比较正确，后面出的有些水分。我们宁蒗县全古忍石家支谱系已经出版了。阿孜忍石（七子）的依比家也出版了谱系，我们阿苏忍海家支以前也出版过一小本书。但是，没有写全，只有老大家，没有老二、老三家的谱系。以前彝族背谱系的时候，兄弟

几人中，只需要背老大家支的，就可以了，其他弟兄的谱系，就不需要背诵了。

笔者：你们阿苏忍海家支已经出版的谱系书现在还有吗？能给我一本吗？

有的，等会儿给你一本吧。现在沙玛曲比家支谱系正在做。是我们在做，只出了初稿。在我手中也有一本很有价值的书稿，可能再过十多天就能出来了，现在正在民族出版社印刷着，为县庆五十周年而做的。

笔者：是家谱书吗？

不是家谱书，是彝族毕摩历史书，毕摩的历史都在里面了。为何写这本书呢？四川大凉山语委、民族研究所成立了许多年，国内外对彝族毕摩文化研究的学者也常来找我要，特别是国外的。还有国内的汉族朋友也来找我要。但找不到这些材料，他们也想好好研究一下彝族。我们民族本身就没有提供给人家嘛。

笔者：是用彝文写的吗？

是用彝文和汉文两种文字写的，已经翻译好了。外面研究者研究彝族毕摩的学者来我这里的人太多了，为这些学者提供一些材料，让他们好好研究研究彝族毕摩吧。我们家支的谱系我也在写，但没时间写了。彝族风俗习惯和婚姻缔结，我们这里的彝族与大凉山的彝族是相同的。

"好像不出去打工，就被认为人都不是了。"：打工潮

近年来，我们这里有一股风，就是人人都到全国各地去打工了。怎么去打工呢？有些是政府组织的，一批批劳务输出。有些是有一个人在外面某地打工一段后，回来带走一大批人。这不是政府组织的，是自己去的。一对夫妇一对夫妇地出去打工，把小孩子扔给父母或爷爷奶奶，把家搁下了就出去了。在我的老家，我回去的时候，就批评了他们。因为小孩子还在读书，丈夫去

了,妻子也应当待在家里做饭、照顾孩子,让小孩子读书。种一些粮食,喂一些牲口,照顾老人等。目前,有这样一股打工风。这对教育小孩、辅导小学生上学都是有严重影响的。

云南省宁蒗彝族自治县跑马坪乡背木柴的彝族农村妇女

笔者:现在宁蒗彝族地区都是这样的吗?

是的,太普遍了。出去打工挣些钱,让小孩读书,帮助小孩成材,是好的。成材是所有父母的愿望嘛。但是,不可思议的是,夫妇都出去打工了,一家丢下一个孩子或两个孩子或三个孩子,无视小孩成长阶段的心理感受。其实小孩的这个成长阶段应该有人帮助和照顾。小孩的智力开发、辅导功课、监督完成家庭作业等都需要大人,现在小孩得不到大人帮助而影响了成绩。这是目前最差的一点。

笔者:那您觉得怎么处理好呢?

其实也没有很好的办法。解决这些问题,只能是靠教育。应该好好教育孩子，好好辅导、帮助和引导孩子。夫妇走一个也要留一个，好好抚养孩子，孩子将来才能成材。不然的话，孩子就可能变坏了。我老家的那个村子，丢下小孩，夫妇都出去打工的已有六家。

笔者：什么村？

西布河楼底河村，也叫阿苏村。是一个自然村，一个小村，都是阿苏家支的人在居住。家庭房屋修得很好，都是瓦房，都有牲畜圈等。可是好多人都想出去打工，好像不出去打工，就被认为人都不是了。很多人有这种观念，有这种想法。一共有六家，把孩子留给爷爷奶奶后，夫妇俩都出去打工了。看来我坐在这里考虑不是个好办法。如果初中毕业或高中毕业以后，在家没有什么事做的这部分人出去打工的话，也是有好处的。因为他们原来在深山老林里，也没怎么见过外面的世界。出去打工之后，就知道天有多高，地有多厚，开阔了眼界。接触了大城市里的生活，回来后，他能看得出家乡应该怎么发展，民族应该怎么发展，也能看得出其他民族进步的状况。这样就越来越聪明和能干了。其次是能找些钱，除了解决自己的生活问题之外，还能寄一些给父母亲，解决困难，帮补家庭生活。这是有好处的。那些初中没有毕业或高中没有毕业、年龄却在三十多岁的、只上过小学的人，有条件的，能出去打工，找些钱来给老婆孩子使用也是件好事。但是，夫妇一起出去，把孩子丢下给父母亲照看，完全不管，这不是个好办法。

笔者：出去打工的人，过火把节的时候回家来吗？

有些可能回来，有些就可能不回来了。出去打工的人到处都去。有的在内蒙古种棉花，承包当地的棉花地，从种到管理到摘棉花，承包一亩给多少钱等。这是一个问题。现在这里全都出去打工，好处就是刚才我说的这些：开阔眼界，挣些钱，了解中国的整体发展情况，回来后认识到自己过去生活的不足。但是，夫妇同时出去打工，丢下孩子，这不是个办法。我是反对这种做法的。我老家的那些人，我批评过他们。各种各样的事情都出现了。因为出去打工的人实在太多了，不可能不出现各种事情。有些地方，尤其是金沙江边的年轻姑娘们都出去打工了，留下来的男子们没地方娶老婆，40多岁了还打光棍的也不少。教育这块，高中阶段，这些彝族孩子智力很好，差的人不多。但有极个别的不学无术而被学校退学的，这些人又不出去打工，也不回村里来，而经常回到一中、民中的大门口那里，欺负在校生。有的甚至混进学校里，与原来的或新认识的同学一起吃住、闲逛，影响其他学生的学习。这种情况也是有的。有的甚至打架、抢劫等做一些违法乱纪的事情。去年以来，这种情况少多了。彝族人互相教育，按照习惯法，自己家支教育自己家支的成员，自己的孩子自己教育。这点应当放在首要位置才对。因为，自己家支的人教育自己家支的人，大家都能够接受。不接受的，甚至揍他一顿也可以。比如，弟弟家的孩子调皮捣蛋，弟弟家两口子管不了的时候，哥哥可以批评，可以打骂，可以教育。孩子、大人能服他。我以前当老师的时候，假期常常回家。我那个村非常文明，有不听话的，我就打骂他们，他们也怕我。因为，基本上都是我家支的人。这些年，我不经常回家了，甚至好久没有回家了。结果，偷盗的也有，被抓进监狱的人也有，抢人的也有。因此，首先是家支内部互相教育、引导是容易接受的；其次是家支里面出来在外面当领导或老师的人教育，也很容易接受。最后，跟有品位的人在一起，人也就容易变好。这些年，小凉山彝族调皮捣蛋的逐渐少了，偷抢的也少了。大家都很礼貌、很温顺、很本分了。

"应当编进各级教育的教材中去。"：文化教育

笔者：您觉得彝族儿童教育怎么样？

现在的彝族儿童教育，算是边远少数民族地区教育了。但是

在彝区来讲，我们宁蒗县的教育是搞得不错的。四川大凉山和我们宁蒗县相比，我们这里还不错的。现在每个孩子基本上到学龄时都能上学。但一部分上到小学二年级的时候就退下来了，退的多。尤其是在小学五年级以内，因退学而流失的很多。小学一年级到四年的时候，孩子们一般还不能放牧，也干不了农活，巩固率较高。但是，上到四五年级的时候，就出现了分化。主要有两个原因：一个原因是家庭困难而上不了学；另一个原因是家里需要放牧的和干农活的人手。这样，有一些学龄儿童就流失回家了。最近，我在很多个场合上都讲过：四川大凉山的美姑县是个小县，人口还没有我们宁蒗县的人口多。但是，美姑县的领导在开会的时候，夸张地说我们美姑县是"美女之乡、熊猫之乡、摔跤之乡和毕摩之乡"。"四个乡"中，美女之乡是没有夸张的，熊猫之乡也是没有夸张的，摔跤之乡也是没有夸张的。但是，说毕摩之乡，他们认为他们毕摩众多，一个小县有一万个毕摩，数字在县长、书记的报告里面有的，我看实在是不可思议。当然，毕摩一代传一代，从事各种仪式是好事。毕摩是宗教文化的传承者，其中有不少与现代科学相通的文化。但是，毕摩带着毕惹到处去做仪式，做完得一点好处和礼金，许许多多的小孩子就想去当毕摩了，不想进学校学习了。这种问题就出来了，这是不好的。我们宁蒗县，到目前为止，初中毕业以后去当毕摩的只有两个。高中毕业以后，去做毕摩的只有一个。一般小学生、初中生不读书、跑回家去做毕摩的基本上没有。全县的毕摩，去年统计时，只有106人。这已经足够了。读书的情况，从去年以来更好了。国家在西部地区免课本费、学费并补生活费，实施"两免一补"的政策，有些辍学者也回到学校继续上学了。

笔者：您认为彝族文化中优秀的典故、谚语可不可以编进中小学统编教材里面去呢？

当然可以了。不过，从小学到高中应当多学一些汉族的文化和外语，才有出路。当然，国家在编写中小学教材的时候，可以编进一些各民族优秀文化的内容。比如，编进一些满族的有名的东西，编入回族的有名的文化，彝族的有名的，也编进一两课等。教育部在编写教材时，应当编入少数民族优秀的文化内容。有些编入小学课本，有些编入初中课本，有些编入高中课本。这点全国人大代表应该在人大会议上建议。这样以后，中国五十六个民族就能你了解我，我了解你，互相了解；认识到这个民族有这样的东西，那个民族有那样的东西。今天我还在给别人说，在春秋战国的时候，纺线等各种生活工艺技术，都是少数民族首先做出来的，然后，才被学走的。如煮盐是少数民族首先发明的，再传到中原去的。文学方面，有名的满族文学作品很多，彝族有名的经典文学也很多，其他民族有名的东西也很多。这些都是五十六个民族的文化遗产和精神支柱，是优秀部分，应当编进各级教育的教材中去。这件事，全国人大代表在北京开会的时候应该提案。这样发扬光大中华各民族光辉灿烂的文化才能真正的名副其实。在小学、中学推广彝文，让学生们参与学习彝文。我认为不是很有必要一刀切。小学阶段受双语教育是很好的。以前我在语委工作时，在对面的百牛山小学进行过双语教育。彝语也教，汉语也教，非常好。小学阶段学的话，效果非常好。比如：马字汉语叫"ma"，彝文叫"mu"，小孩子学起来就一清二楚。1、2、3、4等数字也用彝语教更好懂，孩子们明白得快。从历史上来讲，外地老师来到我们少数民族地区，都学会了民族语言。双语教育搞好的话，我们民族的孩子就能够教育得更好。丽江的纳西族学我们宁蒗话，很快就能够学会了。以前，我们在西布河教过纳西族学生，蛮懂彝语，很多还用彝语来教彝族小孩。因此，在小学阶段进行双语教育是非常可行的。到初中以后，学生们基本上全懂汉语了，就没有必要把彝语放进去教和学了。高中就更不必要了。中国的朝鲜族就出现了问题。少数民族语言文字最发达的民族就是延边朝鲜族自治州的朝鲜族的朝文。他的发达跟朝鲜相邻有一定的关系。语言通、文字同，有些教科书都参照那边内容来翻译和编写。从一年级到大学都用朝文。大学毕业后也用朝文。但延边大学毕业的大学生到北京来就无法使用朝文了，工作也不好找了。出现了这些问题以后，及时被纠正了过来。我考察时到过延边，我还到中国人民志愿军走过的桥上留过影。当然，少数民族文字包括彝文或其他民族文字都应该推广。在农村扫盲阶段，很快就起到很大很好的效果，取得过好的成绩。因为学汉语周期长，学一年也毕业不了。而且学了一年，很多扫盲班学员就中途退学了。彝族地区用彝文去扫盲，只学两个月，基本上读和写就没有问题了。书本和报纸也能读了。搞了两个月，一个失学者也没有。因此，宁蒗县彝族青壮年文盲多数是用彝文扫盲的。用彝文在彝族地区扫盲是非常有成效的。当然，扫了之后不要让其复盲。尽量给他们提供一些读物，甚至是广播电视用语，都应该到位，才能更加巩固。彝族很多文化一直没有宣传出去。究其原因，第一是自然地理原因。村与村之间、户与户之间群山沟壑相隔，彝族人通知或叫人在山与山之间、沟与沟之间进行。互相叫喊，通知事件，传递信息，这是非常独特的。一个民族的发展和进步，主要是靠自己民族语言文字的发达，这是关键。规范彝文，把彝族文化民间知识记载下来，并传播出去。达梯舞、山鹰组合、彝人制造等都是传播彝族文化的平台或载体。现在，彝族音乐各种组合风起云涌。我们做研究的，千万要注意，不能说别人的差，自己的好。好或差，是需要经过历史检验的。

"不要像鸭子一样只洗自己的脖子。"：对彝族发展看法

彝族怎么发展，怎么进步，主要还是靠我们彝族人自己的努力。当领导的，应该考虑民族怎么发展，怎么教育，怎么宣传，

怎么提高素质等，都应当落到实处。如果一个民族没有学者，没有知识分子，想宣传都宣传不出去。

笔者：现在汉族文化和彝族文化交融在一起，您认为应该怎么发展呢？

两者都应该发展。中华民族的文化，只靠一两个民族是不全面的，只有五十六个民族的文化一起发展，发扬光大，才能在世界文化之林有一席之地。每一个民族的文化都有特点，都是有特色的，没有一个民族的文化是不先进的。

笔者：您觉得民族教育应该怎么发展呢？

一个民族的综合素质要提高，是要靠教育的。

傍晚穿过宁蒗彝族自治县县城主街道的羊群

笔者：民族素质您认为包括哪些内容？

第一，是服从中国共产党的领导。第二是在一个民族内部，年轻人要懂得知识，懂得文化，懂得语言文字，会做人，在吃住等方面都要进步，先进与否让别人去说。家族内部、家支之间不要互相争斗，相互欺骗。不要抢偷，不要吸毒、贩毒。不能做的事不要去做，只做能做的事。要发家致富，不要欺负别的民族。中国五十六个民族，最终谁走在民族的前例，是哪个民族，现在谁也说不清楚。但是，将来有一天是可以见分晓的。五十六个民族五十六朵花中，哪一朵花最漂亮，是绿花漂亮，黄花漂亮，还是其他花漂亮，是要靠教育的。

笔者：有人说彝族人素质低下，您是怎么理解的？

刚才我说的两个问题，第一是彝族内部不团结，到处找饭吃后，相互说坏话。就是"人不如人说他人的坏话，猴子不如猴子相互看不起"。第二个是有部分人偷抢、吸毒、贩毒。这样，别人就说你素质差。

笔者：有人认为不懂汉语是素质低，您认为呢？

不懂汉语怎么能说素质低呢？

笔者：您认为彝族今后应怎样发展呢？

我认为所有彝族领导、彝族知识分子不要只顾自己的利益，不要像鸭子一样只洗自己的脖子，而应是所有彝族人的脖子都要洗。只有这样，这个民族的素质才能全面提高，才能发展、进步、繁荣和昌盛。目前，我们自己的工作做得不够，所以，别人说我们素质低。传统教育中有比较、仿照教育法。比如父母说："你看那家的孩子都做得那么好，那家人的孩子多么有名，你是不是应该那样做。"我们读书的时候，经常是作业本、书本和煮烂的一两个洋芋放在一起，课本和作业本经常被打湿揉烂了。而我的孩子很小就带到这里，坐在日光灯下，坐在漂亮舒适的椅子上，但是，就是学不好，成绩很差。你说怎么办呢？

十四、2006年7月8日下午15：30—16：30

被访谈人：沙玛老人，男，彝族，云南省宁蒗彝族自治县农民，赵新国博士的父亲；

访谈地点：云南省宁蒗彝族自治县沙玛老人的家。

"我们家是洪宏惹石家支的沙玛石易阿尔分支。"：家支活动

笔者：您家以前居住在什么地方？

我们家居住在宁蒗县烂泥箐乡，已经有七代了。这之前，是居住在四川大凉山都尔拉达（今昭觉县管辖内）的。我们家是洪宏惹石（洪宏七子）家支的沙玛石易阿尔分支。分支情况是：阿尔布吾—布吾阿都—阿都夹布—夹布阿真，是布吾阿真家。阿尔阿则—阿则乌则—乌则阿木，是沙玛阿甘家。有些分支情况不太清楚了。我们家支的人，现在分别居住在战河乡、跑马坪乡等地方，人口大约二万。

笔者：你们家支的人里面有无被开除家支的？

有，有一部分搬到金沙江那边的沙玛家，以前在这里拐骗了家支成员的女人，被发现后，准备烧死的时候，逃跑出去的。新中国成立后回来认家门就没事了。

笔者：具体是拐什么样的人的女人呢？

是拐骗弟弟的媳妇。在当时社会习惯法中，是要杀死或烧死的，或开除家支的或赶走的。主要还是看势力。

笔者：家支规约有些什么呢？

沙玛家支内部有很多规约。其中一条是沙玛家支成员不管居住在哪里，再穷再差，只要被别人杀死或出什么事情的话，大家都必须出来帮助，讨回公道，相互保护。比如：热柯与补约家支打冤家的时候，一个沙玛被补约家支的人打死了，就必须讨回死权。不把补约家的人杀死一个的话，一直滋事寻找下去。再如，一个沙玛家支的人被抢走的话，大家有多大力量用多大力量，把大家的力量集中起来，用武力把那家人干掉后，把人弄回来。与对方有亲戚关系的，不能打死干掉的话，就用银钱把他赎回来。新中国成立前都是这样做的。旧社会，人与人之间互相管不了，乱来的多。富人和穷人之别，富人常欺负穷人。我们沙玛家支还是很规矩的。爷爷坐的地方，儿孙不能跨过。儿孙不能坐在爷爷的上边。哥哥坐的地方，弟弟不能到哥哥的上边去坐。弟媳妇更不能上去随便走动。父亲说话时，儿子们没有权利说话或插话和接话。

笔者：你们沙玛石易家支的尔普都有些什么呢？

在宁蒗县城工作的家支成员，一起出钱和出物。主要是某个成员的父母和岳父母一方死的时候，不管男女，第一个人死的时候，出五十元，这是一条。第二条是家支成员的孩子考上大学的时候，以五十元起底，出资帮忙。农村也是一样的。在烂泥箐乡的家支成员，也有家支成员的尔普。那里的家支成员，某个人死的时候，有的给钱，有的出牛，有的出羊。此外，家在农村的，还要出荞巴或荞面。一般都是根据自己的经济情况和面子来给。一个家支成员死时，整个家支成员都要出荞巴五对十个给死人的那家。第二就是出钱，以十元为起底，随便给。第三是出牛钱。如有一个家支成员出一头牛给岳父家时，那家人承受不了，比如说牛的价钱是2000元，那么家支成员一起分摊。每家根据自己的经济情况或分支远近的情况，出500元、200元、100元、50元不等。这样，凑在一起给出牛的家支成员。这三条基本上都是一起实施的。此外，家支成员结婚的时候，也互相帮忙。大家每家出40元、50元、100元不等，凑在一起。这些一般以家庭为计算单位。一家有几个儿子，只要是已经分家居住的，就出一份。

笔者：近年来，你们沙玛石易家支成员中有无吸毒或贩毒的？

有，不多。有不准吸毒和贩毒的家支规矩。教育后不听的，大家不管他的死活。也不准说情和帮忙，想去哪儿就去哪儿。相当于被开除家支族籍了。还有偷、抢等抓去坐牢的，也不管。

不过，这些年因为这种原因坐牢的人，几乎没有了。我们家支的人，读书的人不少，博士有赵新国。本科生有七八个人。参加工作的也很多。有的在天津工作，有的在昆明工作，有的在成都工作，好多地方都有。但是，相对而言，大部分人都不认识汉文，在农村务农。因为，在烂泥箐乡解放的时候，很多人都被划为富农，有的还划成奴隶地主。受过打击和批斗，父母几乎不懂汉文的很多很多。

"白彝和黑彝是一个家支发展而来的。"：黑彝和白彝的关系

笔者：你知道尼木威阶的事吗？

我不懂，不了解。

笔者：黑彝和白彝男女之间有无私奔的？

私奔的也有。但记不清楚了。有这种行为的，抓住以后也是要被烧死的，不管黑彝还是白彝都要烧死的。

笔者：你们迁徙来的时候，是跟黑彝一起来的吗？

不是和黑彝一起来的，是自己搬迁来的。后来，搬到补约黑彝家支管辖的地方居住。再后来，又搬迁到黑彝热柯家支管辖的地方居住。

笔者：您认为黑彝是怎么来的？

我们的黑彝热柯家支是尼特惹石（尼特七子）家支的分支。我们是在尼特阿尔管辖的地方生存，阿尔家跟着白彝走。因为白彝沙玛家支势力很强大，不是白彝的话，黑彝无法生存而受保护。没有黑彝的话，白彝到处走也没有人担保。因此，阿尔家是跟着我们沙玛家支来的。另外的六个家支就留在四川大凉山了。现在在这里居住的热柯家支的人，已经有六七代了。一般黑彝都不怎么发展，一代下来有四五个儿子的几乎没有。我知道的热柯阿尔是一个独儿，他的儿子也只有一个独儿。那个时候，也没有计划生育，但是不发展。另一个热柯拉哈这家，有三四个兄弟，但后来也都死了。

笔者：您认为黑彝和白彝是怎么来的？

黑彝和白彝的来源说法不一。有一种说法，很久以前，黑彝是兹和兹的奴女生的，白彝有的是黑彝和黑彝的奴女生的；有的是兹和兹的奴女生的。白彝和黑彝是一个家支发展而来的。黑彝和白彝一起迁徙到宁蒗县这里，也是互相离不开的家支成员的情谊所致。这是一种说法。还有一些说法。反正说法都不一样。不过，黑彝和白彝的区分，最初可能是富裕者成为"诺（黑彝）"，贫穷者成为"土（白彝）"。有钱的成了黑彝，无钱的成了白彝。我们这里的"诺"在背家谱的时候，只有十几代。"诺"的家谱代数还没有我们的多呢。

笔者：您认为黑彝和白彝之间不开亲的原因是什么？

富裕者成为"诺"以后，为了门当户对，就不与贫穷的"土"通婚了。我认为不可能"诺"生来就是"诺"，"土"生来就是"土"。

"谁爱好谁就懂得多。"：家谱教育

笔者：你们沙玛石易家支是怎样教育孩子的？

教育孩子，主要是由父母和家支成员中聪明的人、懂道理的人和德高望重的人来教育。教育的内容一般有不能偷、不能抢、不能欺骗家支成员，不能偷拐家支成员的女人。要懂道理、识大体等内容。

沙玛老人谈兴正浓

笔者：不只是父母在教育孩子吗？

是的，不只是父母在教育孩子。爷爷、奶奶、叔叔、婶婶都可以教育。也没有固定的老师，谁懂谁就来教育，就是这样。自

己家支成员教育自己家支的人，比较好。

笔者：家谱怎么教呢？

主要是口传。什么地方、什么时间都可以教育。结婚的场合互相询问的时候，你是哪个家支的，我是哪个家支的，到你爷爷有多少代了等，就可以教育和习得了。比如，沙玛石易家支的某一个人结婚的时候，大家都集中在一起来互相认亲，理清辈分关系。你是哪个分支的，到你身上已经有多少代了。固定的教育是没有的，往往都到懂的人那里去问，如到爷爷或别的长辈或晚辈那里去问来。

笔者：家谱是不是只教给大儿子？

不一定，都教的。但是，谁爱好谁就懂得多。

笔者：您认为彝族小孩子读书，怎样才能读得更好？汉族文化多学一点还是彝族文化多学一点呢？

可以的话，多学一点彝族历史文化更好。彝族历史文化很重要的，背叛了历史就不能算彝族了，应该多掌握多学习一些。但是，汉族的学问是不是更科学呢？汉族文化多学一些好吧。不过，彝族的也不能丢，丢了就不是彝族了，根子都不是彝族了。我们彝族哪起哪落，从哪里到哪里，很久以前哪代是居住在什么地方，是都尔拉达还是居住在木怕拉达等，都应该知道和掌握。我居住在烂泥箐乡，我的儿子和孙子都是在烂泥箐乡出生的。老大、老小都是在那里出生命名的。

笔者：您有几个儿女？

我儿女五个，有一个儿子翻车死了。女儿只有一个，女儿是不算家谱代数的。

笔者：为什么呢？

女儿会成为别人家的媳妇。

笔者：您有点重男轻女哦？

不是的，不是的。只是对于家谱，女儿懂也可以，不懂也可以。彝族传统下家谱是很少数传给女儿的。反正嫁给别人就成了人家的家谱代数了。女儿不计算在娘家的家谱里,只有男孩子计算在里面。

"彝族人和汉族人通婚是跟着社会时代发展走的。":婚约关系

笔者:你们家支的姻亲家支都有哪些呢?

姻亲上,开亲的家支很多,普遍都开通了,亲戚不限。在宁蒗县居住的白彝家支基本上都开过亲了。与吉伙、金古、马海、吉克、吉莫、阿鲁、邱莫、阿里等家支都开过亲。阿里有三代都是我们沙玛家支的女儿的子孙后代了。在宁蒗县范围里,人口较多的家支有:马海尔质家支、沙玛曲比家支、吉克惹石家支、金古惹所家支等。

笔者:您家支成员内部有无不能相互偷情、拐妻的规定?

当然有。父女、兄妹之类的偷情者被发现的话,是没有什么商量的,必须烧死。家支成员之间互相拐妻,必须开除家支或在家支内部烧死,不允许认家门了。新中国成立后,拐妻、偷情者少多了。

笔者:您怎么看待有些彝族人和汉族人的通婚?

彝族人和汉族人通婚是跟着社会时代发展走的。彝族、汉族都一样了,没有互相歧视了。这是年轻人的观点,老年人还是不同意。老年人还是认为不能娶或嫁汉族人的。

沙玛老人的大儿子:我的媳妇是姑姑家的姑娘。记得我说不要的时候,我父亲就拿木棍来打我,只好就范了。

我儿子,读了博士那个,以前找了一个昆明的汉族姑娘,我始终不同意。我说如果你带她来家里的话,我就死给你看,我死给你算了。这样,他只好找了一个四川那边的彝族姑娘。

沙玛老人的大儿子:现在我这样教我儿子:你厉害的话,以后去找一个农村姑娘,因为农村姑娘比较纯。再有,最好就找一个日本姑娘。因为日本人被很多人认为是彝族人。我的女儿嘛，想嫁到哪里去就嫁到哪里算了，管不了的。现在，我的孩子们已经不懂彝语了。

　　彝族人应该向汉族人学习，应该学习科学文化知识。科学要放在第一位才对。如果我们彝族人不懂一点科学，我们的子孙后代就永远差劲了。要好好学习汉族的文化，学习科学文化知识，好好支持自己的孩子上学。我是全力支持我的孩子上学的。多年来，我是一口好的都舍不得吃，宁愿苦了自己，也得支持我的孩子们好好上学，供儿女们读书。现在，有的支持成功了，有的还没有成功。

十五、2006年7月9日上午9：00—11：00

被访谈人：林英发，男，彝族，云南省宁蒗彝族自治县烂泥箐乡党委书记；

访谈地点：云南省宁蒗彝族自治县天保酒店5层516房间。

"我们家是我爷爷年轻的时候迁来的。"：家支活动

我们是从四川大凉山盐源县被称为"阿里嘎（阿里路）"的地方迁徙来的。来到宁蒗县，到我这辈已经有三四代了。我们家是我爷爷年轻的时候迁来的，快一百年的时间了。颇勒惹额家支中离我们分支很近的人，大多数都居住在盐源县境内。家谱理到我身上，我还记得很清楚。我们是颇勒惹额家支的俄木所史里迪这一分支。谱系是：里迪阿尼—阿尼阿史—阿史比克—比克恒惹—恒惹持惹—持惹乌只—乌只乌布—乌布威机（二子）—威机

色阶—色阶都拉—都拉尔威—尔威让拉（我爷爷）—父亲—我（应发）。大约十六七代了。我知道的颇勒惹额家支的分支有阿里、依伙和日里这三个分支。到宁蒗县的颇勒惹额家支的人，可能是我爷爷来得最早。最先来到新营盘乡居住，后来分散到跑马坪乡等地方居住，其他都是跟着我们家来的。在《丽江报社》工作的李弘他们来得比较晚。住在新营盘乡的其他家支成员也都是跟着我们家来的。因此，主要集中居住在跑马坪乡和新营盘乡这一带。据说我爷爷比较聪明能干，经常在黑彝热柯家支和瓦扎家支之间解决各种纠纷。只要和阿苏大岭的爷爷一起去，就没有解决不了的纠纷。他也经常调解其他黑彝之间的矛盾。

笔者：您爷爷他们是哪个家支的女子的后代啊？

据说是沙玛石易家支女子的子孙，具体我也没有问过我父亲。我父亲还活着，今年八十三岁了，知道依伙分支和阿里分支成员在宁蒗境内的分布。现在，他眼睛不太好，耳朵也有点聋了。不然的话，你可以去打听打听，他懂得东西太多了。在宁蒗县境内的依伙、阿里和日里分支的人，哪家是从哪里迁来的，居住在什么地方等搞得非常清楚，记忆力非常好。

笔者：现在你们分支的人一起出尔普吗？

一起出的。在宁蒗县城里，是不分阿里、依伙和日里的，而是统一到颇勒惹额家支里头来了。在婚丧嫁娶的时候，不能不去。最低也得出五十元钱吧。之外，出多少就是各自的脸面了。彝族自古以来就有"尔普比普"不能落了的说法。落了会死人的，不给都得去要。在宁蒗县，依伙、日里和阿里的人相对来讲是弱势群体，与人家金古惹所、海子惹所等家支比起来，我们颇勒惹额家支的人口是很少的。以户计算，在县城只有二十二户。阿里只有六七户。依伙较多，日里只有三家。参加工作的人也不多，领导人更少，正科级还没两三个人呢。因此，我们这些人"尔普比普"一起出。有其他突发事件发生的时候，也在一起搞，一起做。意外事故如翻车死人、孩子上大学的时候，都出一些钱来相互资助和帮忙。最低五十元钱，最高是不限的。但吸毒、贩毒和犯错坐牢死的、被杀的，是不管的。因为那是他们自己不守规矩，不守法律造成的。在农村里，也有一些规矩。根据居住的地域和环境，相对住得近的人户，集中在一起算。以前，父亲这一代的时候，烂泥箐乡、跑马坪乡和新营盘乡等四五个乡的颇勒惹额家支的人的尔普都汇集在一起算的。后来，随着人口的发展，就有变化了。现在，烂泥箐乡、新营盘乡和牦牛坪的颇勒惹额家支的人还是统一汇集在一起的。死人或结婚的场合，出的尔普钱，每户不低于十元钱。在烂泥箐乡范围内，是不低于二十元的。地域越近的，不管分支的成员相隔多远都一样。

笔者：您父亲家所在的那个村叫什么？

是烂泥箐乡烂泥村。

笔者：村里不低于五十元，烂泥箐乡范围内不低于二十元，新营盘乡范围里不低于十元。那您是怎么出的？

我是自愿参加，我在村里不能跟他们一样。至少人家出十元，我得出五十元，人家出五十元，我就出一百元。在烂泥箐乡范围里，颇勒惹额家支里面还是有点区别。如果事情是阿里分支的人的事情，那么，出的尔普钱，在阿里分支成员内，每家是不少于一百元的。而在日里和依伙分支里的人，只出五十元就可以了。因为阿里人口少，户数少。以前规定，家支成员之间不应该分远近和辈分，只分是否居住在一起。住在一起，好像就距离很近，不居住在一起，不经常在一起，好像隔得就远一些。

笔者：您出的尔普是死人的时候才出呢？还是平时就拿出来放着？

死人的时候才拿出来。

笔者：拿给谁呢？

拿给死人的那家。他们记下来就可以了。

笔者：那您是出两份哦？

我出两三份呢。在县城出一份，在老家出一份，朋友那里还出一份。但是，我在老家出时，因为兄弟比较多，有大事和小事之分。要出牛的事情或一百元以上的，我就亲自去。一般十元或二十元的那种，我兄弟们帮着我交，就可以了。主要是三大事：死人、结婚和孩子考上大学。除此，突发事件或意外事件的场合，也必须到场。

笔者：如果家支成员中某个人交不起尔普怎么办？

出不起的要自己想办法。因为还有兄弟姐妹、父母、朋友等亲友，可以向他们借钱，去哪里去找或借来交都可以。因为家支成员之间的尔普是不能落下的。古时就说尔普落下了，就不是家支成员了，落下尔普有可能家里死人的。所以，一般情况下，每个人都能做到，除非有特殊的事情发生。一般一个分支或小支的后代，基本上都交到一起送去，谁不交，面子上也过不去。因此，这点没有问题。

笔者：这种事只限于父母和岳父母去世这个层面上。那么小孩读书考上大学的怎么出呢？比如，您妹妹家的孩子考上大学，亲戚必须要出钱吗？

要出的。不过，只有我自己出或我哥哥、弟弟这些较近的亲属才出。属于姻亲的人，愿意出多少钱都可以，不出也可以，没有什么规定。姻亲之间没有什么要求的。你出多少是你的脸面，你只出十元、二十元也可以。你很有钱，出了三五千元也可以。不出也没什么。主要看自己的家庭经济背景和自己的面子而定。

笔者：在农村里，家支成员以外的人死的时候，你们出尔普吗？

要出的。但是，不是尔普了。尔普只限于家支成员内部。因为村里有村规，一般有人死的时候，每家都出荞面荞巴五对十个，钱再少也出两元一起交给死人的那家。整个村子里，不管张三去世还是李四去世都一样,也不管是否是家支成员,都是一样的。自然村里的村民都一样。有的安排去砍柴,有的安排去做饭,有的安排去叫人等。以前是交煮熟或烧好的"荞巴",现在不流行这个了。而是交荞子或荞面了。一般一家一户出一升荞子或荞面,钱最低是5元,多给的也不限。每家都必须去交去。若不交的话,组织的或负责的人会说你的。到时你不就害臊了吗?再说,将来你父母或你亲戚死的时候,谁来给你帮忙啊?所以,非常团结,相互资助的。

笔者:附近村子里的人就不管了吗?

附近村子里的人,也是根据亲戚关系的远近程度来交纳的。亲戚关系近的出不少钱来帮忙,没有亲戚关系,不去也没有关系,去也没关系,给不给钱都没关系。

笔者:这样的话,一个在农村里的人也要出两份了?比如您的叔叔死时,你要出荞面一升和五元钱,在家支成员里也交50元或100元?

是的。不过,一个父母下的儿女不太一样。比如我父亲去世时,我们几兄弟不会出其他了,反正这件事的整个花费是由我们几个兄弟来负责的。不够的自己垫着,把事情处理完了之后再慢慢细算。

笔者:您作为一个乡的党委书记,您是怎么看待家支活动的?

好处是刚才我们说的。一般发生事件时,加一点就多一点。一根手指是不能捡一粒豆子的。人多力量大,彝族人喜欢人多,喜欢家支成员多一些。人多交东西也多,很多人拿点东西给一个人就能成大事。一个人拿给很多人就有困难。反正,家支成员在一起办点事,解决突发事件,你出一点,我出一点,就很容易把事情办好。大家商商量量就好办了,就办好了。一个孩子考上大学,也有便利之处。好处有这些。但是,坏处也不少。有一段时间，新中国成立后到"三中全会"以前，没有人讲家支活动的情况。实际上是不让讲，不敢讲，都在合作社。"三中全会"以后，不少地方的家支活动普遍恢复。以多欺少、以大欺小、以强欺弱的也不少，体现在村长换届选举时较突出。以我而言，不管怎么说，我家支的某个成员参加选举的话，这个成员再差我也投票给他。另一个人比我这个家支成员有能力、有本事，我也不投他的票。我们依伙内部、阿里内部，这种观念任何时候也得有的。就像中华民族当中的彝族、汉族和其他民族类似。在家支内部也是一层层的。当然，家支人口少的人，就难以胜出。特别是过去奴隶娃子出身的后代这些人，根本就没有家支。因为多数人是被捆来买来的。还有，只有几户人口的家支，在这个社会上只能是很小心、很谦虚的生存着。不然的话，就会被人吓唬，甚至被打骂的。有些时候，弱势群体也就难以生存。这种事情，主要体现在农村。在农村，一般发生一些事情，出现一些纠纷的时候，弱势的家支就会被有势力的家支组织一二十人来解决问题。行政干预，有时干预不了。能解决完、说清楚的时候，是永远也没有的。发生的事情太多，解决不完。家支之间发生事情，我们那里规定，解决纠纷时，只能三个人一起到彼此家里去解决，只限于三个人，否则，三个人以上就会罚款。

笔者：某一方最多只能去三个人，到对方家里去解决问题，是怎么规定的？

根据各地的实际决定的。我们烂泥箐乡是规定三个人，多了就不行。比如：我们颇勒惹额家支与海子惹所沙玛家支之间出现纠纷时，只能三个人去解决，最多也不能超过五个人，超过了就要罚款。超一个人罚多少是有规定的。但是，不行，有时候罚款三五十元一人，还是一群人跑到有错的那家人去吃喝，把人家的猪杀来吃，鸡烧来吃，把家里弄得乱七八糟的。

笔者：这种事，现在还有吗？

有。以前有一家。比如，两个乡之间，如蝉战河乡和烂泥箐乡之间，有两个家支解决纠纷时，依据我们烂泥箐乡的规定只能来三个人来解决。但是，管不住他们，法院也没办法。他们来了三五十人，把人家的房子烧了，瓦片砸了。有这么一件事。类似的，在宁蒗县范围内也不少。

笔者：为了什么呢？

主要是为了婚姻。在县城周围也有。去年发生过一起。这是以多欺少、以强欺弱的。

笔者：出了这些事后政府是怎么处理呢？是不了了之吗？

不了了之了。但是，最后，他们自己还是请德古、苏易来调解，调和就可以了。有必要时，司法机关也出动，及时阻止或把家支头人叫来批评教育。宁蒗县从大的范围来讲是民族问题。摩梭人、汉族、彝族等，在彝族内部来讲是家支问题。家支势力很大的就有很多问题。这种现象不只体现在农村，还体现在县里的一些干部身上。干部当中个别有权力有钱的人，在背后撑腰、支持。不出面的，而是在背后悄悄地支持。"干吧！你们干吧！我出钱，你们干吧！你把那个人抓起来揍一顿算了"。别人被揍就揍了，要出医药费，他支付就是了，反正他有钱，有势力。公检法有权力的机关，也有与他们勾结或友好的。实际上这些人都是共产党的干部，悄悄地在背后操作，或指使家支成员去干坏事。在宁蒗县范围来说，应该还是较普遍存在的。在宁蒗县，有些家支的人口很多，科局级以上的干部也多，县领导里面的正处、副处级干部也不少。他们办事比较好办。比如，今天某一个人杀死别人了，需要赔偿10万元钱的话，他们家支也有能力出。他们家支里有钱人很多，当官的多，凑点钱很容易。我们弱势群体就很困难。假如赔一万块钱的话，谁能出啊，能出多少呢，家支人口就很少嘛。十几二十年以来，也就是党的十一届三中全会以来，政策宽松了，家支势力也在抬头。大家都在讲究，而且，继续蔓延，趋势也是这样的。

笔者：所以，您当一个乡党委书记，在处理一些事情的时候，也要考虑平衡这些吧？

是的。在乡政府里工作，是根据领导的素质和能力来执政的。

笔者：您在处理问题时考虑家支势力吗？

一般工作范围是不应该考虑家支势力的。你作为一个父母官，处理问题时不实事求是的话，站不住脚的。家支势力体现在民间的较多。讲家支观念，也不仅是宁蒗县的彝族。整个彝族居住的地方都一样。你们四川更讲究这点。我知道盐源县那边非常看重家支情义，看重亲戚关系。有个家支成员来的话，到处打听，非常好客，比我们宁蒗人更好客。宁蒗人相对而言不如你们四川那边的。

笔者：您知道宁蒗县颇勒惹额家支里头有无乱伦而被开除家支的？

这个到目前还没有。即使有个别的也被藏掉的，内部解决了，内部消化了。就像烧着的柴火在门口里头浇灭一样，不可能张扬出去的。这种事情，除非闹大了，隐藏不了了，才去找家支头人解决。是一圈又一圈地去找人来解决纠纷的。小事情都在内部消化，弟兄五六人，能够在三四人之间消化就消化了。事情扩大了就找分支成员的头人来解决。再解决不了就找本家支的头人或其他德高望重的长者来解决。如在烂泥箐乡范围内，都知道谁最有威望，谁最有能力，就请谁来解决。一般事情都是按照一个人的能力素质来解决的，完全依法解决是干不起的，也做不了。原因之一是，行政司法机关的人力、物力不够。因为太分散了，完全按照国家法律来套，也做不完。因此，只要双方达成协议，民间处理的较多。而且，大家说服、认错、搞清楚以后，将来也没有后患，也没有后顾之忧，也没有反悔者。也没办法，只能在家支内部消化了。这些地方是山高皇帝远，谁也过问不完的。

"怎么能去那么远的地方上学呢？"：现代教育

笔者：您作为一个乡党委书记，怎么看待彝族孩子的教育问题？

对孩子教育的看法，仁者见仁，智者见智。我认为分三个阶段来讲：新中国成立前，彝族未能接受汉族文化教育不说，彝族文化也没有地方好好使用，没有真正使用的地方。一般只能在彝族内部使用和交流，出门以后就没地方使用了，尤其是彝族的文字。除非彝族人一起玩耍的时候说说话，毕摩作毕的时候使用一下。因此，毕摩的毕惹才必须学习，其他人就凭个人的兴趣爱好去掌握。在彝族人的日常生活中用处不是很多。新中国成立以后，学校教育发展了。像我们灿泥箐乡是逐年发展起来的。以前，在六、七十年代，我们读初中的时候，一个乡只有四五个人读初中。现在一个乡的初中生一年至少也有100多人。尤其是十一届三中全会以后，党委、政府重视教育。彝族人也在考虑，在生产生活中不得不学习的意识增强了，在种植农作物方面，懂一点现代科技种植知识的人相对富裕一些。出远门有与汉族和其他民族的人交流的需要，不得不学习了。最近3年，各级党委、政府都非常重视教育，在一个时期内十分不错。3年以来实行教育改革，教育并轨以后，就业出现了一些问题。以前大专毕业、中专毕业都能分配工作。现在不说中专毕业生，本科毕业生就业都很困难。以前，某一个家支的某个人当个干部是非常光荣的事情，面子也非常大，吃工资，面子大。我的儿子在什么什么地方工作，当干部，给一个家庭带来荣耀。你的孩子能当干部，我的也不差，千方百计培养一个人去当干部，彼此竞争向上。最近几年来，教育转轨后，就业难。一部分大专生和中专生毕业以后，待在农村整天无所事事，就业问题难以解决。此外，学校是根据需要设点的。但去年和前年教育改革后，学校大部分撤销合并了，对我们边远山区的孩子教育是非常不利的。以前一个村子就有一个村小或完小，一个村内孩子到七八岁后都能去上学。现在村小撤销了，合并了，在烂泥箐乡的很多地方，有的家庭离学校五六公里，甚至七八公里。人家一年级的小孩才五六岁，怎么能去那么远的地方上学呢？根本就去不了学校。因此，这两年，儿童失学问题有所抬头，辍学者增多了。

云南省宁蒗彝族自治县跑马坪乡沙力坪村希望的田野

笔者：应当加强建立村小嘛。

村小应当根据各地的实际情况建立和布点。如果在内地，撤并后合在一起，规模变大，政府也好投资，也好安排教师什么的。这种做法在边远山区是行不通的。撤并后，那些七八岁的小孩不能去七八公里外的学校去上学。因为路上有山、有林、有水，道路崎岖不平，刮风下雨天能去吗？父母多担心啊。当然，这些年变化很大了，只是没有根据当地的实际情况，实事求是、因地制宜的建设小学校，而是机械地按照中央的撤并方案进行撤并或依据宁蒗县撤并多少完小、村小的指标进行撤并。像乡镇改革撤并一样，下个数字就去做，不得不去干。这样，该撤并的撤并了，不该撤并的也撤并了。结果，许多小孩无法上学，自然也就失学了，上不起学了嘛。天天到几公里以外的地方，父母也无法送孩子去上学。

这些年失学者真的不少。究其原因：一是经济方面的问题，二是就业方面的问题，三是地理环境的问题，四是学校布点不合理的问题。还有凉山彝族家庭产业较多，不是单一的。一个家庭里，猪也有，马也有，牛也有，羊也有，还要种粮食。一家下来，猪要喂养，马也要放，牛也要放，羊也要放，还要干农活，需要的人手多。加上计划生育后，一家最多四口人。四口人，父母亲做农活，牛羊怎么办？谁来放牧呢？既然就业问题都解决不了，读了书也没有什么出路，读了也不成功的话，算了算了，干脆去放牛、放羊去吧！牛羊也不得不放牧，猪也不得不去喂养，只有父母的话，还要干农活，照顾不了那么多了，孩子也就无法上学了。彝族家庭的产业太多了。真的，凉山彝族的家庭产业是样样都有的，样样都要具备的，其他民族或汉族的话，不一定都有猪、牛、马、羊的，做农活就只做农活，养猪就只养猪，比较单一一些。父母就能够做完做好了，儿女们去读书也没关系。这又是一个原因。不重视女孩子读书的观念也有，认为以前的祖先们全都读书了吗？只要能够做农活，本分地生活，有吃有穿就行了，这样的观念也有。特别是对待女孩子。女孩子读书者很少，是一大难题。女孩子入学问题对我们村一级、乡一级来说也是很头痛的问题。今天在这里动员，明天到那里动员，动员不出什么人来。你罚款吧。说你不让女孩子读书，根据义务教育法，应该读书的，不读书就罚款。有的家庭很困难，本身连盐都买不起，粮食也不够吃，你罚什么款呢？有罚款的钱，不就能够去上学了吗？真是头痛极了！还有一个普遍的问题是教师队伍素质太低，自身素质差。这些地方的老师不注重道德教育。

宁蒗县教育的特点是只注重成绩，今年高考时你必须考出多少分，考上多少人，中考考上多少人，甚至下着数字任务去努力的。省里下给市里，市里下给县里，县里下给乡里，大家都拼命追求成绩。实际上培养人都去挤独木桥是很难的。对社会，培养人才应该培养有整体素质的人。现在社会上最头痛的是从学校出来的年轻人，那些初中毕业生、高中毕业生、升不了学的群体，吊儿郎当的，农活也不做，做也做不起，反而去偷，去抢，当"浪人"。说不懂吧，他们也懂了一些。说无知吧，他们也见过一些世面。父母也没有办法，亲戚朋友也没有办法。不做农活，不守规矩，变成了社会的负担，甚至今天被抓进去蹲监狱了，明天被抓进去劳教了，后天吸毒贩毒了等。这部分人让人很头痛，缺少品德教育。此外，也没有教给他们一些技术技能。以前我们这代人非常尊重老师。阿苏大岭对宁蒗的教育贡献是很特别的，他提倡称老师为舅舅，这是很对的。我们这代人见了老师是比较害羞的。在路上，要遇见老师时都要避开走掉，不好意思跟老师讲话。现在已经变了，大变样了。小学生有本事的还反抗老师，跟老师顶嘴，甚至打骂老师。宁蒗地区有部分中学生、小学生还大骂老师的不是，伸手打老师。当然，有些老师在为人师表方面也做得差，教育只重视成绩，不重视德育教育。出去不要做坏事之类的教育，只靠父母教育是远远不够的，应当得到老师的教育和启发。社会也有责任，更重要的是学校。因为学生都在学校读书生活，是从学校出来的，应该由学校教育。农村有的老百姓说：哎哟，既然读了三年，成绩不好的话肯定高中也读不走，中专也考不上，大专更是想都不用想了。不如不读，读了三年，成绩不好不如早点回来放牛、放羊，做农活得了。成绩好的就认为我的这个孩子有可能能考上大学,还是让他继续上吧。例如,在初中阶段,你花了几千元,读完了,反过来变成一种负担,还不如现在就让他自己找来自己吃,有这种观念的存在。事实也如此。实际上存在这些问题的。而且,反过来还影响社会的。算了,算了,什么义务教育法,我不管了,孩子本身学不好,上学拿来干吗。我那里去年你追我赶地找,没有办法。初中都没有毕业就出去打工了。"把你的孩子弄来读书,不然,验收时你孩子不来,验收就不合格。""好嘛,你给我发工资吗?我孩子在外面打工,每月挣500元或1000元的,你发给我吧,我叫他回来读书。"有的家长还这样说。孩子出去挣钱打工,成绩不好,不让他读书,想让他读他自己也读不好,或读了也没什么用,这是很明显的。你非要让他读,你拿钱给他读,发工资给他读嘛。这样认识的人也不少的。

笔者:学生成绩不好是什么原因呢?

成绩不好的学生,有可能智力有些差吧。还有父母不懂,启发少,没有学前教育和启发的原因吧。有的父母出去打工,孩子读不读书,做不做作业,父母也不知道。留在家里面,爷爷奶奶觉得读不读书都无所谓,要么去放羊、放牛,要么就玩,到处玩。

笔者:你们乡这种情况多吗?

多,这种事很多。前几天,我们开政府"三干"会议和人大会议时,我们都在讨论这个问题。

笔者:彝族传统教育孩子都有些什么内容?

彝族以前的规矩是不少的。一个家庭里,必须听从父母亲的话。有"父话是刀口,母话是墨迹"的说法。要听从家支成员的话,朋友的话,要讲道德、讲品格、讲道理等。这些年,年轻人也不怎么接受彝族传统教育了。在彝族传统教育中有尊重父母、尊重亲戚、和有教养的朋友在一起等内容,父母聪明贤能者,从小就这样教育孩子。现在,没有那么多人这么教育了,教育也没有人听了,生活道德滑坡了。

笔者:对孩子进行家谱教育吗?

印象最深的是背家谱。四五岁时开始教,五六岁时就背得滚瓜烂熟了,从哪来到哪去。但是,到后来,不用或不接触后,逐渐地忘记了。

笔者:现在您还给您的孩子教家谱吗?

没有怎么教了。

笔者:其他农村有教的吗?

有教的。我是想,将来有条件的话,写在书上给他们。当他们碰见亲戚时,知道谁该叫什么,谁是哪里的亲戚,谁是哪个分支家的,要求他们懂得这些。我父亲的要求是,一个人要生存下去,最起码要知道三代人的情况,自己本人就不用说了。我父亲是谁家姑娘的儿子,与谁开亲。同样,要知晓我爷爷和爷爷父亲的情况。要知道三代人的情况,不然,在社会上就行不通。不知晓三代人的话就是很差劲的人。聪明者什么都懂。

笔者:舅舅的家谱教吗?

当然教了,不懂舅家谱系的话也太差劲了。

"遇到一些突发事件也找不到年轻人来处理了。":打工潮

现在,我那个乡出去打工的人很多。出门打工,对当地经济发展而言是条很好的路子。夫妇一起出去打工,一年能赚个一两万元或五六千元回来,这是一方面。另一方面,接受人家文明的东西,学习先进的东西回来。但是,在家庭这一面,孩子们怎么照看,怎么管理,怎么教育,怎么让孩子们好好上学等都成了问题。还有就是童工的问题。现在初中生和小学生退学出去打工的也不少,书也不读了。当地县委、县政府规范管理、组织出去打工的也有,县里有劳务输出办公室。但民间随便组织出去的也有,甚至有的组织者把人带到深圳、广州,甩给老板就不管了。

只要从去的人中抽取中介费，每个人抽 100 元或 200 元就够了，也不管对方或公司好不好，前途怎么样等，管都不管。去的人当中是不是有儿童、是不是有在校学生也不管，只要把人带去就好。对方也是，只要把人带给他们，就一个人头给 100 元或 200 元钱的介绍费。

笔者：有无被卖给汉族人或其他人的？

个别有的。劳务输出多了，对以后教育发展有好处，也有坏处。现在，农村里人死时，干活的年轻人找不到了。遇到一些突发事件也找不到年轻人来处理了。一个村里只有爷爷奶奶这些老人或小孩，年轻人、青壮年人都出去打工了。

笔者：您觉得这些问题怎么解决好呢？

一是县劳务输出部门严格把关，不是每个人都能输出去的。应该输出相对有素质的人，根据当地的实际情况去办，不然的话，起坏作用的。比如，最近全县所有去深圳打工的人，全都被遣返回来了，1000 多近 2000 人。

笔者：都是彝族人吗？

都是彝族人。

笔者：全都回来了？

据说全回来了。

笔者：为何被遣返回来了呢？

就是刚才我讲的，有些学生被社会"浪人"带出去以后，在那里不好好打工，而是去偷盗、抢劫、打架、斗殴什么的。深圳市最近提出，凡是宁蒗县出来打工的人统统不要。我那个烂泥箐乡回来的也有 400 多人近 500 人了。

笔者：他们是被送回来的吗？

据说，以前是押送回来的，遣送回来的。最近是深圳市委、市政府下命令：工钱要算给他们，车路费也要算给他们，让他们都回去。

笔者：全部回来了吗？

全部回来了，大批大批地回来了。

笔者：他们都是农村的？

两天前刚从深圳打工回沙力坪村过火把节的彝族男青年（左一、二）

　　都是农村的。这不仅对当地有不良的影响，更重要的是对整个县的名誉也有损害，更损害了民族的形象。这样，我们彝族人去哪里都受影响。丽江是纳西族的人多，有的单位很明确，招聘打广告时，写上不要彝族人的字样。如餐厅招服务员或洗碗工，都说不要彝族人。彝族人呢？自古就有偷、抢的不良习俗，有偷着、骗着、抢着吃的事，被认为是厉害的。"啊，有本事的啦。他能偷、能抢、能骗来吃噢。"有这种观念和认识。所以，到现在，对于偷、抢这些坏习惯，还是丢不掉。以前，只有昆明、丽江范围内有，现在，全国各地都出现彝族人偷、抢的现象了。去年教育局的人来我们乡里视察时，我说现在人人都讲生态效益，把生态放在首位讲，翻来覆去讲。其他什么效益，人的德育教育效益，你们一点都不讲。德育教育怎么抓？德育对社会的效益你们一点都不考虑。教育战线抓学生成绩当然是主要的。但培养一个人后对社会发展的作用，你们也应该考虑考虑。意思是说要狠狠抓一下德育教育。在征求意见和讨论时，我就这么说。但只有我们基层的人才这么说了。作为县领导、局领导，重要的更关心的是中考、高考的成绩。今年我们宁蒗县考上多少人，有多少人上重点线等。

"开亲对象也只能与下等级的人开亲了。"：等级观念残存

彝族的等级观念，一般是"诺（黑彝）"这些人观念很重。即使当领导了也一样，他认为"我们是自古以来就当官的，统治了那么多年到现在"。他心里总认为他比别人高一层。在开亲上，不与其他等级的人开亲，还歧视别人。即使他读书不及别人，知识不及别人，也认为自己很高大。他们一般有这种观念。不说农村的，当领导干部的也都是如此。从心理意识上，有些人认为我是上层人，共产党算什么？共产党执政才几十年，我执政了一二百年，我现在的身份还是"诺惹"。有这种观念存在。这些人嘴里是不说的，但从心理上还是看不起"土惹"和"井惹"的。我们这个等级的人，也认为我们自己是正统的"土惹"，没有人主宰过我们，也看不起下等级的奴隶娃子们的后代，还骂他们是烂汉人（shuo pi shuo la）。我们这个等级的人，在开亲上，父母相当讲究，将来我儿子要娶媳妇时，要选择好的对象，这种观念依旧在我的心里头。与正规的汉族开亲是无所谓的，但不能与那些差劲的人，即既不是纯汉族血统也不是纯彝族血统的人开亲。不然的话，在社会上是要受到鄙视的，在社会上生存也很难。别人会议论：哎呀，你家是与"朔"开亲的人，是烂人，差劲的人等，自然对本人的打击很大了。我们有个家支成员，住在跑马坪乡。"文化大革命"的时候，与一个过去身份差一点的人结婚成家了。他现在儿女四五个，长相都不错。我们这个家支成员现在还活着，是一个比较开朗、非常聪明能干的人。以前无所谓，形势就是这样，以娶了一个身份差的人为荣。因为，当时那些人被抬成上层人，贫农、下中农、奴隶娃子身份很光荣，很体面地活着。相对而言，"诺"和"土"被他们压在下面。那时，根据形势的需要，加上政策压力大，娶一个相互喜欢的人成家，很不错，体会不出什么问题来。不管在哪里，去什么地方，家支成员之间出事的时候，姻亲家出事的时候，大大方方的走动，解决问题，想把自己的聪明才智发挥出来为大家服务，既能说，也能干。后来政策放宽了，社会上有人议论了："他妈的，你娶了一个朔莫（汉女），你还是正规的人吗？"我们自己家支的成员，倒是从来也没有排斥过他，也没有议论过。但是，他自己想到自己身上去了，慢慢地我们家支成员中出事也不去了，也不走动了，自我约束。认为自己娶了一个"朔莫"成家，连家支成员家里也不好意思去了，也不敢去了。姻亲家也不敢去了，这对他本人打击很大。开亲的对象也难了，他的孩子娶媳妇，好的家支家的姑娘不愿嫁给他家的儿子，"他妈是那样的人，差的人啦"。一般土惹阶层的人都不愿与他家开亲，他只能与身份差的下层人家开亲了，即与他家一样的人开亲，永远永远地走上这条路了。因此，彝族一起居住时排斥一些违反规则的人，有一些社会压力。他受的打击太多太大了，现在经常喝酒，喝得烂醉。

笔者：他儿女有读书出来的吗？

没有。开亲对象也只能是下等级的人了。他们生有一个很好很漂亮的姑娘，但一直没有人去提亲，最近刚被跑马坪的一家人娶走了。与我们一样的土惹比较多，如果不是这种情况的话，肯定早就被娶走了。他们那个层次的人之间也互相鄙视。他还看不起比他低层的人。在宁蒗，据说这种人很多。

笔者：跑马坪乡有吗？

有，红桥乡也有，我们烂泥箐乡也有。

笔者：我来之前一再被提醒，千万不要随便问"你是哪个家支的"之类的问题。

因为问他是哪个家支的，从哪来的，母亲姓什么等问题的时候，你问他，他回答不上来，就觉得你打听这个干什么，有什么目的。他们就有想法。这种人，在我们依伙、阿里分支里面也有一些。在宁蒗，这些人还是能看出来的，相对素质差一些。缺少伦理道德。彝族的文化懂得不多，汉族的文化也跟不上。在我们乡有两个，相互打骂，不团结，道德伦理也没有，我睡你老婆，你睡我老婆的。而且，这些人在生活中为人处世、说话的方式都看得出来不同的地方。如果经常在一起的话，可以看出他们的性格特点。一般不大方，不大器，斤斤计较，小里小气的。时间长了，人们就认为这个人很差劲。某些方面能很明显的看出来。另一点是教育差一些，以前以奴隶娃子的身份在主子家干活，彝族的伦理道德这一套也没有完全教给他们。整天干活，放牧，找一个差的女人给他成家。受教育也少，大多是从外面强行捆来的汉族、藏族或摩梭人。自己的东西忘记了，不忘记也没地方用，条件也不允许，慢慢地变成了社会上不二不三这么一种人。真的能看得出来。这种人，在宁蒗很多。

我父亲娶了沙玛石易家的女儿后，迁到烂泥箐去居住的，我的叔伯家支成员，现在大都居住在新营盘乡一带。

笔者：谢谢！今天十分感谢您了。

不用谢！都是自家人。有时间的话，到老家走走吧。

十六、2006年7月10日上午9：00—12：00

被访谈人：陈勤学，男，彝族，原云南省宁蒗彝族自治县人大常委会主任；
访谈地点：云南省宁蒗彝族自治县县城好又来餐馆二层；
在场人：日里先生。

"兹是兄长，是领导者。"：彝族社会历史与土司、黑彝

彝族社会最初只有"兹、莫、毕、更、卓"的分别。兹是兄长，是领导者。莫是德古，是说客。毕是毕摩，是祭祀者，更是匠人。卓是平民。这些人之间没有高低贵贱之分的，只是从职业上来区分的。古时候，兹与后来的"土司"是不一样的。兹是老大家，彝族地区家支总是由老大一家掌权，权力掌握在兄长的手里。兹就是掌握权力的那家的意思。一直延续到后来家支之

间开会时，最先由最大的哥哥说话。即使他年龄最小，他不说一句话的话，其他人也没有讲（说话）的道理，除非是长辈和父母。同辈之间，弟弟是七八十岁的人了，哥哥只有十七八岁二十岁，也要坐在上方。而且，他开口讲了一句之后，要么继续讲，要么委托给某个人发言。他委托给谁讲，谁就讲。兹是拿兹肯（掌握权力）的人，是这样产生的。后来的土司，基本上是先前彝族地区掌握权力的人，被封为"以夷制夷"的管理者，来统治彝族，管理彝族。

笔者：这种事情大概是什么时候开始的？

这种现象应该有两个阶段。第一个阶段是三国时诸葛亮统一南蛮、南诏国的时候。那时候，彝族地区大大小小封了99家土司。彝语有"尼威古才古，阿哲尼威日"的说法。阿哲就是贵州水西杨土司家，他家最大。"尼威"就是族长、老大之意。"古才古"是九十九。"日"是大的意思。兹也是兄长之意。

笔者：阿哲家是安土司家吗？

不是，安土司是瓦散土司家，是在昭通。阿哲是贵州威宁水西杨土司家。安土司的后代是后来的安学山他们。安学山有个叔叔在龙云手下任国民党军长，叫安额普（音）。彝族有十三个小方言区，有六个大方言区。比如"什长"、"所的"、"义诺"都是小方言（土语），属于北部方言区。我们是北部方言区的。第二阶段是元朝蒙古族统治的时候，彝族地区又封了48家土司。彝语有"尼威尔才海，尼木利利日"的说法。尼木利利是罗罗宣慰司，兹莫木尼惹冷光电土司家是宣抚司，沙玛土司家是掌管司。罗罗宣慰司下辖六路23州，1万户，管23个土制州。宁蒗新营盘土司家是土制州。六路是指西昌路、德昌路、越西路、建昌路等。每个路下有几户土制州。宣抚司和掌管司都是在罗罗宣慰司管辖之内的。有彝族谚语："阿都尔果祖，阿里尔坡祖，且直拉皮祖，祝衣莫色恩体玛坡祖，什长持几祖。"这是一些家支的分工。意思是说"阿都捡石头,阿里放牧,且直种菜,莫色砍竹编筐和找柴,什长黑彝挑大粪"。没有等级高低,只有任务分工。还有"阿曲拉玛朵帕朵莫祖",意为阿曲拉玛当保姆。有的阿曲拉玛现在又叫阿莫忍古、阿莫斯都、阿莫斯乌、阿莫斯尼。阿莫斯都是海乃,海乃是土目。

笔者:是到元朝才这样分工的吗?

之前就这样分了。三国时,诸葛亮手下彝族地区最大土司是杨土司家,是阿哲土司家。阿哲瓦散土司中阿哲土司最大。彝族始祖有六支。阿普独木有三个妻子,每个妻子有两个儿子,共有六个儿子。两个是德布德施,两个是阿哲瓦散,两个是古伙曲涅。古伙曲涅实际上是三个儿子,叫普伙忍所,是普伙阿更、普伙阿土、普伙惹牛革(小儿子绝)。六个儿子分成六家,德布分出走右边,德施分出走左边。阿哲分出走右边,瓦散分出走左边。古伙分出走右边,曲涅分出走左边。这是指彝族人在六祖之父居住生存的地方分出以后向四面八方走去,居住到不同的地方。阿哲瓦散分别在贵州威宁和云南昭通一带居住。后来凉山雷坡沙玛土司家绝代时,瓦散家的人来接任。就是有个大拇指被枪打掉的叫安学成的人的祖父来接的。安学成和我一起开过会议,又叫兹莫阿合或沙玛阿合,后来居住在布拖县。土司的来源大概是这样的:先前彝族地区是兹领导的。有谚语"一家有领导,兹口乌乌色(哥哥掌权),一个家支有个主事的,一般是老大"。"兹口色",可以说就是现在的领导。以前实行"以夷制夷"时,没有其他人来当领导,是彝族人管彝族人,管理者就被封为土司了。

笔者:诺呢?

诺的事,说法不一。有些人说,诺是老二。老大是兹,老二是诺。彝语诺是监视的意思。监视其他人是否在做事,执行权力是否公正。比如利利土司家是"列古惹石(七子)家"。列古七子分支为：列古普色利木利利兹，列古拉普迪俄，列古持莫俄尔布典，列古散直散诺尼黑玛海。这样兹也在此分，诺也在此分，百姓也在此分。列古拉普迪俄是诺，是我们宁蒗这里的黑彝。这里的黑彝都是拉普迪俄忍尔（四子）家分出的。补约家是迪俄克姆—克姆克依—克依拉依—拉依拉次—拉次俄觉……。热柯家是迪俄布尔—布尔兹的—兹的兹古……。迪俄忍尔之前的拉普，叫拉普忍所（拉普三子）。分出拉普迪俄、拉普硕土、拉普都鲁。拉普硕土又分出龙武家和果基家两个家支，拉普都鲁绝代了。拉普忍所（三子）、迪俄忍尔（四子）就是这样的。迪俄四子中，补约家是老大，之后是热柯家，之后是阿孜家，最小是龙木家。罗洪瓦扎是阿孜家的后面一代分出的，是迪俄阿孜—阿孜阿里—阿里阿尼—阿尼阿木—阿木忍古（阿木九子），阿木是罗洪。在阿尼这一代差点绝了。阿尼七十多岁时娶的新老婆生儿子才接下来。最小的是龙木家。巴且家是罗洪家后面分出的，大概和龙木一起分支的吧。

  笔者：这些诺的家谱您能背下吗？

  补约家的一些家谱我能背，其他家的不行。补约家分出的老大和老小的谱系我都能背诵。有"他上面没有哥哥，他下面没有弟弟"的说法，就是新中国成立前补约这两家势力的真实写照。"他上面没有哥哥"那家是补约乌哈家。家谱是迪俄肯拇—肯拇肯依—肯依拉依—拉依拉次—拉次俄觉——俄觉双惹—双惹能惹（二子）。能惹下分为两支，一支是能惹吉次（三子）小支；另一支是能惹阿朵小支。长子家是能惹吉次—吉次阿史—阿史乌依—乌依沙祖……；次子是能惹吉次—吉次普切—普切杰果—杰果鲁斤—鲁斤贺加—贺加威的—威的祖祖—祖祖口坡（二子）。口坡下又分两支。一支是口坡拉惹—拉惹瓦嘎—瓦嘎比土（与你们同代人了）；另一支是口坡阿嘎—阿嘎尔鲁—尔鲁乌哈，这是老余家，是他上面没有哥哥的那家了。意思是说没有比他更厉害的人或家支了。"他下面没有弟弟家"是能惹阿朵家。能惹阿朵忍尼（二子），能惹阿朵下分两支，一支是阿朵海干；另一支是阿朵吉伙。阿朵吉伙（最小的）—吉伙机额（五子）—机额惹尔—惹尔比祖—比祖书果—书果普惹—普惹拉史—拉史阿格—阿格日诺。这是最小的那家。

笔者：现在您背出来的他们的谱系有多少代啊？

他们的谱系也是从阿次次、阿色色开始的，从阿次次起传下来的。补约老大家是这样的：列古拉普—拉普迪俄—迪俄肯拇—肯拇肯依—肯依拉依—拉依拉次—拉次俄觉—俄觉双惹—双惹能惹—能惹吉次—吉次普切—普切杰果—杰果鲁斤—鲁斤贺加—贺加威的—威的祖祖—祖祖口坡—口坡阿嘎—阿嘎尔鲁—尔鲁乌哈，共有二十二代。前面从阿次次、阿色色开始还有十多代，是从曲涅分下来的。你是颇勒惹额，是颇勒阿都且萨、颇勒阿孜阿里、颇勒布古依伙、颇勒玛直杰觉，这样分出来的。

笔者：您知道彝族尼木威阶的事吗？

我知道的尼木威阶的事是这样的：以前黑彝把利利兹莫家的兹莫斯更杀死了之后，逃到"肯直"即我们宁蒗县这边来生存。后来，他们在这边没有开亲的家支对象了，又不想跟白彝开亲。因为跟白彝只有兄弟家支关系，没有通婚的对象。黑彝和黑彝之间也只有兄弟关系，没有开亲对象。怎么办呢？黑彝内部只好举行"威阶"仪式。"威阶"之后就可以相互通婚了。"尼木威阶，威责能很，什夷更觉日"。"尼木威阶"就是把同属于一个家支的"玛都"（祖灵）作祭后分开。"威责能很"是互相不认家门兄弟姐妹了。请毕摩祭祀后，相当于除籍分开。"什夷更觉日"是煮了很多个荞面巴巴。罗洪瓦扎两家是后来经过好几代后才分出来的。后来，后代人在追溯谱系到前面分支的时候，为了平等，就协商决定几家算作是同时分开的，并把"玛都"作祭后，分成五家放进五个地方的岩洞。举行仪式时，据说推碾了十斗荞子，揉成巴巴后，在院坝上烧水煮熟，请毕摩念经后，把其中一个荞巴切成五块。平时一般切荞巴都切成四块或六块为双数。那次是先切成四块后，又将其中一块切成两块，一共成了五块，表示分出了五家。这是有规矩、有来源的。四块是指迪俄惹尔（四子）的补约、阿孜、热柯和龙木四家分支。有一块分成两块是指阿孜的后代分出罗洪、瓦扎两家分支。这样以后，他们之间就可以开亲通婚了。

宁蒗彝族自治县跑马坪乡金古忍石家支"虎日"禁毒祭祀象征岩石

笔者：做"尼木威阶"是在什么地方？

具体地点我也不知道。时间是到"肯直"来之后。大约拉普迪俄的后代发展到五六代的时候才举行的"尼木威阶"仪式。

笔者：到宁蒗有几代了？

大概有七八代了。从昭觉下来的，大、小凉山是以"黄梁伙普"（山名）为界。黄梁以上是大凉山，黄梁以下是小凉山。盐边、盐源都属于小凉山的，宁蒗县也属于小凉山范围。大、小凉山是以黄梁伙普山为分界的。

笔者：您认为过去凉山彝族家支林立是什么原因呢？

这是因为彝族地区没有形成最高统治者。

笔者：兹呢？

兹也是各把一方。比如，利利兹莫家没有管到小凉山，只管它那个地方。其次，黑彝各把一方，如在宁蒗县境内，补约、瓦扎、热柯、罗洪和龙木五家各把一方。你的不给我，我的不给你，统一不起来。没有能够统帅起来的，彝族地区没有形成过统一的领导，统一的政权，统一的权威者不存在。也没有形成一个最高的神，在宗教上也是多神、多鬼。因为社会存在与宗教也是有联系的。所以，彝族地方信仰多神多鬼，不是一神教，没有最高统治者。彝族地区讲的最高统治者，只有支格阿鲁神和额体古兹神。神鬼中最大的是惹很，有"通伙都，就卓卓海史"的说法。据说黑彝死了就成为通伙，当然"通伙都，就卓卓海史"了。黑彝之间厮杀时，把百姓赶到前面去打仗，肯定是"卓卓海史"嘛。没有像汉族那样"真龙天子转世"，皇帝是真龙天子转世的，专门管理百姓平民的，王宫大臣是星宿下凡的故事传说。所以，彝族社会没有统一过，也没有形成一个最高统治者，宗教上也没有形成一个至高无上的神。彝族地方各自为大，各自为政。因此，形成了家支内部以哥哥为大、家支以外个个都大的局面。但是，家支内部是让兄掌握权力的，另一条是"帕觉尼惹觉，乌觉尼你觉"。即有父才有子，有兄才有弟。帕莫俄次（长辈）死后就是兄当父当母。有"乌乌帕，乌乌莫；乌乌帕祖，乌乌莫祖"的说法，这样哥哥就被当做最大的尊者了。

笔者：您听说过黑彝家支里面有无被开除家支的人呢？

有是有的，听说过。但是，具体没有见过。黑彝中开除家支后降了等级者也是有的。

"有'阿迪阿细双莫什尼惹'的说法。"：黑彝和白彝同祖说

笔者：有人说土惹是黑彝的女奴的儿子，您认为呢？

有的土惹是，有的土惹不是。在宁蒗县，阿迪阿细家支有"阿迪阿细双莫什尼惹"（意思是阿迪阿细是红脚汉女的儿子）的说法。

笔者：这是什么意思呢？

可能是一些汉族或其他民族的妇女本来是黑彝的奴隶，这些妇女与黑彝男子有染后有了男孩，这个男孩长大后娶妻生子不断繁衍下来，因此，有"阿迪阿细双莫什尼惹"的说法。"双莫什尼"，双莫是从汉区捆来当奴隶的汉族女人。什尼是指脚穿着红绣花鞋。以前彝族是不穿绣花鞋的。也有阿迪阿细是瓦扎莫什惹（瓦扎的女奴）的说法。

笔者：那么金古惹所家支呢？

以前也说金古惹所家支是补约家支女奴的后代，现在好像不怎么说了。还有"吉古阿牛莫能生特双莫什尼惹"的说法。这是龙木的女奴的儿子。吉木有两种，一种是海子忍所家支的分支，另一种是杰古阿牛家支的分支。

笔者：那海子惹所家支呢？

海子惹所是从曲涅传下来的。据说是"兹莫什惹"（兹的女奴的儿子）。实际不是"兹莫什忍"，而是与沙玛兹莫阿都长官司是兄弟关系。他们是兄弟分支的，阿都长官司家是老大。以前他们背诵谱系时说，兹—雅古—雅古署布……，实际不是，而是列古—列古雅古—雅古署布—署布麻额—麻额玛额—玛额海斯—海斯海拉—海拉阿海……。在"肯直"是这样讲的。"肯哈"是列古—雅古—雅古什尼—什尼拇肯—拇肯沙玛……。阿都长官司沙玛兹不是姓沙玛，而是人名。是名叫沙玛这么一个人被封为土司。此后，成为沙玛土司家，姓也变成了沙玛。实际上，沙玛是

他的名字，他的父亲是阿杖。大约元朝时，在沙玛这一代被封为长官司，成为阿都长官司。习惯称为沙玛兹莫家，沙玛土司家，是这样来的。

笔者：吉克忍石家支呢？

据说吉克忍石（七子）是罗洪家支女奴之子，还有吉莫忍附（六子）也是罗洪家女奴之子。吉克吉莫是后一代分支的。吉克可能是罗洪家"莫什惹"。据说罗洪家上一代的一个人还没有娶妻的时候，与女奴好上后有的儿子。之后，娶妻生了罗洪。现在，他们里面，罗洪家的人叫吉克吉莫家的人为哥哥（兄长）。以前是罗洪家的平民，现在好像不这么说了，好像是兄弟关系了。所以，刚才说的阿迪阿细双莫史尼惹，吉古阿牛莫能生特双莫史尼惹，这些都是黑彝奴女之子的后代，就是这样来的。彼此之间也不能开亲通婚。

"如果相互通婚，就没有贵贱之分了。"：婚约关系

笔者：您认为彝族一般与汉族或其他民族的人不通婚是为什么呢？

首先是语言不通，生活习惯不一样。其次，由于民族歧视和民族隔阂，历代封建王朝与少数民族之间有械斗，有了隔阂和彼此歧视。最后，是因为民族压迫政策，导致相互歧视、压迫和剥削，认为被压迫者是低级和低贱的。这些原因当中，主要是语言不通、生活习惯不同，不是同一种人。尤其是老一代反对，说话语言不懂，生活习惯有别。死时，汉族是土葬，彝族是火葬等。"诺"和"土"之间不通婚是由于等级制度的存在。等级制度实际上是后来形成的，不是自古以来就有的。彝族社会里有兹、诺、土诺、呷加、加西阶层的存在。为了维护等级制度，就互相不通婚。因为高等级者认为等级是天生就有的，自来就有的，贵与贱之间不能转移。如果相互通婚，就没有贵贱之分了。所以，

不通婚。我认为是等级制度的原因，为了维护等级制度而不通婚。黑彝、白彝不通婚主要是为了维护等级制度，黑彝认为等级是天生就有的，人是有贵贱之分的，为了等级制度的延续不能与白彝通婚。因此，黑彝不能娶白彝的姑娘当老婆。但是，乱七八糟偷情者、乱来者是不少的。

"情节不同，处罚不同。"：习惯法

笔者：对彝族的习惯法，您怎么看？

笼统地说，看习惯法是什么社会的习惯法。新中国成立前大、小凉山是奴隶制社会，习惯法也是奴隶社会的，法规是为了维护奴隶社会制度的存在和延续。现在来看有什么优点、有什么缺点不大好讲。应该说它是维护了所处社会时代的制度。对统治者来说，都是优点，对被统治者来说，都是不足，都是缺点。维护统治者的利益，叫被统治者服服帖帖的，让它剥削、让它压迫，让它统治。拿到现在社会来说，不好评价它的优缺点。放在那个历史社会当中讲，对统治者来说都是优点，完美无缺。对被统治者来讲都是缺点，是他们的紧箍咒，是他们的枷锁。真是这样的。

笔者：传承到现代社会有无优缺点呢？

延传下来的，有些还可以。习惯法当中有讲道德品质的部分，是不错的。比如，不要偷鸡，偷鸡者怎么处罚。不要偷抢，不要偷邻居，偷了怎么惩罚。还有拐骗别人的妻子怎么处理，杀人者怎么处罚，等等。这些方面是可以继承和发扬的，对建立和谐社会有作用。"细纳阿诺（什么是黑），细纳阿土（什么是白），细纳阿则（什么是花）"。对罪证进行区分。如拿偷盗羊子来讲，挖圈毁圈后偷走是阿诺（黑案）；在山上换季圈养中偷走是阿则（花案）；在放牧过程中羊子跟着别人的羊群走后被杀了吃掉是阿土（白案）。情节不同，处罚不同，重在事实，实事求

是办。这是很好的做法。

"应该抛掉传统的观念，彝族才能有大的发展。"：彝区发展

笔者：您对彝族的教育有何见解呢？

第一，对不让女童上学这种事情，我看最关键的是存在男尊女卑观念的。第二是男内女外，男当做自己人，女当做别家的人。认为培养女孩给人家，是白费的，读好书也是人家的，传人家的后代，不接自己的后代，男孩是传自己的后代。把男孩和女孩分作内人和外人，是不好的。女人被认为"卓卓衣龙细，什双嘎乌细"。意思是说只能走在屋岸下，只能在屋子的周围活动，只能做家务事，只能够看到山梁上，再远的地方就看不见了，够不上了。女人主要主内，是内人，懂那么多干啥。这是一种习惯性的认识。第三，是没有儿子就被认为是绝根了。儿子是接自己的代，传宗接代是自家人，女儿是接别人的代。这是很自私的表现吧。

笔者：您怎么看待有些家支修家谱的事情？

修家谱的事情，我认为没有多大的作用，只有两三个小作用。其一是作为历史研究之用，其二人是讲道德品质的部分很有价值。如人们之间存在什么样的亲属关系就称呼什么，是叔侄关系，或兄弟关系，或爷孙关系等，称呼上体现伦理道德观念，尊老爱幼，有长幼之别。其三是有时候可以互济互助，相互帮忙。当然，只有家支成员才可以互相帮忙，别人就不能帮忙了，也是不对的。我想只有这三点作用，没有别的。

笔者：坏处有些什么呢？

我认为家支制度不好的地方，从它过去社会作用上来剖析，才能说得清楚。其一是以前社会是维护它的地位，维护家支制度，是为了维护奴隶社会的等级制度。其二是保护家支利益，如血族复仇，家支复仇，保护本家支不受别人的歧视、欺辱、掠夺,不受别人的压迫、剥削等。其三是对外抵抗,集中起来进行反抗。这些作用,在特定的社会里可能是好的。但是,出发点现在看来是不好的,是落后制度的产物。为什么呢?有彝族谚语来证明。比如"兹米尔吉如",意思是兹米靠的是百姓。有多少百姓就上多少租税,贡赋就有多少。"诺合乌尼日",意思是诺合是靠家支,家支人越多越好。"苏嘎鲁尔如,苏沙鲁博如,拉莫克斤如,鸠诺都则如",意思是说"富者靠财产,穷者靠拳头,老虎靠牙齿,雄鹰靠翅膀"。还有"兹米敌普日,诺合牛普日",意思是说兹米喜欢独子,因为儿子多了就争财产、争地位,彼此会互相残杀。所以,土司、兹米这种人容易绝代。诺合喜欢多子。儿子越多越好,多多益善,靠人多、靠势力来起家、来生存。

笔者:您认为彝族应该怎么发展?

彝族历史上没有形成过统一的神,也没有形成最高统治者,因此,心胸有些狭窄。现在有的家支写家谱时,家支内部都统一不起来。一个家支都统一不起来,彝族内部怎么能团结起来呢?就不用说团结其他民族了。写家谱是为了炫耀自己家支的势力,出点什么事就集中起来吓唬别人,不要说与其他民族团结起来,就连彝族内部都团结不了。心胸狭窄、不宽广,就不可能有大的进步,也做不成大事。某个人当领导,心里就嫉妒,之后,使小心眼,搞坏事。如果共产党领导一直按照原则走下去就没有问题,如果不按原则走就麻烦了。因此,应该抛掉传统的观念,彝族才能有大的发展。

笔者:您懂的东西很多啊!谢谢您!

哪里,哪里。别客气。

十七、2006年7月11日上午9：00—12：00

被访谈人：金古五斤，男，彝族，原云南省宁蒗彝族自治县人大副主任；

访谈地点：云南省宁蒗彝族自治县天保酒店5层516房。

"多数是六七代的样子。"：家支迁徙

你是从丽江来的吧？

笔者：是的，访问了杨明武和金古吉哈两位老前辈了。

访问了他们俩的话，他俩知道的和我知道的大体上差不多。在宁蒗县居住的人，主要是金古惹所多。金古惹所也叫金古忍石，因为有七个兄弟，前三个是大老婆生的，后四个是小老婆生的。所以，有时说金古惹所（金古三子），有时说金古忍石（金古七子）。旧社会也好，现在也好，居住在宁蒗县的是金古惹所

的后代最多,而不是金古忍石七个儿子的后代全部都居住在这里。其中一个分支金古子都的后代有一些住在这里。其他分支像金古金史、金古阿品、金古海忍的后代多数都分布在四川大凉山——现在四川省凉山彝族自治州这个范围。如今,金古忍石的后代分布相当广泛,四川、云南两个省都有,具体分布在30多个县市。云南这边一直到昆明,四川那边一直到成都、九龙、雅安等地都有金古家支的人居住。

笔者:金古忍石最早居住在哪里?

据我们知道,最早的祖先多数都居住在昭觉县斯本补约乡和喜德县境内。

笔者:来到宁蒗县大概有多少代了?

来到宁蒗县这个地方的最多九代了,多数是六七代的样子。

笔者:为什么来呢?

我不清楚。据说很早以前,有些人还没有娶媳妇就朝这边走,往这边来了。有些说法是当时大凉山那边社会比较混乱,社会治安不好。有些说法是一些人自己做错了事,违反彝族习惯法的规定后,就往这边跑。一个人走了之后,来到这里,消息你传给我,我传给你的,很多人就跟着来了。那个时候,据说宁蒗县这边的万格山下是最适合人居住的地方。土地肥,气候好,居住条件非常好。这样你说给我听,我说给你听,零零星星、陆陆续续的,相继迁徙来了。很多人一起来、几十人或几百人一起来这种情况,到目前为止,我们基本上没有听说过。一般都是隔一两年来一些人,三五年又来几户人家。据说,来的时候非常简单,大人领着小孩,每人披着一些羊毛毯子或披毡,背点儿盘缠。个别条件好的人背着"尔惹"(一种羊皮口袋,笔者注),里面装上粮食或锄头、镰刀,手上拿一把斧头或其他砍柴刀,一两把或几把,叮叮当当就来了。一路上到处打听彝族人在哪里,到处找彝族人家要或借点饭吃。"我们是要搬迁到万格山下去居住的,谢谢了,谢谢了"。这样说着,就走来了。每搬迁到一个地方就住上两三年或三五年,然后再往前走。比如我的祖宗,听说是从斯本补约乡转迁到喜德县住了一段时间,然后转到盐源县居住。在盐源县叫拉子乡的这个地方住了好多年,然后再迁到我们万格山下来居住的。

笔者:具体在万格山下的什么位置?

是叫布典拉达的地方,居住在这个地方。

笔者:现在具体来说布典拉达是在什么地方?

现在就是跑马坪乡,是跑马坪乡的一个行政村的一个自然村。

笔者:您的祖先叫什么名字呢?

叫金古尔迪。是金古阿拇鲁尼木忍金顶分支家的金古尔迪,又叫金古猜阿普。"猜"是马鹿,"猜阿普"的意思是马鹿的爷爷。得了这个名字,意思就是说像马鹿一样高大。这是居住在盐源县拉子乡的时候得名的。据说,当时在拉子乡有一片庄稼相当好,荞子也长得很高、很好。人在荞子地中间的小路上走过时,看不见人的身影。而金古尔迪路过时,头上戴的"英雄结"从荞子林中露出来,有人就说:"看,金古尔迪,像猜一样,角角都露出荞子苗了。"从此,就这样得名金古猜阿普。所以,我的祖先从大凉山迁来的是这个金古尔,是我们这个小分支的。

笔者:杨明武他们也是这个分支的后代吗?

杨明武是我们金古木忍金顶里面的又一个小分支的后代。到我这一带我们之间已经相隔六代了。金古忍石家支的各分支中,代数最长的已经相隔九代了。主要是吉伙分支家的人。吉伙分支人口繁衍发展非常快,因为他们结婚相当早。一个分支和一个分支都有自己的一些习惯,稍微有些区别。有的分支结婚特别早,十六七岁就生娃娃了,家里也很富裕。迁徙的事情大体上就是这样的。不是打仗以后充军来的,也不是集体几十个人或几百个人一起来的，而是陆陆续续迁来的。后面来的人听说前面来的人在万格山下居住得非常好，土地好，气候好，是居住的好地方，于是，就零零星星地搬来了。

笔者：您祖先来到宁蒗县居住的时候，已经有诺伙在居住了吗？

实际上，我祖先来的那个时候，已经有诺伙居住在这里了。据说也是陆陆续续来的，不是成批来的。这个时候，补约俄祖惹家的后代已经居住在这里了，过去是我们家的主子。但是，他们没有居住在跑马坪乡，而是居住在战河乡一带。尽管他们先来，但还是相互打听，我们黑彝补约家还有些平民在大凉山居住呢。黑彝补约也是从大凉山那边迁徙来的。那里有些平民说"去找主子家去吧"，就这样迁来了。有一部分土伙家支的人，或投奔本家支的人来，或在那里犯错误而被家支批评指责甚至被开除家支而逃跑到这边来的。反正各种各样的情况都有，有不成系统的，也有有组织的。据我们了解和掌握的情况，金古忍石家支的人，就是这样迁徙而来的。

笔者：你们家支内部有无因违反家支规矩而被开除家支的？

这种事情，以前没有听说过。从大凉山搬来时，也没有听说过。

笔者：搬迁到这里以后呢？

听说有极个别的，偶尔好像发生过。这一条是非常严格的，所以一般没有敢违反的。比如，偷家支的东西，再一个是发生性关系的，暴露以后是要烧死的，要活活烧死的。这是非常严格、严厉的。所以说，以前谁都怕家支，怕得瑟瑟发抖。

笔者：现在也是这样吗？

现在也是这样严格的。

笔者：金古忍石家支的后代之间，现在有没有开亲的？

没有开亲的。

笔者：有没有偷情的？

没有听说过。有偷情的话，发现了也是要活活烧死的。现在不知是烧死还是采取其他措施了。因为如果出现这种事情的话，在社会上，金古忍石家支成员是受不了的。金古忍石家支在宁蒗县是很有地位的。它在新中国成立前也是很厉害的。

笔者：新中国成立前有无反抗诺伙家支的事件？

有，有啊。反抗诺伙的事情，可能杨博士已经说给你听了，就是蒋日念祖阿牛的事迹。那件事情，金古吉哈在丽江也对你讲过了吧。

笔者：他们没有怎么讲，就请您讲讲吧。

哈哈哈。

笔者：简要说吧。

这样吧，我把整个新中国成立以前的家支社会形态、心理状态、社会地位、金古惹所家支的一些社会现象，在我的印象中留下来的给你讲讲，能举些具体例子说明更好。

"那个时候，想的是家支，靠的是家支。"：家支头人

新中国成立以前，宁蒗县这个地方的彝族地区没有统一的政府，没有统一的领导。表面上一会儿由永胜管，一会儿由永宁的摩梭土司管，其实谁都管不住，谁也管不起，管不好。因为乱来，政府是国民党的政府，是镇压彝族状态的，彝族不服气，不服它管。当时，这个地方的彝族比无政府稍微好一点，由五大黑彝来管。

笔者：都有哪些黑彝？

五大黑彝是补约家（余家）、瓦扎家（张家）、热柯家（刘家）、罗洪家（胡家）和龙木家（米家）。五大黑彝管理是非常宽松的，非常原则性地管。哪个白彝家支、哪个奴隶、哪个娃子是由哪一个黑彝家管，大体上是这样的。各个黑彝家的土地界线

大约从哪里到哪里，哪一家管理哪个地方。具体如何分界、如何开会、如何交税、如何抽头是非常粗糙的。因为那个时候文化相当落后，可以说不管是彝文还是汉文，一个认字的人都找不到。这样一个地方，在这样一个社会形态里面，金古惹所家支的威信比较高，一是因为金古惹所家支人口多；二是居住相对集中。

笔者：主要是居住在补约家管辖下的地方吗？

是的，主要是居住在补约家管辖范围里，具体分布在补约家各分支下面。要说分布广也很广，现在宁蒗十六个乡镇里都有金古惹所家支的人居住，只有一个乡没有，即拉伯乡没金古惹所的人居住。新中国成立前跟现在也是差不多的。人口的分布很广，人口较多，又相对集中。那时主要集中在跑马坪乡、战河乡、西布河乡和西川乡一带。这一带是连成一片的，人口集中，比较团结，办事方便。所以，那个时候威信很高。你今后研究时，重点抓住在这四个乡就行了。这是第二个特点。第三个特点是团结。新中国成立前没有政府，黑彝也有靠得住的时候，但靠不住的时候多，最靠得住的是家支和家支的成员了。这是最大、最重要的事情。就像现在我们靠共产党一样，想起什么事，遇到什么事都去找共产党。你有什么问题，都可以去反映。遇到好事也是这样，遇到非常难办的事也是这样。我们的心理状态就是这样的。那个时候，想的是家支，靠的是家支，怎么到家支里面去找德古，怎么去找苏易，怎么去找冉阔。冉阔你知道的吧。德古是明智的人，过去有名的人，是办事情的人，调解纠纷、主宰和决策的人。

笔者：你们家支里头德古和冉阔多吗？

有很多的。它代表了团结，遇事考虑家支成员的利益和感受，不去找主子商讨的。有时候，你势力弱一点，主子就会把你卖掉了，你的后代子孙就到头了。家支里没有能干的人时，就会被卖掉。但是，我们家支里头，是没有卖人的事的。而且，家支成员里头平时再差或是要饭的人、或是偷东西的人，这些人在社会上是最臭的人，但是，一旦你这个烂人或臭人被人家杀掉的时候，所有的家支成员就不管你是不是烂人或臭人，都出来为你拼命、报仇了，全都出来的。有枪的带枪，有刀的拿刀，没枪没刀的带粮食，没枪没刀没粮食的拿木棍子都要站出来。还有，德古也出来，冉阔也出来，苏易也站出来，就是为你争口气，为你报仇。虽然你平时活得不像样子，但有人看不起你，把你杀了的时候，家支成员就不会袖手旁观。去找的目的是告诉对方，你为什么杀我们家支的人，他有天大的错误，你要找我们嘛，我们承担就是了。我们来赔你嘛。偷了你一条耕牛就把他杀了，你的耕牛算什么，我家的人是条人命呢。这样大家都起来，一起为被杀的家支成员说理、报仇。那个时候，稍微厉害一点的，靠得住的就是家支。尤其是死命这样大的事情是绝不能妥协的。新中国成立前，因为社会形态、社会秩序就是那样。靠政府，到政府那里去讲理，靠国民党，脑子里面一点点这种想法都没有。

在金古惹所家支里头，有名的德古有几个人。比如，跑马坪这一片德古较多，有蒋日石散，是杨洪林博士的爷爷，我的父亲金古海干惹算一个。最近宁蒗县"民改"五十年大庆，评选出五十个人五十件大事，其中有我的父亲金古海干惹。他是有名的德古，也是有名的冉阔。但是，他不欺负人，人家来欺负家支的人，他是不饶人的。黑彝来欺负他都不服，相反，黑彝还怕他。后来共产党出现了，那时他五十多岁了，可是，他马上就接受了共产党的政策，接受共产党的领导。因为他爱讲道理、讲道德的。共产党是讲平等、讲团结。他非常欣赏，非常景仰，就马上跟着共产党走了。共产党使用了他、培养了他。不然我们家里也不会那么穷的，我们是上中农，家里还养有一些奴隶娃子。由于我父亲进步得相当快，思想解放得快，一接触共产党就觉得共产党政策好，共产党人好。人家说养奴隶娃子是不合理的，不对的,他马上就理解和支持。"是,这个确实不对头,怎么会有这种事呢"?他是有名的德古。还有一个叫吉伙木乃,也是个有名的德古。除了他们跑马坪乡有名的德古还有好几个。村里面的小德古还有很多呢。不过,我的父亲金古海干惹更起作用一些。一般他出来说几句就能解决金古惹所里头的事情,甚至其他家支里头的事情,也经常请他去解决。

盆、米饭与彝族木制勺子

笔者:这些是新中国成立前的事吗?

是的,是新中国成立前的事情。新中国成立后,德古的权力不应该超过共产党嘛。现在是共产党领导,共产党干部说了算嘛。

笔者:现在您也算是一个德古吧?

是啊,可能是吧。我也是比较出名的,我官不大,但我的名气还是有的呢。

笔者：名气特别大吧？

特别大倒不是。我在部队那段时间，汉族地方的人也知道我的名气，我的名字经常被登在报纸上宣传。因为我做事多，也比较厚道。在彝族里面尤其是在金古惹所家支里面传开了，在四川凉山州那边传得更凶。说我怎么怎么厉害，做事怎么怎么公道。四十岁以上的人基本上都知道，在金古忍惹家支里面广为知晓。但是，有些是夸张的，夸张的成分较多，彝族人性格本身就带有一点夸张的。当然，你一点点都不好，人家也不好夸张呢。前年，我去过大凉山一次，那里的人三天内杀了九头牛，很多猪和羊，根本劝不了，劝不动。三天就报上十五头牛，我说你杀牛，我马上就走了。但是，反对半天也没有人听，没有用，还是杀了很多牛。这是我难以接受的一个情况。

笔者：您去那里做什么呢？

我们去那里拿家谱书，请那里的家支成员核实、核准一下。他们那里有一个独尔惹古（九子）家支。有一种说法，独尔惹古家支包括尔古、贾巴、金古等分支，也就是把我们金古忍惹家支归在都尔惹古里头。里头有你们阿里家支吗？

笔者：没有。

他们那边就这么认为。我们这边的态度是不反对的、也不否定的，我们金古家支与独尔惹古家支可能同属一家。彝族最早都是一个根，人类最早也是一个根嘛，我们一再强调。但是，写在家谱书里面，我们是不赞成的。我们这是记录家支成员的一本书。在宁蒗，现在的尔古家和贾巴家已经和我们金古忍惹家支开亲了，有的已经开了三四代的亲了。有些贾巴家女儿嫁到金古家生出来的金古惹所的后代，已经做到县团级干部了。这怎么可以拿进家支成员的谱系书里边去嘛。我们是坚决不赞成的。因此，书稿拿去统一核准，这些重大问题是一定要搞清楚的。于是我们把四川大凉山的老专家、老干部都请来，集中在一起开会，协商、讨论、统一思想，达成共识。

笔者："尼比卡哈"指的是四川凉山一带吗？

"尼比卡哈"是我们宁蒗县这边的人对四川大凉山的一个称呼。是彝族人的一个地理名称吧，应该包括现在整个凉山彝族自治州管辖范围。但是，如果把会东、会理、盐边、米易算进来不太合适，不符合以前的观念和认识。

"金古惹所就是这样出名的。"：家支成员教育

在家支成员当中，小孩四五岁或五六岁就开始教育了，从谁是你的爷爷，谁是你的叔叔，出事情应该找谁，怎么找，要有气节、有骨气地生活，不能欺骗家支等诸多方面进行教育。小孩会听话就开始教育了。那时没有学校教育，只有家庭教育和社会教育，教育很粗放。但是，这又是不能有的教育，就是家支成员的教育。

笔者：这些教育具体是父母来教还是家支成员来教？

父母来教，家支成员也来教育。家支成员的兄弟之间，十七八岁、一二十岁的年轻人集中在一起的时候，就是互相教育。比如，三个人在一起时，总是有一个人能力强一点，脑子灵一点，嘴巴会说一点。这个人必然就是一个强者，是一个领导者、教育者。比如，四五个人走在一起的时候，你比我们强一点，你的话就多一点。"哎，约达，你要注意一点。据说你不争气哦。听说你不干农活，你在偷人家的东西哦"等，强一点的人对其他人进行教育，指责着教育，批评着教育，是很自然的，是互相关心的，是从骨髓里相互关心的，不分彼此，不论你我，真的是这样的。那个时候，家支就是靠这些生存，靠这点发展，靠这点有名的。金古惹所就是这样出名的。

笔者：教家谱吗？

教家谱是比较死板的，是规定好的。比如叫什么、是什么、

什么怎么样……这样教下来的，比较死板。非常活跃、非常起作用的是贯穿平时生活的这一套。也就是说，在社会生存过程中应该怎么过，应该做什么，不应该做什么，人家来欺负你怎么办，你不要欺负人家，不要骗人家，特别是骗不得家支成员，骗不得姻亲成员。

笔者：从几岁开始教？是七八岁吗？

听懂话就教，两三岁、三四岁吧。有些聪明的小孩，虽然不识字，但是，记忆力很不错。简单地说，对小孩说这个人是金古惹所家支中吉伙分支的某个人时，"我和他是啥关系啊"？他就会问大人，意思是说我应该叫他爷爷或是叔叔还是其他什么，表明我尊重他。如果说"你们是兄弟关系"，"噢，那么他是哥哥还是我是哥哥呢"？他的思想意识里就有了亲属称谓这一套。这一套是彝族人传统文化中的精华内容。彝族人素质很高的，"彝族人很差"，你们脑子里面可能有这个观念。因为你们和汉族人在一起，就可能有这种认识。实际上彝族人的素质还是很高的，尤其在掌握和遵循彝族传统文化方面。刚才我们谈的这些彝族的习俗，其他民族无论如何也搞不明白的，二十多岁的人也可能还赶不上我们八九岁的彝族小孩呢。彝族小孩八九岁、九十岁时就出远门走亲戚。如果走错路了，他也能找到饭吃。只要说我是哪个家支或哪个分支的孩子，会背家谱，比如说我是蒋日阿根家的，主人家就说"噢，是阿根家的，来坐来坐，小孩饿了，肯定饿了，赶紧弄点饭给他吃吧"。在那个社会里，家谱的作用是说不完的，非常有用。

笔者：您认为都有些什么作用呢？

刚才我说给你听的只是一方面的作用。现在我再给你讲讲其他一些作用。比如某一家人的房屋被火烧了，粮食烧光了怎么办？只要家支成员听到这种事，有的背来土豆，有的背来荞子，有的背来腊肉，穷得实在没有什么可以背来的东西，也会背来一些盖房用的木板。一些年轻人自己带上口粮来到这家，帮着修建房屋，做农活。干活期间吃自己带来的粮食而不吃这家人的饭。出现这种事，在家支成员中，只要有一个人号召，所有人都响应，一家落后的也没有。落后了会受到指责，一般人都受不了"太差劲"这句话。在受到外部势力的侵犯、特别是侵犯到人权、危及生命的时候，为了家支成员而赴死的人也是很多的。有这样一种观念，为了家支成员而死，死多少次都值得、都光荣。这样死了，父亲会说，"噢，我儿子是英雄，父亲不会掉眼泪的"。又比如，有老人听到"今天你儿子尔哈在械斗场上死了，现在正在抬回家的路上"，老人会说，"噢，我儿子是不是冲在前面被打死的？冲在前面是勇敢的，勇敢才会死的"，不会掉眼泪的，之后才慢慢地悄悄地流泪。可以说，为了家支而战斗是不要命的，去冲杀，去赴死。只要随便一个人号召就行了。比如"今天人家来侵犯了，我们要去追，去赶，赶紧去吧"，指个方向，大家就会赶去。具体在战略战术上就说不清楚了。我是从部队回来的，学过一些军事战术，懂得一些军事战术后，才感到以前这些械斗很可笑。但是，那种精神是可嘉的。十五六岁就参加战斗了，只要家支成员中有械斗发生，就会去参加。我们金古惹石家支中有一个有名的例子，就是宁蒗县历史上有名的蒋日念祖阿牛的故事。

"文史资料都记载下来了。"：反抗黑彝事件

事件起因是这样的：新中国成立前，有个蒋日分支比较贫困的男子，被黑彝补约尔颇家抓去后捆在家里打骂，好像因为欠黑彝补约家的一点钱还是其他什么。有一天晚上他逃走时，被补约家的狗赶到山岩上摔死了。之后，念祖阿牛发动号召："金古惹所家支还有没有哥哥兄弟啊，现在有个蒋日分支的人被抓捆，在逃跑中被狗撵死了，有没有有心的哥哥兄弟啊？"就有居住在这

下面跑马坪等地的金古惹所家支成员集中起来，赶到她家集中商讨对策。不久，由她亲自骑马指挥，带领所有聪明能干的勇敢的家支成员出动了，直奔约山坝子补约家。补约尔颇家的人被他们赶到山顶上。

笔者：约山在什么地方？

在现在的宁利乡、红桥乡、翠玉乡和金棉乡四个乡交汇的地方。翻过山顶后回来时，解决纠纷后，他们烧毁了补约家的房屋，赶走补约家的牛羊。这是非常有名的一件事，是一件惊天动地的事。金古惹所出兵了，在宁蒗县对黑彝战斗，是一件很大的事，已被县志收录登载了。其他事也有，但都比较小。每个地方一家一户的，或只涉及两三个人的事件很多，大都比较小。这件事是因为这么一个穷困潦倒的特别困难的人，受到黑彝欺负死掉后家支发动的一场战斗。直到现在都算宁蒗县历史上比较大的事件了。文史资料上都记载下来了。念祖阿牛是原来宁蒗县委书记、是现调到丽江市里工作的吉伙龙佳的奶奶的妈妈。他奶奶是吉克家支的，念祖阿牛是嫁给吉克家支的。吉伙龙佳从小就认字写字，中专毕业回来后分到县统计局工作。我当副县长时就指教他说："你要好好写一下你妈妈的事迹嘛，搞一点调查后写嘛。你现在识字能写了，好好写。"后来他真的搞了调查，写过一些材料，很不错的。

"张家和余家经常打冤家。"：黑彝之间的冤家械斗

笔者：您知道宁蒗县五大诺伙是怎么来的吗？

不太清楚，没有专门研究过。

笔者：这五家诺伙之间有无冤家械斗的事情？

这五家黑彝之间的冤家械斗是有的。据说经常发生的。有些还干得相当凶，我也亲眼看到过一些。

笔者：比如说？

比如说，瓦扎家和补约家经常打冤家。补约日哈和补约尼哈两兄弟家，也就是大余家势力最大，地位最高、最富裕，在万格山下的黑彝中，这家是最富裕的。

笔者：这家黑彝人口有多少？

有日哈和尼哈两个男的。日哈有四个儿子，尼哈有两个儿子，共六个儿子。另外还有一家是他们一个爷爷分支下来的，即补约比土两兄弟，一起加起来，补约家支的男丁有十来个人。但是，他们养的奴隶和娃子以及给他们交租上税的平民加起来差不多有上万人。新中国成立前夕，大约1945年，主要为争抢土地和娃子而打起来。那时，瓦扎家居住在万格山的上面，补约家居住在万格山下面。

笔者：万格山上面是瓦扎家的地盘，下面是补约家的地盘？

是的，上面是瓦扎家的，下面是补约家的。过去这个分界是很明显的。补约和瓦扎是比较著名的黑彝家支。还有热柯家支。热柯家支基本上也是居住在万格山上面的，山下面基本上没有。罗洪家支和龙木家支就不一定了，万格山下面有一些，上面也零星居住了一些，在永宁的泸沽湖周围也有一些，永胜的边上也有一些。他们两家居住范围广但不集中。

笔者：势力较弱吗？

势力很弱，相当小，也比较规矩。但是，人的素质很不错。很喜欢跟汉族接触，偶尔也跟国民党接触。

"没有一个是姻亲关系的。"：黑彝和白彝的关系

笔者：您认为诺伙和土伙是怎么来的，是人种不一样吗？

人种是一样的。我们这边本来是不分黑彝和白彝的，没有黑彝和白彝的说法。分黑彝、白彝是在内地楚雄、红河州那些地方才那样分的。我们这里只是诺伙和土伙之分。诺伙是一个阶层，是高一点的阶层。在宁蒗彝族地区是最高的阶层，说统治者也可

以，是统治阶层。以前，黑彝内部分骨头好坏。有"诺博"、"诺史"、"诺低"的说法。"诺博"骨头最好，被认为已经接近黑色了。其实，这是不科学的。"诺"是黑骨头，被以为生下来就是这样的。从人的身体素质来看，"土惹"与"诺惹"大家都是人，如果有那个条件受教育，有那个条件学习的话，大家都可以做事情，而且都可以做得很好，后来的人应该这样看。不过在过去的那个年代，大家认为"诺"这种人比"土惹"要好一点，人长得好看一点，个子一般也没有矮的。当然，很重要的一点是，他们穿的服装好一点，能穿布料。土惹和奴隶娃子是有什么穿什么，有些衣服破得很。另外，"诺惹"一般不干体力劳动，最多放放牛，放放羊，大部分时间就在家里玩耍。这样皮肤自然也就好一点，皮肤较白，细嫩，没有粗糙的感觉。女的就不用说了，有漂亮的感觉。人才本身也有一点区别，因为"诺"与"诺"之间一直开亲，人种相对好一点，人也长得好看一点。

笔者：据说你们金古忍石家支和"诺"补约家是同祖？

是的，家谱是与"诺"的家谱连在一起的。现在也是同一家支的关系。以前家谱也是一条线，是摆在那里的，在家谱里有。

笔者：是不是补约家的人与奴女发生关系后生下了金古这个人的？

有两种说法。一种是金古是补约家的人和在他家干活的女奴隶的儿子，我没有认真研究过。这是一种说法。另一种说法是相反的，是金古的父亲娶媳妇而生下金古这个人的。两种说法都有，两者都可信都不可信。不过，我们金古忍石家支的家谱与补约家的家谱是连在一起的，以前就连在一起的，不是现在增加后才连在一起的。事实上，很久以来，补约家和我们金古家之间是不存在舅舅和外甥的关系的，都是家支成员关系。没有一个是姻亲关系的。这可能是谱系连在一起的缘故吧。完全有这个可能的。称呼上一直都是"阿果"、"阿乃"等一个家支的称呼,没有"俄果"、"俄牛"、姐妹的儿子等姻亲关系的称呼。

笔者在宁蒗彝族自治县跑马坪乡金古忍石家支虎日禁毒祭祀象征岩石旁留影

"子弹穿过屁股后出去了。":与其他家支的冤家械斗

笔者:您怎么看待彝族冤家械斗呢?

是金古惹所家支里头的吗?金古惹所家支内部冤家械斗的事情是没有的。极个别小纠纷是有的,但都在家支成员的主动调解下,公平、公正地处理和解决了。家支头人不会让他们相互杀斗的。年轻人生气后,激动地拿出枪的时候也有,"干什么呢?干什么呢?你能随便这样干吗?能杀死吗?你杀死了你去赔命哦","慢慢说,慢慢解决嘛","去叫德古、苏易来解决嘛"。这样就得到制止。那时的德古和苏易基本上相当于现在行政村的村长或乡政府的领导,处理和解决这一范围内的纠纷或突发事件。

笔者：你们金古忍石家支与其他"土忍"家支之间有无冤家械斗过？

这是有的。但是，都是零零星星的械斗，没有大的械斗。

笔者：与谁家零星械斗过？是阿迪阿细吗？

偶尔与阿迪阿细家支械斗过，因为彼此赶牛羊，抢奴隶而械斗，厮杀。我记得在我十多岁的时候，我们家支与蝉战河乡阿迪家支械斗过，是杨博士老家蒋日分支家发动队伍去蝉战河械斗的。当时，我们把阿迪家的牛羊赶来，赶到蝉战河上边丫口时，阿迪家的人潜伏在那里，与我们展开激烈的战斗。那边有阿迪，也有阿细，还有莫色等整个村的所有家支，所有人都一起赶我们来了。这边是蒋日分支家比较精干的年轻人，带了几只枪去的，领头的蒋日革哈被阿迪家支那边的人用枪打进中身，子弹穿过屁股后出去了。蒋日革哈是个德古，也是个冉阔，非常能干，非常厉害，连"诺"也管不了他。当时他自己刚二十岁出头，他手下的兵都是十七八岁的小伙子，相当精干，相当厉害。

笔者：是去偷抢人家吗？

是的，去偷抢人家。但是，是有原因的。据说是因为以前他们在某件事情上看不起蒋日家，想给他们一点颜色看看，就蓄谋去偷抢。但是，那次运气不好，对方打中了领头人蒋日革哈。只赶来一些牛羊，蒋日革哈负伤本身就是一件了不起的损失。

笔者：最后牛羊赶来了吗？

赶来了，蒋日家赢了，人也负重伤了。

笔者：阿迪家死人了吗？

那边没有死人，人也没有负伤。是在蝉战河与沙力坪两个接壤的山丫口上叫什么"都罗普底"的地方激战的。阿迪家支叫人从山头那边绕过来埋伏在那个地方，看见蒋日分支的人赶着牛羊来时，阿迪的人一边开着枪，一边喊着"把牛羊留下来还是不留下来"？蒋日革哈那个时候刚二十出头，心最大，力气也很大，赌博也相当厉害，也很会做生意，家庭也很富裕，号召力也相当强。他自己说，那天我戴上一双白色的"真威"（羊毛做的裹腿皮毡，笔者注），裤脚掖在里面，打扮非常时髦、俊俏，骑着骏马带着好枪。人家问："是谁啊，把我们的牛羊留下还是不留下？"当时，天刚刚亮，大约早晨五点，枪从哪里响起，蒋日革哈就跑到哪里，朝哪里开枪。嘴里不停地说"我是各各革哈，我是各各革哈，怎么着，来打啊，开枪啊。你不开枪，你等着。"结果运气不好，被人家打中了。这个人是杨洪林博士最亲的人，杨博士应该叫他爷爷了。我们是弟兄关系，住得也不远。他一负伤，我就跑去看他了，那时我才十七岁，非常同情他。

笔者：那个时候，你们家也住在沙力坪吗？

我们家是住在跑马坪乡的，与沙力坪只隔一座小山，大约三公里。小时候他对我也相当好，他看我比较聪明，能力比他差一点，感觉到我可以做他亲戚中最好的朋友，对我相当关心，相当好。我说："那天晚上为什么不叫我，叫我的话，我就跟你一起去干了。"

笔者：有因为婚姻原因械斗的吗？

也是有的。因为婚姻问题，年轻人头脑发热以后就抬杠，发脾气，侮辱人家。另外一方一下子接受不了，就跑过来赶牛羊，不示弱。你看不起我，我就做给你看一下，这种观念在年轻人当中是随时会出现的。那个时候，因为没有一个统一的政府，而且年轻人很容易激动、偏激。你看不起我，我干给你看。与现在相比，那时人们生活不好，穿得也不好，但是他敢拼、敢做。所以，很容易出现纠纷，容易在婚姻上出问题。你家姑娘嫁给这边以后，被这边人打骂后跑回娘家，一跑回去，那边的哥哥兄弟就纠集家支成员干过来，把这边的人暴打一顿，把牲口赶走。反过来那边又不得不干了，你侵犯了我，把我的牲口赶走了，年轻人就有枪的把枪拿出来，有刀的把刀找出来，去追赶，又干起仗来。稍微聪明一点的人，就大声说"枪不要瞄起打，不要瞄起打，朝天打，朝天打，吓唬吓唬就可以了"。那个时候，我都经常参加这些仗。我十四岁就参加打斗了。别的家支与我们家干的仗，有两次我都参加了。人家来赶我们家牲口。

笔者：是哪个家支啊？

是与我们开亲的一个家支，具体哪个家支就不说了。以后你的书写出来出版时，你要用这些例子的话，写上某某家支就可以了。我们与一些家支干过仗，这些家支的人现在与我们开亲。有时候说起以前的事情，彼此都感到害羞的。很多时候，这些仗都是年轻人惹起来的。几个年轻人把人家的羊子赶来，不久，人家又跑来赶我们家的羊子，我去追赶，赶到三五公里的地方追上了，干了一仗。

笔者：就你一个人去追赶了吗？

当时只有我一个，后面也有人跟上来的。我离得很近，赶到前面去了。我朝天开了几枪后，他们就把牲口留下跑了。我就把牲口全部赶回来，人没有打伤。说句实话，我也不敢瞄起打，我枪法很准的，怕打死人。我十二三岁的时候，就带着明火枪玩，是那种火枪。那时候，我经常放羊，放羊时我就把枪带在身边，用火来点的那种枪。我小的时候就用它打斑鸠，打来与朋友一起烧来吃，还打野鸡和兔子来吃，许多小孩朋友都喜欢。我从小枪就使用得相当好，火药枪用得好的人，使用手枪、步枪也不成问题的。会瞄准，会使用是基本功，我从小就学会了。所以，我会打枪，枪法也很准。因此，那次我不敢瞄准。如果瞄的话，我打了三枪，肯定要打死人的。

"也需要家支成员之间互相过问。"：家支成员互帮互助

笔者：您认为现在和过去家支的作用有区别吗？

我想起新中国成立前我小的时候，我的老人们经常对我口传教育，教育我怎么怎么做人的情形。许多东西在现在共产党领导下、现在新的形势下也非常适用。比如团结这个问题。你现在讲到领导班子要团结，讲到工人也要团结，不团结怎么发展生产呢？谈到人民，各族人民要团结起来，团结才能社会稳定，团结才能成为和谐社会。许许多多的东西都是可以用的，可以大力提倡的。这是一个。二是比如说相互关心，相互爱护，相互帮助来解难排忧。这方面，我们历来是这样做的，现在这个时候，更应该这样做。读书问题，读书娃儿家里面有经济情况非常好的，也有非常困难的，还有一般困难的。需要国家帮助，需要共产党帮助，需要政府帮助。同时，也需要家支成员之间互相过问，互相帮忙。三元五元，三十五十，三百五百，能支持多少支持多少。这些方面，现在家支里头虽然还做得不很好、不全面，但是，家支里头历来这样做的。有的情况，现在不是那么清楚，到哪儿去了，有多少困难，这些困难怎么分摊，怎么解决，不是那么具体。但是，碰到就过问，碰到就给他的家属打气，打招呼。所以，一般来说，某个家支成员的孩子考上大学，怎么去读书，有什么困难，除了依靠共产党，依靠政府以外，也可以依靠自家的家支成员来帮忙，这是能做得到的。教育后代问题更是如此。过去一代一代这样走过来，没有解决好教育问题。现在共产党领导，人民政府来教育，一切都解决了吗？也不见得，自家还要搞补充教育嘛。怎么补充呢？由老一点的、懂一点道理的、本身清正廉洁的、工作又做得好的人出来教育，自家家支的干部出来打声招呼，有什么不好的。一个要好好工作，一个要廉洁，不要乱拿人民的钱，不要腐化堕落，应该是理直气壮的事嘛。我就经常干这个事，我既做全县的事情，过去在职的时候也好，现在不在职了也一样，党委政府需要我出来说两句话，应该我说的，我从不推辞；我家支内部也不例外。人家说搞宗族，搞家族，我在宗族、家族碰到一起的时候，开点小会，说一些话，这个我是不隐瞒的。我是公开地干,我们干的事与共产党干的事是一样的事情嘛。真的,有什么害处嘛。实际上,共产党干的大事情放在前面,我们家支干的事情是进一步进行补充和完善,这是好事嘛。包括一部分人,对国家和共产党的那些大的决定理解得不太系统、不太清楚或者理解不了的,还有点情绪的,到我这里一说,我跟他讲后,他只得听,想得通也得听,想不通也得服从。国家这个是对的,共产党是对的,你做那个是不对的。不懂,只能老老实实克服,有困难摆出来,给政府提,给党委提,必要的时候,给家支提也可以嘛。但是,该听的必须听,必须执行。所以,现在这个话题有些敏感,但我是不怕的。人正不怕影子斜嘛。我们金古惹所家支势力大,约起来狠狠地欺负人家,这样的事情我没有听说过。说老实话,除了吹牛以外,真的没有违反过国家的政策。吹牛的时候,我们的口气是很大的。在老人去世的场合,"瓦子乃,策革"的时候,我们是说"金古忍石些,金古忍石些,力量有多强,人有多聪明,人口千千万。我们懂得的比你们头发还多,你们懂的还不如我的胡子多"等这些大话,夸张地说法是经常有的;但事实上,欺负的事情,我没有听说过,更不要说看见过、参与过。但是,反抗侵犯我们是干得出来的。而且,我还可以举出一些例子,刚才也说过。所以,我觉得好的东西,现在用得着,将来也用得着。前十几年,前十四五年的时候,一些人提出,我们金古惹所的老爷爷老奶奶这些人死后,一个人拿出二十元,凑起来就是好几千元。这样一些家支成员家庭困难的事情就可以解决掉。他们搞了这么一件事。当时,县里科、局长级别的两三个人组织起来一起搞了这么一件事。事前我不知道,那时我在县人大任主任。叫我来参加,杀了一头猪吃,我就去了。人家怕戴上搞宗族、家族活动这些帽子,我这个人不怕,不要说宗族、家族,我是连汉族人都团结在里面,我哪里会闹宗族、家族嘛。自己要相信自己嘛。我们共产党的教育是到位了的嘛。相信自己嘛。所以，那天我去了。我去后，他们说干这么一个事，研究好了，基本定了。有个我叫他叔叔的家支成员，年龄比我小二十多岁，小二十五岁吧。他们搞起来的。

笔者：这个人现在在哪儿？

已经退休了。他说："五斤，你看怎么样？我们这样定了。""是件好事嘛，关键是能不能坚持下去，有经济好的，也有经济困难的，困难者将来能坚持下去吗。拿出一点钱交给一个人，如果坚持不了，我怕影响他的家庭生活。如果没有影响，有什么不好呢？家支内部集中起来，解决一点困难问题，人民政府高兴，共产党也高兴的，对社会有稳定作用，漏洞就少了。有什么不好，怎么不好呢？"我是这样考虑的，也是这样说的。结果他们就执行了，到现在也在继续执行着。

笔者：有条款吗？

有条款，基本上也在老老实实地执行了。一个分支一个分支地执行，如吉伙分支家是哪一个人负责收，蒋日分支家是哪一个人负责收，金古分支家是哪一个人负责收，都有规定的。

笔者：你们家谱书里有没有关于家支的一些规定？

没有。我们这本书是纯粹的谱系，别的东西不在里面，全部是单纯的，都是父子连名谱系。

笔者：你们金古忍石家支有没有家支规矩？

刚才我给你说的就是一个，而且经常执行的。

笔者：有没有书面的？

有书面的，把所有人的名字排下来。哪个分支有哪几家哪几户，比较简单，是花名册。有些内容定好后，执行得不够好，不一定好。另外，这些东西写多了，有人还反感呢。还不如老老实实地执行，在自家家支内部里知道，就行了。像这样的事情，哪个家支也不一定完成得好。现在，只要死一个人，每户出二十元，全部算起来，四五千元。这些钱全部拿到人去世的那个家里去帮忙，酒钱、茶钱、肉钱等基本开销就够了。再加上姻亲家支拿来的，整个事情的开销是没有问题的，甚至还有些结余呢。大的分支，原来只有一个人来负责，现在是每个小分支都有人负责。如吉伙分支由三个人负责收取，金古分支家由两个人负责收集。这些只限于县城范围，下面的农村不包括在内。

笔者：农村怎么做呢？

农村里有自己的规约，一般以村组来分。在农村，金古惹所家支里头自然形成一种规约。一户出二十元，加上煮好的荞巴十个。这是不用写在纸上的，而是很自然的存在，是感情都换不来的一种责任。村子里其他人也尽责任，只是尽的责任不一样。他们可多可少，可有可无，其他家支的人能给就给，不给也没有关系。但是，金古惹所的人是单独提出来的，其他家支的人就不一定要求了。感情的表达是很重要的。这样，整个场合，荞巴也用不完，钱的开销也够，很自然的。在农村，只要说一声某个人死了，那么家支成员集中那天，这些东西就会全部到齐的。有时候，人不一定到，但是，荞巴、钱是一定全部交齐的。能够团结，相互不忘记，是明明白白地摆在那里的事情。从农村出来的小孩，七八岁、十来岁就懂了。比如到了一个学校去上学，就会相互打听，到处了解。"姓杨，女同学，叫杨晓英吧，那个是杨利华。"这时就用彝语问："你是哪个家支的？"因为怕是金古、蒋日分支家的。早了解，早知道，怕出问题。更多的时候，是怕话说错了出丑。因此，自己主动打听你是哪个家支的姑娘。"我是蒋日分支家的。""蒋日哪家的？""是蒋日阿根家的。""哦，我是佳所家的。"之后又打听："那个杨明拉佳和你是什么关系？"这样一问一答，就知道他俩之间应该怎么称呼了。"哦，杨明拉佳是我的叔叔。""哦，杨明拉佳和我是兄弟关系，你叫我阿果叔叔吧。"他们会把关系理清。然后，就知道彼此应该怎么对待，避免出事。如，谈恋爱，说话、开玩笑乱来等。如果不理清关系就麻烦了。因为一个家支分支下来的后代，不管相隔多少代男女之间都不能结婚或乱来的。

民主改革前宁蒗彝族自治县跑马坪乡沙力坪村
黑彝补约家的土碉楼遗存

"人家要做就做，做了也没事，不做也没事。"：宗教习俗

笔者：你们家支举行过尼木措毕吗？

措毕的事，从新中国成立到改革开放将近二十年，基本上不做了。极个别比较偏僻的地方，请毕摩比较方便，大家愿意做，经济又能负担得了的家庭，才零星做了。这种事，将近二十年，绝大多数人是不做了。包括我们家支成员也如此。从20世纪80年代后，陆续陆续又动起来了。政策落实以后，有人在做，而且做得比较认真，规模也大一点。就我个人家来说，爷爷奶奶是在新中国成立前已经做过了。阿普阿妈的"玛都"是由我接的，是在十一二岁的时候。"玛都"应该由老大接，或者由最小的儿子接。因我父亲在二十岁左右时打一只乌鸦，开枪时枪杆爆裂伤到大拇指，大拇指没有了，有缺点，故不能接"玛都"。我最小的叔叔已经死了，没有合适接"玛都"的人了。故而，由孙子辈的老大我来接。当时我才十一二岁。我母亲去世得早，我十六岁时母亲就去世了，死后做了一个"玛都"挂在家里，一直到"文化大革命"。那个年代是左的路线比较重的阶段，我们受到各方面的冲击比较多，经常说"鬼"，经常搞"扫四旧"，我十分难受。在当兵期间回家探亲时，悄悄地把我妈妈的"玛都"背进山岩里面去了。我怕这些小事情冲击到我父亲。尽管我父亲参加革命比较早，还是受到了冲击，受到了打击。所以，我背进了山岩里，直到现在也没有做这个事。后来我父亲死了，在毛主席去世的那年死的。我父亲的"玛都"也没有做，这么久了也没有做，就这么放下了。金古吉哈和杨明武他们也没有做，前年他们商量了，他们小支的家庭经济情况都很好，参加工作的干部也多，大家都想搞，凑在一起商量时，有人说："两代人都没有做了，过去没有做，所以，这些事情用不着那么认真。"也就没有做了。没有做的人有很多的，包括阿苏大岭他们都没有做过，也没有听说在研究这些。包括现任丽江市委常委罗学军他们，我都没有听说过他们想做。因此，我们也就随便了。

笔者：在宁蒗县农村里有人做吗？

有人做。但是，不是家家都做。有一部分人不相信了，也就不做了。

笔者：是不是经济困难的原因？

现在经济倒是没有多大问题了，节约一点来做，大部分家庭都能做得起。相当一部分人主要还是没有兴趣做了。其中，有一点原因是文化越来越发达了。这种事，县里没有支持搞，也没有明确反对。宣传时，也说尽量不要搞迷信活动。但是，人家要做就做，做了也没事，不做也没事。我们这里是这种情况。

笔者：在县城过年过节的时候，用牲口搞转头祭祀吗？

在县城生活的人好长时间没有做过了。宁蒗县人参加革命比较早，觉悟较高，文化冲击比较大。这种事将近二十多年三十来年没有做过了。几年前，进一步落实了民族政策，民族传统文化也恢复了。这下，不"转头"也说不过去了，仅仅杀个火把节的"则真"（猪、羊）吃没有意思了，还是转一下头吧。这样，搓根草绳就开始做，年轻人也愿意做，有这种传统就搞嘛。祭祀台还比较正规，买一个好的、新的碗柜。碗柜上面弄得非常干净，常有酒和彝族正规的酒具放在那里，火把节转头的烧肉放在那里，过年时的酒放在那里，过年猪的烧肉放在那里。现在他们搞起了这些，但不太正规。

笔者：农村经常做吗？

经常做。农村有祭山神、祭祖灵，将祭祀酒放在祭祀台上。可能是家家户户都有这个习惯吧。我们这个家支全部是这样的，即使是弱智的人，只要给他讲，他懂了，就去做了。

"都是根据我所掌握的情况来讨论。"：家支会议

笔者：你们家支开过家支会议吗？

家支会议是开过的。最近几年，为了写这本家谱书，开过几次。在我的院子里就开过三次比较大的会议。一是为什么写这本书，道理要给大家讲清楚，搞这个和搞宗族、家族活动的界线是什么？包括怎么看待一些问题，包括民族学的一些理论等，都是根据我所掌握的情况来讨论。

笔者：是您召集的吗？

是我召集的，骨干也很多。

笔者：宁蒗县范围内的金古忍石家支成员都由您来召集吗？

是的，由我来召集的时候多。开过三次大的会议，十来个人的这种小会已开过五六次，就是因为这本书形成过程有几个大的原则性的问题，需要讨论决定。比如，家支里头过去女奴隶生的后代问题，历来都是处理不了而搁置着的。

笔者：这样的人多吗？

比较多，可能不会少于一百来人吧。这一部分人怎么处理？记不清楚的，实在说不出来的，实在找不到的怎么办？有的只理到某一代，只有七八代，九十代就找不到后代了，怎么办？许多问题需要讨论、研究和决策。因此，开小型的会议，是非常懂的人来参加，十来人，最少三人，最多十二三人的会议，请农村里德高望重的老人来参加，做最后结论。处理这些问题开了十多次会议。在宁蒗范围，只叫金古惹所家支成员一起集会的会议，也开过两三次，主要是为了执行"二十元"的规定。

笔者：开这个会议时有多少人？

大约有一百人。主要是商定如何执行。

笔者：十来个人参加的会议有四五次吗？

开过十来次的。

笔者：几十人一起在您院子里开过三次吗？

是的，有三次。应该有六十多人到会，但每次只有四十多人。有些副科、副局级以上的人，在外地开会。有些是出去参观、学习，不在县城。

笔者：这些会议都是为了写这本书吗？

主要是讨论这本书怎么写。

笔者：是1995年以来吗？

是1995年以来。

笔者：您记得新中国成立前有过家支会议吗？

杨洪林博士对你讲过了吧，那个拍了电视片的那件事。

笔者：是金古惹所家支成员禁毒的事件吗？

是的，为了禁毒的事情我们开了将近两千人的会议。以他的那个数据为准吧，电视里面已经有了。还有小型的会议，十多人、二十人的会议，大概开了十多次。我们讨论金古惹所家支成员的禁毒工作，讨论制定禁毒方案和措施，这是配套的，文字的东西都有。你还是到跑马坪乡去吧，跑马坪那里有材料。

笔者：谁有？

吉伙体兹那里有，金古什萨也有，他们在做买卖。

笔者：蒋日万格那里有吗？

蒋日万格那里不一定有，他是知识分子，他懂得的东西很多。也说不一定，可能有。约达叫什么，约伙叫什么，星里叫什么，事情是怎么办的等都有。跑马坪乡那次会议是跑马坪金古惹所家支的禁毒工作会议。这次会议规模很大，拿出了一切办法。杀了牛，杀了猪，杀了羊，杀了鸡。猪血、鸡血也喝了，大拇指也压血印了。文字刻在山里的大石头上，红彤彤的大公鸡杀来祭，手里拿着红彤彤的鸡血，对着大石头念经，下命令语。这样以后，整个跑马坪乡金古忍所家支成员的吸毒贩毒问题得到抑制。禁毒工作打开了新的局面，得到县委县政府的肯定。这种做法在全县范围里被大力宣传。现在，在那里还有专门组织，不脱产的有十来个人，专门监督。金古惹所家支成员当中出现什么问题，这些人就集中在一起，讨论后马上行动，该抓到县里来的抓到县里来，该在当地解决的，在当地解决。如果别人贩毒到那里害我们的人，要把那些贩毒的人赶走，没收毒品，甚至抄家，也不一定受到法律追究的，也不接受法律的追究。因为这是在做正义的事情。金古惹所家支会议这么定的。抓去劳改也干。对那些用毒品来害人的，不管是什么人，都去抄他的家，相当硬的。这些都有文字记载，有条文规定。原来他们拿来给我看，让我决定。我说我不管了，我年纪已大，保证不了别人。后来那些条文我都看过了，经过我的同意，我批准了的。效果你到跑马坪后就非常清楚了。以前有多少人在吸毒贩毒，现在几乎没有了。经过这件事以后，我总结了一个经验，原来国家有关部门总结下来，都觉得禁毒工作难度很大，全世界都觉得是个非常难办的事。说到什么程度呢，禁毒工作做得很成功的是新加坡，那里成功戒掉的人，只达到百分之四、百分之五的样子。我们金古忍所家支基本上达到了百分之百。

笔者：吸毒贩毒的人基本上没有了吗？

基本上没有了。后来出现过一两个，一个被抓起来了；另一个受不了就吊脖子死了。非常严格的，又没有地方治疗的，死掉了，责怪了，宣传了。当时，他们定的一条，我记得是"在外面吸毒死了以后，死在某一个地方，就在那里烂掉，谁也不准去烧他"。后来，我提出不同的意见，这一条最后怎么样，改没改过来，我也记不清楚了。

笔者：相当于以前开除家支了？

就是，就是，算开除家支了，他的尸体也被开除了。我觉得从人道上讲，有点过于厉害。但是，最后成文怎样成文，我就不清楚了。这次你去了解一下这一条还有没有。厉害哦。现在的问题让我很担心，让我更担心的是将来我们这些人老死后，年轻人会不会废掉这些规矩。

笔者：相互管不了吗？

相互管不了，如果将来吸毒贩毒不加强防犯的话，会危害后代子孙的。

笔者：定了规矩就是害了自己家的人？

不是规矩害人，是毒品害人。是毒品害了自家人，自家人被害了，后代都被害了。有些人交不起小孩的学费，有可能去贩毒挣一些钱来交学费，这是可怕的。这个事，我看得非常远，非常严肃的。

笔者：您知道新中国成立前金古忍所家支开过家支会议吗？

新中国成立前，听说还是开过许多次家支会议的，主要是针对金古忍所家支内部的一些不团结的现象而召开的。事件发生之后，大家约在一起，在某一个地方开会。由德古、冉阔这些人来组织。派几个人去处理和解决那些纠纷或矛盾，教育那些人要团结。比如，金古阿拇分支中，家支内部有金古伟增与金古尼品两个小支家发生过械斗。不是各自拿各自的枪去打对方，而是用政策来杀人。起因是争抢在很远的汉族地区的一块土地。你也想去居住，我也想去居住。各自都去挑拨那家汉族人，这家人去被杀掉，那家人去也被杀掉。

笔者：挑拨别人来杀人后出钱给别人吗？

就是挑拨、雇用别人来杀人，给不给钱是不知道的。但是，拉关系杀人是有的。做了这样一件事情后，彼此都不承认杀人的事情。都说自己家没有干过，没有杀人。尤其是金古尼品家硬说是金古伟增家干的，金古伟增家绝不承认。之后，一些家支成员集中到他家去解决。到底是为什么，有无此事，金古尼品家的人被杀掉了不少人了，到底怎么回事？到那里之后，彼此打鸡打狗给对方看，给对方施行咒语咒术，强调自己家没有做过这种事。后来金古伟增分支里有个金古万祖，身体不好，经常生病叫痛。另一家就说："哦，你看，你家打狗打鸡，你才生病的，就是你们家干的。"这么议论。这是新中国成立前四十年代的事了。为了调查和调解这件事，金古惹所家支一些头人亲自到那里去开会，进行调解和处理。因此，他们两家最后没有真枪真刀地打起来，主要是开会解决掉了。开会之前都要打了，金古尼品家的人死得多，一下子被杀掉五六个人，伟增家人死得不多。这是我很小的时候听说过的事情。

笔者：后来那块土地怎么办了？

两家都没有人去居住。

笔者：那块土地叫什么名字？

那个土地在叫看牦牛山的这么一个地方，也就是从丽江过来往宁蒗这边能见的第一个挨近永胜县的大山，争的就是那个大山头，叫看牦牛山。可能是很早的时候那里有牦牛，或有人在那里放过牦牛而得名的。看是看见的看，牦是牦牛的牦。我理解是这样的,这几个字是不是这样的,我就不太清楚了。

笔者:是玉龙山那边吗?

不是,那个地方,是靠永胜县这边,金沙江翻过来的地方。我曾在那里打过仗,我参加解放军后在那里打过土匪的。

"我也可怜他们当土匪的。":金古五斤当兵的日子

笔者:您是新中国成立后去当兵的吗?

云南省宁蒗彝族自治县跑马坪乡沙力坪村村景

宁蒗县彝族叛乱的时候,我在民改工作队工作。当时成立一个民族部队,主要是由奴隶出身的人组织起来的一个队伍。由生在北方的军官当他们的领导,教他们操练,结果这些军官不懂彝语,不会管理。我们在民改工作队工作的人,差不多出师了。奴隶出身的战士,觉得当官的态度不好,太严厉。当时有人还说:"阿巴,这些人管我们比奴隶主都厉害。"因此,要出问题时,我们被从民改工作队里面调到民族部队里来工作。所以，我一到部队里就当副排长、当排长。那时我认识几个汉字，懂汉话，能翻译。那些当官的上课，我也跟着慢慢学。后来，我自己也可以上课了，上军事课，上简单的政治课。如要团结、不要打仗等这样的课。我实际上是当兵的。在当兵期间，在宁蒗这些大山里，天天打仗，跟我们彝族人打，跟我们家支人打，心里很难受的。这个阶段，我想，人们的斗争太凶了，不勇敢，搞不好要丢命；勇敢的话，会打死我家支的人。家支的人又是我身上流的血的一部分，打死了就像自己身上的血被放出来一样，怎么受得了啊。这段时间，我确实头痛。勇敢打仗，这一条我不怕。但是，我家支在的这些地方，我是最头痛的，不想去。但不去也不行。这个你能理解吗？

笔者：打了多少年仗？

打了四年。在宁蒗这块土地上，这些大山上，只要睁开眼睛一看，那些大山上，可以说没有我没有打过仗的地方。对面这些小山就不算了，那些比较高的山上，没有我没打过仗的地方。我所在的那个部队，在宁蒗这个大山上是真真正正地干过事的。我带着部队翻山越岭，声东击西，到处打仗。民改时期，小凉山这一片跟其他一些地方一样叛乱了。当时参加叛乱的有一万多人。反叛乱时，调来四川六个团来打。那个阶段是我一生当中思想斗争得最凶的时候。

笔者：当时想些什么呢？

具体来说，我也可怜他们当土匪的，他们懂得不多，不知道反抗共产党不适合。你要把他打死，心痛是我骨肉。包括其他彝族同胞都是我的亲戚，但是又不懂事。不说共产党是个好党，你干得赢共产党吗？只有一心想杀死解放军战士把枪夺过来这种简单的想法。但是，这些祸根是在国民党。在国民党政府时期，经常搞民族隔阂，民族仇杀。因此，在一些彝族人心里，认为共产党部队也是汉族士兵,认为汉族很坏,应该杀掉,把枪抢过来,就可以了。只有这种认识,这种想法。这种想法对付国民党可以,对付共产党就不行了。反过来讲,共产党从根本上讲是为人民服务的,也不是来抢你的、烧你的、打你的。过去国民党就不一样了,国民党的部队一进来就抢、烧。国民党时期彝族人是反抗了,无政府就是这个道理。国民党一进来,就到处铲鸦片。某一个地方稍有不从,就爆发战争。国民党在小凉山是存在不了的,一个营几个连队一下子就被干掉了。

"彝族人的贡献在哪里?":彝区发展与教育的思考

笔者:您认为彝族今后应该怎样发展呢?

彝族要发展,关键的问题、核心的问题、根本的问题就是发展教育。长远看也好,近期看也好,要死死地抓住教育不放。从观念上来讲,这一条全世界都可以通用。对彝族人来讲,是特别的特别了。因为我们的文化基础不行,科学技术基础不行。不行就只能拼命地去学习文化,只有学好文化,掌握了知识,才能研究科学,研究技术。从根本上讲就是这一点,就是靠教育。

笔者:您指的文化基础、科学技术是指汉族的文化基础吗?

是的,拿我们的彝族文字来说,这个时候应该再弘扬、再恢复、再研究、再教育。但是,对多数人来讲,那是个长期的价值观的问题。现在一时一刻都不能丢的是汉族文化、外国文化。现在看我们的发展,说老实话,主要是靠汉文化,靠科学技术。汉文汉话对彝族人来讲是个工具。现在大量的东西都是用汉语。彝族文化首先作为一种传统文化来保护,来弘扬。其次才能发展。要培养一批骨干来研究,与汉文化相结合,与科学技术结合。重点是有人真正来研究,有高级研究员来研究,有知识的人来研究。如果现在把汉文化放下,只重视彝族文化,是不行的,是跟不上世界发展脚步的。

笔者：您认为彝族文化是怎样传承下来的？

就是现在正在传承的这种方式，主要是怎样坚持传递，怎样进行教育，需要高级人才来研究，即既懂彝文又懂汉文的人来研究，为社会发展服务。研究彝族的历史，哪些是什么人发明的，哪些是彝族人发明的，哪些事情是以彝族文字发明的，将来会有的。彝族人存在的意义是什么，彝族人的贡献在哪里？等。这些问题没有解决，没有搞清楚，研究彝族历史的任务就没有完成。还有需要一部分高级人才来研究现实经济怎么发展的问题，彝族怎么发展的问题，要有所分工，有所侧重地研究。而且，贵在坚持，不一定要多少人来研究。这些研究成果出来以后，找适当的机会开会，宣传、培养、推广，在学术上讨论，争取一个学术地位。彝族文化历史长，肯定有很多贡献的。有时，好好想想，毕摩文化、尔比尔吉、天文历法等这些彝族传统文化，现在许多彝族人都不了解了。很多文化现象是什么意思，已有的研究还搞不太清楚，还不太理解。彝族传统文化有一段时间，可能非常旺盛、进步。一般的文化能赶上吗？虽然有些文化内容很朴实，比较简单，但是，在当时是很了不起的。创造那些文化的人是很不简单的。因此，研究彝族文化，贵在坚持。有反对的意见说，研究那些干什么。这种认识我是反对的。"汉族文化究竟拿来做什么？"这种认识我也是坚决反对的。其次，就是科学发展观的理论对彝族人民是有很大好处的，这个理论为的是将来子孙后代的事。以前在大凉山我的祖先最出名、最反对的是什么？是刀耕火种，乱砍滥伐，一棵树不生，一棵草也不长的事情。有些典故可能你也听说过，如"全哦便惹色约拉马久"这样的事情。"全哦便惹"是在山上围着羊圈造肥之后播种圆根菜的意思。"全哦"是用竹子编成的席子圈起来，晚上用很细的柴棍钉在土地上关住羊群，第二天放出去。"便惹"就是指这些小柴棍，用这些小柴棍烧煮羊肉，比喻没有柴了，非常荒凉，木柴绝尽了。杀一只羊吃，用这些小柴棍来煮肉，没有柴来烧，没法吃，肉汤也没有烧开，肉的颜色没变就放上盐，吃了，是一种不科学的生产、生活、生存的方式。那时，一般的人三十岁左右就老死了。一般只能吃点土豆，吃点生肉，只能活到二三十岁。现在我们活到七十多岁还健壮，还年轻。我认为主要是与生存条件、生活环境和科学的生产生活方式有关系。因此，科学发展观涉及方方面面，有涉及大的，有涉及小的，有涉及一个村子的。山怎么维护，山沟怎么治理，土地怎么退耕。大的方面，怎么开放，开放和环保怎么结合等。因为科学发展观有利于彝族，更有利我的家支人员，值得宣传。这个事情整好的话，一两年内发展速度慢一点也不怕。今天不发展，明年发展；前五年不行，后五年来个大发展。

笔者：您认为具体应该发展什么呢？

我们这里发展需要的是因地制宜，现在只是粗放经营。我们这里比起内地，气候寒冷，地理环境、居住条件比较艰苦。但是，根据我们彝族的特点，在我们宁蒗这个地方发展是有条件的。

笔者：有哪些方面呢？

现在我们宁蒗已经定了五大产业，五大产业有利于家家户户的发展。比如一大产业是畜牧业。我们这里有牛、羊、猪、鸡，自然环境非常健康，非常好养。自然生长的草也有很多，自家也可以种草。主要是国家分步骤、分期分批给予扶持，在当地培养技术人才，培养致富能手。这样遵循科学发展，种的东西少一点，养的卖的东西多一点，这样就很好。第二产业就是多数地方也有的矿业。我们这里的矿藏相当丰富，铁矿、煤矿、金矿、银矿都有，尤其是煤矿相当可观。初步测算有 1.5 亿吨到 2 亿吨。这是个了不起的数字，超过华坪县的数字。华坪县是以煤矿来致富翻身的。宁蒗县只有个别乡镇没有发现煤矿，多数乡镇都有，都勘测过了。未来整得好的话，宁蒗县再过十年左右就不是现在的宁蒗了，县财政年收入可能能收到一亿左右。这样，日子就好过得多了。

笔者：您知道现在宁蒗县一年的财政收入是多少吗？

现在一年只有一千多万元，一千七八百万元。改革开放以前的20世纪70年代，县财政年收入才四十多万元，只有现在的四分之一。所以，改革发展是对的，是硬道理。旅游业尽管属于个别地方，但还是有发展的。经过二十来年的经验总结，现在定为"五大产业"。五大支柱产业，不是那个人凭脑子想出来的，而是宁蒗县几代领导人二十年来反反复复的考虑和研究，以各种案例的实际情况总结出来的，定出来的。再来几个书记也别搞另一套，要死死抓住这个不放，总有一天会大见成效的。

笔者：另外几个产业是什么？

生物产业是一个。包括森林、果木、经济林木，也包括野生园、家种园，包括很多，各种生态林木。还有水利资源，水电发展，旅游等。五大产业就是畜牧业、矿业、生物产业、旅游业和水电。

笔者：有文化产业吗？

文化产业放在社会发展里面，刚才谈的是经济发展，还有教育发展。文化产业也有很清楚的发展方向。

笔者：您认为彝族女童上学少的原因是什么？

原因比较多，也比较清楚、明白。我认为第一个原因，是认识上不足，有问题。有男尊女卑的思想。男尊女卑的思想在人们的脑子里难以消除，思想上没有好好认识清楚。所以，影响到行动。第二个原因是彝族居住在山里，由于生产和生活的需要，家中样样都得有人去做。比如，很多家庭，羊子要喂几只，耕牛要有一条，马要有一匹到两匹来驮东西。公路不通，交通不便，到县城来买粮食、买东西怎么办，背不起，只有马来驮。为什么养羊呢？主要是要肥料，没有肥料，那个地方的荞子、洋芋就种不成，无收成。为了生存，种点粮食，没有肥料，怎么行啊。这样就影响着娃娃的生活学习。需要娃娃来放牧，不然谁来放呢。人口越来越少，人手越来越不够，这是第二个原因。这两个原因比较重要。现在这个问题要彻底地解决，我们已经讨论过多少年，下过多少次决心，一到关键时就行不通，就坚持不下去。畜牧业中放牧的问题，以自然村为单位集中放牧，解放出一批娃娃。如李家和张家或金古家和阿鲁家，有十家人，五家人中抽两个人来放牧。不过有的人家心胸窄一点，老百姓目光短一点，要不就吵嘴，要不就糟蹋几棵庄稼，扯皮后就搞不好，搞不成了。我认为最重要的是要解决这个问题，干脆就来个大的革命。这个革命，现在认识不到，认识到了也干不起来。也就是每家每户的羊子统统不养了，不喂了。在山上整个大畜牧场，有本事的三五家人去那个山头养，其他多数人就不养了。如果不养的话，好处是说不完的。山也不糟蹋了，草也好好的，水也好好的。但是，那么多老百姓怎么办？种不了庄稼吃啥子？只有国家拿钱帮助解决老百姓的吃饭问题，自家也力所能及地种一点，买点化肥、磷肥，困难了国家来帮。这样，就把整个宁蒗县的山山水水好好地保护下来，孩子们好好去读书，将来读出来成了人才，为人民服务。老百姓，家家富裕，个个都不挨饿，生活就比现在好。这个需要大大的一笔钱，谁给？国家给，政府给。还有我们干部一定要发挥作用，要问到家家户户，落实了没有。有没有不说话，饿了睡在角角里的。这样一种革命，要牺牲人命地干才行，想不通该批评的就批评。政府工作人员要扎扎实实地为人民服务，从思想上、行动上来讲都是革命的。

笔者：这个方案实施起来确实有困难啊。

相当困难，涉及方方面面，涉及国家，各级政府，国家和政府要拿出相当大的一笔钱来才行。还涉及各个地区，比如四川大凉山的二三十个县，尤其是高山地区，但会理、会东这样的坝区县不一定能涉及。丽江、中甸那些彝族地方也算上的话，对国家来说这个包袱太大了。但这样整起来，科学发展观就能更起效果了。山、水、路就能有新面貌了。草和树保护起来，山就好。水土不流失，路就好。水流出来也是清澈的。所以，关键就在这里。另外，重男轻女的原因、家庭困难的原因都有。对儿子身上能下工夫。自己不行，只要儿子能学，像你一样，能学得下去，成绩也好，就舍得花钱。女儿就不一定，甚至把女儿嫁出去换身价钱来资助儿子读书。还有嫁出去的女儿家富裕的话，还让女儿来支持各个兄弟读书。实际上女儿是牺牲了个人的利益和幸福。

彝族叉叉房

笔者：您统计过金古恩石家支上大学的女孩有多少人吗？
没有具体统计过。
笔者：男孩不少，女孩初中毕业者不多吧。
是的，相对来讲是不多的，但比以前多多了。

笔者：您认为你们金古忍石家支存在下来，最根本的是什么？有无阻碍社会发展方面的？

彝族是一个民族。过去也好，现在也好，马克思也好，毛泽东也好，到今天的共产党的领导者也好，从加强民族工作，增强民族团结，研究民族政策，弘扬民族优良传统文化的角度上看，彝族家支的繁衍发展，只有好处，没有坏处，坏处我看不出来。好处刚才我已讲了很多了。从社会发展的趋势看，作为一代人，少找一点麻烦，大家都跟着共产党，去工作就行了，家支不要都可以。不过，麻烦的事情还是比较多的。今天有个金古被抓起来杀掉，去偷别人的东西，去杀人了等，出了不少案子。你出你的事，不关我的事，你想去打就去打，想去杀就去杀，无章法、乱来是不行的。现在，有事我就过问，有一点苗头，我就过问了。我听见了就打招呼，碰见好的，我就大大鼓励他好好干。这样对社会和谐稳定也是有利的。当官这个东西，想当官的想法不都是坏事，上进心还是要的嘛。金古忍石向来就是不甘于落后的。有些家支搞宗族、家族为的是闹事，悄悄在背后闹事，给法律找麻烦，给政府找麻烦。不要党的政策、路线，那是不好的事情。现在我的观念在宁蒗县是受到党委和政府的好评的，有"受到各民族爱戴的金古五斤，这个人办事我们放心"的评价。我不可能组织一些家支人员来抵制共产党的政策，找麻烦。实际上，从马克思主义的观点来看，把家支组织起来做些事情是件好事。为什么不行了，我应尽这种责任，教育家支成员，挽救一些可能走入歧途的年轻人。来我家找饭吃的人也不少，我二话没说，全给他们吃。以前有的哭着来，有的吵架了，就来找我解决。我就耐心地了解情况，批评、收拾不好的，帮助、支持有上进心的人。我家向来就是这样的，我爷爷、我父亲宁可自己不吃也救济朋友和穷人。因此，我们家汉族朋友多，藏族朋友也多，而家则穷得叮当响。银子没有，鸦片也没有。但是，得到了别人的爱戴。现在，我经常批评家支成员中存在的不良现象。有的干部，遇到简单的事情就自己解决，复杂的不好解决的事就推给我解决。相互之间有意见、有成见的人也来找我诉苦。对我说："你想办法给我解决，只想听你一句话，不看你的脸面的话，我不知道该怎么对付他，收拾他。"

笔者：这是发生在家支成员内部的事情吗？

本家支成员里头有，别的家支里头也有。我经常解决这些事。有时候，来者本来说得有些道理，但我只能批评、责怪他，以便事情得到好的解决。

笔者：最近金古家一个女的和马海家的男子闹离婚的事您知道吗？

知道一些。

笔者：您怎么看呢？

详细情况我不了解，不介入。因为了解详细了，介入进去了，就得去解决。而且，谁都希望你来解决，包括法院的法官、院长们怕麻烦，你介入他就求你去调解。这些我受不了，我年纪已大。另外，社会上有些人不一定服金古五斤这种公道的思想，公道的工作作风。他能接受吗？接受不了就变成了我的敌人。我听说是妻方的父亲和我是兄弟关系，前不久来过我家一次。

笔者：来给您汇报吗？

不是专门来给我汇报的，是来玩的，阿苏大岭他们也在。我们一起杀了一头猪吃的。他们两口子来了，随便聊了一下。"哦，女儿家常常闹事，不止一个在闹，不知怎么搞的。以前，他们都是自己自愿恋爱的，也有知识文化。现在你说我错，我说你错，你说我作风不好，我说你作风不好，真不明白，小两口子是怎么搞的。"听到兄弟这么一说，我分析，双方都有错。

笔者：法院解决了你们家支就认可了吗？

应该是认可的。如果有些偏颇的话，家支可能也干预、解决。一般是尽量和平解决，双方都满意，无后患，是彝族人解决问题的最终目的。总之，家支里的事情多得很，管不过来，最好就是不管。

我有三个儿女，老大在民政局工作，老早就嫁给了阿鲁家支的人。丈夫是开车的，退休了。老二在土地管理局当会计，嫁给马海家支的人。丈夫是检察局局长、纪委副书记。老三是儿子，在电力公司当副董事长，妻子在财政局任一个股长。我们老两口子和儿子家两口子和他们的两个女儿一起生活。

笔者：您是当县长还是副县长退休的？

是当县人大主任后退休的。

笔者：今天太感谢您了，我请您吃饭吧。

不用了，不用了。你赶紧忙你的吧，我回家吃。

十八、2006年7月11日下午15：30—17：00和23日下午17：00—19：00

被访谈人：杨继武，男，彝族，云南省宁蒗彝族自治县教育局局长；

访谈地点：云南省宁蒗彝族自治县教育局局长办公室和县交通局农家院；

在场人：马志才先生、毛旭博士和依伙总松先生。

"宁蒗县的教育不错呢！"：宁蒗县教育简况

宁蒗县的教育不错呢！从总体上讲，宁蒗县的教育已经历了五十年的发展历程。1950年宁蒗创办了第一所小学，之前，只有零零散散的教育。开始是艺教，后来叫私塾，再后来是土司、奴隶主和封建领主开办的学校。1950年开办第一所小学，1951

年开设了三所省办小学。1956年创建了第一所初级中学,到1972年才创办高级中学,高级中学发展较晚。宁蒗县从1950年开始,才有正规的教育,教学设置、学制等学校教育走向正规。

笔者:当时有双语教育吗?

当时没有双语教育,接受学校教育的民族学生很少。到1962年和1963年,彝族和其他少数民族的孩子才有一部分接受教育了。之前,少数民族儿童很少。1964、1965年就有第一批初中毕业生。但是,由于当时处于"文化大革命"初期,学潮、红卫兵运动等各方面原因影响较大。到1968年才有正规的初中毕业生。而且,那时候大多是半工半读的。到了十一届三中全会后,恢复高考以后,教育才有所发展,恢复了正常的教学。宁蒗县的教育起点较晚,民族文化、民族教育薄弱,不敢跟发达地区比,跟周边的县市比。那个时候,宁蒗县的教育是比较差的。到了1983年,当时的领导,县委、县政府在分析、吃透县情的基础上,明确提出宁蒗要发展只能靠教育的想法。所以,1983年县委、县政府提出在全省范围内招聘专科以上毕业的教师到宁蒗县任教。因为本地的老师非常少,都靠永胜、华坪、丽江等县市的老师分过来,而且以中专生为主。当时的招聘,叫"三不要"招聘。"三不要"是不要户口、档案和党团关系,只要是专科毕业生,愿意来的就一定要,一共招聘了二十多名老师来。到1988年,这种招聘已经满足不了宁蒗县教育发展的需要了。当时宁蒗县的财政收入主要靠木材销售。在销售木材时,与沿海地区做生意的过程中,发现木材上可以合作,是不是教育上也可以合作呢。在这种思路下,1988年,县委、县政府提出宁蒗县跟江苏省南通市海安县建立两县教育合作关系,创办了宁蒗和海安合作的中学,叫做宁海中学,校名取宁蒗的宁和海安的海而成。宁海中学的创办,标志着宁蒗县的教育与发达地区教育合作迈出了关键性的一步。我想,当时提出这样一种合作模式,对宁蒗县来说是非常超前的。你想，1983年提出招聘教师，1988年提出教育合作，中央都是近几年才提出东、西部地区合作的。东部地区支援西部贫困落后地区的政策，是20世纪末才提出来的。而我们是20世纪80年代末就提出并实施了。非常有远见。合作办学对宁蒗的教育起了锦上添花的作用，宁蒗的教育有了飞速的发展。这次合作成功以后，1993年又与海安县进一步合作办高级中学，引进海安的教师到宁蒗县民族中学任高中教师，开创了高中教育合作的先河。

笔者：1993年以前有高中吗？

有高中，但基本上都缺老师。1993年以后到今天为止，宁蒗县民族中学的老师以海安老师为主了。当然，随着规模的扩大，也有有一部分高中老师是本地人了。宁海中学的首创者都是江苏南通人，包括主要的后勤人员，一直到2002年结束。2002年以后，当地的初中老师基本上满足需求，宁海中学改为贝尔中学了，也没有江苏籍的老师了。当时是五年一轮，1993年第一轮结束，1998年第二轮结束。后面是三年一轮，到今年已经有五轮。

笔者：宁蒗县有三所中学吗？

是的，县教育局直属学校有三所，一中、民中和宁海中学。现在宁海中学变化了。国家要求上海的一些公司支持宁蒗县的建设。这所中学由贝尔阿尔卡特公司上海分公司对口支援，2002年划给了上海贝尔公司之后，学校名称也改为贝尔中学。宁蒗县的教育，通过这一系列的合作和政府的支持，可以说是经历了跨越式的发展，2004年已经实现了"两基"合格验收。短短60年的时间，宁蒗县的教育发生了翻天覆地的变化。这主要得益于历届县委、县政府重视教育、关心教育的工作思路。尤其是当初，在吃透县情的基础上，提出宁蒗要发展，只有靠教育是非常难能可贵的。除了教育之外，没有别的路子。由此，提出了一个要把教育摆在优先发展的战略位置上的口号，治穷要治愚，经济开发和智力开发相结合，要走这样的发展路子，宁蒗县才能实现可持续发展。所以，到今天，宁蒗县教育实现了"两基"。这是大事情。另外，我们县的中考和高考，多年来在丽江地区名列前茅。可以说，每年基本上保持在全市第一的位置上。在20世纪90年代以前，宁蒗县的考生上中专还要依靠加分，加一百分的照顾分才能上线。而且人数还不多。从1992年起，通过各种模式的教育合作，宁蒗县的教育有了飞速发展。现在不但不用加照顾分，而且在丽江市四县一区当中稳居老大的位置，教育上取得的成绩，在社会上非常有影响。从1997年开始，宁蒗县的高考上线人数在丽江市四县一区已是名列前茅。发展到今年，全县高考上线人数已经突破千人大关，名列全市第一。宁蒗县的教育可以说走出了瓶颈。前几年扩大高中规模，到今年平稳过渡，初中升高中的升学率已达到百分之五十以上，两千人当中有一千多人升上高中。当然，制约还是存在的，具体就不说了。现在，全市四县一区中，有万人的高中在校生，宁蒗县第一。到目前为止，宁蒗县有369所中小学校。其中，有300多所小学，15所初级中学，两所高级中学，还有一所进修学校，两所幼儿园，一所职业中学，形成一个幼教、初教、职教、成教一体的教育体系。目前，全部中小学校在校学生有四万多人，在校教职工2000多人。

笔者：现在九年义务教育各个阶段的适龄儿童人口有多少？

小学大概有三万多人，初中一万三千多人，高中三千多人。从小学到初中的升学率是90%以上。

笔者：这里面少数民族学生的比例是多少？

少数民族学生占80%多，这当中，主体民族（彝族）学生最多，达68%左右。在校学生当中，彝族学生的人数最多。

笔者：在职教师当中，民族成分比例如何？

少数民族教师的比例稍微低一些，还是汉族教师的比例高一点。因为毕竟汉族人参加工作的多，汉族人接受教育早一些，观念上也开放一些，文化底蕴也好一些，个人素质也好一些。少数民族接触汉族文化、接受汉族文化教育晚一些。20世纪50年代才开办教育，60年代初才有少数民族学生。直到90年代的时候，很大一部分老师还是汉族人。而且，来自其他几个县的汉族人多，当地人少。现在，我们少数民族教师的比例已不小了。今年有1300多名学生参加高考，上线人数为1040人。县委、县政府年初给我们制定的目标是突破千人大关，眼下我们已经超额完成了。

笔者：这些上线的考生里少数民族学生的比例是多少？

具体还没有统计。至少在60%～70%，汉族学生有20%多吧。这些考生当中，汉族学生入学率始终比少数民族高，升学率也高。少数民族学生升学率不到70%或接近70%吧。

笔者：汉族学生升学率高是什么原因呢？

一个是认识的问题。少数民族群众主要顾及眼前利益，认为这几年读出来也不好找工作。过去以当干部为标准，现在大学招生并轨了，读大学花很多钱不说，搞不好还找不着工作。有些人认为，当不成干部就白读了，不如早一点劳动或打工创收，补贴家里或自食其力。有这种思想认识。少数民族群众的认识还是比汉族差一点，弱一点，落后一点。另一个原因是，上初中也好，高中也好，大学也好，特别是上高中和大学，因为家庭经济困难，有些学生读着读着交不起费用就回家了。宁蒗县教育目前的制约因素就是贫困，学生家庭经济困难。宁蒗县是一个贫困县，贫困面很大。贫困人口90%以上是农民。近24万总人口当中，城镇人口还不到两万人，其他20多万都是农民。有些时候，养家糊口都很困难，供一个娃娃读书不容易。这两年你在大学里更清楚，供一个大学生到毕业，节约一点也需要五六万元。不节约的话，一年两万，四年需要七八万元。这种负担，农民的确是负担不起的。大学招生并轨以后，大学生的就业也成了一个社会问题。老百姓觉得，大学生读了那么多年书，花费那么多人力、物力、财力、精力读出来了，却没有工作，不可思义，很难想通。实际上，老百姓的想法也是可以理解的。实际地讲，老百姓家庭经济的确很困难，好不容易供出来了，却找不到好的工作或找不到工作。虽然，现在实行两免一补，但是，两免一补的政策也没有覆盖到所有困难家庭，没有百分之百得到补和免。因此，家庭经济困难是一个原因。另外一个原因是，有的学生的的确确读不好。特别到高中阶段，难读，成绩上不去。考大学，虽然上线的人数比例已达到百分之七十左右，上线率较高，但是，负担还是很重的。

笔者：全县汉族人口占多少？

占20%左右。有四五万人口，除了彝族以外，就是汉族多。

笔者：在校生里面男女比例怎么样？

男女比例稍稍失调。特别是读到高年级时。尤其到了高中时，男的远比女的多，女生少了一点。小学、初中男女生差不多，初中男生稍多一些，高中时男生就更多了。

笔者：您认为是什么原因呢？

一个原因是到高年级时，女生智力等各方面有可能稍微差一些。另外一个原因是封建思想观念仍然存在，就是男尊女卑的思想还在。在培养儿子和女儿的选择上，还是选择培养儿子的多。这种思想意识还是存在的。

笔者：尤其在这里，主体民族是彝族，考出去的女孩子可以数出来的吧。

数是数不出来，但相对较少。从以往几年的情况看，男生的比例高得很。

笔者：您认为怎么解决好？

我想，通过这么多年的教育和实践，老百姓的封建思想已经有了改变，但还存在一些。这是老百姓的认识问题和观念问题，改变这些问题得慢慢来。另一个问题是彝族的生育观念问题。一家有两三个娃娃，选择谁去读书时，家长最愿意选的是儿子。因此，肯定是男孩子出去读书多一点。接受多年教育的几率，肯定男生比女生高一些。但是，宁蒗县现在计划生育工作做得好，措施比较严厉。将来一家人只有一两个娃娃时，这个问题应该有所改进。从现在低年级的状况看，男女学童平等程度就很好了。随着社会发展和老百姓认识的提高，这方面会有所改变的。十年后甚至是十五年后，男女生接受教育的情况可能就一样了。老百姓一家只有一两个娃娃，在读书上问题，恐怕就一样对待了。过去两三个娃娃，选定一两个孩子读书时，还是选定儿子来读的多。随着形势的发展，随着社会的进步，经济的发展，农村老百姓真正只生两胎，城市干部只生一胎之后，两个娃娃就都能读了。

"社会上形形色色的东西对他们影响更大。"：
传统教育与现代教育

笔者：您觉得彝族的传统教育有些什么内容？

我是在农村出生成长的，了解一些。传统教育的一个内容是宗族教育、家族的教育、民族思想的教育，尤其是做人方面的教育，已经形成有效的教育方式。无论是宗族、家族教育也好，礼节教育也好，观念上的教育也好，一般局限于低素质、低层次的教育，没有形成一种规范的教育模式。我觉得民族教育的教育思想或者彝族历史上延续下来的教育模式，形不成现代的教育观念。当然，如何做人，如何做好人，这种民族传统教育，也形不成一种制度。但是，在做人的教育当中，人生旅途的每一步应该怎么走、怎么做，有一定的教育意义和借鉴意义、但形不成一种规模和正规教育。

笔者：对家支教育您的感受是什么？

是一种独特的教育方式。怎么做才能认识亲戚,如何与朋友相处、亲戚相处、家族成员相处,是一种在有意无意间实施的教育。人生观的形成与此有一定的关系。从小往好的方面教育,往正确的方面教育,在娃娃成长当中,能起到一些积极作用。

云南省宁蒗彝族自治县民族中学逸夫楼

笔者:现在有一种认识是,现代学校教育是知识教育或是政策教育,一个人高尚品德的形成,主要还是靠社会教育和家庭教育,两相结合才能成为综合的完美的教育。您怎么看待呢?

这是肯定的。因为现在学校教育纯粹是应试教育,包括大学里面的教育,主要是为了明天的生存。倘若不学一些知识,不灌输一些技能,不灌输一些党的政策方针的东西,在参加工作以后,肯定是要补的。包括小学教育、中学教育和大学教育,都是一种模式化的教育。从小学到高中都是应付考试,没有更多的时间来教学生做人或其他方面的东西。当然,各个学科当中肯定渗透着一些思想品德方面的内容。但是，做人、各方面的思想道德素质教育也应属于学校教育的范畴。不过，我想，教育本身就是家庭教育、社会教育、学校教育三者的结合体。我觉得，这两年，社会教育对学生有多少作用值得思考，社会上有人说，学校教育学生，这样做不得，那样做不得，这是违法的，那也是不对的。但是，学生一接触社会以后就会发现，社会是形形色色的。社会上形形色色的东西对学生世界观的形成是有影响的。特别是这两年网络文化发展很快，新的东西多，对学生来讲，社会教育这块是反面教材多了，正面教材少了。正规的新闻联播，学生没有时间收看，没有更多时间来了解正面教育的信息。来到社会上，社会上形形色色的东西对他们影响更大。

笔者：所以，有人认为，中国的教育是学校教育、家庭教育和社会教育有些脱节或严重脱节。实际上，一个人不管是小学毕业，初、高中毕业，还是大学毕业，最终还是要走向社会，社会才是他最终生存的地方和最终实现理想的场所。所以，应该把社会教育纳进学校教育里，您认为呢？

当然，在目前学校的课程设置当中，也考虑到社会教育的部分，该纳入的东西基本上已经纳入了。但是，把直观的东西纳入进来好不好？走向社会以后，一种是潜移默化的，一种是直观的东西。怎么拿进课堂？该拿进的思想政治课、历史课、自然课本身就是思想教育课程，也属于社会教育的范畴。中国历史课和思想政治课，本身就属于社会课程的范畴。许多社会教育是潜在的、潜移默化的东西和直观的东西。网络是直观的，而且，在腐蚀青少年这块后果相当严重。当然，现在，有些邪教和反对共产党的言论在我们这里是不存在的。但是，在云南省一些边界地带，这方面的情况比较严重。而且，他们通过物质的东西来侵蚀青少年的思想。使青少年认为资本主义好，资本主义富强，有钱；社会主义穷，没钱。用这些反动的理论来腐蚀青少年。所以，现在边界一带搞优质教育，加强各种资源的配备，比我们这里更好一些。人家资本主义国家的学校建在那里，非常漂亮，非常好；社会主义的学校是土墙房，形成一种鲜明的反差，怎么行呢？故而，加强边界教育的投资和建设是很重要的。

笔者：凉山彝族有自己传统的家庭教育和社会教育，有一套语言文化教育体系，形成了自己的教育规律，自古传承下来。然而，现在的很多孩子进入现代学校教育后，突然间开始使用汉语，学习汉文化或是国家主流社会的文化。您认为这两者怎么结合更好呢？

过去一段时间里，提倡双语教学，在学汉语的同时学民族语言文字和民族文化。但是，虽然宁蒗是彝族自治县，但它将来的发展，主要是以运用汉文化知识为主，民族文化知识，只是参加考试，参加高考都不考或不算成绩，学校教育的东西以汉文化教育为主。如果说有必要的话，在家庭教育、小学教育和初中教育等学校教育当中加授彝族文化的教育，我觉得是可以的。但是，这样不仅加重学生的负担，也会加重老师的负担。现在我们从小学开始，城市从一年级二年级、农村边远一点的地方是四五年级就开始开设外语课。这样，彝族孩子或其他少数民族的孩子学习汉语或汉语文化就是学外语了，再加上一门彝语或其他民族语的话，等于汉族学生学一门外语，民族学生要学两门外语，再加上学习本民族语言文化的话，实在是在加重学生的负担，学生受不了的。

笔者：现在小学五六年级就开设外语课了吗？

城里一二年级就有了。县里直属学校，一二年级就有英语课了。所以，少数民族学生的学习负担比汉族学生更重，上了两门外语课嘛。在边缘民族地方的民族学生，很多小学生真的不会说汉语，到初中时汉语还说不明白，既要学外语，又要学汉语，已经学了两个民族的语言，哪有工夫再学本民族的语言文化呢？再说，在人们的观念当中，本民族的语言文字学来做什么？在实际工作中用不着，就业没有门路，也没有把民族分加进去的政策规定。在人们的潜意识当中，学校教育里加进民族文化教育没有意义，反而很浪费。因此，就被淡化了。

笔者：如果一直这样淡化下去，您认为将来民族文化还有没有呢？

在我们下一代，可能就有些危险了。我们这一代还接受过家庭教育和社会教育，还懂一些。但是，现在，特别是城里的彝族人，有些连彝族话都不说了。已经出现普米人不会说普米话，摩梭人不会说摩梭话，彝族人也不会说彝族话的现象了，无形当中被另一种民族文化同化了。

笔者：您觉得这样好吗？

从总体上讲，一个民族学习外来文化、接受外来思想和意识是一种先进的表现。包括中国人学英语、日语等，随着形势的发展，经济的全球化，是很必要的东西。彝族人学汉族文化，同样是必要的。但是，若是"不懂本民族的语言就不懂本民族的文字"，语言都不懂了，文字怎么懂呢？不懂本民族的语言文字就不懂本民族的思想感情。从这个意义上讲，有必要在家庭、学校和公益事业当中提倡本民族的东西。任何一个民族都有它先进的一面，好的一面。好的东西应该传承，应该教育，应该有本民族语言文字的认同感。通过一种什么方式来实现，目前这种教育体制不转变，是很难的，也形不成规模。如果宁蒗这个地方只用民族文字，只用民族文化的东西，这个环境也好形成。但是，没有这样一种工作环境的话，恐怕就像中国提倡全国人民都说普通话、全国人民都要学汉族文化一样，提倡学习民族文化有些难度。我们认识到包括自己的孩子都要教育，都要学习一些本民族的东西。其他不说，最起码自己的家谱应该掌握，应该弄懂吧。但是，我们的娃娃已经没有兴趣了，农村的稍好一点。民族文化的传承和延续，农村比城市好一点，但农村也只能是在无形当中进行一种没有文字的传承，能够通过文字传承的，主要还要运用汉族文化，对民族文化的传承和延续有一些意义。

笔者：前几天，我与民族中学的卢校长一起探讨时，我建议他能不能在他们学校搞一些彝语兴趣班。如果能搞的话，您支持吗？

当然支持。我过去在各级各类的学校里当校长时，就想让学生学一些民族文化、民族文字、民族语言等民族传统文化的东西，但没地方学，想搞也没搞起来。如果能搞我肯定大力支持的。我的想法是，在兴趣小组里面，学习民族文字和学习民族语言是件好事。现在，在县城里的彝族孩子不用民族文字，连民族语言都不懂了。这些娃娃在各级各类学校利用课外活动，参加一些兴趣班的学习，会有收获的。

笔者：现在北京有个公司开发了一些少数民族文字输入法，彝族文字的输入法也在其中。所以，假如说，以后大家都学会用彝族规范语言文字输入法的话，在网上就可以聊天、沟通了。所以，这个彝语兴趣班能开起来的话，是很好的。而且，宁蒗县是彝族自治县，彝族文化应该有生存环境和发展前途。因为它的基础在。这次我是首次来宁蒗县，感觉到彝族文化氛围非常浓。但在街上自发表演和主动展现民族文化的不是很多。但是，在楚雄彝族自治州，街上每天晚上都有很多打跳的、演唱的。我打听后得知，一些是由政府组织的表演队，一些是群众自己自发组织表演的。现在很多农村出来的学生，初中毕业或高中毕业考不上中专、高中的或考不上大学的学生，回去以后，做农活做不了，汉文知识学了那么多年，怎么也懂一些，但没地方用。家长就认为读书没有什么用处。您怎么看待？

人家开过玩笑，在临沧或在思茅，"两基"验收到那里的时候，有人说"娃娃不读书，将来什么都学不会"，"哎哟，读书学会了什么？哼，学会了睡午觉，学会了吃早点，学会了刷牙，却不会劳动"。有很多家长这样说。在农村刷牙是很花钱的，吃早点睡午觉，农民哪有时间睡午觉啊。所以说读书没有好处。能参加工作的话就吃工资，不能参加工作的话，回来劳动也不会干。所以，人家说这是教育的"四大危害"。

"劳务输出还不如加快发展教育。"：职业技能教育、重视教育

笔者：您觉得怎么解决呢？能不能在普通高中、初中里面相应的开展一些职业技术教育呢？

初、高中里面有职业技术教育的课程，宁蒗是根据宁蒗的实际情况，宁蒗有些什么产业，根据这些情况开设劳动技能课。但是，对农村娃娃来讲，教些怎么种洋芋、玉米，怎么种田等讲得少，甚至没有开设这方面的课程，开设了可能也没有多少用处。家电维修、缝纫这些专门技术教育课程，主要在职业学校里开设。

笔者：职业学校里有刺绣、雕刻课吗？

没有。不过，去年县文体局搞过一次，搞过一期彝族的刺绣培训。彝族的刺绣文化比较好，发源比较早。但现在会手工刺绣的人很少了，慢慢消失了。去年文化馆搞了一场培训，招聘了一些人，培训了一些人。

笔者：在市场上很少看到彝族的小荷包等手工艺品。但白族等其他民族的手工艺品却很多。所以，开设这些课程后，考不上初中、高中或大学的学生，就可以转到这些学校的班级里学习，也许就能掌握一两门技术、技能、手艺和生存的本领，您觉得呢？

去年找了三十多人来搞刺绣等培训，引起很多人关注，反响很好。现在民间艺人已经不多了，很多技能基本上失传了。现在兴起一股打工潮，对当地经济发展起到一些作用。一个人出去打工，挣千把块钱，寄些回家，是不错的，增加了家庭收入。但是，带来的社会问题也很多。农村的人去打工的多了以后，将来成为一个社会问题，不可能打工一辈子嘛。从目前看，女的去打工以后，有的在当地嫁出去了；而男的在那里不可能有人嫁给他，回来以后，又不好娶媳妇了，因为女的越来越少，变成了一种社会问题。另外，我们这里出去打工的一些人，去时讲好一天只工作六个小时或八个小时的，但到打工的地方以后，每天都要做十多个小时，甚至二十四小时都在做。老板还好像很关心地说"你们不要出去玩耍，出去很危险哦"。现在，农村有点什么事情，年轻人都找不着了。今年县庆期间，说找一些人来跳舞，结果去找的人说，农村里一个人都找不着，全出去了。还有老人去世之类的事情，也找不到年轻人来帮忙了。这种情况，我对县长和书记说过，我认为劳务输出还不如加快发展教育，提高教育质量，加大教育投资力度。这样读大学到城里去，做一些高素质的劳动力转移，实现教育的基本功能。教育的一个功能就是实现劳动力的转移，应该输送高素质的人出去。现在，有的初中毕业、有的初中都没有毕业就输送出去打工，能打一辈子工吗？没有上过学、没有一点文化不说的更用了。

笔者：作为一个民族自治县的教育局长，您认为宁蒗县委和政府是把教育放在首要位置来抓的吗？

实事求是讲，宁蒗县的教育能有今天这样的发展，关键就是县委和县政府把教育放在了优先发展的战略地位上。真正的名副其实的依靠教育的发展实现宁蒗县的脱贫致富，把教育促进社会发展放在首位来抓。在宁蒗县，第一个是抓经济。抓什么样的经济呢？没有工厂，没有企业，经济效益从哪里来？所以，县长、书记经常讲：宁蒗要发展就是要办教育，除了教育，宁蒗能抓什么呢？

笔者：在提拔任用干部上，是不是优先考虑教育系统的人才？

前任县长、现在的书记，是你们中央民族大学的毕业生，也是在云南民族大学担任过老师的。

笔者：历届教育局长有没有直接升任副县长或副书记的？

直接当副县长或副书记的没有。不过，现在有一个常委，以前有一个县政协副主席，还有一个到市党校任副校长的，相对还是重视的。

"家支是不可以放弃的，也不能违背的。"：家支活动

笔者：我这次来这里考察，除了了解现代学校教育以外，还想了解彝族的各种传统文化如家支、家族的情况。我的博士论文研究的是凉山彝族家支文化传承与教育的关系，其中选取的一个研究个案就是你们金古忍石家支。作为金古忍石家支的吉伙分支成员，您认为家支、家支活动的优缺点是什么？家支制度和功能有哪些？

宁蒗县金古忍石家支是最大的家支家族了。宁蒗县的农村也好，机关干部职工当中也好，领导班子当中也好，金古忍石家支成员很多，占一定的优势，高素质的人也不少。作为我个人来讲，家支是不可以放弃的，也不能违背的。我认为家支文化有很多很好的方面，如家支成员的相互教育，长者为上，长辈说的话晚辈要听等。还有一方有难，八方来支援，家支人支持家支人。宗族、家族、家支也有它的危害性。比如，有一点小事情，有些人心术不正，就动用家族的力量，动员家族的人员，去做一些不正当的事情，违反党纪国法，违背共产党的领导。在宁蒗，我觉得家支、家族意识不得不提倡，但也不能太提倡。我是这样认识的。家支成员不能过分强调，我是哪个家族的，如我是金古忍石家族的，你是"海子"惹所家支的，他是阿曲拉玛家支的等。如果那样，就像新中国成立前一样难免引起民族内部纷争、家族之间战争。过分提倡就会变成那样,是不行的。现在,我是金古忍石家支的总管。

笔者:哦,那您应该多谈一点嘛!

有好的,就像杨博士研究的题材那样,在我们家族里面对吸毒贩毒都进行教育,打牛、喝鸡血、按手印,请毕摩做祭祀念经,做得比戒毒所还厉害。

笔者:您是整个金古忍石家支后代的总管吗?

是的,是整个金古忍石家族的总管。

笔者:我今天上午访谈了金古五斤老人,与他探讨了一些家支的问题。

他说什么呢?

彝族的木楞房屋

笔者:他说他认为家支没有过分的东西,应当传承和延续下去,他认为国家发展了,个人发展了,家支发展了,才是整个社会的发展。

他这个观点是正确的。这是一种教育方式,家支教育对于这个家支、这个民族的兴旺发达肯定是有好处的。刚才我说的不好的方面,是不要过分考虑自己的家支,所有的家支都应该平衡发展。家支的事情,不能不提,也不能把它提到一个太高的位置。

笔者:你们金古忍石有一本家谱书?

是的,在这个家谱里,金古五斤和我都写了序。前言是编家谱的人写的,然后,金古家的一个序,吉伙家的一个序,蒋日家的一个序。吉伙家的序是我写的。金古忍石家支一共有七家分支,金古是老大,蒋日是老二,吉伙是老三。另外还有四家分支,那四家和前面的三家,是一个父亲两个母亲的。

笔者:你们有无统计过各个分支的人口中,参加工作的有多少人,男女比例是多少,头人有多少?

那本书里有,但没有详细统计过。因为金古忍石家支在宁蒗是大家支、大家族,文化素质等各个方面在宁蒗县也算是说得过去的一家了。现在,金古忍石家支已是宁蒗县彝族家支当中最大的家族了。

笔者:各分支怎么样,是不是吉伙家人多一些?

金古阿姆家的人口多一些,比吉伙家多得多。在七个分支当中,金古家占大头,吉伙家和蒋日家差不多,其他四个分支的人口不是很多。

笔者:你们家支里有哪些家规家约,有无文字上的规定?

大概有几条。在宁蒗县范围里有四个分支,最大的是金古阿姆、蒋日、吉伙三个分支,还有一个分支是金古次都家,这个分支有一部分人把他们归进来了。现在,吉伙、阿姆、蒋日这三个分支在县城里都有规定的。比如,一个人的父母和岳父母四个人中某一个老人去世时,都要一起出"尔普比普"。这四个人其中一人去世的话,金古惹所家支的成员每人出20元来帮忙。这是最低的基数。除此,有些礼尚往来,有出100元或200元的。此外，在阿姆、蒋日和吉伙各自的分支内部，最低出50元或100元。比如，吉伙分支里有个父母或岳父母去世了，吉伙分支成员最低出100元或50元，能出的人，出几百元或几千元也可以。整个金古惹所家支的成员，每户的基数是20元。我听说蒋日分支家的基数是100元。这是分支内部的具体规定。做这样一种事情，整个金古忍所家支成员都非常团结，十多年来，没有出现过任何纠纷或差错。

笔者：除此以外还有别的规定吗？

其他的，体现在娶媳嫁女、迁居入住和孩子考上大学等场合。这种场合中，是自愿参加，自愿出钱。一般遵循礼尚往来的原则。我们家支的人多，在县城里有将近200多人参加工作。只20元这件事，就让人非常头痛。这里不出事，那里就出事。父母不去世，岳父母也有可能去世。假如这四个人中一个人或两个人没有，是可以抵其他任何一个或两个人的，即在他的近亲里面，给他抵消相应数字。而且，只要你参加了，即使你的四位老人都没有了，也不能退出。别人帮你出完了，你说你不参加了或想退出，那是绝对不行的。若有，算是开除家支了。而且，要把别人前面已经给你出的、帮助过你的那些钱财全部退回。

笔者：这些约定是在家支会议上讲清楚的吗？

家支会议上讲，也有一个文字上的东西。那个倡议书是我写的。

笔者：您能不能给我一份材料？

这里没有。

笔者：哪里有呢？因为我的论文选定金古忍石家支为深度研究个案，包括金古忍石家支的基本情况、家谱、分支等情况，需要一些资料来佐证。

我家里可能有倡议书。我明天找给你吧。你为何刚才不从五斤那里要一本书呢？

笔者：我已经从丽江市金古吉哈他们那里要了一本。但是，刚才你说的那些，那本书里没有。

我写的倡议书里有。其中一条，我特别提到，要拥护中国共产党的领导，坚持四项基本原则，不能做违法乱纪、违反共产党政策的事情。在家支里面，不准吸毒、贩毒。在宁蒗，第一次把家谱写出来的彝族家支就是我们金古忍石家支了。

"金古惹所为什么叫金古忍石呢？"：金古忍石家支的简况

在民主改革前，我们金古忍石家支的人与"诺"之间的关系只有把猪头献给"诺"家了。黑彝补约家是我们金古忍石家支的主子。补约这个人，其实与金古是一个父亲。补约的父亲娶了一个"诺嬷"（黑彝姑娘，笔者注），但是，一直没有生儿子，就想娶"诺嬷的祝普"（丫鬟，笔者注）沙玛阿苦嬷（沙玛阿苦家的姑娘，笔者注），并在本黑彝家支面前讲清楚，看有无男孩出生。娶了沙玛阿苦嬷不久就生下了金古。后来，补约的父亲又和"诺嬷"生下了一个儿子。这就是补约家的人现在都认我们金古家的人当哥哥（兄长）的原因。所以，金古是黑彝的儿子。金古忍石家支应该也是黑彝家支，但是，因为母亲身份的原因，成为白彝。金古忍石家支与补约家支是这种关系。我们的祖先、金古的母亲是沙玛阿苦家的女儿。像唐朝的武则天那样，与皇上搞上这种关系了。因为金古的父亲那个时候没有儿子，没有儿子就想要儿子。这是"无后为大"的观念在作怪，之后与沙玛阿苦嬷搞上了，并生下了金古这个人。后来，才生下另一个男孩。

笔者：阿鲁家支里有这种现象吗？

阿鲁家支的历史上没有听说过有这种事。

笔者：听说黑彝瓦扎家支和白彝阿迪、阿细家支之间也有这种关系。

这是后面的事，还没到一个世纪。阿鲁顶子有名的年代是

20 世纪 40 年代左右的事情。

笔者：您知道瓦扎和罗洪的称谓是怎么来的吗？

这个我没有具体研究过。"诺"在背家谱时，是从天上开始的。即从"木乌斯吉瑟几"开始的。祖先从哪里来，没有说清楚。我们金古忍石家支，据说有这么一件事。补约家认金古家为兄长。这种事只有两种可能。一种可能是金古家支势力很大，补约害怕，只好称金古为兄长。另一种是真正如原始的传说，在血缘上是一家，父亲娶了新老两个媳妇，谁先出生谁就是哥哥、兄长，像吉克忍石、吉威等家支一样。金古忍石中的金古惹所的人，在四川凉山那边几乎没有人居住了。金古惹所为什么叫金古忍石呢？是因为大老婆的儿子有三个，小老婆的儿子有四个。小老婆的儿子都居住在四川凉山那边，大老婆的儿子都迁居到宁蒗这里来了，即金古、蒋日、吉伙都迁下来了，其他的分支没有迁居下来。因此，习惯上称迁居下来的三个分支叫金古惹所。现在，金古阿姆为何叫金古，不叫阿姆，原因是古时候背家谱时，只背老大家。阿姆是老大，就认为金古只是阿姆的祖先，故称金古。金古其实是阿姆、蒋日、吉伙这三个人的父亲。因为彝族背家谱的规矩，以前只背老大家的家谱。而且，大老婆的儿子比较有价值和地位。现在，从参加工作的角度来讲，金古阿姆家的人最多，吉伙、蒋日分支的人差不多。新中国成立前是蒋日分支的人有名。如蒋日尔诺、蒋日拉伙等人，新中国成立时参加政治协商委员会，担任委员。充当土匪头子等有名的人也不少。新中国成立初期，是金古阿姆分支的人有名。如金古五斤、金古六斤、金古吉哈、金古长米等人，当时就参加革命工作，很有名的。大概是在 20 世纪四十年代末五十年代初的时候，带领解放军解放了凉山彝族地区。新中国成立以后，金古六斤当过党委书记，是非常聪明的一个人。金古五斤曾在部队里当过团长，后来选县长差一点选上，因为文化层次差，只当选县人大委员会主任。金古六斤当过公安局长、检察长、政协副主席,之后退休了。金古长米是当过宁蒗县林业局副局长后退休的。林业局是森工企业,当时在宁蒗县很有地位。当时,一些流行时尚,如穿短裤、穿牛仔裤、穿西装以及说普通话等,都是从林业局最先开始的。因为森工企业的工人来自全国各地,尤其是东北人很多。金古吉哈是担任宁蒗县公安局局长的职务后退休的。所以,从新中国成立后到20世纪80年代末90年代初,金古阿姆分支的人当领导出名的人不少。进入20世纪90年代到21世纪时,吉伙分支的人当乡长、书记的就多了。目前阶段,相比之下,吉伙分支的人担任的职务高一些,副厅级就有几个人。如吉伙龙佳,杨忠义等人都是。杨忠义是丽江市人大常委会副主任,宁蒗县现任县长也是吉伙家的,吉伙龙佳是市政法委书记。可以说,从职务上讲,现阶段吉伙分支的人是很有名的。现在在位的,没有一点能力、一点水平,也在不了位。在县城机关单位里任科局级的干部,三个分支的人差不多。从历届来看,蒋日分支的人少一些。

笔者:不同阶段不同分支的人出名是什么原因呢?

一般父亲出名、儿子也出名的事是没有的。蒋日分支的人,以前出名的,后代也出名的不多。蒋日分支的人,居住在跑马坪乡和战河乡的比较多,基本上都是阿根品敌和阿根佳双两个小分支的人。吉伙分支和阿姆分支的人分布在宁蒗县的各个地方。蒋日分支的人是相对集中居住的。阿姆分支的人多数分布在西川乡、西布河乡、战河乡、跑马坪乡、红桥乡、翠依乡等,好几个乡都有。吉伙分支的人也分布很广,只有永宁乡没有。整个金古忍石家支的人一个都没有在永利乡居住。

笔者:您认为分布广的原因是什么呢?

有倒插门即招女婿而去的;跟着姻亲家支的人去的;一些家支成员因贫困而被其他家支成员带去的;以前从一个补约家管辖地移居到另一个补约家管辖地而留下的等。新中国成立前,金古惹所家支成员不一定都接受黑彝家管。但是，必须在补约黑彝家管辖的领地上居住，是补约的保护对象。现在，补约黑彝家的后代比较有名的几乎没有了。

云南省宁蒗彝族自治县跑马坪乡沙力坪村村民种植的荞麦和燕麦

笔者：金古分支的人那么出名是什么原因呢？
因为参加革命、接受新事物、接受共产党的政策比较快。
笔者：我听说吉伙分支中有一个人很出名啊！
新中国成立初期是有一个名叫吉伙杰沙的，很出名。这个人跟我亲戚关系很近。为何出名，是因为参加政治协商会议，任委员后被土匪杀掉了。
笔者：据说因为阿鲁顶子很有名，所以，他的子孙后代受到共产党重视，有此一说吗？
这种说法可靠性不大，有水分的。因为从新中国成立初期到后来，大家都跟着共产党走了，父母亲都逐步接受了汉文化，也让自己的孩子去读书。早读书的人，参加工作的就多了。你拉我，我追你的去干。我参加工作，就让我的儿子读书，儿子读书，必然就有机会出来工作。我的孙儿、孙女必定也能读书，都是这样过来的。

马志才：彝族人都相互开亲、通婚，整体都连在一起。有事的时候，相互帮忙，包括在执行共产党政策方面，也都相互支持。能够读书出来工作的人，相互维护、支持和尊重。

笔者：您能背诵自己的家谱吗？

我是吉伙分支的人，吉伙分支是从金古惹所家支分出来的。分出以后，吉伙这个人有三个儿子，分出三个小分支。老大是阿史家，分布在白牛厂一带。老二是金悟家，是现在任县长的杨光银他们家。老三是尔特家，是吉伙龙佳和我们家。从尔特到我身上是这样的：吉伙尔特—尔特升起（四子）—升起勒补（三子）—勒补顾忍（三子）—顾忍佳脑（二子）—佳脑善忍—善忍千打—千打永足—永足补秋—补秋万都—万都古火—古火木史。古火木史就是我杨继武，我有三个儿子。我对我的家谱非常清楚，对我们金古惹所家支各个分支的家谱也比较了解。日伙查米和我的父亲只隔了四代。日伙拉玛家和吉伙家的人开亲、通婚非常频繁。从吉伙那代到我身上，已经是十三代了。我们金古惹所家支中，最多的代数已经是十八代了。宁蒗县范围内很多家支我都有所研究，都是有规律的。家支内部里，基本上没有开亲、通婚的现象。我知道一个总家支内部通婚开亲的，只有都尔忍古（九子）家支一家，他们各个分支之间，基本上开亲通婚了。

笔者：都尔忍古家支包括哪些分支呢？

我知道的，包括都尔马支杰觉、都尔玛海、都尔吉拉、都尔那真等。这些分支之间，通婚有些混乱了。本身是一个家支分出来的分支，是家支成员关系，但相互间开亲通婚了。我们金古忍石家支里面没有，吉克忍石家支里面也没有。阿曲依伙拉玛是拉玛家的，据说有一个名叫依伙的人，在渡河时不幸在一棵依伙（杨树）树下死掉了。从此，他的后代姓氏就叫依伙。你们颇勒惹额家支的分支依伙家是怎么来的，我就不清楚了。阿曲拉玛依伙与我是舅舅关系，也是姑父关系。所以，我对这些有所研究。如果不研究汉文化的话，我对彝族文化就可能研究得更透彻了。但是，从政以后，越来越没有时间研究了，基本上丢掉了，很可惜。

笔者：吉伙是什么意思？

"吉伙"是整体的意思，有凝聚力的意思。也是一种民族自尊心、一种力量、一种尊严，还有团结的意思。最确切的是尊严的意思。我有三个儿子，我今年四十多岁了。

笔者：您给您儿子教家谱吗？

教呢！孩子们能够背诵自己的家谱。

"每个参加工作的人都出资了。"：撰写金古忍石家支家谱简况

我们金古忍石家支组织写家谱的时候，每个参加工作的人都出资了。能出300元的出300元，能出500元的出500元。出得最多的人出了1万多元。刚开始是金古六斤组织大家编写的。他最初可能是想写出来后去卖点钱的，也不一定是为了家支成员而收集编写的。后来这个人去世了，就有些搁浅了。我就出来说，你们不要风言风语的，不要说人家金古乌支（六斤）了。如果你们觉得有必要的话，就搞一下，没有就算了。刚开始他请了三个人，但只是收集金古惹所家支的谱系，没有把凉山那边的四家统计在内。搞得差不多的时候，他去世了。之后，我们必须去做。金古惹所家支的总管是我，我就组织大家，把家谱编写后出版了。这本家谱书的好处是，不懂彝语的人也能读通读懂，不懂汉文的人也能读通读懂。因为是用彝汉两种文字编写的。老人不懂汉字，只懂彝文的话，也能顺利看懂。像我这样只懂汉文的人还有点难度。我们家支的家谱就这样弄出来了。出资的人，最多的出一万多元。我们有个金古家支的姑娘的丈夫还赞助了三万元。是贾巴家的，已经死了，是怒江州那边的，翻车死的。姻亲家支就只有这个人出资赞助了。

笔者：这个人是干什么工作的？

这个人是一个电力公司的董事长，非常有钱。出版家谱共集资十五六万元。用这些钱来支付编写、调查、出版等的花费。出版之后，家支成员和姻亲家支的人，想要的自己自愿来买，想收点成本费。不收点钱的话，那么多姻亲家支的成员，没法送。一本三十元。但是，来买的人也不多，之后决定免费赠送。能送到谁手中的话，得到者就是有运气了。免费赠送给想要的姻亲朋友们后，全部发放完了。农村居住者、家支成员的每个人都是免费赠送的。我们工作的人得到两本书。因为出资时，最低也出了300元。那些搞天保的工人或在百货公司工作的工资已经降低了的人，每人只出200元，临时工只出50元。

笔者：您为何想继续写好这本家谱书呢？

还是害怕年青一代连自己的身份都搞不清楚。现在，不讲或不会讲彝语的人很多。因此，想搞一点传统文化，留存下来给子孙后代。家谱是汉族的齐全，人死了，雕刻碑文都用家谱。汉族是一辈一辈都有家谱。我们也没有其他的考虑，只想写一本金古惹所家支的家谱，就组织大家编写出版了。免费送完以后，有些人还来找我，问为何自己家的家谱没有写在里面。这种现象，极个别也是存在的，不过，基本上是全部包括在内了。

笔者：前后写了多长时间？

加上前面金古乌支（六斤）搞的时间，有十多年的时间了。最后速战速决不到一年的时间，可能半年左右吧。彝文是蒋日万格写的，汉文是杨明武写的，前言是编纂人写的。

笔者：在凉山印刷时花了多少钱？

好像花了十多万，因为印刷的数量少，当然贵一些。而且，是两种文字，在排版上也有难度。如果只用一种文字，可能五六万就可以解决了。后来写序时，吉伙家的由我写，阿姆家是金古五斤写的，蒋日家是居住在四川凉山的一个人写的。当时，我给他们讲，年年修订续写，谁也干不了，后定为十年续一次。因此，前年编写出书以后，就要等十年以后再修订续写了。一种考虑是，过了十年，家支成员有变化了，孙子也长大了，有些阿普（老人）可能也去世了。那时修订，没有那么复杂。之前，累积了几百年，一次性编写，太复杂了，花工夫太大了。

"只是长短不同而已。"：20 世纪 50 年代的故事缩影

笔者：20 世纪 50 年代叛乱的时候，你们金古恩石家支的人有无去当土匪的？

有，当然有。只是时间长短不同而已。

毛旭：宁蒗县那个时候，人们的思想比较混乱。

改革开放后包产到户刚开始的时候，也有许多人不能接受。当时，基本上都当过土匪。有的跑到山里住一个晚上，也算是土匪了。当时成分高者，基本上都在当土匪，甚至过去的奴隶也有去当土匪的，贫下中农都帮着主子去扛枪、背粮食等。

依伙总松：当时不能不去当，要么你跟着共产党走，跟着民兵走，参加这个组织；要么你去当土匪，不能当中立者。

1956 年和平解放，成立宁蒗彝族自治县。1957 年时，有些统治阶级就蠢蠢欲动了。1958 年开始叛乱。他们认为自己原来就是统治阶级，和平解放以后，身份改变了，变成与一般人一样，就无法接受。当时，曾经当过奴隶的人，身份一下子比"诺"和"土"高一等。这样很多人就难以接受，简直接受不了。因为触及他们统治阶级的根本利益了。

依伙总松：当时，黑彝分两部分。一部分人是政治协商委

员，比较先进，表现好；另一部分是有些势力、比较顽固的人，难以接受解放后的现实。

笔者：叛乱是何时平息的呢？

其实不到一年的时间就平息了。

笔者：当时的跑马坪乡凉山彝务办事处是怎么来的？

凉山彝务办事处是1954年、1955年和1956年这个阶段成立宁蒗彝族自治县之前的事情。当时，有个叫胡丹的地下党员，潜伏在黑彝补约万尼（余海清）家当家庭教师，他真正的身份是地下党员。据我父亲讲，他在余家住了很多很多年，在永胜羊坪黑彝补约家也呆过。后来，余海清很快就跟着共产党走，接受了共产党的政策，是与地下党员胡丹所做的工作和教育引导分不开的。

依伙总松：据说余海清的儿子知道后要杀死胡丹。但是，余海清不同意。胡丹白天在山上放牛的时候，用发报机在树上发报被发现了，差一点被杀死。

当时，余海清在彝汉地区都很有威望，也有自己的军队。因此，后来被委任为宁蒗彝族自治县县长。

笔者：今天谢谢您。谢谢你们了。

不用谢！不用谢！吃饭去吧。

十九、2006年7月12日上午8：30—10：00

被访谈人：沙万祥，男，彝族，云南省宁蒗彝族自治县县委书记；

访谈地点：云南省宁蒗彝族自治县县城沙万祥家里。

"继续延续这种家支制度是落后的。"：对家支制度的看法

家支制度对现在社会来说是个很糟糕的事情。现在在共产党的领导下我们更多的是依靠国家、依靠政策，用更多精力搞建设和发展。家支制度是在一种特定的历史条件下产生的，在奴隶社会不稳定、不安定的时期起到民族内部一定的相互团结、相互帮助，一起抵御外来民族的侵略、欺辱的作用，彝族人在遇到一些困难时，团结起来，联合起来互相救济、帮忙。在现代社会，如果继续延续这种家支活动是落后的。我们这些天开全县大会，我

对所有的干部提出要求，其中有一条行为规范就是不准参与家支、家族聚会，甚至同学、同乡的集会。因为现在社会上隐约存在或形成一种势力，有时候干扰行政决策，做一些与党的路线、方针、政策相违背的事，操纵一些基层乡镇的选举，甚至干扰党委政府的决策，形成一种很不好的势力，这是很不好的。我觉得这些与党的方针路线、组织原则，与共产党的领导是格格不入的。因此，绝对不能提倡家支活动。现在要做就要跟随潮流，能够与时俱进，国际潮流赶不上，国内潮流一定要赶上。我觉得家支制度的历史应该结束。在新中国成立前，在特殊的历史时期运行的机制，到目前各种条件和生存的土壤都已经不存在、不具备了。我们应该服从组织，服从地方经济社会的发展，才是可取的态度。如果哪个人有困难了，国家还有救灾、救济，也不会哪个来欺负哪个。国家机关、政权机构、国家机器还在运转。现在，都是依法治国，遇到什么矛盾纠纷，依靠法律去解决。那些依靠家支、家族来干预，来惩罚，干预行政，干预党委政府的决策，我觉得是糟粕文化，不是先进文化，不能主张，更不能提倡。我在县委班子上全面提出，不准参与家族聚会，更不用说参加家支会议了。现在人人平等，在法律面前，人人平等，不可能存在谁压迫谁的事。我来宁蒗县，已工作了四五年，过去经常是家支、家族、宗族闹事。停尸抬尸来闹事，有点什么就约起来，干部、群众一起闹事。现在，这种现象已经销声匿迹了，到今天为止不再有了。十多年前，家族、宗族因为婚姻或其他方面纠纷，你闹，我也闹，没有章法。这几年走上正轨了。我觉得家支作为一种历史文化来研究，在一定历史条件下，是可以肯定其作用的。现在社会是不应该谈这个了。我给干部们讲，我们首先是党的干部，其次才是民族干部，共产党不分任何民族一律平等，不然，共产党的先进性体现在哪里呢？在宁蒗，我最不愿意看到的事，就是这个家族、那个家族在哪出事了，闹事了。

笔者：您怎么看待宁蒗县金古惹所家支民间禁毒的事？

我个人认为这种事有点意思，但没有太大提倡的必要。这完全是靠传统文化来对人的观念进行束缚和影响。在现代社会，更多的是依靠法律，依靠科技，才能够真正起到作用。不然，只靠一些畏惧心理来控制是事倍功半的。搞强制戒毒，事实证明，它的影响和作用也是有局限性的。我觉得靠传统文化来解决这类问题，只能是下下之策。当然也有可能有一些作用的。

笔者：您怎么看待一些家支修家谱的问题？你们海子惹所家支修不修家谱？

我觉得这个东西不一定好。我们家支，他们民间在组织整理。我对这个东西有看法。我思想比较超前，真的，对这些没有任何兴趣。我觉得应从大处着眼，修家谱有多大作用，有何意义？保存资料，只能作为资料保存，作为一种历史资料保存，有点存史的作用。

笔者：有凝聚力吗？

凝聚力有一点。但我怕起反作用。大家都一样，搞这个弊大于利。从存史、科研的资料保存方面看是可以的，热衷于搞这个就没有多大意思了。我对此没有兴趣。我虽然受过一些民族历史和文化的教育和熏陶，但总觉得会起反作用。把家支的人组织起来能干什么呢？对付不了共产党，对付不了党组织，对付不了政府。有时还惹麻烦，还不如与时俱进。这是非常关键的。过去搞家族、宗族还有仇敌，现在干什么呢？国家法律在摆着，国家机关在那里，人民军队在那里，你想干啥子呢。有时候还起反作用，真的，没有意义，也没有前途。

笔者：彝族社会存在家支势力，您觉得有必要引导吗？

有必要，必要得很。我觉得叫一些家支内部的人去研究，收集资料，整理后出版，是可以的。更多的人，就没有必要去参与这些了，个别人去弄弄就可以了。不能搞集中、聚集。我是一个共产党的领导干部,历来要求自己首先是党的干部,然后才是民族干部,再次才是家支的成员。我向干部们提出要求,你作为一名共产党员,好好把组织生活过好。我了解你们很多人,有些是没有过过正儿八经的党组织生活的,干那些事情很无聊、很没有意义。能干些什么呢?这些糟粕文化应该摒弃。你们专家们好好研究,我是非常支持的。但对广大干部来说,我是坚决反对的。

笔者:你们海子萢所家在县城有人去世时,有无尔普比普?

有。他们在搞,凑来整。在红白喜事时,他们在凑份子。但我没有参加过。有时候,我弟弟可能帮我凑起,交了。

耸立云南省宁蒗彝族自治县县城中心的支格阿龙雕塑

"要把教育当做扶贫来办。":文化、教育

笔者:作为民族自治县的县委书记,您觉得民族传统文化与现代文化的传承、传播和教育之间应该怎么协调才更好呢?既保

留了传统文化，又学好现代文化？有无矛盾？

我自己一直都在思考这些问题。我觉得一种民族文化往往有些精华的东西，也有糟粕的东西。作为一个民族的文化，更多的适合于搞研究，适合于一些局部性的开放，让游客欣赏、参观、游览，为老百姓增收致富创造一定的条件。民族文化的东西，至少在我们这些贫困的地方不适合大发展。听说凉山美姑县有一万多毕摩。我的第一印象，这是一种不好的现象。就像我刚才讲的，我们现在最好是跟国外接轨，至少也要跟国内同步，跟上去。现在还大力去搞毕摩文化，是不值得提倡的。因为毕摩对生产力没有任何促进作用，对科技发展、对社会的进步也起不到什么作用。在宁蒗县，哪里的毕摩、苏尼多，哪里的人最贫困，最无聊，也是一种最无能的表现。我说，你现在最好能够学好英语，实在不行，也学好汉语，学点汉文化。这才是好事，才有出路。我们丽江的纳西族，没有哪个学生是因为学了东巴文考上大学的。你考不上大学，如何改变你的一生。所以，我自己觉得，我们去年搞"两基"，搞扫盲，有些东西可能是权宜之计，没有搞一些有实用价值的东西，特别是对经济发展、对社会进步、对科技进步没有任何帮助。现在接受汉文化教育的途径、渠道比这个还近得多。与其靠彝文翻译汉文，有可能不如直接学汉语。因为，翻译出来的东西，反而不一定好懂。所以，我认为专家、学者们研究、呼吁保存民族文化，保留一些民族文化中很好的东西，是可以，是很好的。结合旅游开发，搞一些适度的文化展览是可以的。用毕摩的表演、苏尼的表演吸引游客，招揽生意，创造一定的经济收入，是很好的。但是，把它作为很多人的一种谋生手段，作为一种职业，我认为就不是与时俱进了。因此，我觉得最好跟国际国内的大潮流融为一体。不能创造价值、不能促进生产力发展、自生自灭的东西，长久不了。更何况，很多这些方面的东西还有可能破坏生产力。花很多精力去研究、去乱搞，甚至整天杀猪、宰羊，搞祭祀，是破坏生产力的，破坏生产、生活环境的。本来还可以增收一点，结果被杀光、吃光，没有什么作用和益处。你们这些专家、教授去研究是可以的，但真的不适合大发展，不能过度提倡、传播。

笔者：在宁蒗县您认为双语教育可行吗？您怎么看待双语教育问题，对四川凉山双语教学的一类和二类教育模式怎么看？

我们宁蒗县有一些双语教育。但是，我觉得现在发展更多不是很有必要。因为从各个方面接受外面的文化、信息的渠道也多了，已有很多地方走出了封闭，过去互相之间交往很少的情况得到了很大的改善。所以，现在我们接受汉文教育的渠道很多，也很畅通。因此，我认为更多的双语教育没有必要，实际上也不可能。现在个别的很偏远的山区，刚入学的时候，老师偶尔对一些生僻的词句进行个别的翻译。有时候，还是解释不清楚。特别是数学、理化方面的东西，用彝话来解释，解释不清楚的，用汉语方言来解释都解释得不准确。所以，我自己的主张是不如强制性地学习汉语，当然也包括其他民族的语言文化。所以，在宁蒗县，我发觉真正不懂的、半生不熟的学生学得很快。特别是这些娃娃，接受汉语、汉文化很快。我的女儿两三岁时带到丽江，一句汉语都不懂，到现在十多年过去了，一句彝语都不会了。就是那种样子的。所以，我自己认为，没有必要的弯路不需要走了。能够翻过这座山，就不要去绕那个弯了，一次性学进去很好。那些农村的孩子，尽量学点汉语，半生不熟也没关系。我们真正搞清楚汉语是在读初中以后。但是，之前讲的那些，一般还是能够接受、能够理解。我老是在大会上讲，过去老师讲的有些东西，解释的东西，我们还认为是正确的，结果后来才发现很多都是错误的。这就是解释不到位的结果，翻译过来是曲折的。我个人不太主张搞什么双语教育。这几年，我们这里老师分配、安排，都要求汉族人到彝族地方去教书，彝族人到汉族地方去教书，人只有互相学习，进步才快。你对一些少数民族学生继续搞双语教育，只能延长或延误他们提高发展的时间。民族之间互相融合、交往、交流是件好事。从宁蒗这个地方来看，哪个地方民族杂居，哪个地方的生活水平、生活习惯、思想方面就比较好，比较进步。纯粹的一个民族聚居的地方，始终在进步、开放、发展方面慢几拍，成问题。这些年，我大力提倡交流，包括学校老师、干部的交流措施，一点一滴做起，这样进步就快了。有些过程是可以避免的，要强制推动、扭转才行。三步才走完的地方，现在我可以两步就走完，多快呢。因此，我不太主张搞什么双语教育，实际上也做不到，做不好，甚至有时候会做歪掉。年幼的，在一二年级时，启发一下，开导一下，这个成语、词汇用彝语讲是什么意思，解释说明一下就可以了。但这个过程不需要很长，一年半载差不多。因为，现在接收信息，文化传播、文化交流的渠道太多了，广播、电影、电视都有。现在电视的普及率、覆盖率都那么高了，天天耳濡目染，学很多，看很多。

笔者：宁蒗县的民族文化展览活动开展的怎么样？

人的追求是有层次的。首先是追求温饱，温饱后再追求文化娱乐，再追求健康时尚，还追求政治上的东西。一个人连温饱都解决不了，你叫他有多高的思想觉悟，有多高的精神文化享受，也不太现实。而且，宁蒗县这个地方更多的还是在解决温饱问题。还有一些思想观念、行为习惯的局限。

笔者：您觉得彝族传统教育儿童的内容有些什么？

彝族儿童教育没有严格的学校教育，只有耳濡目染的，像过去汉族背三字经一样的背背家谱，听听故事传说，传承伦理道德和行为规范，尔比尔吉教育等，其他正规的教育没有。只有家谱教育才是真正的传授，其他许多东西是孩子在平时的生活当中自己去掌握、习得的。有人在说的时候，认真听，自然就记住了。记住了之后又去运用，就掌握了。真正坐下来教育的没有。没有系统和完整的教育。很多都是凭自己的悟性、记性，在口传当中掌握。真正严格意义上的教育，可能是毕摩接收毕惹时的教育，毕摩教育是一种完整的教育。尔比尔吉教育很多是在平时的聊天过程中，不经意间说出来的一句很经典的话，孩子就记住了。实际上，现在一些彝语集子是经过收集、整理、提炼、加工出来的。有些靠自己感悟，有些是在老人的待人接物、调解纠纷时学会的。有的是遇到红白喜事时，一些人滔滔不绝地讲，孩子在听的过程中自己领会、领悟了。很少坐下来专门教你一段的。我儿子二三岁时，我父亲就把我们家的谱系教给他们。教家谱，我认为跟汉族背三字经一样，是一种基本功。

笔者：您认为凉山彝族女童失学多的原因是什么？

从宁蒗来讲，现在已经有了很大的改观，特别是国家搞普九，实施义务教育后很明显。但是，强制性的必须要送子女进学校的做法不太好。我认为，第一，也是核心的问题是贫困问题。过去，一个家庭的孩子比较多，一家有三四个或四五个孩子，因为贫困而只能保重点。四五个孩子，个个都成材、成器是不太现实的，只能是丢卒保车、丢车保帅了。保重点，集中精力，集中人力、物力、财力来支持培养一两个。我这些年走了很多地方，真正觉得读书没有用、无聊还找不到工作的人还是很少很少的。人们的认识还是逐步在提高。只是因为贫困，上不起学。这几年，国家资助，社会各界也来资助，女童受教育的机会就更多了。因为贫困，同时也因为有些自私、狭隘的一种民族心理的表现：觉得男孩是传宗接代、延续自己家支的根，女孩子是女大当嫁，最终还要成为别人的人。在这种狭隘的认识下，觉得反正女儿是别人的人，培养、教育、花学费、花代价，没有多少利益。我认为这种想法是很不好的。我了解过其他一些民族，人家其他民族讲的是，送给别人的东西应该是最好的，才是对别人的一种尊重。从这点上看，我们彝族送给别人的可能是最差的，勉勉强强应付就可以了。从某种意义或角度或侧面来说，反映出这些自私、狭隘的心理。当然，这种自私和狭隘是由贫困衍生出来的。如果经济上我有这个能力、这个实力、这个条件，我就不会自私、狭隘到这个程度。也就是说人穷志短，只能考虑一些下下策。我经常给他们灌输的是，正因为你这个姑娘将来要嫁给别人，送给别人的东西应该是最好的，所以应该把你的女儿送去好好读书。

笔者：跟早婚有关系吗？

有些关系。在农村跟早订婚有一定的关系。但是，我觉得不是因为女孩子定亲了才不上学，而是因为不上学了才定亲。因为不上学，待在家里面，"阿持才十库，衣普体阿普，衣牛体阿牛"。女儿到了十七八岁，应当嫁人，这是天经地义的。我觉得早婚有影响，尤其是在农村。现在在县城机关，找一个很纯正的彝族姑娘是很难的。

笔者：您认为彝族教育应该怎么发展呢？有些什么措施？有什么不足的？

我认为民族教育在宁蒗县这样的地方非常重要。种一季庄稼今年不好，明年有可能好；今年受灾，明年可能增产、增收。但人误一天，有时就是误一年，误一年就可能误一生。发展经济，制约因素很多，各种政策、投资等方面都可能是制约因素。在宁蒗县种出多少粮食来，办出多少企业来，制约因素太多。唯有教育，可以通过人的努力改变，完全可以做到。事实上，以我们宁蒗这样的基础，这样的穷县，改变面貌，人是第一因素。宁蒗真的是苦出来的。谈到教育，我认为领导层也好，家长也好，首先还是一个认识问题。我也觉得，除了考试以外，目前的中国没有更好的选拔人才的方式或措施。现在中国的考评、测评都不能够做到全面的准确和精确。因此，我认为考试是一条很好的路子，而且是一条唯一的路子。知识改变命运，可以说是一个真理。完全不读书，靠自己去干，可能像过去那样当土财主，发点小财，做点小事，但不可能做成大事，也不可能陆续地发展，知识和财富还是成正比的。我们这个地方，知识才能改变命运。现在，老百姓也认识到这一点。一个人能够通过读书，参加工作，能够吃上国家的皇粮，是最大的扶贫工程。我不读书，不上大学，当不了这个县长、书记，你也一样，做不了教授。

笔者：所以，我听说您有一句名言，就是"考走一个就是脱贫一个"。

都不止一个。而是一个家族，解决了一个家族的问题，这是最划算的做法。我给他们讲，不要把教育仅仅当做教育来办，要把教育当做扶贫来办，把教育当做计划生育来办。像今年，一千多人出去，相当于一个小家族的人口。一年有那么多人出去，人口压力也减轻，社会治安也好了。现在真正的社会治安隐患，就是这种高不成、低不就、升不了学，又不想回农村去干农活的这种吊儿郎当的人。如果有更多的人出去，社会治安压力就小，是最大的劳务输出。考上一千多人，不少啊。我们政府前年、去年有序组织，只组织了一千五百多人的劳务输出。当然，民间组织的不算。今年考上的这一千多人是最高级别的劳务输出者。前几年，财政部、教育部的一些人来调研。我给他们讲，我说组织出去一千多人的话，千万不要回来。这里需不需要人才？需要。但我们这里不造神舟六号，不用回来，种些玉米、洋芋，哪个都会种。当一个干部，一般的人也能当。当然，高素质的人是例外。这些人出去以后，我给他们讲，少数民族贫困地方出去的年轻人，不管在发达地方或在落后地方或在贫困地方，能够在外面做事，做成事，做成大事，这才是对我们宁蒗的贡献。在外面当个领导，当个一般干部，始终都是家乡人，烧成灰都是我们宁蒗人。当了一个领导，安排给宁蒗一个项目，就是几万，几十万，几百万，几千万，甚至上亿都可能。但是，我们在宁蒗的人，不要说我一个人，所有宁蒗人，几十年都苦不出来那么多。要是在外面做生意，发大财，多好。当然，各行各业都应该有人，将来你回宁蒗投资，建一个大型的厂矿企业，解决多少就业，提供多少税收，这是无价的。就像中国的华侨，改革开放回来投资一样，家乡情是有的。我们县有个人在希望工程工作，作用很大。希望工程从他手上介绍和引进来的资金，已有七八百万了。我就是当个书记、县长，苦十代人，十辈子，也苦不来六七百万。但是，这样的一个人走出去了，作用多大啊。出去了就不要回来了，宁蒗县的就业岗位有限，没有高素质搞科学研究，一般人也能过得去。我经常灌输他们这种思想，这样的想法。一千人里面有八百人在外面闯荡的话，就很不错了。当然，这要一个周期，可能要十年二十年。但我们每年都出来一些人，事实上也是这种。所以，教育是最值得办的，最应该办的，也是完全可以办得到的事情。现在宁蒗唯一能够和外面比的事，最自豪、最骄傲的还是教育。我们去年上线的考生就有800人，今年是1000多人。

笔者：教育方面具体有哪些措施，有没有奖励机制？

有奖励机制。我们每年都搞教育重奖，财政再困难每年都拿出40多万元，奖给有突出贡献的老师和学生。每年高、中考奖一次，三年开一次全县的教育三干会，开到村委会一级。今年要开了，单项奖励还很多。如果考上北大、清华，给学校奖多少，班主任奖多少，任课老师奖多少，学生本人奖多少，都有明确规定的。但到现在，这笔奖金还没有拿出去，因为到目前为止，还没有考上北大、清华的，他们给我节约钱了。但我认为宁蒗的这些老师，真的令我感动。敬业精神太强了，完全是拼出来的，苦出来的。有时候，有点拼搏精神是很重要的，是关键的。我们一直肯定的是功夫教学，干、苦、累、拼。多劳多得，一分汗水就有一分收获。除了这个，没有捷径可走。所以，我觉得奖励只是一方面，更多的还是老师和学校领导的敬业和奉献精神，是非常可嘉的。现在教育优先，作为领导者，培养出人才是最大的最好的政绩。当然，经济能够发展上去更好，抓经济也不能放松。但更主要的还是培养出人才。这个努力是老百姓世世代代都要感激你的。这几年，我们宁蒗通过各方面的努力，基础设施、基础条件大大改善，基本上所有的地方，学校都是修得最漂亮的。我们干部、职工都为教育捐款。处级一年捐360元，科级捐240元，一般普通干部捐120元，捐资助学。

笔者：捐给哪个单位呢？

不是捐给哪个单位，是捐给贫困学生，资助贫困学生。

笔者：通过什么机构？

由我们财政上扣。我是冒着风险干的。我认为这些吃国家财政工资的干部，这点觉悟应该有的。我的孩子也不在这里读书，我也捐。没有你娃娃，你还有亲戚，还有朋友，都是少数民族，都是宁蒗人，值得做的。前几年，我在拉柏乡最贫困的地方认养了五个孩子读书。每年都给他们钱，资助他们读书，一直到初中毕业。现在世界上还是好人多，我们已经被资助，有上万多学生接受到来自各方面的资助后完成了学业。确实，社会上方方面面的力量功不可没。我们的干部也是冒着风险，通过财政上扣捐。每年七八十万，解决了不少问题。贫困儿童失学问题、上不起学等问题都得到不同程度的解决。

笔者：是从何时开始的？

是从前年开始的，2004年开始的。过去曾经搞过一年，一个月一块钱，一年十二块钱，但不抵用。现在是处级干部一天捐一块钱。

笔者：丽江市的其他县市很少有这么做的吧？

我认为值得做。我觉得人家无亲无戚的内地人、外国人都来捐助、捐赠，我们自己做点这种事情是太应该了。我每年都去两所完中，作高考前总动员，甚至过去我作为县长，今年作为书记,我都到毕业班里一个班一个班地去鼓劲。我给高三老师安排生活,他们加班加点,苦到最后一分钟。我有经验,临上考场前,做一道题,说不定就得着一二分。干到最后那一分钟,可能就有很大的收获。生活上,每年都给老师们安排好。今年新县长来了,也跟着我这样干,我想这点,很多人是很难做到的。我前年在省委党校读了半年书,中间都赶回来给他们上课、作报告。专门从昆明赶回来给他们鼓劲:好好干哦! 一个班一个班地动员。你知道,现身说法,效果是不一样的。我给学生讲,我将来在北京、在昆明请大学生们吃饭的时候,希望能够看到你们啊。噢,他们都很高兴、很激动的样子。

"都是在彼此的眼皮底下。":婚约、家庭

笔者:您觉得"诺"和"土"之间不通婚是什么原因?

为了保持血缘的纯洁性。因为各自都自我感觉非常良好,各个阶层、各个阶级的人,都认为自己的血统是最好的,最值得保存的。在奴隶社会里,"土惹"也是一样。所以,我觉得近亲结婚的,也是为了保持血统的纯洁性。我也在研究,彝族为什么近亲结婚?主要是认为近亲的是最可靠的,都是在彼此的眼皮底下,哪个人纯不纯洁,最清楚。不考虑有多少文化,只看重人的血统,害怕找一个有病的,找着不是纯正血统的那些人。所以,通婚范围越来越狭窄。有人说彝族的婚姻是买卖婚姻,这也是为了保证血统纯洁,为了血统的原因。这是一种非常外在的表现方式。有时我对我的老婆开玩笑说:"你身价钱是150元,一双皮鞋都不值。"实际上,这只是一种外在的表现。核心的问题是血统。因为不相信陌生人、不熟悉的人。我不了解你的底细,我不知道你有没有病,有没有什么遗传病等。早婚也是出自这些考虑。怕孩子长大了控制不住,管不住,被别的血统污染。

笔者:您有几个兄弟姐妹?

有三个兄弟,三个姐妹。他们不懂一个汉字,他们都在农村,只有最小的弟弟在县城上班。

笔者:您有几个孩子?

两个,一男一女。女孩在读高中。人是真得有一种吃苦和发奋精神才行。我们那些娃娃,生活真的太优越了,不像我们那个时代,很艰苦。给他们讲我们那个时候的艰难困苦的事情,他们听来像神话故事那样遥远。

笔者:据说您读高中的时候,有几个同学叫您去看电影,您觉得应该学习,又不好意思拒绝,就一起出去。等快到电影院的时候,谎说宿舍门还没有关好,就溜回来看书、学习。

哎哟,那个时候,我们是很发奋的。我1983年高考时,能考出370多分,是很不错的。那个时候,总分才四五百分。现在20多年过去了。前几天,我有个侄子的考试成绩,令人大失所望。现在高考总分,已经是700多分了才考360多分。我说还赶不上二三十年前的我的一半。那时候我们很刻苦的,真的是苦出来的,也可怜得很啊,生活也很差,现在想起来都后怕。

笔者:今天担误您太多时间了,谢谢!

谢什么啊!都是师兄师弟嘛。

二十、2006年7月12日下午15：00—17：00

被访谈人：瓦扎伍合，男，彝族，云南省宁蒗彝族自治县退休干部；
访谈地点：云南省宁蒗彝族自治县瓦扎伍合家；
在场人：瓦扎尔体先生。

"迪俄约迪是我们瓦扎家。"：家支迁徙

笔者：您家是从什么地方迁徙来的？
瓦扎家的人是从大凉山昭觉县搬来的。
笔者：来这里有多少代了？
有7代的，有6代的，也有5代的。我家是后面来的，到现在只有5代。
笔者：补约家有几代了？

补约家有几代不清楚，不能随便说。瓦扎有3个儿子。伍都呷次是我家，俄祖克利家在凉山州居住。一般都叫俄祖惹所（三子），是迪俄惹尔（四子）中的迪俄约迪—约迪阿都—阿都约布—约布直史—直史阿特—阿特阿伙—阿伙俄祖—俄祖惹所（三子）。即呷次、克利、吉日。吉日家又叫阿牛尼撒家，居住在盐边，与马家开亲。呷次是我家，呷次惹尼（二子）即阿初（张文东他们那支），杰能下来是我家。

笔者：从杰能那一代起到您身上有多少代了？

杰能威尼—威尼乌惹—乌惹金品—金品吉果—吉果特能—特能俄果—俄果大加—大加乌特—乌特合尔—合尔依史—依史伍合。伍合是我儿子，以上共有12代，我哥家是14代了。

笔者：据说补约、瓦扎、热柯、罗洪、龙木都是从拉普迪俄分出来的，是吗？

是从拉普迪俄惹尔（四子）开始分的。迪俄约迪是我们瓦扎家。迪俄迪尼—阿孜阿黑布拿敌是热柯、巴且、祝尔和龙木这几家。迪俄四子只传下来三子的后代，有一子绝了。热柯、巴且、龙木、祝尔都是阿黑惹尔（四子）。再重复说一遍，迪俄迪尼—阿孜阿黑惹尔（四子）是热柯、龙木、巴且、祝尔四家。迪俄约迪惹尼（二子）是阿果和阿都两家。阿果……约月……罗洪家。阿都……约布是我们瓦扎家。

笔者：尼木威阶是为什么呢？

罗洪和瓦扎是后面分支的，因为没有通婚的对象才分支的。7代就相互开亲了，开亲时做了"尼木威阶，威则能很"的隆重仪式，此后就相互通婚了。巴且、龙木之间不存在这个仪式。尼木威阶只是对罗洪和瓦扎两家而言的，其他黑彝家支中是不存在的。迪俄肯姆—肯姆肯依—肯依拉依…是补约家。迪俄肯姆—肯姆肯依—肯依拉依—拉衣拉次—拉茨俄觉—俄觉史惹—史惹能惹—能惹吉次—吉次阿史—阿史普成—普成吉果—吉果鲁儿—鲁儿合加—合加威敌—威敌祖足—祖足口坡—口坡阿仗—阿仗尔鲁—尔鲁乌哈（此人曾任宁蒗县副县长，已退休，笔者注）—乌哈拉尔，这是补约乌哈家的谱系，他家是从昭觉县斯木补约乡搬迁来的。当时认为万格山下的草场好，土地好，气候好，是人可以居住的最好的地方，就搬来了。

笔者：搬来时"诺"先来，还是"土"先来，还是一起来的？

据说最早是"土"惹阿鲁顶子家先来的。

瓦扎尔体：有的说"诺"补约家先来的，然后他的平民"土"跟着来了。

这就是补约家的情况。瓦扎家是3个儿子，其中最小的那家没有后代。老二家的人都在大凉山居住。其他全都下来了，居住在盐源和盐边两县。大儿子家还有一些人，还在大凉山居住。主要在喜德县和昭觉县，有一小部分来到了宁蒗县，也只居住在宁蒗县境内。老二家没有一个人下来的，人也少，居住在凉山冕宁县。下来的是杰张和杰能两家，杰张是小的那家，我们俩都隔七八代了。杰能是我们这一分支。只有他们俩下来。最初的时候，小的那家人少，加上补约家势力大，因此与补约家结仇。从"肯哈"（四川大凉山，笔者注）来时，我们杰能家先到牦牛坪，然后到大烂巴，再到蝉战河，再到万马厂居住。杰张家先到朱约明地住，再到贾古火觉住，再到阿吉克吉住，再到烂黄居住。我们这两家人团结，关系非常好。但是，当时补约家欺负人。补约家势力很大，到处扩张领地嘛。

笔者：那时瓦扎家支的成员有多少人呢？

那时候具体有多少不清楚。现在整个男丁有300来人，张卫东他们有200多人。最小的那家，在盐边县和盐源县那边，也有200多个男丁吧。

"这天勇敢不起来。"：瓦扎家支与补约家支的械斗

笔者：补约家为什么欺负人呢？

那个时候，我们家还没有来，只有杰张家来了少量的人。有一天，补约家领地上有个蒋日的女人放羊的时候，放到阿吉克吉这个地方，有只羊子被一个瓦扎家的人偷吃了。为了这件事，瓦扎家被补约家敲诈、勒索、乱踩，打不赢，被欺负惨了。后来，我们家搬下来住以后，有一天，瓦扎家真正起来抵抗了。把他们追赶到万格山翻过去以后，补约家有个叫补约冷额的人被追得站着拉屎拉尿。如今还有名叫"冷额持尔日尔德"（意为拉屎拉尿的地方，笔者注）的地方，还有名叫"巴头撮史德"的地方，即有个叫补约巴头的人被追赶得胸闷死。还有，在山上有名叫"威尼克普德"的地方，即有个叫补约威尼的人，平时好像非常勇敢，这天勇敢不起来，一直逃跑，"威尼克普德"意思就是说"威尼不反抗了吗"？直到被追到万格山翻过去以后，才稍微抵抗了一下。这以后，补约家对瓦扎家好一些了，不敢乱欺负了。

瓦扎尔体：据说这次战斗补约家的人死了七八个人，瓦扎家的人死了五六个人。

这件事的起因就是为了一只羊。这是补约家和瓦扎家最早的一场战斗。后来有一件事，以前补约家是从万格山上面搬迁下来的，上面的土地还是补约家的，蝉战河边居住的是瓦扎家，补约家来收租子，瓦扎家不交给补约家，为此事件，相互争吵、打架。之后，有个叫补约尔次拉合的勇敢者，用枪打了一个叫瓦扎阿恰的人，不久死掉了。这样瓦扎家就不干了，租子不交给补约家不说，互相间开始厮杀，补约家只好空手而回了。此后，由于分别住在万格山上面和下面，彼此间的隔阂一直没有缓解。后来有一次，瓦扎家赶走了补约家的一些羊。赶回的半路上，遇到一些人，瓦扎家弄错、认错人而相互开枪打死了自己人，瓦扎手下

的一个叫贾巴的人把瓦扎的人打死了。瓦扎家被打死的人在赶羊时穿着一件白色的披毡,一般瓦扎家的人是不穿白色披毡的。那个人是在赶补约家羊群时,不经意间捡了补约家放羊人的白色披毡穿起来的。有个叫依伙的人坐在贾巴旁边说,肯定是补约家的人来赶羊了,打打打。贾巴端起枪,啪啪就打过去,把那个人打死了。打死后,过去一看,被打死的人不是补约家的人,而是一个叫瓦扎尔诺的人。于是,大家合计后,决定不说他们自己认错人打死的,而是说被补约家的人打死的。那次很多羊群、牛群都被赶来了,但是,有个名叫马海克曲的人被打死了,掩盖了瓦扎家内部打死人的事,谎说是补约家打死的。把牛羊赶到一个叫五头坡丫口的地方休息并分牛羊时,另外从盐源县那边来的瓦扎和阿迪几个人,也正好来到这里,这边的人就说有个瓦扎被补约家的人打死了。"拿只羊给我们做口粮解馋,这仇就算我们去报吧。"那边的人这样说。这边有个叫瓦扎阿牛的人就说,"给你两只还是一只呢"?意思是说能杀死两个还是一个补约家的人,"两只是背不起了,只要一只就够了",意思是说只能杀死一个补约的人。这天晚上,要了一只羊的他们走到名叫花椒箐这么一个地方时,看见补约家来追赶羊群的人到一家汉人家去借宿。当夜色渐深的时候,他们悄悄地去偷窥。正好看见补约尼哈,即补约乌哈的弟弟正躺着烧吃鸦片烟。这边有个人说是"里空克诺"的声音,"里空克诺"就是补约尼哈的别称。他们从墙眼墙缝看后,用六子枪和七子枪同时开枪后逃走。结果补约尼哈被这些人打死了。这件事就这样相互打平了。不过,补约乌哈来到他弟弟补约尼哈的尸体边哭丧的时候,不停地说:"你先走吧,我打九个公羊跟你后面来。"意思是说他要打死九个瓦扎家的人。有个瓦扎家的平民叫海乃的人家住在那里,他让海乃家的人传话给瓦扎家。之后,械斗厮杀愈加升级。补约乌哈在跑马坪召集了所有补约家支的人和隶属补约家的平民,要与瓦扎家械斗到底。然后，他们出兵到万格山上称为陆塘这个地方住下了。瓦扎家支一些人在蝉战河集中，一些人在万马厂集中，一些人在牦牛坪集中，其他瓦扎家支成员严阵以待。这个时候，按"诺"规定瓦扎家支应当拿牛去劝和的。有天，有个聪明能干的与补约家通婚的叫瓦扎尔合的人提议，瓦扎家拿出"戈木戈能"（用来赔礼的牛羊等物品，笔者注）12件，去劝和补约家，不要打仗。此时，瓦扎兹合这么一个人就说："来杀人的人，为何拿酒给他喝、拿肉给他吃呢？"说着拿刀来杀瓦扎尔合，但被劝住了。之后，瓦扎尔合去劝说补约家。结果，补约家的人说："瓦扎家用戈木戈能给我们做礼了，撤回吧！"这样补约家就撤走了。这事件就这样解决了。我想这个时候，总得有个聪明能干的人来中间说和，不然不知要死多少人呢。其实，补约家支分支中的能惹阿杂、吉次乌衣和吉伙根史与瓦扎家支通婚的。尔坡阿牛有些通婚，有些没有通婚。真正通婚的人都不希望相互厮杀，只要拿来"戈木戈能"，对也必须拿走，不对也必须拿走。因此，亲戚关系在解决械斗冲突中很重要，也很起作用。

笔者：这个纠纷彻底解决了吗？

只是解决了部分，没有彻底解决。补约家支还有些怨气的。一直到我13岁时，补约乌哈又带人从万格山下面来到万格山上面来报他弟弟的仇。这次没有叫其他家支的人，只召集了他们分支的成员、平民和奴隶等最亲密的人，枪也很好，人也精干，突然到瓦扎里界家来赶羊群，引起彼此厮杀拼斗。那时候，我能够和我母亲到现场了。追到一个山沟时，打死了一个迪里。再往上走时，又打死了一个贾巴，一个阿迪。贾巴是补约家的人，阿迪是瓦扎家的人。再往上走时，又打死了一个阿孜，是瓦扎家的人。再往上走时，又打死了一个阿库，是瓦扎家的人。这之后，打死了一个补约家名叫沙玛明石的勇敢者。沙玛明石的哥哥也在，但不敢收拾弟弟的尸体，继续逃跑。补约家的人都往前逃跑，没有一个人敢回头反抗。双方受伤者无数，被打死的人，补约家有五个，瓦扎家有三个。从此以后，补约家也不太敢来欺负瓦扎家了。这个纠纷直到1953年共产党来以后，在"石都"这个地方被共产党调解解决了。

访谈期间笔者在宁蒗县跑马坪乡政府门前留影

笔者：瓦扎家与其他家支之间还有冤家械斗吗？

没有其他真正的冤家。只是和热柯家打杀了一天，就没有再打过了，不算大。补约和瓦扎之间的冤仇是很长久的，到1953年我参加工作后才结束。大凉山那边不知道。在这边，瓦扎家的敌人只有补约家。

笔者：补约和瓦扎过去械斗过，现在没事了吗？

没事了。过去杀死的人已经死了，现在没什么。

"大部分最早是有血缘关系的。"：黑彝和白彝的关系

笔者：隶属你们家支的白彝家支有哪些？

阿迪、阿细、阿苦、马海等大家支，还有一些小家支。阿迪只有名声，人口不多。人口较多的是阿细家支和马海家支。

笔者：您认为"诺"和"土"是怎么产生的？

说法不一样。有的说以前这家欠瓦扎家的钱财而成为瓦扎家的平民。有的说是因为其他原因而来的。阿迪、阿细是瓦扎鲁祖俄祖与女奴生的后代。阿苦是瓦扎所古嬷什惹的后代。有所古阿都威尼是阿库、所古阿都约布直史阿特阿合俄祖是瓦扎的说法。因为阿库的母亲是"土嬷"，所以，阿库成了"土"，瓦扎成了"诺"，实际上都是一个根的。

笔者：您认为土司或兹莫是怎么来的？

有一种说法叫"乌戈兹米，尼戈尔吉"，即哥哥分出成为兹，弟弟分出成为百姓。是什么原因成为这样的，没有人能讲清楚。

笔者：尔吉里面还分"诺"和"土"吗？

诺苏是真的有"诺"，也有"土"，只有这两个层次。后来与汉族战斗中捆来的汉族人被认为是"朔"，不是彝族人的说法。

笔者：瓦扎和阿迪、阿细、阿库实际上是一个祖先传下来的，只是因为母亲的身份不同，后代的身份就不一样。但是，一直以兄弟关系延续下来。因此，瓦扎与阿迪、阿细、阿库之间不能通婚也是因为有血缘关系吧。

是的，瓦扎家支的男丁与阿迪、阿细、阿库家的姑娘不能有男女性关系的，而是作为兄妹相互对待的，不能通婚和乱来。通婚对象各自另找。在我们手下的平民百姓有"所的"地方迁来的，如从兹莫马海手下来的叫马海百姓，从沙玛兹莫家手下来的

叫沙玛百姓，大体上都是这样来的，大部分最早是有血缘关系的。相互离不开的是瓦扎与阿迪、阿细、阿库之间的关系，就像补约与金古惹所之间的那种关系一样。彝族基本上都是从古伙、曲涅繁衍而来的。古伙、曲涅各自有各自的迁徙路线，有左右之分。曲涅往下来，古伙往上去。"所的"的人大部分属于"古伙"的后代，"什乍"的人大部分是曲涅的后代。"古伙古罗萨（印章），曲涅次罗萨"是指古伙家兹莫很多，曲涅家兹莫很少，也不一定是实指九家和一家。巴且家的阿依措品有个"羊更哈佳（一只公羊，笔者注）"，是非常厉害的一只公羊。兹莫家捆抓了阿依措品并让其家人用"羊更哈佳"来换取。当说客来时，悄悄传话传信并用暗语写回去，被措品老婆识破后，召集家支兵力趁兹莫家出兵攻打别的地方的晚上攻破兹莫家。实际上，不反抗，不杀掉兹莫家，一直等共产党来后，彝族可能更好一些。

瓦扎尔体：把兹莫家干掉后，黑彝即诺伙的势力提高了，权力坚固了，疆土变大了。在这之前不是那样的。

权力大也没用，不团结，相互看不起。再差再穷的黑彝也认为自己强大，厉害。你好我也好，就能成事了。你厉害我也不差，各自吹嘘，相互都不服，有啥用。以前都在兹莫家的统管下，大家都服服帖帖的。

瓦扎尔体：兹莫是当时中央王朝封官来统治各族的，是掌印章的。哥哥的后代有了印章后，就不与弟弟的后代即诺伙通婚了，逐步也就有仇了。

这以后，彝族与彝族之间拼杀厮斗不说，还去挑衅、敲诈、攻打汉区，抢掠俘虏为奴隶。有拉普惹所（三子）罗洪是阿里阿木之说，瓦扎是阿合俄祖惹所（三子）之说，即俄祖普里、俄祖杰章、俄祖甘次。瓦扎曾居住在"肯哈"，是因从瓦扎才罗这个地方搬迁来而得名的。补约是能忍惹尼（二子），龙木是阿海惹所（三子），热柯是尼特惹什（七子），瓦扎后来又分为好几个分支。

笔者：您认为黑彝和白彝不通婚的规矩是怎么来的，是什么原因引起的？

有很长的历史了吧，没法回答，说不清楚。土和诺不开亲的事，有一段时间好一些，现在越来越走火。土们说自己开自己的亲，诺们说以前就是这样的。彼此不通婚，越来越严重。

笔者：您认为这样好不好？

从科学的角度讲的话，不用说了，是不好的。只是难以突破习惯。相互通婚的后代子孙很好，很聪明的。彝族男的娶汉族女人结婚的后代很聪明，成功的有一两个。

笔者：瓦扎家男的娶汉族女的多吗？

不多，个别。

笔者：您知道的有哪些？

我知道盐边县的瓦扎阿普在"文化大革命"时期被斗苦而逃走，逃到渡口市娶了一个汉族女的结婚。有一对儿子，这两个儿子都成功了。有个在上海工作，有个在渡口工作。有个热柯石万在四川宜宾坐监劳改了很久，后来与在那里劳改的汉族地主的姑娘结婚。他们有三个儿子，有个大学毕业后在攀钢工作，有个在林业局工作，有个在打工。三个儿子都不错。另外还有一些，记不清了。

笔者：有彝族姑娘嫁给汉族男的吗？

有的。但隐瞒者多。

笔者：你们家支的男的有无和某个白彝家支的女的结婚的？

可能有，但不清楚。

笔者：其他家支的有吗？

我知道有个补约家支的男的娶了一个白彝家的姑娘，有两个儿子，在战河乡居住，前两天还在我家作客，据说他的孩子都不错，很聪明。

笔者：被他们补约家支的人责骂了吗？

没有吧，无法责骂了，责骂不管用了。

笔者：瓦扎家的人有无被开除家支的人？

没有。

笔者：您知道瓦扎家成员之间有通婚的吗？

没有，不可能通婚的。

"有的多出，有的少出。"：瓦扎家支简况

我们瓦扎家支从阿合三子分出来以后，相隔最长的，也只有19代，大多只有十五六代。包括"肯直"（指小凉山，笔者注）、"肯哈"（指大凉山，笔者注）的所有家支的男丁，有人说有1700多人。

笔者：你们这里（在县城）的瓦扎家支的人凑尔普比普吗？

瓦扎尔体：有的，有规定。农村人出得少，每户10元。老人去世时，县城里每户出20元是最低的要求。出多少以自己的脸面和富裕程度来定，出20元是自己没有也得找地方借来交。

笔者：岳父母去世含在里面吗？

瓦扎尔体：岳父母去世不含在里面。岳父母只有"能沙低"，就是背一头牛和一些酒，由当事人自己出。瓦扎家的阿普、阿玛死时，整个家支都出。

笔者：这个习惯在农村和县城一样吗？

瓦扎尔体：是一样的。农村还有献"荞巴"给主人家的做法。以前是出五对煮好的"荞巴"和10元钱。

笔者：孩子考上大学凑份子钱吗？

瓦扎尔体：有。

有的凑钱，有的不凑，有的多出，有的少出。

笔者：您的全名叫瓦扎伍合，您有四个子女。其中三个是女孩，一个是儿子。您母亲是热柯家支的，您夫人是补约家支的，

您儿媳也是补约家支的。

三个女儿,老大嫁给补约家。其丈夫因贩卖毒品在西昌被杀死了,留下一个孤儿。老二在县计生委工作,也是嫁给补约家的。老三还没有出嫁,在丽江工作。儿子从昆明农大毕业后在县烟草公司工作,他夫人在跑马坪乡当老师。

笔者:你们这里有人能够把宁蒗这边五家"诺"的来龙去脉说清楚吗?

没有吧。只有各自能够理清各自的。

(此时,来了个罗洪家支的男人。以下是对罗洪家支的男人的访谈。)

"我家是吉牛双尔家,是最小的。":罗洪家支简况

我们家是罗洪吉牛分支家的,原住在凉山喜德县,从先祖毕合开始搬到这里来。谱系是吉牛毕合—毕合双都—双都拉达—我—儿子—孙子,来这里已有六代了。

笔者:你们这边的罗洪家支都是这样来的吗?还是只是您家?

在宁蒗县,我们罗洪吉牛家支的人不多,大部分都住在永胜县的边上。现在,很多都划给永胜县了。永宁坪有十来家。

笔者:你们都是从喜德县搬迁来的吗?

我们祖先吉牛有三个儿子。牛兹阿牛那家是老大,吉牛普媒是老二,我家是吉牛双尔家,是最小的。我们这个分支,牛兹阿牛家的后代一个也没有来,都住在喜德县。老二和老三的后代大部分来盐源县、盐边县和宁蒗县居住了。我们在宁蒗县的人口比较少,多数都在永胜县居住。那里大概有两三百人,男女加起来可能有四五百人。

笔者:你们罗洪家搬到宁蒗县后有无与其他家支械斗过?

冤家械斗是有的,他们补约和瓦扎家械斗是什么原因引起

的，我还不知道。药山（在西川乡，笔者注）的补约毕书家和我家有纠纷，但没有人命债。

笔者：罗洪家的人有被开除家支的吗？

没有，但与补约家干过。现在已经相互开亲通婚了。有个补约的母亲原来是我们罗洪家的媳妇，是瓦扎家的姑娘。她先是嫁给我爷爷辈的一个人作老婆，这个人长得帅气，人才好，生了一个姑娘后不幸死了；之后转嫁给另一个罗洪男子。他没有人才，长得也丑，那个瓦扎家的女人不喜欢这个人。补约的父亲可能是长得不错，她就投奔了。她的侍女沙玛家的姑娘也投怀给大槽子我舅舅补约家的平民百姓吉伙阿牛了。两个人偷情跑掉了，与喜欢的人相互偷情而一起走掉了。这是我亲眼看到的，我参加民兵队的时候还活着呢。当时，在战河我们家打鸡打狗给补约家，开除瓦扎家的姑娘。后来补约家找我们家报仇，把我们家的平民百姓阿顾家的牛羊都赶走了。在大垭口汊河那个地方，我父亲和阿顾家的几个人一起与补约的哥哥带领的人厮杀一阵后赶回了牛羊。补约说因为我们咒骂他父母而来报仇。当时，那只狗是我最小的那个爷爷的。他孙女嫁给补约阿切。前几年，宁蒗东山罗洪家有个儿子在丽江可能因为偷窃被纳西族打死了。之后，罗洪家支成员聚集到丽江公安局，与公安局吵闹、打架，有两三个人被抓进监狱，其他被打、被揍后回来了。因为被打死的人没给我们家属讲，而被他们埋在洞里，我们就去讨公道。我的叔辈三四个人、爷爷辈四五个人一起去讨公道的。最后判给罗洪家18万元了结。

笔者：今天十分感谢你们了。

不用客气！不用谢！

二十一、2006年7月13日下午16：00—18：00

被访谈人：沙玛书记（右），男，彝族，云南省宁蒗彝族自治县跑马坪乡党委书记；

访谈地点：云南省宁蒗彝族自治县跑马坪乡政府会议室；

在场人：吉伙体兹先生、日伙阿普先生等。

"我就应该实事求是地讲给你听。"：跑马坪乡教育简况

笔者：你们这里的教育怎么样？

你是从中央来的，从这个角度来说，我肯定应该说非常好。但是你，一是彝族人，二是与我们有亲戚关系，又关心宁蒗才来到这里，因此，宁蒗存在的问题，我就应该实事求是地讲给你听，将来对宁蒗老百姓也可能会有一些好处。你来到这里，从大角度来讲，是宁蒗县人民的荣幸；从小的角度讲，今天你来到跑

马坪乡就是跑马坪乡人民的一种荣幸。我们凉山彝族地区经济基础相当落后，教育上存在的问题不少。这里唯一一所中学是县乡合办的中学。九年普及义务教育做了很长时间的工作了。人力、物力、财力全部集中在义务教育上。县委、县政府也相当关心，高度重视，把教育当做头等大事来抓，我们乡下也不折不扣地干。这样，比过去来说是提高不少了。但从现在入学、升学的角度来讲，还有一些问题。虽然国家政策好，书、学费免了一些，但是，很多彝族家庭确实非常困难，有的家庭有两个孩子，有的有三个孩子，现在能够上初中的，家里基本上都有三个孩子。读小学的，家庭基本上都有两个孩子，无论是两个孩子的家庭还是有三个孩子的家庭，对农村家庭来讲，让两个、三个孩子都去读书，经济上是非常困难的。因此，入学率成问题，升学率也成问题。

笔者：两个或三个全都读不起？

对，对。尽管政府扶持三个孩子一起去读书，但三个孩子都要吃、要穿。农村家庭，好不容易卖个鸡，卖个猪换来点钱，供两三个孩子读书还是远远不够的。家里的大人也要吃穿。因此，好点的家庭，小学时能够让两三个孩子都上学，上到中学以后，就难以支撑了。初中以上的中考或高考，十家当中，只能照顾一个人去读书，甚至一个也照顾不了的家庭也多得很。

吉伙体兹：现在，从思想上、观念上认识相对提高了。但是，边远山区经济困难，入学率、巩固率、升学率跟家庭经济困难是对应的。家庭经济困难的，没有入学或辍学的很多。即使学费免了，书费相对地免了一些，但是，生活费仍然困挠着父母亲。正因为困难，两个、三个一起入学的，失学者仍然存在。所以说，三年也好，九年也好，失学总是存在的。有的是小学五年级失学，有的是初一失学或初二失学或初三失学。

笔者：失学者都去哪里了？

目前，通过政府工作，能劝的尽量劝回来。尤其是最近两三年，为实现"两基"，跟在后面追回来。追回来后，有些继续上学了，有些还是失学了。因为，困难始终困挠着他们。父母亲交来的生活费，这个月到位了，下个月到位不了的话，还得走，还得失学。

笔者：中学生住校吗？

全住校。现在小学都住校了。小学五六年级都要求住校。尽管国家实行两免一补，但是，吃、穿还是需要大量的钱财，只有生活费全部解决了，才能真正地解决失学问题。

笔者：一补不是补生活费吗？

宁蒗县跑马坪乡政府所在地远景

是补生活费。但不是全部补助，而是只补助那些特别困难的孩子。实际上，农村人都很困难。

笔者：是不是跟家庭产业多样化有关呢？

是的，教育意识虽然提高了，但家庭人手短缺，农活、杂活多，再加上过去能读书出去的也不多，扶持不上去，干脆就不让孩子去上学了。

笔者：初中、高中毕业生没有升学的怎么办？

一般都回村里干农活，有些是通过人力输出，去外面打工，出去闯了。闯不了的就回来娶妻或嫁人，安家耕作。

笔者：听说宁蒗县年轻人出去打工的人很多，跑马坪乡的情况怎么样？

跑马坪乡出去打工的人也不少。但是，在校生出去的不多，主要还是成年夫妇出去的比较多。

笔者：要改变教育落后的情况应该怎么办呢？

除了要解决经济困难以外，教育方法、教育体制、师资力量，都需要更进一步的加强。因为目前，小学是在一个乡里的很多地方，一二年级相对集中建校，集中办学。这样，很多家庭住得离学校相当远，规定5公里以内集中办学。可是，集中办学有利也有弊。5公里够远的吧，小孩子走一个多小时呢。对山区来讲，集中办学，利小弊大。我们乡的村小，再三再四地要求后，保留下来的只有九个。高寒山区，坡陡路远，困难很多。首先是小孩子上学和放学都很不方便，社会形势又复杂，很多家长都很担心安全问题。其次是师资力量有待加强，现在师资问题比较大。最后是教育方法问题。教学过程中，提倡素质教育，从长远看是非常好的。但是，教学内容、教学方法有待大大提高。目前，只是为了成绩，课程安排太多。一天内，从早晨一直上到晚上，实际上，学生很容易产生厌学的情绪。

笔者：不集中办学怎么办？

小学高年级集中办学是对的。低年级集中办学不对，减少村小，撤、并村小是不对的。不应该减少村小，不应该撤销村小。

笔者：师资队伍情况怎么样？

原则上没有代课教师，实际上代课教师很多。有私人请的，有校方请的，也有政府请的。

笔者：什么是私人请的？

私人请，就是老教师年纪过大，身体不好，教课受不了，他就自己请人来帮他代课，从自己的工资里给他报酬。还有，以前招聘来的没有教师资格证的，没有专业资格的人也在代课，普通话也不行，教课也不行，汉语拼音不太好，存在很多误教误学的现象。

笔者：彝族孩子上课有无语言理解上的问题？

有，有问题啊。这是很必然的。所以，教学时，彝语一半，书本上的汉语一半，还有普通话一半。刚上一二年级时，用彝语解释一遍，又用汉语教一遍，甚至四五年级以下都这样教。

吉伙体兹："文化大革命"期间，只上了二三年级就被推荐去读中专，毕业后回来当教师的那批人，现在变成事业人员编制。因为他们教不了小孩子了。但是，他们还在岗。他们就请现在的初中、高中毕业，没有考上高一级学校的人来帮忙教书。然后，从自己的工资中支付报酬，这种现象也比较多。这种中专生，连小学六年级水平都没有，但他认为自己是国家干部，老资格，工资也取消不得，退休不得，就把自己的亲戚朋友请来，每月给两三百元帮他代课。你说教育质量能搞好吗？请来的人，只为那点钱，质不质量才不管呢。由于是个人请的，教多长时间也没有机会转正，也没有提升的机会。故而，也不好好教学生。

笔者：这种情况，政府不干预吗？

政府也在干预。但有些地方，师资力量不够，确实有些人也不能教了，教不下去了，年纪大，水平跟不上，就只能睁一只眼闭一只眼了。因为他确实教不了嘛。基层也向县教育部门反映过。这也是没有办法。那些老中专生，确实教不了书了，又没有到退休年龄，请人帮他教，家庭也高兴、欢迎。应该让他们提前退休就好了。

笔者：彝族小孩一两年级不学汉语学彝语怎么样？

这个是大接轨大转折，对以后长大工作不利。小时候只学彝语，范围太小，到大范围用汉语的时候就不行了。彝语也不能畅通使用，也得不到就业岗位，挣工资吃，没有多大用。

笔者：近三年跑马坪乡考上中专、大学的人有多少？

具体也没有统计过，有十多人吧，四个村委会有60多个村民小组，全部算起来有几十人。今年不太行，大概中专以上有十来个人。

笔者：女孩有多少？

不知有多少，但女孩不多。

笔者：为什么呢？

小学和初中不受影响，有影响也不明显。但是，初中以上就很明显了。上高中，女孩就很少很少了。除非智力很突出、成绩很好之外，基本上就不上学了。因为经济困难，成绩也差。

笔者：有无观念上的问题？

以前有，现在基本上没有了。因为是女孩而不让读书的观念基本上没有了。

"什么产业也没有。"：跑马坪乡经济发展简况

笔者：你们这个地方有些什么经济林木呢？

没有什么经济林木，什么产业也没有。

笔者：年人均收入有多少呢？

年人均收入610~730元不等，大部分人不到300元。

笔者：是不是把家里所有的鸡、猪等牲畜全都算在里面了？

全部算在一起了。玉米收多少，洋芋收多少，荞麦收多少，有几只鸡，有多少羊。全都算在里面了。

笔者：这个不能算是纯收入吗？

有些连过年猪都杀不起，有些一年连100斤大米都没有吃过。每家一年能出一两万斤洋芋算是最多了。洋芋最多三五个月之后就坏了，拿到市场去卖，卖不出什么钱。

笔者：有无考虑过做一些扶贫移民搬迁呢？

按照国家建设新农村的政策，在宁蒗应该把高寒地区的彝族迁移到坝区，根据情况分别安置，这样可能好一些。地理环境原因导致贫穷。以前做过，住在海拔2800米以上的人家全部搬迁，有政策扶持搬迁，有自行搬迁的。但是，没有坝区可以安置。现在还有一些，全部搬下来，也不太现实。但是，只留一两家居住在高寒地区发展畜牧业，可能更好一些。

日伙阿普：思路有了，计划有了，但落实起来很难，主要是资金问题，没有资金永远也实现不了。移民搬迁，没有资金怎么行。即使在坝区找到土地，有安置的地方，但是没有钱，能搬迁吗？这个方法不仅对跑马坪，对整个宁蒗县高寒地区都是适用的。摩梭人比彝族还穷，泸沽湖周围的摩梭人富得流油，但是，永宁边缘上的摩梭人穷得可怜。

笔者：跑马坪乡有无可做旅游开发的地方？

旅游，目前这里一点都不沾边。这里有煤碳资源，但有待于开发，招商引资差一些。

笔者：旅游开发是最有利老百姓的，人来得多了，卖根玉米棒子也挣几元钱呢。

是的，但是旅游不沾边，没有景点。

笔者：有没有对农户的产业结构进行调整，比如，某一户只养猪，某一户只养鸡或羊，或某个村只养羊或鸡，某个村只养猪，这样互通有无，又可以解放劳动力。

没有考虑过这些。

二十二、2006年7月15日上午10：00—13：00

被访谈人：蒋日万格，男，彝族，原云南省宁蒗彝族自治县跑马坪乡乡长；

访谈地点：云南省宁蒗彝族自治县跑马坪乡沙力坪村蒋日万格家里；

在场人：吉伙体兹先生、吉伙副乡长、杨洪林博士。

"家谱是到金古后才比较清楚的。"：金古忍石家支谱系、迁徙

笔者：你们家支在金古这个人之前是什么样的？

之前有人记过一些父子连名谱系，从吾哲忍才尼开始写的，中间有些脱节了。我们是从阿普都木开始写的，中间落掉了不少。我记得是从阿普都木写下来，到阿次次—阿香香后基本上统一连上了。阿次次—阿香香—香列莫—列莫伍—伍阿鲁—阿鲁阿拉—阿拉剥欧—剥欧巴哈—巴哈色铮—色铮依欧—依欧衣顶—衣顶阿说—阿说列古—列古拉普……拉普迪俄（分支较多，笔者注）—迪俄肯拇—肯拇肯依—肯依甘依—甘依拉依—拉依拉茨—拉茨俄觉……是补约黑彝。金古是拉普迪俄—迪俄肯拇—肯拇肯依—肯依海依—海依俄布—俄布金古……这样来的。因此，家谱是到金古后才比较清楚的，我们这本家谱书也是从这里开始书写的。以前，金古忍石之间老大三家和老小四家为了争夺财产，可能相互械斗过。之后，"日忍更素"（意思是大老婆的孩子们，笔者注）全部搬迁到宁蒗县这边居住。"尔忍更素"（意思是小老婆的儿子们，笔者注）依然居住在大凉山。大老婆的儿子中，金古阿姆是老大，金古蒋日是老二，金古吉伙是老三，是大老婆的三个儿子，是"日忍"。"尔忍"是金古吉史、金古子都、金古阿品和金古海忍。"日忍"搬迁下来居住了，"尔忍"还居住在大凉山那边。分开的原因，据说是相互之间为了争夺一头耕牛而发生了械斗。械斗之后，分离迁徙。因此，搬迁下来的人当中，有些人心中十分不满，就几乎没有提及还有"尔忍"即小老婆的这些儿子。久而久之，几乎忘记了。所以，常说"金古惹所"家支，而不说"金古忍石"家支，就是这样来的。后来，相互之间不断交往以后，才慢慢知道和认可彼此。金古子都可能不是"尔忍"里头的老二，但送家谱书稿来的那个人，是金古子都分支的后代。这个人说自己家是"尔忍"的老二，我们又不好考察和弄清楚。在家谱书里，就把这支列为老二。他们争到了老二的位置。

吉伙体兹： 我们这里有种说法，我们这边的金古惹所，在与大凉山那边的人接触以前，就听说金古子都是"尔忍"的四个儿子中的老大。

在四川利木美姑的各分支，每家写了一封信送来。来送书的这个人只懂老彝文，不懂规范彝文。他就让我念给他听那些用规范彝文写来的信。我就大声地念下来,有一页念到末尾,快翻下页时有句话使那个人听后非常不高兴。

吉伙副乡长:金古子都应该是"尔忍"当中的要么老大,要么老幺。我们这边只来了"惹所"家的人,子都是后来才迁来的,就把他们当做最小的。现在说他是老二,也不是老大。

吉伙副乡长和我是兄弟关系。

吉伙体兹:可能由大老婆和小老婆之间的不和引起的。彝族有句谚语是"日拉让苏木史木里色,沙拉布苏古伙木依尼吉巴",意思是有口角是由大小老婆来定的,辛苦是由高寒和坝区来分的。大老婆和小老婆可能是在同一时间里一起生活的,而不是大的死了才娶小的,因此是家庭内部人之间的争吵。

笔者:搬迁时怎么来的?

我们最先来,以前有"井色波阿博,井祖揩约井里典日约"的说法,意思是百姓没有主子的话,百姓的"天菩萨"就被抓起来,缠绕在腰上。我们来到"万家博忍"的地方居住。那个时候,那个地方还有狗熊、野猪等野生动物呢。

笔者:你们金古忍石各分支的人一起来的吗?

不是,各自陆续迁徙而来的,杨博士那支(蒋日分支,笔者注)先来的。

吉伙体兹问蒋日万格:你们是哪一代来的?

我们是从尼萨的曾祖父时来到这里的,其他人先来的。

吉伙体兹:那是后面的事了。

尼萨的母亲是盐源县平直阿苏吉克家的姑娘。现在很多阿苏家的人还居住在那里。娶了阿苏家的姑娘之后,逐步搬迁下来,直到念祖这一代才来到宁蒗县这里。后来,一般送祖灵的路线,都是从宁蒗县到盐塘到盐源县上去的,说明祖先们到一个地方居住一段时间后,又下来考察新的居住地。等有了中意的地方后,男子们先来刀耕火种,有收成之后再接女人和孩子们来。

笔者：尼萨是您的什么人？

我的曾祖父是阿苏吉克家姑娘的儿子。

吉伙体兹：万格山上阿细德古出名时说，万格山下是念祖尼萨两个出名。但他俩的妈妈都是阿苏吉克家的姑娘。阿苏吉克家的姑娘是洪曲的妈妈，洪曲—洪曲洪国—洪国洪让，是杨继光和俄直他们。俄直家是洪让家传下来的。他们的妈妈不是阿苏吉克家，而是阿赤家的。有个叫阿赤尼各的人，什么事都能做，不要道德，不要品质，法律也不听。"杨继光，你啥子都不要，你脸皮又厚，心又黑"，我常常这样责骂他，"你不要伦理，不要道德，法律有时听有时不听，你活在世上有啥活头。以前有个叫阿赤尼各的，你是他的种子传下来的"。洪曲搬下来后，娶的阿苏吉克家的姑娘，尼萨的老婆是这里阿硕家的姑娘，念祖的老婆是从盐源那边娶来的，叫尔佳沙玛姑娘，又叫尔佳双莫。尔佳双莫也像念祖阿牛那样有名。尔佳双莫，用女儿的名字替代父亲的名字。一般女儿是没有资格的，只有女儿相当聪明、能干、出名者才能那样做，那样代替。

笔者：念祖阿牛的名字是以父亲的名字来扬名的吗？

念祖阿牛是个姑娘，全名叫阿牛日威。出名后，日威被忽略了，人们直接称呼念祖阿牛了。尔佳双莫是阿牛日威的母亲。

笔者：蒋日分支家的人，目前蒋日木几博士是最高学历的人了吧？

是的。

笔者：蒋日分支家的人里，有多少是参加工作的？

新中国成立后累计起来已有十多人了。彝族的家谱，目前做得像我们金古惹所这本书那样先进的还没有。其他乱写乱编的也不少。

笔者：最近我找到了一本罗洪家和阿苏家的家谱。

罗洪家是从"阿木"开始写下来的。四川甘洛蒋日家的家谱，我们让他们整理了好一阵子，后来有个在西昌民干校当老师的曾教过我的人说，他们不是补约金古家的分支，而是其他家支的。之后，我查了半天，查清楚后拿给他们看。他们还说不是金古家支的分支，说不是就不用放进来了。我们要尊重历史，尊重后代，他们说自己是从什里忍古里分出来的。我们就尊重他们的意见，没有放进来。

吉伙体兹：一般现在能背出来的所有彝族家支的谱系代数大约都在20代。之前是写在毕摩掌握的家谱书里，口传、背诵时，一般都从"都木乌乌"开始背。不过，有的从吾哲施南开始背，有的从阿次次—阿香香开始背下来，有的是从木乌日乌开始背下来，有的是从兹开始背下来，有的是从诺下面开始背下来的。但是，我认为所有彝人都是从都木乌乌这里分出来的，都是都木忍牛传下来的。

"海依和拉依是亲弟兄。"：黑彝和白彝的关系

笔者：你们家支起源在什么地方？

吉伙体兹：在补约的地方。其实在黑彝补约家的家谱里也没有。我们金古惹所谱系里也没有。为什么叫补约，是因为居住在斯木补约而得名。斯木补约那个地方柏杨树很多，2001年我们到那里去看时，我还捡了三片叶子拿回来。我一看像柏杨树，又不像柏杨树。我认为我们家支居住在斯木补约，地名变成了人的姓氏。史利惹古家有史利补约一说，但谱系里没有。迪俄—肯依—肯依海依，海依和拉依是亲弟兄，海依是我们金古家的祖先，拉依是补约家的祖先。拉依—拉依拉次—拉次俄觉—俄觉双忍⋯是补约（诺）家。肯拇—肯拇肯依—肯依海依—海依俄布—俄布金古是我们金古忍石家。海依是哥哥，拉依是弟弟。因此，习俗上，我们避见黑彝补约家的媳妇。我们父辈六七十岁的人在世时，有个叫吉伙阿普木阶的人说："以前我们避见补约家的媳

妇。"过去宁蒗县政协有个叫补约典诺的人，现在已去世，我问过他这件事。补约典诺说过，以前有这种事情。前辈讲过，金古惹所避见我们补约家的媳妇。

这样说来，可能是了。以前我们那家"诺"稍微贫穷，不如我们活得好。因此，在我们面前不敢称大，其他人还是说他们大。

笔者：曾住这里的沙力坪黑彝补约家的家谱您有吗？

没有，但我能背下来的。

笔者：现在能否背来听一听？

阿次次……肯依—肯依拉依—拉依拉次—拉次俄觉—俄觉双忍—双忍能忍—能忍吉次—吉次阿史—阿史普车—普车尔波（二子）—尔波五阶—五阶合阶—合阶威的，从这一代开始居住在沙力坪村。金古惹所先来，"诺"们后来。

吉伙体兹："诺"是威的这一代才来到沙力坪居住的，从威的到乌哈，只有五六代居住在这里。从我身上来说，从祖先阿巴普忍从大凉山迁来开始计算，普忍—普忍色尼—色尼约干—约干比你—比你都忍——都忍生土—生土布古—布古史哈—史哈日史—日史体兹，一共十代。这是我们叫吉伙分支家的一个小分支的情况。这样看来，补约家是后面来的，我们家是先来的。补约家到威迪—威迪祖祖—祖祖克波—克波阿嘎—阿嘎尔鲁—尔鲁乌哈，此人曾任宁蒗县副县长。

笔者：看来黑彝补约家和你们金古家可能是一个血缘下来的。但是，黑彝补约家和你们家为何一家是诺，即黑彝，另一家是土，即白彝呢？

因为肯依有两个儿子，一个叫拉依，一个叫海依。海依是兄，拉依是弟。我们家是海依的后代。据说海依的智商比拉依差一点，海依又喜欢上一个丫鬟。有次喝醉后，弟弟拉依就给哥哥海依说，今天晚上把丫鬟许配给你，结果哥哥海依答应了。这个丫鬟，据说是恒依比尔家的姑娘，也有的说是阿硕家的姑娘等，有几种传说。这个姑娘是弟弟拉依老婆的陪嫁女。

笔者：您认为诺、土、兹是怎么来的？

这种分法，是从列古那代开始的。"乌戈兹米，尼戈尔吉"这样发展下来的。马海是列古—列古都尔—都尔吉恒—吉恒尔直的后代，也有是木乌—木乌萨直—萨直萨你的说法，即木乌—木乌萨直—萨直萨你—萨你尼恒—尼恒马海……这是马海兹莫。木乌—木乌萨直—萨直萨你—萨你列古—列古都尔—都尔吉恒—吉恒尔直……这是马海土伙。大体上都是从"乌戈兹米，尼戈尔吉"里出来的。兄长成为兹米（统治者），弟弟成为尔吉（平民）。其实不一定都是这样的。像金古和补约家那样，势力大的人，可能跟着兄长走了，可能有些乱了，不是绝对的。因为，有些是从前面分支的，有些是从后面分支的。比如海子惹所的沙玛曲比分支，一般都认为他们是从兹里分出来的。兹里分出一些成为诺，一些分出成为土。我们家支是诺里分出来的平民（土），沙玛曲比他们是从兹里分出来的平民（土），有时候是没有严格区分的。

笔者：您认为诺为什么成为诺呢？

从书上讲，有人研究过彝族历史，说彝族历史有上万年的历史，这个问题不好讲了。

吉伙体兹：诺、土的区别主要是以富裕与贫穷来区别的。我们见过，土忍做错事，贫穷者做错事，必须在诺的家里做活，成为奴隶，其他土忍也鄙视他们。但是，他们原来也是土忍，成为呷西、嘎加之后，世代只能与彼此相对等的人开亲，慢慢就成为低阶层的人。

嘎加、呷西对诺而言，是不分等级的，在诺的家里，有正规从土伙变成嘎加和吃绝业（"给古"）收集收养的不少人。吃绝业就是土伙某一家没有儿子传宗接代，这家所有的奴隶、财产都被诺收走、收养，成为诺的奴隶。以前沙力坪的补约家里这种人特别多。有个沙玛石易家支的人与我们金古家支的人一样都是土伙阶层，但他因贫困潦倒，到补约家当嘎加，现在还有后代呢。有个马海尔只也是正规的土伙，贫困后到补约家当嘎加。有个吉伙，是吉伙"坡史忍"（女奴之子，笔者注），不能在同等级的人家当奴隶，也只好在补约家里当嘎加。另外，还有一个吉木也是同样的情况。我想为此照张照片放着，写些东西出来。但没有时间和精力，也没有水平来写，只好搁下来了。解放时，这里的彝族人分为嘎加、呷西、土伙、诺伙各阶层的人。实际上对诺而言，没有呷西、嘎加的区分。嘎加的男孩子十六七岁就到诺的家里去劳动、干活、生活，直到给他娶媳妇，单独立户后，就变成了嘎加。但是，吃绝业收养过来的人，在彝族人概念里，与汉族奴隶一样，是把孩子收来当呷西奴隶，直到娶媳妇之后变成嘎加。因此，在诺的眼里是一样的，嘎加和呷西是一回事。安家后，自己有了些土地，诺家需要干农活时或别的事情忙时去帮忙。对诺而言，是这样的情况；对我们这些土伙而言，是没有嘎加的，只有"毛约"和"呷西"两种。

所谓"毛约"就是最初是汉族或别的民族被抢来或买来做奴隶的人几代人以后的呷西。开亲时，"毛约"不愿跟刚抢夺或俘虏或买来的汉族或其他民族的人开亲或结婚，因为他们已有几代人了，经过这几代人他们基本上变成彝族了。这种联姻现象是很奇怪的。我们蒋日家以前拥有一些"毛约"身份的人，我们之间关系非常亲近，并且很尊重他们，不能随便称呼他们、使唤他们。诺下面是嘎加，嘎加下面是呷西，其实嘎加和呷西是一个等级，但开亲的对象不一样。嘎加里面，如果是从土忍下降成为嘎加的，在诺的手下生活，也只能在这些人之间开亲或通婚。除去个别特例，都是这样。刚才我讲过的那个沙玛石易家的人，和我们是一个等级沦落下去的。那个吉伙是吉伙家的奴隶的女儿；

那个吉木本身是从汉族人中俘虏过来的。那个沙玛家的人开亲时，不愿与吉伙家和吉木家的人开亲，他只选择与他同等级、同处境的嘎加作为自己的开亲对象。那个吉伙家的人又不想、也不愿意跟吉木家的人开亲，他认为他自己的父亲是正规的"土"等级的人。补约乌哈家里的吉木这类人，又不愿与我们"土"家里的奴隶开亲。因为在他的思想意识里，认为他是诺伙家的奴隶（嘎加），好像高一层。还常说，我是诺伙（黑彝）下面的奴隶，他们是土伙（白彝）下面的奴隶，层次不一样。

吉伙体兹：莫史忍（与同等级女子的非婚生子，笔者注）和波史忍（与不同等级女子的非婚生子，笔者注）是两个档次，莫史忍是与"土"一个等级的女人生的，好像层次高一些；波史忍是做奴隶的女人生的，层次就低一个等级。

莫史忍是私生子，与"土"是一个等级。兹、诺和土是很早以前就有分工的，井是后来才有的。按一个彝族学者的说法，彝族很早就已经是封建社会了，后来因战争被赶进大凉山后，又回归到奴隶社会，其他地方就进入了封建社会。有的人早已变成汉族和其他民族的人了。他们的文化是后起的，但很快发达了。彝族文化直到现在都还非常崇尚勇敢和圣达。现在彝族人都想当官，因为以前没有财经方面的工作，搞经济的全是汉族人，最近几年才逐步有了。彝族人不想做财务方面的工作，而只想当个官，带个"长"字就高兴，业务不会做，银行行长也当不了，也不想当。只想当科长、局长、县长之类的官。现在彝族人的性格就是这样的，这是从古代传下来的。另一个原因是不懂经济、财政、金融方面的知识，自古以来就想当勇士、长官。兹、莫、毕、更、卓产生的年代，不一定有奴隶。奴隶是发生战争、械斗、抢掠之后，把不认识的人（俘虏）抢来，把其他民族的人俘虏过来，当做奴隶占有的。兹可能变成诺，诺可能变成土，土可能变成井，井变成了发达的群体。个别人也可能变成兹，成为兹以后，开亲对象有所限制，有所束缚，自我约束，不能随便开亲，就成为那个等级的人了。诺的人也不多，而且开亲对象被限定在同一等级内，非常狭窄，自然就不能发展。我们的主子补约家的男子，据说没有超过二十人。吉次—吉次阿史—阿史普车—普车尔玻—尔玻罗吉—罗吉合加—合加威迪—威迪祖祖—祖祖肯波—肯波阿嘎—阿嘎尔鲁—尔鲁乌哈，共十多代人中，只有十一个男子。我们蒋日家，从金古分支下来，到我身上只有十四代。但是，人员多得很。金古、吉伙、蒋日等金古惹所的人口不知有多少，有很多人的。但诺（补约）家只有十几个人。说明诺的人口不发展与开亲对象的限制有关，通婚或开亲对象被限制后，人口就不发展了。土伙（白彝）的通婚对象比较宽泛，人口发展就很快。

兹有严格的开亲对象，所以人口也少。诺也有严格的开亲对象，通婚范围小，所以人口也不发展。沙玛曲比是从兹里分出来的，但为什么没成为诺而成为土呢？宁蒗范围的五支黑彝是拉普迪俄分支出来的，拉普迪俄的后代有罗洪、龙木、瓦扎、热柯、补约，全都是从这里分出来的。其中，瓦扎的地位差一些，被称为"诺史"，补约等其他黑彝不跟他开亲。黑彝阶层里也分地位高低，因此，瓦扎与布典、莫色开亲，其他黑彝不怎么与瓦扎开亲。拉普迪俄惹尔（四子）分出来的都是诺。有人说兹与汉族通婚，"乌都乌波"就差一些。其实也不是。什么叫"乌都乌波"呢？汉意来讲"乌都"是"质"的意思，"乌波"是"量"的意思，故"乌都乌波"是"质量"的意思。"乌都"是指智商，聪明之意，"乌波"是指身材，高矮之意。古时候的彝族在喝酒时说"直乌都里恒玛，你伙乍阿达"，意思是说，这种酒乌都不错，但味道不太好。乌波是数量。"海干乌都阿毕"，意为汉族等被抢来的人智商差一些。事实上，被彝族掠夺、俘虏来的汉族或其他民族的人，确实没有几个好的人种。因为智力差一点、贫困一点的人，才住在边界上，容易被抢来，真正富裕、能干的人是不会被抢被捆来的。故而，这些人确实差一些，所此大家都说"乌都"不好，意为智商太低，智力不好，身体素质也差，逐步就变成了低等级的概念、低等级的人群。也因此，"土"是比较高质量的。所以，自古以来，就想当官，就像现在争当科长、局长、县长那样好强、虚荣。

云南省宁蒗彝族自治县跑马坪乡沙力坪村蒋日万格（右一）家采访现场

"'文化大革命'时代，彝族的东西基本上被破坏完了。"：习俗

笔者：彝族传统文化教育有哪些？

除了家谱教育以外，一般在婚丧嫁娶的场合，有许多教育的内容。结婚时对歌的内容，葬礼上的"哇子里"、"才格"等，都有许许多多非常有特色、特点的教育内容，有一些有很深刻的教育意义的语句。除了"勒俄特依"等古诗词句外，有些内容还是现当代自编自造的语句。

笔者：据说有只有妇女才使用的语言，您了解吗？

可能有。隐私、见不得人的表达的俚语等。

笔者：您知道"尼木威阶"的事吗？

"尼木威阶"有这回事。据说有一本彝文书专门介绍这种仪式。另外，据说有一本是介绍说明威阶的书，还有一本是介绍说明合在一起的书。以前罗洪、瓦扎分出后，没有开亲的对象，就做这种仪式，做完仪式彼此就可以开亲了。请毕摩念经，用牛作牺牲，做穿钻牛皮、牛颈等仪式，用牛肉、荞巴等祭祀祖先之后，说清楚，从此以后，彼此就不是同一家支成员而成为可以开亲对象的不同的家支了。"文化大革命"时，彝族的东西基本上被破坏完了。十一届三中全会以后，政策好转，一些彝族的传统文化也得到了发扬、挖掘和整理。沙力坪这个地方有吉伙家子孙居住，有金古家子孙居住，有蒋日家子孙居住。此外，还有许多其他家支的人居住。这样，金古、吉伙和蒋日集中尔普比普，拿出粮食来放在一起，找柴来堆在一起，一直搞下来。后来，人越来越多，相互关照不了了，只好我们蒋日家的尔普比普集中在一起，金古家的人住得较近的、过去互相帮过忙的人也来。在大厂，有些吉伙家的人居住在那里，他们那边人死时，我们一般也赶去悼念一下死者，拿去尔普比普。金古家的人死时，同样也赶去行事。以前，曾经死人的时候都集中在一起。

笔者：一个人或一户出多少有规定吗？

规定已成习惯了。家支里的老人去世时，有找一些柴来的，有拿些粮食来的，没有什么硬的规定。我们这个地方还有做"荞巴"去悼念的，一般年轻一点的人死了，要拿去五对十个"荞巴"，德高望重的老人去世时，要拿去十对二十个，汇集到死人的那家里。每个家支成员，只要独立成家了都要执行这个规矩，这是定死了的。钱一般出五元，多出者自己自愿就行，在蒋日分支里是定死的习惯，也可以叫为尔普。在金古忍所里面，一般只去有名有威望的人家。结婚、嫁女和孩子考上大学是自愿出，各尽所能去帮忙，力所能及去帮助。但死人时，在蒋日分支里面，一户出十对"荞巴"和五元钱是死的规定。"忍更"和"忍敌"这个时候就体现出来了。"忍更"和"忍敌"是两个概念。"忍更"是勇敢的意思，是长辈对晚辈的一种褒称，就像日本的武士道一样，在战斗失利时自杀、剖腹而不投降。

吉伙体兹：聪明者不勇敢，勇敢者不聪明，聪明人一般不会自杀的，不聪明的人才会自杀，死要脸的人易自杀，动不动就发怒者易自杀。

"忍敌"是笨蛋的意思。"忍更"和"忍敌"在出尔普时也能看出来。

"一直想再打死对方一个人才觉得甘心。"：蒋日分支的冤家械斗

笔者：你们家支有过冤家械斗吗？

以前与阿鲁家支械斗过。据说阿鲁家支开会回来时，在路上有隔三代兄弟关系的两个人吵架，其中有一个说了几句家丑的话，被对方打死了。死后对方也赔命、抵命了。被打死者的母亲和媳妇都是蒋日家支的姑娘。死者的弟弟中，有个勇敢者，一直想再打死对方一个人才觉得甘心。结果有一天，真的把对方的一个人打死了。返回来的时候，一路上大声宣扬、通告，被对方的叔辈父子俩听见，儿子拿枪就打了过去，但未打中，后来被父亲打在那人大腿上，不久死了。这样，双方已各死了两个人，一共死了四个人。之后，一方只剩妈妈和媳妇了。有一天，这家的猪吃了对方的庄稼后被对方赶走了，蒋日老妈妈叫奴隶去要回，但对方没有给。蒋日老妈妈抓了一只鸡带着媳妇去对方家里理论，刚进院子婆媳两个人就被对方打死了。之后，蒋日老妈妈家的家支成员就去把对方阿鲁家的房屋、畜圈全部烧光并赶回了所有的牲口。

笔者：这事大约发生在什么时间？

大约在1949年。

笔者：这件事是蒋日家支与阿鲁家支之间的械斗吗？

刚开始是阿鲁家支内部的械斗，后来把蒋日家两个出嫁到阿鲁家的女人杀死后，蒋日家支为了两个蒋日家的姑娘去报仇的。

笔者：金古惹所家支全部去吗？

全部去了。那些与吉伙家开亲和通婚的阿鲁家支成员没有参加械斗。

吉伙体兹：我们吉伙和阿鲁家支也械斗过。原因是有个吉伙都忍的姑娘嫁给他们家时，有两个陪嫁女，夫妻争吵打架，吉伙都忍家的姑娘被打死了，他们怕两个陪嫁女回去告密，就把两个陪嫁女也毒死了。后来，有个叫毕土着尔的人娶了万格山上阿细德古家的姑娘，结婚后回阿细家时，有人告密给他听。回来时他从阿细家借了马鞍马套等，把阿鲁家最好的一匹白马骑走了。之后，阿鲁家也不敢去追究。直到新中国成立时两家的冤仇才结束。

笔者：后来怎么解决的？

后来，阿鲁家杀死蒋日家姑娘的那个人逃到山里和外地，孩子都长大时，才骗他回来，说"给你解决，没什么事，你回来就没什么事了"。结果在路上被他们家支的人杀死了。之后，蒋日家支不得不赔偿所有烧光的房屋和赶来的牲畜。

杨洪林：当时，阿鲁家有26家，烧光25家，只剩下吉伙或金古家姑娘的那家房屋没有烧掉。给些脸面，因为是本家支的姑娘家。没有烧的是蒋日家的姑娘嫁过去的那家，同时有个姑娘也嫁给蒋日家的。后来，没有烧掉的那家也被念祖阿牛烧掉了。念祖阿牛知道后，组织一批女人来烧掉的。因为被杀死的姑娘是念祖阿牛的姐姐。

笔者：念祖阿牛的队伍还做了些什么吗？

还用木棍把阿鲁家的鸦片苗全部打掉。

笔者：阿鲁家支的人哪儿去了？不阻挡吗？

先前烧房屋时全部逃跑了。因为阿鲁家有错在先，知错就跑光了，也怕被打吧。

蒋日万格家杀鸡、作荞馍招待笔者一行人

笔者：此外，还有别的事件吗？

别的事件很多的。念祖阿牛领导白彝反抗黑彝的解放事件很有名的，宁蒗县志上都有记载。

笔者：其他还有吗？

有。但规模很小了。

笔者：过去金古惹所家支内部有纠纷吗？

纠纷是有的，但没有大规模的事件。有些事件，刚有苗头就被德古、苏易规劝、调解和解决了。以前，金古惹所一起开家支会议，有个地方叫"金古惹所莫更德"，即金古惹所家支开会的地方。几年前，蒋日分支召开禁毒会议时，就在那个地方进行的，就是那边下面的小山包。

杨洪林：20世纪90年代中期，金古惹所家支和阿鲁家支又干了一场。

笔者：是为了什么呢？

具体我记不清楚了。

吉伙体兹：这件事是这样的：是念祖—念祖万东—万东哈拉—哈拉毕毕克都忍的婚姻惹的。还有一起是跟蒋日家支械斗了一场，是为了婚姻上的纠纷。

杨洪林：与阿鲁家支械斗是这样的：以前阿鲁家在四川有些家支成员，从这里搬到那边去住的，与蒋日家开亲和通婚。在那里，阿鲁家支的人口多，金古惹所家支的人口也多。蒋日分支只有两个兄弟住在那里，男性人口只有六个。有个姑娘上初中，已许配给阿鲁家支的男人。但小孩读书后，不愿嫁给阿鲁家了。为此相互争吵，起纠纷。为了这件事，所有金古惹所的人基本上都集中到这户蒋日家。

笔者：这件事发生在什么时候？

大约是1999年吧。阿鲁家支已集中了一些人来。据说有70多人，拿着火药枪、木棍、石头等有备而来。蒋日家支成员已穿上寿衣，准备好火药枪和木棍应战。结果在半路上，有个阿鲁家的人被一个蒋日阿普（老人）打死了。阿鲁家的人就冲进这个蒋日家里，把蒋日阿普打死了。这样两个人相互抵命了。其他受伤的人，双方都很多，每一方大约有十多人。有的耳朵被咬掉了，有的脚被打伤了，有的手被打断了。后来，公安、政法部门介入之后，阿鲁家被判入狱的人有7名，蒋日家被判入狱的有5个人。但是，据说蒋日家家里没有劳动力，有人没有去坐牢。蒋日家的人，最重者判了7年，最轻者判了5年。阿鲁家的人，最重的判了9年，最轻的判了5年。

笔者：后来结果怎么样呢？

杨洪林：到目前一直没有发生过什么。彼此的关系缓和了。

吉伙体兹：那件事我还记得很清楚。那天蒋日家支和阿鲁家支都从这里走的。我对蒋日分支的人们说，我不能跟你们去，你们吃饱肚子走吧。我把汉族餐馆的那些馒头、包子全部买给他们吃，吃不完的也被他们带走了。

阿鲁家支和金古惹所家支之间一直都相互开亲、通婚，彼此既相爱又有仇，现在好多了。

二十三、2006年7月15日下午15：30—16：00

被访谈人：杨康，男，彝族，云南省宁蒗县跑马坪乡沙力坪村村民；

访谈地点：云南省宁蒗彝族自治县跑马坪乡吉伙体兹家里；

在场人：吉伙体兹先生。

"没有做和解仪式而通婚就不顺利。"：家支间冤家械斗后的解读

杨井天的母亲是阿鲁家的姑娘，以前有亲戚关系，但吃毒药死了。还有杨天祖这小分支家的人与阿鲁家支的人开亲，有个妹妹也吃毒药死了。

笔者：这是什么时候的事情？

是最近几年的事。发生这种事情，很多人说，是因为以前两个家支之间冤家械斗后，相互之间向对方做过打鸡、吊狗、互咒的事。尽管现在已经和好、协调在一起了，但是，还是有不好的事情发生。

吉伙体兹：这些金古忍石家支的分支成员过去跟阿鲁家因婚姻纠纷而有冤仇，械斗过。同时，两个家支一直相互开亲到现在，好像没有太大关系。你们这小支成员与阿鲁家没有直接关系吧。

这几年出事的、死的这些人，也是他们那个小分支的。人们的意思说，过去有冤仇后有相互打鸡、吊狗的事，后来相互和好的话，必须请毕摩用鸡或羊做和好仪式，解开、驱散和冲淡晦气，才能和好，才能平安无事。不然的话，只是一般的和好。没有做和解仪式，后代之间就相互通婚的话，还是不太顺利的，总有这样或那样的秽事、霉事发生。彝族人一直有这种观念，有这种习俗。有个叫蒋日家的人，娶了阿鲁分支家的一个姑娘。因为

以前有过打鸡、吊狗的事,阿鲁家的那个姑娘吃毒药死了。留下的两个儿子,一个吸毒后上吊死了,一个吸毒后还在监狱里坐牢。据说,就是因为有过那种事后,没有做和解仪式而通婚的缘故。另还,有个阿鲁家的姑娘也死了,总计死了两个阿鲁家的姑娘。

吉伙体兹:我们吉伙分支家跟阿鲁家有冤仇后,一直还没有开亲、通婚。直到我弟弟娶媳妇时,才依据彝族谚语"乌萨阿争付苏,乌尼阿争细苏"(意思是姻亲家不合就开亲通婚,家支成员不合就相互走动走动,笔者注)办的。以这个谚语为依据,娶了一个阿鲁家的姑娘给我弟弟。

笔者:到现在没事吧?

吉伙体兹:没事。现在已经生有一男一女了,家庭也很和睦。

杨洪林博士叫我叔叔,我们父辈一直就居住在沙力坪村对面的小山坡上。

笔者:沙力坪村现有多少人?

有2800多人。下村居住的人的姓氏主要是蒋日,其次是吉伙和金古。上村居住的人主要是阿鲁。因而有个阿鲁村。其他姓氏还有沙玛、莫色、吉牛等。整个村子最多的、最大的两个家支就是金古惹所家支的蒋日分支和阿鲁家支。跑马坪乡最早是马海家支家的土地。

二十四、2006年7月15日下午16：00—18：00

被访谈人：吉伙体兹（左，右为其夫人），男，彝族，云南省宁蒗彝族自治县跑马坪乡供销社职员；

访谈地点：云南省宁蒗彝族自治县跑马坪乡吉伙体兹家里。

"我的祖先是这样来的。"：吉伙分支简况

我的祖先是这样来的。我的祖宗你特—升起—阿模（二子）—吉永—比科—阿巴（二子）。阿巴搬迁来时曾居住在盐源县盐塘区拉次沟。阿巴有二男一女，两个儿子分别叫普忍和生尼。阿巴死得早，留下三兄妹。三兄妹勤劳致富后有土地、有牛羊、有百姓。有一天，普忍和妹妹一起去收租、催租。哥哥骑匹骡子马，妹妹骑匹骏马，在路上，经过一片灌木丛林时，走在前面的妹妹的头帕被路上的灌木钩住后，正好挡住了跟在她后面的

哥哥的骡子马的眼睛，骡子马失明后到处乱跑，哥哥被骡子马摔死了。妹妹伤心欲绝之余，把哥哥尸体找回，在灌木树下火葬后，自己也吊死在灌木树上。普忍的弟弟生尼伤心难过，悲痛欲绝，不愿住在那里，又迁徙到下面的沙厂坪子居住。那里已居住了补约尔坡阿尼家，归他家管辖。后来生下了永刚，永刚又生比尼，比尼娶了一个海子惹所吉木家的姑娘后，生下了四个儿子，分别是都坡、都真、都子、都气。然后比尼四子又搬迁，来到这跑马坪居住。其中，老大都坡五代孙拉火日布从昆明医学院毕业后，现在宁蒗县公安局当法医。老二都真四代孙衣布的一个儿子在宁蒗县永宁坪乡当党委副书记兼纪委书记，现在在省委党校学习进修，还没有回来。老三都子五代孙体兹就是我了。因此，我们的祖先比尼是与吉木家通婚后，开始发展繁衍起来的。先前比尼四子，后来老三都子四子，我是老大的孙子，也是这个小分支的老大了。我们是阿细家姑娘的儿孙。现在我们老三都子有四子，分别是生土、永突、比土和普子，共计有子孙 119 户，尔普比普也集中在一起。有些家支成员只居住在一个小范围的，尔普比普才集中在一起，而且有些松散，根据自己的财力和脸面来缴纳。我们这 119 户是定死了的。某个老人死时，每家 15 元。住得离死者近的，每户 10 元和荞巴 10 对，住得远的人不好带荞巴，故缴纳 15 元现金。某一家人孩子考上大学，老三名下的 119 户每户凑 20 元，领国家财政即有工资的干部或教师等要交多少看自己的脸面。我们老三都子的子孙们的规矩就这样定死了，是规矩。每三年开一次会议，之前已开三届了，每开一届杀一头牛。第一次在我老大家开，我杀了一头 1500 元的牛和一头 1300 元的猪招待大家。第二届在老二家开，第三届在老三家开，第四届准备在老四家开。第四届开会时间是 2007 年 2 月份，是第四届。之后又轮流开。我们是定死了的规矩。当然，户数还在变，男人的数字也在变化，现在有 278 个男丁。父母如果有两个儿子，且两个儿子都已分家立户，那么，父母也算一户，但尔普比普就不用交。凡是有一个儿子与父母一起生活，不管成年不成年，家庭富裕与否，尔普比普必须交，这是定死的。但对超生罚款这样的事情不理会，不资助，不救济。因为他是有意想好超生的，再加上他违反了现行的国家法律法规，超过了政策的底线，因此，凡是超生被罚款者，无论数目多大，也只能自己出。本家支成员任何人不能帮忙、资助超生的家庭，分清楚定了的规矩。

我们老三都子的子孙们当中，我是老大，是兄长的辈分。所以，所有家支成员，只要我说些话，传达下去，是没有一句废话的。民间全部都听我的，包括宁蒗县前任书记和其他吉伙家支成员，我定了的说了的，他们也没有什么意见。民间的人事纠纷多得很，乡政府解决的事没有我解决的多。有人说，最闹事的就是你们家，民间的事情到处都有，经常出现各种纠纷。

"解决完后，不会因当时的事件再翻案的。"：德古解决纠纷

下面把近两年来我们吉伙分支里发生纠纷后被我解决掉、解决好的六起命案事件给你介绍一下。

第一起命案

在我们分支内，有个叫吉伙拉伙的人，是我的叔辈，老婆是吉克家的，儿女都长大了，比我的女儿都大了。可是，这时候，他说不要原来的老婆，想娶一个阿里家姑娘，一直吵吵闹闹，闹了6年后，原配夫人吉克家的姑娘吊死在家里。我们家支和吉克家支把死尸放着调解这件纠纷，调解了8天还没有结果。第8天晚上，我就生气了，就去找乡政府。乡政府党委书记沙书记跟我说："吉伙体兹，这件事情你都调解不了的话，我们只能上报到县里了，我们是解决不了，说不清楚，调解不了的。你怎么会解决不了呢，在民间解决民事纠纷，我们还不如你。"当时乡政府武装部的马海部长和我是表兄弟，他对我说："吉伙，你放点长

线，我去干吧。"于是，我给他讲，我去解决时，吉伙家说吉克家姑娘吊脖子死，是她自己吊死的，没有人强迫她。吉伙家支成员没有人欺负她，没有人看不起她，只有她丈夫吉伙拉伙想跟她离婚，不想要她。但是她死后，她的家支成员来了，父母也来了，兄弟也来了。我们吉伙家支这边出于礼节和仁义道德的考虑，向他们赔礼道歉，给她父母赔偿来回路费等，准备给吉克家5000元的赔款。但是，吉克家不同意，说要赔给她家10万元，不是10万元就不行不干，两方谈不到一起，我才把它放在那里来找你们乡政府的。马海部长的意思是，在原来5000元的基础上，能不能再增加一点，让他去调解断案。我考虑一阵后，觉得马海说的有道理，出5000元吉克家不同意，他再去用5000元断案解决可能不成，我就答应了他。"你去解决吧，再增加1000元，共计6000元，放给你1000元，你去断案解决吧。超过6000元，就谈不成了，我们不能再出钱的，要械斗都没关系。目前，所有吉伙家支成员全被我控制住了，没有一个敢乱动，吉克家再跳、再闹、再滋事，我们吉伙家支成员没有动嘴、动手过。明天是第9天，我们准备火葬死人了。第9天了，我们吉伙家必须强行送葬了。吉克家有什么不满的话，我同意吉伙家支成员开始动手、动武了，结果不管了。你这样给吉克家支的人打招呼，去解决吧。"这样说好后，马海部长和我一起去吉克家。马海部长按照既定方案强硬对待吉克家，最后，吉克家只好同意按6000元解决。这件事说了9天，就这样调解好了。

第二起命案

这件事过后不到一年，我叔辈有个叫吉伙阿嘎的，在宁蒗吉克家支居住的地方居住。阿嘎的一个姑娘吊脖子死在贾巴家里，本来是嫁给贾巴家的。这样，我们吉伙支家和贾巴家支之间又开始起纠纷了。那个时候我生病，住在宁蒗县医院。我弟媳已在医院住院。吉伙家支知道后，愤怒起来，集中在万克丫口上，准备与贾巴家动武。有一天,有个姓吉萨的人来到丫口,被误认为是贾巴家的人,被抬起丢进山沟里。我有个在政协工作的弟弟,因不认识那里的吉伙家支成员,也不认识那个被丢到沟里的人,他不知劝吉伙成员好还是劝其他人,就去沟里救那个人。问他:"你是谁啊?""噢,老兄,我不是贾巴的,我是贾萨的人,被他们丢进深沟里来了,快点救我上去吧。"这件事闹得很大很凶。有一段时间,吉伙家喊了的人来,不喊的人也来,男的来,女的来,整个山上全是吉伙家支的人。吉克家支的人被吓得不知跑到哪里去了。这件事轰动了宁蒗县,说是家族势力在搞活动。一段时间里被作为反面教材。当时我们吉伙家支成员三番五次到县医院来请我去解决,我说我生病不能去,他们说,我不去事情就解决不了。后来他们用车把我接到现场去调解,我又开始调解这件事。

彝族家里的火塘和三锅庄

笔者：大约什么时间？

一年之前。我到现场以后，我说："我们吉伙家的姑娘，自己吊脖子死在别人家里，不管贾巴家怎么对待她、欺负她或有什么事情发生，她也应该告诉家支的父老兄弟或逃回娘家，应该逃回家支兄弟这边来，请家支兄弟来解决才对，干吗要吊死在人家屋里呢。"

笔者：为何吊死在人家屋里？

据说是与贾巴家她的丈夫吵嘴打架，公公婆婆也不劝，也不说，反而和儿子一起打媳妇。我说即使是这样，也应该返回娘家找家支兄弟来讨说法，实在不行，离婚也可以的。你自己吊死在人家屋里，自己还是有错的，不是被人家吊死的。我到达那里时，县公安局刑侦大队的人全部都在那里，整个大兴镇主任、副主任等大大小小的官员人物都在那里。我到后，他们就对我说，拿10000元钱给吉伙家可不可以？我说："好好好，拿来给我吧。10000元谁说不行，行。拿来给我，我领走后，吉伙家支成员没有谁再去打、去闹的。"我这样说之后，他们领我到村委会办公室写协议，签名押印后，贾巴家拿来10000元给我。"算了，算了，就这样解决吧"，我对聚集在那里的吉伙家支的人说。这样，吉伙家支和贾巴家支之间的这件纠纷就这样圆满解决了，所有吉伙家支成员全部被我领走，住在县招待所和旅馆，吃住后回去。据说，事后个别人对我这种处理有意见，死者的父亲也有些不舒服，但没敢直接跟我讲。我对来给我反映的人讲："我都签字了，没有什么可闹的了，你们的姑娘不聪明，不会处理事，不会逃回娘家，也不告诉家支兄弟成员，也不逃到家支成员家里，怎么能吊脖子死在屋里呢？难道你孩子没有错吗？又不是人家下手捆绑吊死的。"闹了这么一件事，被我调解、解决了。

第三起命案

没隔几个月，也就是隔三四个月时，有个叔辈吉伙家的儿媳妇，是吉克家的姑娘，跑到邻居阿克家的里屋吊脖子死了，是吉伙永布的老婆。以前吉克家几代人都非常出名，也非常富裕。她吊死的原因是，阿克家曾经有一个儿媳妇生病，请苏尼来捉鬼，并将鬼盖死在屋后的地洞里，一般捉到鬼也丢进深沟山林里的。后来，吉伙家儿媳妇即吉克家的姑娘生病了。吉伙家和阿克家在一个村，也是邻居，相隔不远。吉伙家也请了一个苏尼来家里，给儿媳妇捉鬼治病。苏尼说，生病的原因是吉伙家儿媳妇的灵魂可能被阿克家捉鬼时抓去盖在地洞里了。吉伙家就对阿克家说，现在苏尼这样说了，能不能打开被盖的地洞。阿克家不同意，说我们花费不少钱财，请苏尼捉鬼盖死治好儿媳妇的病，不能打开了。吉伙家说，那我们自己花500元钱打开可不可以，阿克家还是不同意。为此，吉伙和阿克两家有些吵闹和纠葛。那家吉伙与我家是一个支系的。后来，吉伙家生病的媳妇自己跑去吊脖子，死在阿克家屋里。吉伙家支成员知道后召集一些人赶到那里与阿克家闹起来，两个家支开始闹起纠纷来。我打电话跟那边闹事的吉伙家支成员说："一点道理都没有。鬼魂是否被捉盖只听信苏尼的话，有何依据吗，有何证据？苏尼做巫术就是他自己随便说的，为相信苏尼的话，就去怪罪人家，还吊脖子死在人家屋里，赶紧把尸体火葬了，什么事都没有。"我这样打电话命令他们解决。但是，事发后吉伙家有个儿子跑到阿克家里，砸坏了人家的电视、锅碗等，毁坏了家屋，还有一些家支成员把尸体抬进阿克家，准备连屋子一起烧掉。我跟他们讲千万不要乱动，人是要讲道理的，不能随便乱来，前面吊脖子死在人家屋里的事都不好讲理了，不好解决了，再把人家居屋烧掉的话，怎么行呢？彼此僵持在一起。我跟他们讲，给阿克家说一下，以前不同意吉伙家出钱打开被捉鬼盖死的洞的事，具体不知道怎么回事。现在房屋已损坏，打坏了电视、电话的事，损失就损失了，不要太计较了。吉伙家也死了人，你家也有损失，干脆吉伙家支成员凑些钱，作为赔礼道歉给阿克家,事情就这样解决掉,拿 1000 元钱,赔给阿克家吧。之后,吉伙家支成员就听我的建议,拿出 1000 元钱赔偿给阿克家。后来,阿克家同意拿到钱后,家里什么东西也没要,只领着老婆孩子离开当地,到别的地方重新安家了。

第四起命案

解决完这件事不到两个月,在我们村里,沙玛土比家的姑娘,也是我的外侄女,嫁给我叔辈家的儿子做媳妇,还是新媳妇,吊脖子死在后山上的树枝上。吊死后四五天才找到,找到时一只耳朵已经被老鼠吃掉了。那边不停地打电话到我家,请我去解决。没办法我就派了几个吉伙家支成员赶去。

笔者:什么原因吊死呢?

猫在等待时机

是我一个叔辈儿子的媳妇,刚从娘家领到夫家,没有别的矛盾,只是他们新婚夫妻俩吵嘴、打架和吵闹后,去吊脖子死的。

先前，沙玛家的姑娘失踪时，我已听说那个新媳妇不见了，家人到处找，到永胜县里都找了。在山上找到那天，打电话告诉我，问我怎么办。我说人死都死了，还能做什么呢，赶紧通知她父母兄弟和家支成员。其中，有个问题交代一下，我们吉伙家姑娘，也就是我一个姑姑嫁给沙玛土比家，我姑夫也就是吊脖子死的姑娘的父亲，早年也吊脖子死了。那时，我姑姑才30多岁，就自己带着孩子改嫁到一个吉木家。这样，吉木家和沙玛家也产生一些矛盾。沙玛家的姑娘吊脖子死后，吉木家的人和死者的母亲先来到吉伙家，而不是沙玛家的人先来。因此，沙玛家的人来后，既对吉木家有意见，又生吉伙家的气。我对派去的吉伙家的几个人交代，要准备大点的"所博阶威"（赔礼的钱和物），买些酒给沙玛家支的人喝，先赔礼再解决纠纷。他们按照我的意思准备了一只肥猪和一些酒。结果沙玛家支的人来后，不由分说就把吉伙家用来停沙玛姑娘尸体的房子拆毁，还想把尸体抬进吉伙家的房屋里。他们抬起尸体准备进房屋时，吉伙家支的人非常气愤，捡起石头就打沙玛家支的人群。沙玛家支的人只好把尸体放在门外面逃进牛圈里。吉伙家支的人命令他们把尸体抬回原来放的地方，原来怎样放着，现在也按原来那样放，再建一个一模一样的停尸房，把尸体放在停尸房里，不然的话，别想活着出来，把他们全部打死在牛圈里。沙玛家支的人看吉伙家支的人太多，自己势单力薄就认输了。只好把尸体抬回原来的地方，建了一个停尸房，把尸体放在里面悼念。之后，吉伙家支的人才杀了一头小猪给他们吃。第二天，也没有招呼他们，也没有给他们赔礼道歉，他们只好灰溜溜回去了。我们先前准备好想杀牲给他们赔礼道歉，买酒给他喝，不管怎样，人家一个姑娘死在我们吉伙家，最起码也要向他们家赔礼道歉，最少也得赔偿10000元给沙玛家支的人才能符合规矩，但这些事情也没有做了。最后，只赔了3000元给吉木家的媳妇、吉伙家的姑娘就了断了。彝族人解决纠纷断案并不是乱干、乱调解的。在民间办事，处理民事纠纷，当然也有一些是靠势力的。谁势力大，谁会说，谁就赢。

第五起命案

我们吉伙家支人也多，事情也不少，连续不断，光头一年就调解了那么多死人的事件。我们吉伙有一家，从我们村里搬迁到盐厂居住，三年前和前面那件事只隔一年零一个月，又出事情。事情是这样的，万格山上的阿细家支的一个姑娘，也是新媳妇，领到他家第四天就吃毒药死在屋里，又引起纠纷。经过几个回合后，给阿细家赔偿12000千元。先前他们解决纠纷时，把吉伙家所有的牛、羊、马、猪全抵上后，准备再赔偿现金2800元，但阿细家不肯要。我去后，增加到3500元。3500元不要的话，重新解决。

笔者：为什么原因死呢？

也是夫妻吵闹打架，没有别的事。因为吉伙这家人很穷，后来吉伙家支119户各家出点钱来处理这件事。最后就这样解决了。

第六起命案

隔了一年左右，又是吉伙这家人的儿子，即死了媳妇的那人哥哥——吉伙杨默借钱买了辆吉普车搞出租业务。有一天，有个叫佳古的煤炭老板坐他的车时翻车死了，又来请我去解决，说有这么一个人死了，怎么办。我赶过去，到那里时发现，这家人头一年刚出了那件事，家里什么东西也没有。有一个姑娘嫁给战河乡马家窝子马海家做媳妇，这个姑娘曾经拿来800元钱买了头耕牛给娘家耕地用，即马海家资助的。我说："你家只有一头牛，是不是家里只有一头牛的事不用说了，人家是坐你的车翻车死的。如果你也一起死了，就没有什么纠纷了，现在你没有死，而他死了，赶紧把牛拉来给我，我想把那头牛拉去，准备杀祭给那个叫佳古的死人。"当夜深时，我们把牛牵到佳古家附近，佳古家说不要这头牛，我在那里站了半个小时。后来，我有些生气了，就跟他们通报："再过10分钟你们还说不要这头牛的话，要么我拉走这头牛，要么我把牛打死在路上，就回去了。'吾低吾木祖，边低莫木真'，吉伙杨默让公安局抓走就算了。该负法律责任就负法律责任，该民事赔偿的话，等他坐牢完后到佳古家去做农活抵债就可以了。我们吉伙家支的人没有人叫他俩翻车死的，佳古和吉伙杨默他俩相互关心、相互帮助的时候，我们家支成员在哪里呢？本来是交通事故，我们现在从仁义道德的角度出发，把独牛都拉来祭献给他了。这样你们都不要的话，我就把牛打死在这里回去了。"这样说过后，村里有个当支部书记的马海就说："拿来拿来，把牛给我牵来，佳古家不要，我来要。"之后，他硬把那头独牛拉到佳古尸体前站着，县纪委纪检室主任有个佳古来到我身边："哎，吉伙，我们到邻居家坐一下吧。"我说："老哥，到邻居家坐就不用了，我们一起坐的话，大家肯定议论人是怎么死的，谈论这些不好。人家佳古家死了人，看到我们吉伙家的人就不顺眼，不舒服，怕再生事，我们避一避，只要把牛接走就明天再说，再解决纠纷吧。"这样，我们吉伙家的人就到离那里较远的亲戚家住下了，第二天才去解决问题。

第二天，我们先把吉伙家的土地和房屋以及所有家产都承诺给佳古家，说人我自己领走，其他没有能再给你们的东西了。当时，佳古家算了20万元赔偿金，包括佳古活着的话，每年找多少钱、照顾多少家支的穷人和他姐妹家以及所有父母兄弟的损失，共计20万元。一直搞到下午四点时还没有结果。我说："我走了，吉伙杨默现在还住在县医院治疗，请问你们去抓还是我去抓？若你们去抓就交给你们家了，杀死打死全由你家决定。若我去抓的话，我抓去交给公安局，让公安局去处理。我想公安局肯定受理，因为他搞出租开车出车祸把别人翻死了，应该负法律责任，我把人交给公安局吧。除此之外，我没法和你们讨价还价了。'威克三木三样觉，日勒三布三则觉'。发生这个事件，又不是他俩之间打架斗殴杀死的，他俩相互关心，经常在一起，我还见过无数次。现在发生交通事故，可能是种意外，你们家比故意杀掉人还狠，来跟我讨价还价，太不应该了。我把人抓去交给公安局吧。你们家去抓还是我去抓？"我只问这句。说完之后我准备回去了。当时，要是我回来的话，虽然有许多吉伙家支的人在那里，但没有人能够去协商、能够做主的。县交通局局长沙文华派人给我传话说："让吉伙体兹等一下，等我一下。"我就站在那里等了一会儿。这时，当时在我们乡任党委副书记、分管政法的一个吉伙家支的人戴着墨镜对我说："赔给他家3万元吧。"我说："男子汉说话要算数，我吉伙体兹在那里解决，处理死命这样一件纠纷，我能做主，答应给人家，就得找给人家3万元。但是，我到哪里去找3万元呢？我自己还生着病的。你虽然是我们乡党委副书记，但你也是吉伙家支的成员，你找给人家吧，赔给人家3万元吧。你做主答应给人家后，签字回来吧。我找不到3万元，我做不到。"我俩针锋相对地干了一阵后，我就往回走。这时沙局长赶来找我，说："你走了就不成了。我妹妹家的人都是不聪明者，无法解决这件纠纷的。若你丢下不管的话，难以断案了，说不定，还可能再出更多的其他事件呢。"我说："沙局长，再发生别的事就让它发生吧，我没有话对你说，我没有东西给你，没有什么能赔给你们家的了。吉伙家的土地、房屋和家产早就答应给你们家了，老人孩子我带回我们家那边去居住。这样做你们还是不同意。拿钱来说，你知道去年吉伙家发生的事件赔光了，昨晚拉来的那头牛都是他家嫁给马海家的姑娘用800元钱买给他父亲耕地用的。拿什么给你们呢？有得给才行啊。"沙局长就跟我说："实在不行就赔偿两万元来断掉这起纠纷吧。"我说两万元我也赔不起。我做主答应的话，人家当事人给不起，赔不了，我也得给，我来赔，两万元我没法赔。你看看，想想吧。他俩虽然相互友好，但一个死了一个活下来，我拿一万元现金给你妹妹家。你能做主的话，你回去传话断案。如果你做不了主的话，就算了。又不是我俩之间的事情，搁着吧。沙局长也无法，他也知道吉伙家的困难情况和他妹妹家的事，如果我吉伙体兹走了的话，这件事就无法再解决了。尽管有那么多吉伙家支的人在那里，但只有我在这里才有协商的余地。"那好吧，算了，听你的决定。这边我负责。"沙局长这样对我说。我嘴上是这样答应赔给人家，可一万元钱，我到哪里去找呢。人又不是我弄死的，真是没有办法。后来，我叫来沙局长，"用不用写份调解书"，沙局长问我。"既然按照你和我说的那样，用一万元钱来解决断案的话，就写个调解书，通过司法手续最终决定"。他说："我派两个代表来写调解书，你们一起签字断案吧。"就这样，他派一个叫阿苦久大沙力坪村党支部书记和一个煤老板木帕祖佳来写调解书。我们一起在司法手中按手印签字之后就断案了。

本来纠纷是发生在3月份的，但当时我把最终赔偿的期限推到12月底。定好12月31日以前，赔给佳古家一万元。可是12月之前到哪里去找一万元呢。我只好叫来吉伙杨默，给他讲："不要怕害羞，不要怕丢脸，旧社会家支成员就是这样的。赔命了，去年赔偿一个，今年又赔偿一个，你说你再要点钱，要点粮，要点物，偷是丢人的，骗也是丢脸的，要是不害羞的。宁蒗县有那么多金古惹所家支的人，你去要吧。背人命来要钱了，去吧。只要不要到姐妹家去要就行，到所有家支成员那里去要是没有关系的。"我派他去要了一圈后，一万元够了。可能我们金古家支人多的缘故吧。后来有人还说给我听，当时杨默要的钱不但够了，而且超过了不少。杨默把钱要回来就放在我这里，当年12月底，我按时转交给司法机关，司法机关转给佳古家，这样就结案了。不过，死者的老婆又提出另外一笔钱来找我要，就是死者翻车后拉到县医院时，在公安局阿尔家借的1600元。说解决纠纷时，没有人提过，也没有把它算进那一万元里面。三番五次，经常到我这里要钱。也到当时写调解书并签字的阿克和木番两人那里去反映，要钱。后来，他俩找到我，说你那个吉伙杨默能不能再把那1600元钱找给那个老太太，若不能找给她的话，由我俩来找给她吧。我想怎么能让他俩出呢，就把吉伙杨默叫来，给他说："大河都淌过去了，小河不能跨过去吗，再起纠纷就不成了。万一那个老太太跑到你们家住着怎么办，一万元钱都给了，1600元也找来给她吧。"之后，吉伙杨默就找来1600元钱，给了那个老太太。这样以后，这件事才彻底解决了。

笔者：土地和家产也给死者家了吗？

没有，土地和家产没有拿去，只给了1600元并把那头牛无偿拿去祭献了，还有赔偿了一万元钱了嘛。

笔者：现在吉伙杨默家怎么样？

还不错。已搬迁到战河乡居住了。

总计以上解决的纠纷事件，盐厂两件事，战河乡一件事，跑马坪乡一件事，宁蒗县大兴镇一件事，西布河乡一件事，一共六件事，也是六具尸体。近两年内，调解、处理、解决了六个民间民事纠纷。其他结婚、离婚等小纠纷的调解和解决就无法计算和统计了。

一般我来解决的这些纠纷，解决完后，不会再因当时的事件翻案的。彝族民间处理纠纷比法律还好，除非处理解决不了的。因为一旦处理解决之后，双方都是服气的，也都和好。如你我之间发生矛盾，有人来中间调解、说和，只要调解、解决达成一致意见后，一方买酒杀牲给对方吃喝后，就和好了，彼此间还是能团结的。

笔者：刚才讲的六件事是你们吉伙分支内的吧？

是的，全部都是吉伙都子老三的子孙内部人员与其他家支之间发生的民间纠纷。这六件纠纷是大纠纷了。

二十五、2006年7月15日晚21：00—22：30

被访谈人：杨文忠（左），男，彝族，云南省宁蒗彝族自治县跑马坪乡乡长；

访谈地点：云南省宁蒗彝族自治县跑马坪乡政府办公室。

"五公里以内的村小全部撤并。"：跑马坪乡办学机构改革

我的父子连名谱系是：金古阿拇—阿拇鲁尼—鲁尼木忍—木忍金项—金项翁你—翁你双补—双补双课—双课加课—加课哈家—哈家你补—你补肯打—肯打鲁足—鲁足拾三—拾三拉布（拉布是本人名字）。

笔者：跑马坪乡现有多少人口？

跑马坪乡现有11160人。

笔者：有几个民族？

过去有3个民族，现在普米族全部搬迁走了，只有彝族和汉

族了。汉族主要居住在盐厂。

笔者：全乡共有几个村？

共有4个村，60个村民小组。在宁蒗县来说是中上的乡镇。

笔者：有多少所学校？

学校多，有7所完小。村小正在撤并中，以前基本上每个村都有一个村小。从前年起，教育系统执行集中办学的政策。这样，五公里以内的村小全部撤并。

笔者在宁蒗彝族自治县跑马坪乡做田野调查时的歇息之地

笔者：您认为撤并村小好吗？

目前看来，沿海地方、内地居住集中的地区是可以的。我们这些少数民族地方本来就居住分散，越来越集中办学后，老百姓的孩子上学太难，路太远，非常不方便。这对我们凉山、对西部少数民族地方来讲，对我们的入学率，巩固率都有影响，甚至对普六、普九都有影响。因为，五公里以内的村小全部撤并，这样,一个村小和一个完小如果相距只有四公里的话,村小必须撤掉,学生要到完小来上学。学生从村小到完小走四公里,第一是路上所花的时间太多;其次,小学生过河爬山很累,刮风下雨天就更难受。有时候,小孩子特别想读一年级,也该读一年级的时候了。但是,家长担心,路途太远,娃娃还小,上不了学。担心路上跋山涉水等安全问题,就不让娃娃上学了。

笔者:集中办学能住校吗?

不住校。只有小学毕业班才要求住校,非毕业班都走读。所以,现在这个集中办学政策,不一定符合山区的实际情况。原来有村小,基本上走一公里就到学校了,也不需要太多过河爬山,家长也放心。现在路远了,家长担心。因此,只好等到八九岁、九十岁才让小孩上一年级,实在太晚了。

二十六、2006年7月17日上午11：00—14：00

被访谈人：阿细拉依，男，彝族，云南省宁蒗彝族自治县蝉战河乡长坝口村村民；

访谈地点：云南省宁蒗彝族自治县蝉战河乡长坝口村阿细拉依家里；

在场人：阿细拉依的女婿、吉伙体兹先生。

"也是'乌戈兹米，尼戈尔井'的出处。"：兹、诺和土的关系

笔者：您认为土司、黑彝和白彝是怎么来的？

兹、诺最早是这样来的：伙茨茨—伙县县—县利木—利木古—古阿鲁—阿鲁布吉—布吉布古—布古巴哈—巴哈乌迪—乌迪阿硕—阿硕列古—列古惹石（七子）。"列古"因为方言土语不同，有"尼格、尼子、列古"的区别，但都是一个人。土语包括

"义诺"说一种,"阿都"说一种,"所的"说一种,"圣乍"说一种,几种土语有些语音差别。有人说是"尼子",有些人说"尼格","圣乍"语是"列古"。列古惹石（七子）这一代里做了一件非常清楚的事情,就是"尼木威阶,威则能很"。尼木威阶就是列古七子开始分支。列古普色是老大家,普色惹尔（四子）的具体情况,我记不清楚了,只知道普色尼木—尼木惹所（三子）。尼木利利是老大家,尼木安界是老二家,尼木斯支是老三家,三个兄弟都是兹莫。据说利利兹莫与孔明战斗过。安界是利利的弟弟,是利利家掌管马群的头目。斯支是后来被阿依措品等黑彝消灭的那家。列古萨只—萨只萨安—萨安尼衣—尼衣马海分居在"久勒特各"这个地方。这个马海也是兹莫。列古诺土—诺土莫色分居在"里木竹衣"这个地方。这个地方是在昭觉。这个莫色也是兹莫。列古的这三子都是兹莫。另外四家是"尔",也就是诺（黑彝）。这就是彝族谚语"乌戈兹米,尼戈尔井"的来源。也是"乌戈兹米,尼戈尔井"的出处。"尔"的这四家里列古拉普是老大家,列古布茨是老二家,列古初莫是老三家,列古双各是老四家。列古拉普—拉普忍所—拉普迪俄—迪俄忍尔（四子）。

迪俄四子的情况大致如下：其中一家是过去我们这里很有名的黑彝补约家。其谱系是：迪俄肯拇—肯拇肯依—肯依拉依—拉依拉次—拉次俄觉—俄觉双忍—双忍能忍—能忍吉茨—吉茨阿史—阿史普切—普切吉各—吉各合佳—合佳威的—威的祖祖—祖祖普伙—普伙阿嘎—阿嘎比伙—比伙万嘎—万嘎比土—比土拉梯。拉梯是现在补约家后代中最小的一代人。其中一家是巴且家。其谱系是：迪俄迪尼—迪尼阿孜—阿孜阿海—阿海比尔—比尔阿的—阿的兹古—兹古阿依—阿依措品—措品巴且,就是巴且家。其中一家是瓦扎家。其谱系是：迪俄俄迪—俄迪阿都—阿都约布—约布真史—真史双谷—双谷阿特—阿特阿伙—阿伙俄祖—俄祖甘茨—甘茨阿粗—阿粗吉都—吉都阿成—阿成吉双—吉双沙米—沙米措阶—措阶火祖—火祖阿木—阿木支拉—支拉俄祖—俄祖伙打—伙打拉惹—拉惹格粗—格粗瓦扎，就是瓦扎家。迪俄四子绝。列古布茨—布茨阿鲁—阿鲁比惹……住在义诺地方作毕摩。列古初莫—初莫俄尔—俄尔布典……分居在盐边一带。列古双各，我不知道他的具体情况。"尼木威阶"就是在一个大家族里"玛都"毕，之后就可以开亲通婚了。兹有三家：列古普色，列古萨支和列古诺土。诺有四家：列古拉普、列古布茨、列古初莫和列古双各。"更井才付细"是指当时白彝中最大的有十六家。这十六家，不知是哪些。我看到的旧书里没有具体记载，也没有听人具体讲过，只说是土伙十六家。"乌戈兹米，尼戈尔井"。尔是诺，井是白彝。兹有三家，诺有四家，井有十六家。这三种阶层就是这样来的。这十六家有可能是都尔忍古、吉克忍石、颇能忍额等了。

笔者：列古惹石家支的分支里有无区分大小老婆生的？

我看过很多书，没有记载，也没有听老人讲过。只曾经听兹莫岭先生说过，好像有大小老婆生的孩子。就是说列古的妻子有两个，三家兹是大老婆生的儿子，四家诺是小老婆生的儿子。

笔者：我听说"土惹"当中有一些是兹莫和诺伙的女奴之子。比如，据说金古惹所是从拉普迪俄分出的补约家的女奴的儿子。阿迪阿细是瓦扎汉族女奴的儿子。您认为呢？

阿迪阿细不是。双莫史尼惹（汉族女奴之子，笔者注）不是指真的汉族女奴隶的孩子，而是指阿迪的妈妈和阿细的妈妈是亲姐妹，是拉易家的姑娘，是正宗的白彝。阿伙俄祖是瓦扎，阿伙阿细是我们，我是阿细家支的。俄祖的母亲对俄祖说，将来有一天你的父亲会来打听你的，你和阿细的身份地位怎么算，你不用说别的，只说阿细和我一样就可以了。但是，俄祖是主子，是黑彝，阿细是白彝，赔偿人命的权利等同于黑彝就行了。所以，后来"土伙"(白彝)的人命权与黑彝一样大的,只有我们阿细家的人。"揹权"就是人命权。过去习惯法中规定"土权和诺权不一样大,土莫和诺莫婚权也不一样大"。土惹权小,诺惹权大。土莫婚权小,诺莫婚权大。"阿迪阿细双莫史尼惹"的来源是:阿迪阿莫(妈妈)和阿细阿莫是亲姐妹,是拉易家的姑娘;阿迪和阿细都是莫胜惹(私生子,笔者注)。阿细父亲是阿特阿伙的私生子,与阿伙俄祖是一个爹两个妈的亲兄弟关系。阿迪的父亲不清楚。"果它祖,细它祖"的意思是:"果祖"是一个姑娘自己去当陪嫁,没有这种情况。"细祖"是给"诺"无偿劳动、耕种。所以,阿细是"果阿祖,细阿祖,揹权当做诺权一样大",这样定下来的。自古以来,彝族就是亲姐妹的孩子不能成亲的,不能通婚的。只有汉族才是亲姐妹的孩子可以通婚的。因此,阿特阿伙,即瓦扎俄祖和阿细的父亲就说,阿细的开亲和通婚对象还没想出来。俄祖的妈妈就说,阿迪和阿细的母亲是一样的,阿迪的身份地位跟阿细平等算了。这样,他们之间就可以开亲和通婚了。这样,阿迪和阿细就开始通婚开亲了。别人就认为,阿迪、阿细的通婚跟汉族一样了。故而,阿迪阿细是双莫史尼惹(汉族红脚女奴的儿子,笔者注)的说法就传开了。这就是阿迪阿细是双莫史尼惹的来源。

有句彝族古谚:"阿迪能莫博,阿细能骨觉",这是俄祖三个儿子在作俄祖父母"玛都"毕的祭祀仪式时,牛是阿迪家杀,牛头、牛内脏全部都是阿迪家拿走,这就是"阿迪能莫博"的意思;毕摩作毕用的牛的肩骨就给了阿细家,一直延续到解放时,都是这样的。这就是"阿细能骨觉"的意思。这是说阿细家的地位比阿迪家高。阿细家的"揹权"当做诺权一样大,是唯一的。黑彝补约家管辖地方的金古家支和阿鲁家支势力很大,是势力最大的两大平民家支。但他们的"揹权"是土权,不是诺权。黑彝罗洪家管辖的地方,补萨和吉伟的"揹权"也是

"土权"。阿苦和吉恒也是"土权"。黑彝热柯家管辖的地方，阿苏和吉米的"措权"也是"土权"。只有阿细的"措权"是当做"诺权"的，是他父亲定了后，传下来的，这是有根据的。瓦扎为俄迪阿都。为何是俄迪阿都，是因为他妈妈在娘家叫阿都的地方生的，故而叫俄迪阿都。俄迪阿果是罗洪的祖先，谱系是这样的：俄迪阿果—阿果能色—能色能更—能更阿里—阿里阿木—阿木罗洪……。俄迪阿都是瓦扎的祖先，谱系是这样的：俄迪约布—约布真史—真史双谷—双谷阿特—阿特阿伙—阿伙俄祖……。罗洪和瓦扎就是这样来的，是俄迪的两个儿子。

列古惹石是曲涅的后代。列古惹石的后代分布在"所的"、"义诺"、"阿都"和"圣乍"的很多地方。列古普色利利兹，列古诺土莫色兹，列古萨支萨安兹。列古布茨阿鲁分布在"义诺"地区，列古拉普分布在"圣乍"地区。"威则能很"是分出兹、诺、土三个层次的仪式。"尼木威阶"指的是兹和诺分支通婚，为各自有开亲对象而作的仪式。当时，兹有三家，诺有四家，土伙有十六家。"更井才付细"，"诺伙惹尔布"，诺伙怎么才四家呢？诺伙忍尔博，可能是指一个屋内的四根柱子。彝族的各种规矩是兹的时代就制定好了的。后来的"诺伙"没有制定出什么制度，而是搞复辟倒退了。原来所有的彝族人都是在兹的管辖下生活，是统一管辖的。后来，阿依措品等一些诺伙联合起来把兹莫打败后又瓜分了土地、财产、奴隶等。整个凉山彝族地区就变成了支系、部落林立的地方。比如：热柯的地方，瓦扎的地方，补约的地方，罗洪的地方，巴且的地方，祝尔的地方，阿都的地方等，变成了部落社会，原来都是兹统一管辖的地方。那时候，是分封制，是封建社会，不是奴隶制社会。后来"诺"成为部落，割据一方后，部落之间相互战争，相互仇恨。为了土地，为了婚姻，为了奴隶，相互厮杀、抢掠。这样，奴隶越来越多，又回到了奴隶社会。那个时候到现在大约只有一百多年的时间。原来是分封制的，是较先进的社会制度。

笔者：您的意思是阿依措品等人把兹莫杀掉后，凉山彝族社会又回到了奴隶制社会？

宁蒗彝族自治县跑马坪乡沙力坪村至挥战河乡的一段公路

是的，诺伙各个支系又成为不同的部落。如瓦扎一个部落，龙木一个部落，果基一个部落等。之后，各部落之间为争夺统治权力，部落战争又起，一直持续下来。后来，又去抢夺藏族、汉族等其他民族，抢夺彼此管辖的平民和奴隶。那个时代是最野蛮、最黑暗的社会时期。又落后，又恶劣，越恶越穷，越穷越恶。这是那个时代的特点，而之前是没有的。彝族的东西，我看过一些、研究过一些。把兹莫解释为土司是不对的，彝族原来就没有土司，土司和兹莫的性质是不一样的。兹莫是彝族社会自然产生的官，而土司是官府委任的，有大有小。有些是中央王朝委任，有些是省级委任，有些是州级委任，有些是县级委任。土司有上交财、钱的任务，有上交杂税的任务，有出兵的任务，有拉兵派款的任务，兹是没有这些任务的。因为它是最高的统治者。所以，将兹莫解释为土司是大错特错的。彝族历来就没有土司。土司要有委任状才行得通。土司是一个地盘，一个区域。在区域内管辖他应管的土地、收租等。兹莫不是。兹莫那个时代，所有彝族全归它统治和管辖。诸葛亮征讨南蛮以后，彝族不成一军，被打得落花流水，四处窜逃，妻离子散，逃到各地去了。因此，跑到各地的彝族之间有些言语不通，习俗有异。其实，原来都是一家人。诸葛亮南征之后才东蛮西跑，西蛮南逃，流离失所，是这样的历史情况。原来兹管辖的就是现在的四川、云南、贵州的彝族，相当多，全都是兹管辖的。因此，把兹译作土司是错误的。还有，把彝族法律译成习惯法也是错的。按照以前法律，掠夺、杀人、偷盗等都有怎样的处罚的制度和规定，前面已经说过了就不说了。

"地名变人名，人名变人姓了。"：彝族姓名来源

笔者：您知道龙武、罗洪、瓦扎等名称是怎么来的吗？

瓦扎的来源，我很清楚。瓦扎是地名，才里瓦扎阿伙俄祖，这样出来的。在他们的家谱里是没有瓦扎这个名称的，因为是地名嘛。罗洪也是在昭觉有个"罗洪阶古"的地方，因在那里居住而得名的。补约也是因为在斯木补约这个地方发展起来而得名的。这些都是地名变人名，人名变人姓了。然后，人姓变家支名了。我们阿细、阿迪也是人名变人姓的。汉族百家姓的形式，在彝族中根本不存在。百家姓在其他少数民族中有可能存在，一般是汉族才有的。后来彝族和汉族相互接触、交往、交流后，彝族人名人姓中也出现汉名汉姓。比如，瓦扎的汉姓就是取瓦扎的"扎"字的音，而成为"张"姓了。因此，瓦扎都取汉姓为张，是音同。我问过一个叫蒋日俄佳的人，你们金古、吉伙、蒋日的

汉姓取杨，你为什么姓张呢？他说过去曾有个掌官司的名称，被认为是地名，实际是一个官职，搞错了。时间长了就那么叫开了，慢慢就姓张了。我也问过曾任过宁蒗县副县长的昂少云，昂土司是怎么来的。他给我讲，我们有个土司被汉族官员抓去审讯时，问"你姓什么"？他听不大懂汉语，就"啊"、"啊"地回答，反复问了几次后，汉族官员的秘书就说他姓"昂"。于是，昂姓就这样出来了。因为那个土司听不懂"你姓什么"这句话。昂土司姓昂就是这样产生的。其他姓水、姓马、姓郭等都是指水、指马、指锅后取的姓氏。

"这是古时候的兹莫传下来的。"：习惯法、习俗

笔者：彝族传统中教育小孩的内容和形式有哪些？

内容很多，大体说来重点是《玛牧》。《玛牧》这本书里面有制度（阶威），有规定，有谚语（尔比尔吉），很多教育内容都在里面。但是制度是制度，谚语是谚语。

笔者：教育后代有些什么内容？

一条是茨古威阶（家支成员的规矩，笔者注）。另一条是乌古萨阶（姻亲家支交往的规则，笔者注）。再有就是威克阶威（矛盾纠纷，笔者注）。"尼古萨伙，乌尔保卡"，怎样与姻亲相处，怎样与家支成员相处，怎样与邻居相处，怎样对待汉族、藏族等都是教育儿童的内容。兄弟如何相处，父子如何相处，夫妻怎么相处等都包含在里面。制度、法律很多。但是，现在许多年轻人把彝族的法律叫习惯法，加一个"习惯"是不正确的，这个怪研究彝学的学者。汉族的法律是皇帝制定的，用文字表现。每个皇帝都制定过法律、造过监狱、修过法庭。彝族没有监狱、军队、法庭和皇帝。所以就不敢说成是法律，说成是习惯法。这是不对的。实际上彝族也有法律，不是习惯法，是正规的法律。习惯怎么能成为法律呢。法律是为统治阶级服务的，如清朝为清

朝服务，国民党为国民党服务。年轻人不敢说那些是彝族的法律。这是我自己分析的。实际上，那是真正的法律，有毒死人要相互抵命的规定。解决纠纷的规定非常多，非常详细。如有偷羊怎么处理的规定，出人命怎么赔偿的规定等，都是按实际情况来决定的。"阶威"是法律，每个民族都有自己的"阶威"。任何时候都不应该否认这点。在那个社会，统治者用这个来维持社会，不然的话怎么统治呢？其他民族我不太清楚。但是，汉族的法律我还是比较清楚的。

彝族的法律非常正确，不能随便改动。没有虚假的成分，硬邦邦的。家支成员内部的事件，不管是圣乍、义诺、所的、阿都都是一样的，都是统一的。这是古时候兹莫传下来的。因此，不能说只是习惯法。"普你的阿博，博孜茨几敌；威措的阿博，兹米的替罗；你约的阿博，尔苏茨玛达；茨安古局勒，威住克住里，莫日萨日色；乌品萨应勒，茨克胡卡达；拉支查支各皮茨玛达；苏木敌它支，敌支苏阿嘎，敌支苏海纳"等，都是很规范的制度。这些制度大意是说："两家通婚开亲，由媒人来搭桥；两家人械斗，听长者的论断；借粮食用斗来量；牛羊不好分，牧场是一个；土地以地坎为界，把地坎挖来做你家的，你富又富不了；但是，我生气了。"人命也是一样。以前，诺的人命和土的人命各自有多大，彼此是不可能混乱的。而且，具体看人命的性质，是有意杀人，还是故意杀人，或是失误杀人，有不一样的判法。

偷羊也要看性质来解决，即"约枯所很博"。"尔约更车"是白案。意思是说放牧时，不经意间我的羊混在你的羊群里，被你杀来吃了，这是白案。因为你不知道羊是哪家的。"全俄便婆"是花案。意思是说我住在这里，我在不远的地方放牧时，我的羊被你偷去杀来吃了，是花案。因为你是有意的。"里衣伙都"是黑案。意思是说你弄坏我家的羊圈，把羊偷走后杀来吃了,是黑案。因为你是谋划后专门来偷走的。案件情节的轻重,用白、花、黑的颜色来表示,来命名,有不一样的处理办法。白的怎么处理,花的怎么处理,黑的怎么处理等。

笔者:阶威有写在书上的吗?

没有,是口传的。快要失传了,会失传的。

彝族有语言、文字,许多东西都写在毕摩经书里头。彝族的毕摩并不是从外国传进来的,也不是从其他民族那里学习来的,是土生土长的,根就是彝族的。像佛教、伊斯兰教等都是从外国传进来的,只有道教才是中国本土产生的。这些我全都看过、研究过。

笔者:有人说道教是彝族先民创造的。您认为呢?

不是,不是彝族人创造的。道教据说是东汉末年产生的,之前也没有。有人把老子当做道教的创始人,我看是不对的。老子写过《道德经》,是哲学家,但不是道教出身的。彝族毕摩经书集彝语言、文学于一身,本来就是彝族自己创造的东西。兹是古时候彝族社会里有的兹、莫、毕、更、卓的兹;土司是三国、元朝时被分封的,封给生前有权力的兹,土司就这样产生了。兹是民族性的,土司是区域性的,不是民族性的。兹、莫是因为分工产生的,都是一个阶层的人,"付都"(婚权)一样大,人权也一样大。有人说,莫是兹家下面最大的人,后来成为兹。那是不对的。莫原本也是兹,只是分工不同。"兹里伙史祖,莫里卡刻祖,毕里尼持祖,更了申孜祖,卓里火莫祖"。五种分工,做不同的职业。兹,就像现在的共产党那样,是书记;莫,是执法的,是调解者,像现在的司法机关的法官、检察长;毕,是作祭祀的,像现在的宗教领袖;更,是工匠,像现在的工程师、技术人员;卓,是从事农牧业生产的,像现在的农民和牧民。

彝族习惯上有规定,父母对儿子的权利和义务,儿子对父母的权利和义务,是非常清楚的。父欠子债,是为子娶妻坐家;子欠父债，是为父送终作毕。如果不作毕，灵魂进不了岩洞，父母死后就不能生活在一起。故而作毕祭祀，请灵魂来吃饭、结婚后成一家，就不会变成鬼神了。这是毕摩负责的事情。因此，有子就娶妻，有女就嫁人，有马就修路。尼木有三种：一种是"尼木威阶"，兄弟作分支祭祀仪式后，彼此就可以通婚、开亲了，各自的结婚对象就确定了，变成了不同的家支。这种仪式只在兹和诺的阶层中存在。离现在最近的，是罗洪和瓦扎家支举行这种分支仪式后，相互开亲和通婚了。迪俄肯母是补约，迪俄约敌是罗洪瓦扎，迪俄敌你是巴且，都是一个根分支而来的。这种仪式也叫"尼木威阶"。一种是"醋尼木"，就是能把麻风病治好，是根治疾病的仪式；还有一种"尼木威洛"，也就是"尼木措毕"。具体内容就不讲了。

"彝族人鄙视无道德、无品质的言行。"：礼仪、婚俗

笔者：您家是从什么地方搬迁来的？

从四川凉山喜德拉达，就是现在的喜德县。

笔者：何时迁来的？

我父亲那一代开始迁来的。

笔者：您如何看待家支制度呢？

家支制度历史比较长。人们之间相互依存、相互扶持、是件好事。过去那个时代虎豹、豺狼等野兽很猖狂，居住环境十分恶劣，自然条件很艰苦，相互维护、相互依赖、相互支持、相互保护等是好事情，不能违反家支制度。彝族有"帕觉里惹觉，乌觉里尼觉"的说法，意思是"有父才有子，有兄才有弟"。"兹米阿尼增，尔井直尼增；帕莫阿尼增，惹尔直尼增；乌里阿尼增，尼里直你增"，意思是兹米坐上好，百姓坐下好；父母坐上好，儿孙坐下好；兄长坐上好，弟幼坐下好，非常讲道德礼貌和行为礼仪，应该受到重视。"尔博、波博、迪博、阶博"，意思是有

道德、有礼貌、有规矩、有秩序。因此，彝族人鄙视无道德、无品质的言行。乱七八糟是不行的。正如现在我们国家在全中国制定统一的法律制度一样，统一治理五十六个民族，统一管辖十多亿人口，不能没有法律法规的保障。党的纲领、路线、方针、政策，必须用这些制度统一起来。中国共产党成了中华人民共和国各族人民团结的核心力量。彝族古时候的制度、族规、家规是相当严肃的。兄弟不能互相残杀，父子不能互相残杀，不能互相拐妻骗人，不能偷抢等。彝族谚语有"尼乍尼威莫，乌尼史塔成；真乍真威莫，乌尼真塔苦；克拇克依乌尼里塔则，茨尼威则才尼威胜里阿冬；敌敌茨威日，井敌俄尼日，克作井细日"，这是很好的，不能否认的。不能听"四人帮"说的那些祸国殃民的东西，那些人是坏蛋，是破坏民族团结的。家支制度有一方面是彝族的父子连名谱系，很重要。比如，你阿里家的人，能懂阿里家的谱系的话，不管走到北京、上海、美国、日本，五湖四海，四面八方，遇到你家支的人，用谱系就能搞清楚你们俩之间的亲属关系。谁是兄，谁是弟，是从哪一代分支的，搞清楚了，自然而然就亲近了。我们阿细家，不管隔了多少代，只要通晓谱系，走到哪里都是一家人。是爷爷辈关系或是父亲辈关系或是儿孙辈关系，用谱系来推就很清楚了。

因此，谱系非常好，十分了不起，应该发扬光大。现在共产党的民族政策里面，并不是要全部改革掉民族的东西。我学过不少民族政策，坏的制度必定要改革掉，好的要保留，要发扬。尊重少数民族的风俗习惯、语言文字，没有必要把这些都改革掉。在"文化大革命"期间，"四人帮"把彝族的"玛都"烧掉了，毕摩经书烧掉了。那些人是坏蛋，是破坏者，是祸国殃民的，也是对共产党政策的破坏，对他们自己也没有什么好处。我1952年在云南民族学院进修一年，1957年在西南民族学院进修一年，1959年开始坐牢，一坐就是18年。老婆是蒋日家支的姑娘，生有三个儿子一个女儿。

　　彝族的传统文化不都是坏的,是制度落后,制度害死人。过去的制度是最黑暗的一个制度。我在宁蒗法院曾反驳过法官。人家说彝族的婚姻是买卖婚姻,不受法律保护等。还有马海和阿细两家发生婚姻纠纷时,律师也这样说,公诉人也这样讲。我反驳道,彝族婚姻制度不是落后的。谁说没有结婚证,没有订婚,是奴隶制度的。我反驳时说,彝族有开亲仪式,有身价钱,有媒人,有订婚仪式,有结婚仪式。如果按你们所说的那样,现在整个宁蒗县的彝族人全都是非法出生的。你们科局级干部,县团级干部,现在还做开亲仪式,支付身价钱。自由结婚,按彝族传统规定讲,是不道德的,是非法的,是通奸的行为。这种情形,父母兄弟不喜欢,亲戚朋友不同意,当事人也很难受的。因此,父母兄弟同意开亲才对。另外,彝族结婚时,用祭祀的鸡、羊、猪来转头,敬告祖先神灵,通告世人。娶进来的新娘结婚梳头之后,还要转头,用酒肉祭祀祖先以后,才能成为本家支的女性成员,是非常合法的。现在结婚自由,离婚自由,乱七八糟的事情多得很。通奸的出来了家庭矛盾纠纷也不断。在社会问题中,婚姻的问题成千上万,这与彝族文化不相符合。彝族的结婚程序和仪式是非常好的,是很严肃的。我是这样反驳的。还有他们说"生是我家的人,死后是我家的鬼"的说法,纯粹是奴隶制度下的买卖婚姻,我说不对。马海家的女儿,从生出来的时候起,肯定是阿细家的女人或别的什么家的女人,而肯定不是马海家的女人了,死后也不是马海家的鬼了,而是阿细家或别家的鬼。我这样反驳后,因为审判长是女的,她说就是这样的,说我说得对,我们都一样。因此,把我们的婚姻制度说成是买卖婚姻、包办婚姻是对我们彝族的污辱。我们的婚姻制度是很好的。

"后代不懂了,怎么办呢?":民族文化、语言、文字教育

笔者:您认为彝族今后应该怎样发展呢?

彝族现在跟其他民族一样当家做主了,各级政府、各部委都有彝族儿女在工作,已有研究生、大学生、专家、学者、教授等各类人才。彝族语言文字应该发展。现在有些彝族当官的人,从六七岁起,就开始读汉语,学汉文化,对彝族语言文字没有太多的感情,成了外行,也不太喜欢了。有时候还看不起、不重视彝族语言文字,这是很错误的。彝族文字是很好的,但已基本成了废品。不应该看不起自己民族的语言、文字和文化。彝族有悠久的历史、文化和丰富的语言文字,但很少有人真心实意地去重视。彝族优秀的传统文化不能丢掉,人人都喜欢有道德的人,不喜欢欺骗偷窃者。彝族的许多传统文化在生活中使用通畅,是符合共产党的要求,符合党的路线、方针和政策的。因此,不应该丢掉彝族的语言文字、彝族的优秀传统文化。由于听力、发音部位的不同,让彝族学生去学习汉语相当吃力,有时候比上天还难。比如,你自己回忆一下,你读了多少年的书,才能达到你今天的这个水平。有时解释一个汉字,可能要一大篇文章。

宁蒗县改革50多年了,直到现在,"刑事"、"民事"是什么,"行政诉讼"是什么,"公共利益"是什么,"公共秩序"是什么等,许多彝族民众还是一窍不通的。这就是由于语言隔阂,没有理解意思。刚才提到的法律术语,翻译成彝语,太长太多,意思不明确,不好理解,直到现在我都还搞得不太懂。

彝族人当中,有不少抓吃骗取,偷牛盗马,偷鸡摸狗,无道德、无品质的人,这些人用彝族传统文化来教育,好好的教育,他们会改邪归正的。现在解放50多年了,电影也放来看,电视、收音机也慢慢有了,干部也派下来了,但是,许多人一句汉语也不懂。只有那些跟着汉族人学习的人,才懂一些。老百姓大多是

一窍不通的。因此，必须重视修建学校，用彝语教出来。同时，学一些汉语，懂得一些汉文化。

　　古时候，彝族不是差劲的。彝族人种好，人长得标致、漂亮，懂礼貌，有道德，能够适应环境的变化。无论是藏区还是汉区、纳西族地区，走到哪里都能适应，适应力很强。

　　笔者：您认为彝族学生读书的时候学习彝语好吗？

　　如果用彝语教育，肯定能学得好的。我过去说过这个事，但是，彝族当官的人头脑没有吸收，不重视，好像我在骗钱似的，根本不重视。用彝文教出来的彝族人，有规有矩，有道有德，是好的。有礼有貌，没有去偷、去抢的。这些与现在共产党的法律目的是相同的，共产党看重这些事，与共产党的政策法律没有什么矛盾。彝族的传统制度、文化知识是非常丰富的。我懂彝族历史，用彝族文化教育后代，有道德、有水平的人肯定会教出来很多。我年轻时，汉文化水平低，但懂彝族文化。像草名、石名、树名、花名、家里用品的具体名称等，我全部都懂得。

宁蒗彝族自治县蝉战河乡长坝口村村景一角

笔者：您能不能把它们写下来，如果不写下来的话，慢慢就会消失了。用彝文名称能叫的树名、石名、花名等，后代不怎么用，不怎么懂了，许多都在用汉语名称了，或者混乱了，将来就会渐渐消失了。

是啊，后代不懂了，怎么办呢？

笔者：彝族孩子读书成才的不多，您认为是什么原因呢？

基础低，汉文化基础差。因为，在学习汉族的东西的时候，制度、法律、吃的、用的、农业、工业等都是汉语的。由于舌根音、唇齿音、紧喉音等发音部位不一样，用彝族的发音部位学习汉语，就发不准。还有听觉、思维方式都不同，等于在学习另外一个民族的东西，相当于汉族学生学习英语、德语、日语等外国语言很难学一样，主要是基础低。本来在日常生活中，彝族和汉族的许多文化内容也是不一样的，开亲也不一样，祭祀也不一样，穿戴方式也不一样，吃住方式也不一样，甚至气候、土壤、地理也不同，出产物也不同，生存方式也不同。在高寒山区，种不了水稻、玉米，只能种圆根菜、洋芋、燕麦、荞麦，放牧牛羊，饲养猪鸡，各有各的特点。生存能力也不同。所以，彝族孩子一下子去学习另外一个民族的语言、文字、制度、文化的时候，就跟不上了，很吃力，比上天还要难。这是最大的根源。

笔者：您认为村里建个学校，让彝族孩子从小就学习汉语好吗？

当然好。汉语和彝语双语一起学，我认为很好。彝族的东西不能丢，以彝族为基础，为出发点，然后学习汉语，就像我小时候学汉语时，不懂的地方，在文字下面，用彝语标注一下，那样接受得快，容易懂，容易理解。汉语水平低，记录一些东西时一点都不会。用彝文做记录，就轻轻松松，很快就会了。彝族的"俄尔"，汉语里没有，就写成"罗锅帽"。你说一样吗？

笔者问在场的阿细拉依的女婿：您是怎么学彝族文字的？

阿细拉依的女婿：以前也没有彝族学校，是自学的。

笔者：您是怎么自学的？

阿细拉依的女婿：以前搞扫盲的时候，有人教过一段时间的彝文，那时候，我还很小。我们那里好像没有来搞扫盲的。我们家住在战河乡，我来这里居住才两年多一点。我家在离战河乡政府一公里的地方居住。那时候，在大厂，就是在跑马坪乡上面居住的有个吉伙家的青年人扫过盲。跟着女方来到我们村里居住后，一起在山上放牧时，我经常在他看书的时候向他学习。慢慢地，就自学成功了。而他自己却差不多忘了。

彝族人学习彝语，发音部位、听觉等都没有什么问题，容易学好。在日常生活中，父亲说时听，邻居说时听，非常容易学会。再有过去彝族制度黑暗，教育被压制，有很多经典的书，由于没有办学校，一般人没有学习过。只有毕摩学，而且，只学毕摩文化，毕摩很快就能学会。说明彝族人的记忆力是特殊的，最特殊的，光口传就能学会那么多。还有祖先曾说过的、讲过的东西，都记住了，传下来了。现在许多不懂文字的孩子们也拿来说，到处讲。彝族人的智力很好，智商很高，记忆力很强。汉族是专门写在黑板上教育的，是什么什么意思，学不好才怪呢。不是彝族人差，而是以前制度不好。如果你建好一所学校，教彝文的话，孩子们肯定学得很好的。如果彝族文字被抹杀的话，太可惜了，我们就成为历史的罪人了。我以前用彝语编写出很多生动的诗句，但后来坐了18年牢，没有权利了，没有发挥的地方了。彝语翻译成汉语和汉语翻译成彝语都不符合，情景不一样，生动程度也不一样的。

阿细拉依的女婿：彝族人扫盲的教材不好，只学一些文字，语句不多，也没有能唱能吟的词句，也没有尔比尔吉、故事。再说，除了这本扫盲教材外，也没有其他课本和辅助书籍，也找不到其他好的课本，也没有其他书，这样就白学了。

宁蒗彝族的扫盲，我认为形式主义搞得比较多，不重视。哪有学了三个月之后，就说全扫盲过关了，全都脱盲了。你相信吗？

阿细拉依的女婿：扫盲班毕业的人，现在已经没有掌握得好一点的人了，所有参加过扫盲的人，现在没有一个比我强的。我的汉语不好，我在完小只学到二年级就回家来了。因为腿脚有病而辍学的。

好了，我们先吃饭吧，吃完了再给你讲。

笔者：好的，今天打扰了，十分感谢哦。

阿细拉依家的畜圈和狗

二十七、2006年7月22日上午9：00—12：00

被访谈人：陈国光，男，彝族，云南省宁蒗彝族自治县文体局局长；

访谈地点：云南省宁蒗彝族自治县县城陈国光家院子里；

在场人：陈国光的一位叔叔、陈国光的妻子、毛旭博士。

"彝族文化是一种博大精深的民族文化。"：民族文化研究

现在经济一体化、全球化，彝族在某种程度上被同化、汉化了，真的是越来越严重。自古以来彝族人就有"措曲海干吉，木曲阿祖吉"的说法，意思是说，彝族变成了汉族，骏马变成了雄鹰。马是最好的交通工具，但是，必然被许多比马更先进的工具代替。以前你们盐边县格萨拉乡的桃子拿到宁蒗县蝉战河乡来卖，需要几天时间才到，道路很闭塞，路途很艰苦。现在公路修通了，几小时的工夫就到了。摩托车多得很，整天都在跑。首先，我们的文化、文字不需要传承吗？肯定需要传承。在历史上，它曾经是彝族人的智慧的体现。这是一个方面。其次，从现当代角度看，让小孩去学彝文有两个问题。一个问题是可能导致娃娃既没有学好彝文，也没有学好汉文；第二是即使小孩把彝文学好了，使用范围也太小，可以说几乎没有使用的地方，学好的意义和价值就不存在。今天学了明天忘了。所以，我认为还不如像藏传佛教那样，对它进行研究，成立一些学术机构，少数人去学它、用它、研究它、传承它。更多的人还是要跟时代接轨，学汉语，学外语，这样可能更符合时代发展的要求。当然，每个人的看法都不一样。我是这样看的。双语教育问题也是如此。

笔者：办那样的学术机构，由谁来实施呢？由谁来办呢？

应该由民族研究部门来办。我们民族自治县包括各州都有民族研究所。像其他民族的寺庙一样办。必须聘请一些彝学方面的专家，在文化、语言、文字、礼节、习俗等各个方面都有很深研究的资深学者来做。至于毕摩的毕惹教育，不要普遍都去学毕；学毕，干脆到那个地方去学。学成后发给毕业证书，有证去经营。彝族家支和修谱系有有利也有不利的地方。有利的方面，就是在一个小范围内，可以增进团结和互助；不利的方面，严格来说，是没有大局意识。彝族的历史本来就是由大大小小的家支历史构成，你是这家、我是那家，做不起大事。只能成为小范围的认同。这个是不是彝族人，如果是彝族人，就不论是白彝、红彝、黑彝都是一家人，一定要有大局意识。彝族文化中，火把节值得保护，值得传承。我的结论就是：彝族文化是一种博大精深的民族文化。彝族现在搞双语教育教学，是不可行的。一是彝族娃娃既学彝语又学汉语，精力分散了，结果汉语学不好，彝语也没学好；二是即使他们学好彝语，走入社会后，彝语的使用范围始终是受到限制，他们只能在彝语频道或在日常生活中小范围使用。在全国和全世界范围内，通用性非常小，非常差。因此，彝语的实用性不高；三是从现在的世界环境分析看，经济一体化、全球化，使整个世界的距离越来越小。在这种情况下，不要说是彝语了，连汉语在某种程度上都不断被边缘化了，英语是世界通用语嘛。所以，现在中国或世界许多国家都在拼命地学习英语。我觉得作为民族一种文化，不保留，不弘扬，不传承，是现代人的罪过，也是不可能的；但是，现在要发动所有的彝族人来学习彝语，也是非常不必要的。因此，我认为由民族研究所来研究整个彝族文化如何传承的问题可能更好。彝族文化包括很多很多内容，研究和传承不仅仅是一本经书的翻译，包括民族的生活、习俗、习惯、风情、文字、工艺、语言、生产方式、服饰、建筑、宗教、哲学、天文历法等一系列的内容，是对这些内容的研究和传承。民族文化不只体现在文字上，包含的内容很多。现在，民族文字可以通过双语教育来传承和传授，但是，民族的工艺品、服饰等由谁来传承？生产工具中，桦口、锄头、镰刀、石磨、簸箕、背篓等这些东西，随着现代工具和产品的不断替代，也濒临失传。这些东西应该怎么保护？怎么传承？所以，民族文化的保护必须要由一个机构来实施，也许民族研究所就是一个不错的机构。因此，应该扩大民族研究所的职能。要以政府行为的方式，把民间工艺人请进研究所，同时，鼓励一部分爱好者参与进来，把这些工艺、民族文化传承下去。必须通过政府的行为，才能成功。抓彝族文字，只抓住了一小部分，没有抓到全方位的东西。

笔者：除了民族研究所之外，您这个机构可以做吗？

在宁蒗县，我是以文化馆为阵地的。去年我的做法是，让馆长办了一期彝族刺绣培训班。我总是给他们讲，每到一个地方，一个部门，把你看到的最传统的工艺品收集回来。至于以后，还这么做不做，再说吧。因为，这些东西以后可能成为古董了。而且，随着人们物质生活水平的不断提高，特别是发达地区的人们，对民族地区古老的工艺产品越来越产生兴趣。有些将来开发出来可能会产生很大的经济效益和社会价值的，也会对地方产业发展有很大的支持。同时，也把这些东西传承了下去。所以，我们现在在谈文化产业的问题。

笔者：您怎么看待现在汉语文化与民族文化相互交融发展的问题？

这个问题，没有具体认真思考过。我总觉得江总书记所说的"与时俱进"很好。因为，你有多少痛苦，也抵抗不了；有多少遗憾，也阻挡不住潮流对你的冲击。反过来说，这也是我对民族文化的保护，挖掘、发展、生死存亡的问题考虑得很少的原因吧。

"在我们身上，已经遗失得太多太多了。"：民族文化传承与教育

笔者：您在学习汉语过程中有什么感觉？有无经历过痛苦或高兴的时刻？

我觉得我学会第一句汉语时，不是感到痛苦，而是高兴，非常高兴。因为，我懂得了其他民族的语言，能够与其他民族进行交流了。现在，有一种悲伤和痛苦是：我回到彝族地区，叫我用彝语完完整整地表述或说明一个问题，某种程度上，我已经表达不清楚了。这个时候，我感到很难受。作为一个彝族人，为什么用自己的语言连一个问题都说明不清楚呢？只能问我自己到底怎么了。更深层来讲，我对我的民族语言研究得太少太少了，所以，常常处于两种矛盾的心态中。开始学会几句汉语的时候，很高兴，很激动。现在，学汉语、用汉语已经二三十年了，用汉语比用彝语更加流利、顺口。有的时候，用彝语说话，反而存在很多问题了。在城市里，平时的生活中，没有感觉到什么。但是，回到彝区时，回到我的老家时，就感觉有些羞愧。说过问候语以后，那些彝族老人们，常常是引经据典，谈古论今，口出谚语

（尔比尔吉），夹叙夹议、妙趣横生、生动形象地谈论一些事，使我感慨万千。我也常常在这些论断中，领悟到很多彝族古时候的哲学、天文学、语言学、历史学等的很多问题，确实感到这种文化的博大精深，感到祖先很伟大。但是，作为现代人，我们并没有把祖先的东西传承好，发展好；而且，在我们身上，已经遗失得太多太多了。我曾经想过，彝族在历史上不得了啊。有《玛牧特依》、《勒俄特依》等经典不说，彝族还有哲学，有生物学，有天文学，有宗教，有医学等。

现在，有些汉语生物学里面的词汇，有些鸟类的名称已经没有了，但彝族的语言里都有。每一种植物都有彝语的名字，我觉得很不简单。植物中从屋前屋后的柳树、黑桃树，到山上的一棵松树、河边的一棵小草等，每一种植物都有彝语的名字，这个不得了啊。动物中鸟类，如阿普约曲、尼毕尼鲁、仔儿马诺、木子里尼、阿嘎叉媭、阿尔巴久、久更巴依、久土巴瓦、能只阿曲等就有若干个名字。就"久"（鹰）这一类就分成久诺、久更巴依、久土巴瓦、能只、阿乌等数种，分得很细很细的。这不是简单的名称问题，应当是学术研究的问题。还有马的名称分成"木巴、木各、木真、木九媭、木惹"等，非常细的。从这些方面来说，我们的祖先是很了不起的。对祖先的崇拜，某种角度上是对它深邃的文化的崇拜。

让人悲伤的是我觉得我们对自己的民族文化的学习、传承、传用、发展很差。由于环境所限，区域限制，条件问题，使它没有发挥出来。这是一种悲哀。因此，你提这个问题，老实说我懂第一句汉语时，很欢喜的；悲伤的是，我现在懂了汉语以后，回老家去的时候，发现我已经把我们民族的许多很好的东西丢掉了。在表达某个东西的时候，不能用本民族的语言把它淋漓尽致地表述出来了。这实在是很悲哀啊。民族研究所应该赶快去整理、去做。其实这个东西做起来不难。汉族老大哥已经做到前面了，已经把鸟类拍照后，把名字写在照片下面，如画眉、鹦鹉等。幼儿园、小学生就开始学这个。各种植被也是一样。民族研究所应该去做。树林中有很多树木有彝语名称，如双玛、苏、茹、四祖、特、格诺等。把这些东西拍下来做成标本或图片后，写上彝语名字就行了，就不错了。这就是应该挽救和保护的范围。我们这一代人还懂一些，下一代人就不懂了。"鸟"，只会说一个鸟字，下一代人需要我们去教给他们，把这些知识传授给他们，应该让他们懂得这只鸟彝语是叫什么鸟，具体还有些什么名称。现在娃娃只懂汉语，"哦，那是一只画眉"，彝语名称却不知道了。所以，我觉得重点是保护和传承。首先是政府职能机构必须发挥作用。这个事，是不能含糊的。其次，是通过宣传，让广大人民群众充分认识到保护自己民族文化的重要性。宣传要到位，认识也要到位。之后，自然就能激发民间自发、自觉学习它，应用它。

笔者：您在几年级的时候会说汉语？

我会说汉语的时候是小学三年级了。一二年级的时候，一句完整的汉语都不会说。那时候，教我们的那些老师是用双语教的，不是双文字。文字是汉字，老师教时用彝语解释。"1"是"次马体"；"0"是"戈阿觉体"等，用双语教学。

笔者：您觉得这种双语教学方式应不应该推广？

严格来说，这是现在少数民族教育的一种困惑。你不用双语教学，根本就听不懂，沟通不了。要使用双语教学，语言与语言之间，彝语和汉语之间，有些像外语和汉语一样，语法是颠倒的。所以，为什么很多彝族娃娃在小学高年级或在中学的时候，为什么不会写作文或写不好。其实是没有办法的，不能怪学生的。思维方式、词汇掌握、语言表达方式都不一样，生活环境也不一样。所以，唯一的办法，就是使用双语教学。尤其在小学一、二、三年级的时候，应该用双语教学，而不是双文字教学。

双文字教学会给孩子增添负担，真正的双语教学是促进学生学习和理解的。老师应当用双语教学，学生才更明白，学起来才更加容易。

宁蒗彝族自治县街头人们手持雨伞翻看彝文经书算命的场景

笔者：是的，我也有同感。现在我想起来还有些痛苦，因为我读到小学三年级的时候，一句完整的汉语还不会说，不清楚怎么表达。只能听得懂一点。造句的时候，老师说你"咯咯咯咯"半天，一个字都"咯"不出来。确实不会说嘛。我觉得这个时候是一种文化断层。一上学就突然从一种语言文化跳到了另外一种语言文化里，就像汉族学生学习外语一样。所以，这个阶段是适应过程，是应该实行双语教学的时候。从语言和生活环境上去适应，这是一个非常困难的阶段。城市里的彝族孩子不存在这个问题，主要是彝族聚居区的孩子们很难。我们应该研究这个过程，研究应该怎么做更好。前几天，与宁蒗县教育局的干部马先生接触的时候，他说他以前曾经搞过一段双语教学试点，说小学一二年级的时候用双语学习的学生，到五六年级的时候，用彝语写作文写得非常好。但是，不用双语教学的学生，用汉语写作文写不出来。您怎么看待这种现象？

双语教学，不是双文字教学而是双语言教学。你说得很对。中国人学英语也好，彝族人学汉语也好，在学习当中，迄今为止，再创造新的东西不太可能。你只能以母语为基础，把其他外来语加以介绍和解释，然后，再去适应外来语言，运用外来语言。比如，摩梭人天生只懂摩梭话，要学彝语，首先教者必须懂他们的母语才能教好；又比如，我是彝族人，汉族人来教我学汉话，首先汉族老师要懂一些彝语，教我学汉语，我才学得会，学得容易。这个过程要用一种新的东西来代替，我觉得很难。因为每个民族都有各自不同的生长环境、思维模式，用自己的语言文字来描述自己熟悉的东西、来表达自己的思想感情，当然更容易一些。

笔者：在四川凉山彝族自治州，据我了解，一些彝语言文学专业毕业的学生，在考公务员的时候比较吃亏，加试彝语不算满分，最多在同等条件下优先录用。您怎么看呢？

这是国家大的政策。刚才你说的情况，凉山州定不了，宁蒗县也定不了。人事录用的政策，从来都是国家一刀切下来的，地方没有权。自治条例是自治区报全国人大批准的，批准了后才能执行，不是你地方自己定了就算的。所以，这些东西是大政策问题。所以，我们唯一的出路就是学汉语，跟汉族人一起建设家园。因此，这个问题要客观地看，实事求是地看。我个人意见还是坚持一句话，民族的东西保不保护？一定要保护；传不传承？要传承。但把民族的东西摆在一个首要的位置上去搞的话，是不适应时代发展的要求，是不与时俱进的。我最近有几次在文化工作会上讲,有人说"现在县委、县政府每天都在谈重视文化,每一次会上都提重视文化,但文化上投资不够,支持不够什么什么的",我说我的观点跟你们不一样,提不提?要提,但文化这个东西不是说重视就能够重视出来的,文化是一个自然产生的东西。你说现在县委、县政府给我一千万、两千万来搞文化,天天请北京、上海的名演员来演、来唱,但老百姓的肚子是饿的,哪个来看,哪个来听。文化是活跃了,丰富多彩了,老百姓吃不饱、穿不暖,谁来听,谁来看?难道饿着肚子还想来听音乐、看舞蹈?不可能的事情嘛。所以,我觉得第一要务还是要把小康建设搞好,温饱解决好。有饭吃了,有衣穿了,钱用不完了,住房条件好了,今天开着车去哪听听音乐,明天开起车去哪里打一场高尔夫球,后天开车去哪里泡个澡,游个泳,多好嘛!到这样生活水平的时候,反过来,物质会推动文化的发展。文化自然就成了人人追捧的东西。我是这样看的,个人观点哦。你说对不对?所以,我们文化部门的一些领导说"好像文化部门穷得很",我说"该穷"。但是,文化部门再过几十年、上百年就会富了。那个时候,文化的重要性就完全显示出来了。因为,人们的温饱都解决了,国家的大范围上也真正以人为本了,休闲的时间多了,说不定,劳动时间、上班的工作日都缩短了,可能一天只上四个小时的班,一周二十多个小时在工作,其他时间都在休息、玩耍呢。人们已经很富裕了,劳动时间缩短了,文化基础扩大了,国家的财政支持增大了,文化自然就被重视了。所以,这些东西都是辩证的。因此,我说"重视得差不多了,每年都按时在文化上给我拨点经费就够了"。

笔者:一年给您拨多少经费?

我自己争取,一年有四五十万元就够了,要求不高。最基本的是政府要把老百姓的喝水问题、吃饭问题、穿衣问题、出路问题解决好,后代教育问题抓好。

笔者：您觉得彝族聚居地区教育存在的最大问题是什么？

从宁蒗县来讲，我觉得民族地区的教育从小学到初中到高中都有一个误区，就是都不是从培养这个民族的总体素质出发，而是仅仅是应试教育。在办学当中，没有严格按照科学的办学理念办学。我也是搞教育出身的，教过书，当过校长。现在还经常跟那些校长们讲，不要做空中楼阁的事情，不要干急功近利的事情。这些事情会摧毁一代人，摧残一群人。教育有一种科学规律，必须遵循规律办学。学生不是一个机器。你今天晚上加班加点灌输，明天又满堂灌，是不行的。宁蒗县的教育有这种感觉。小学生，早晨父母亲还在呼呼大睡的时候，娃娃自己就起来，背起书包就走了。中学生，晚上父母困了睡觉的时候，才噼里啪啦地赶回来。所以，在教学时间的安排上，课时的安排上，我觉得都非常不合理。特别是稍微办得好点的这些中小学校，被党委政府捧在前面以后，教育行政部门和教育领导者没有用一种现代理念来做教育。这是很悲哀的事情。我担任校长的时候曾经讲过，质量重不重要，肯定很重要；质量固然重要，但是，真正作为一个学校，特别是基础教育，小学也好，初中也好，高中也好，都是基础教育，基础教育最关键的问题，就是把学生的基础打好，打好全方位的基础。基础打好以后，学生的个性、特长才能够培养出来。而且，个性、特长的培养主要是大学阶段的事情。本来素质教育最核心的，是让学生在初、高中阶段全面发展。但这个问题跟国家教育政策有关系。全国教育都是一回事。现在国家选拔人才，不是综合性的选拔，而是以考试分数来选拔。包括你们中央民族大学在内，没有从综合素质上来录取、选拔高中毕业生。当然，这个东西还要持续很长的时间。现在国家还想不出比这个更加科学的选拔人才的措施和办法，只能从分数上去看人啰。

**毛旭：考的人多，最多的时候是十几比一。国外基本上是高中毕业后都能够上大学，不用担心上大学的问题。对中国、特别是对农村孩子来说，考上大学是最好的一条路。因为按照一般的素质考查的话，实际上农村孩子还是占优势的。

这是第一个问题。第二个，宁蒗县教育是封闭式、工夫式、打拼式的教育，把学生的时间全部挤占掉。这种教学使一部分学生产生厌学情绪，逆反心理问题也很严重。第三，我觉得民族地区的学校，总的教育指导思想是爱国主义教育。爱国主义教育、道德教育应该放在首位，应该认真贯穿整个教育教学的过程。要结合民族优秀的传统道德观念、品格风尚，加到品德教育中去。这是值得突破和研究的问题。同时，要经常搞一些讲座，聘请一些校外辅导员、民族当中德高望重的人，来传授一些民族的伦理道德观念。这些要拿到课堂和学校的品德教育课当中去。这些东西不拿进来不好。现在，有的学生比"街痞流氓"都可怕，造成了道德危机、品德危机。汉族都有天、地、军、师、亲的教育。

彝族以前的教育，第一是爷爷、奶奶、妈妈、爸爸、舅舅、姑姑等长辈的尊重教育。在伦理道德上，对老人的尊重，对舅舅、叔叔、爷爷、奶奶的尊重教育是很有讲究的。第二，在毕摩教育当中，毕惹有拜师仪式，把毕摩老师当做自己父亲一样对待。毕摩老师去世的时候，要献上一头牛和一些肉、布匹来祭奠。拜师这天是有规矩的，毕业出来时也要拿出一匹骏马送给老师。以后在任何地方作毕，也是把毕摩老师的传授放在首位。然而，现在学校的尊师重教是有问题的。

笔者：不这样搞应试教育，学生考不上大学怎么办呢？

初、高中毕业，考大学不是唯一的出路。我们这个民族也要改革。过去，我们拼命去考学，现在依然这样。这个社会已经是全方位的社会，而且，从现在就业形势来看，缺少中级工、技术工。专业人才还缺很多，真正的高级工是好找的。读书后，个个都成为大学生，这是不可能的。考上大学的，毕竟是极少的一部分。所以，在中小学教育阶段，适当增加一些劳动技术方面的教育，职业技术方面的教育，培养专门的人才，是一种很好的出路。国家现在重视职业技术教育是很适合的，是英明的决策。一年毕业100个高中生，只要求升上五六十人，好好培养出来，另外的四五十人，通过职业技术教育，争取人人掌握一门劳动技术，就有就业的门路了。而且，可能就业情况更好。不要认为读书只有考上大学才是好的。考上大学固然很好，但是，更多的人是考不上的。现在国家的工矿企业里缺的不是大学生，而是缺受过专门职业技术教育的人。所以，基础教育阶段重点是加强职业技术教育，综合素质教育，而不是应试教育。一个农民出去打工，只能靠力气做事、挣钱。而一个高中生出去打工，可能搞行政管理工作或搞某种技术服务。这就是学校里素质教育要解决的问题。彝族孩子，个个读书，个个都成为大学生，可能吗？不可能的。

笔者：您对著名彝族音乐组合"山鹰组合"演唱的"忧伤的母语"怎么看呢？

为母语被丢掉了、没有人传承而忧伤吧。

笔者：在四川凉山一个偏远的山村小学校，曾经有个彝族老师在上课的时候，讲到"红灯停，绿灯行"，老师用双语解释了半天什么是红灯，什么是绿灯，什么是"红灯停，绿灯行"，但彝族小学生们始终没有搞明白。您怎么评价？

没有见过红绿灯就不会理解，脑子里没有红绿灯的概念。深层次来讲，在彝族社会历史发展过程中，没有这些概念。红绿灯，红灯停、绿灯行的概念，只有城市才有。

笔者：是不是所用的课本不适当呢？

不能怪课本。课本是让你走向新生活的，是适应新生活不可缺少的东西。因为，将来毕竟要走入现代社会。这个社会是有红绿灯的。所以，只能学会红绿灯。红绿灯不仅仅是一个简单的交通标志，更深层次的东西，或许指明在人生道路上，有些事是能做的，有些事是不能做的，里面还有很多道德观念的东西。有些事情可做，有些事情不能做，做了不该做的事，就违法了。课本上没有错，因为，生活中离不开它。彝族小孩听不懂，只能站在生活认知上面说，是生活环境造成的。

毛旭：不仅是彝族地区，汉族地区或其他民族地区边远、偏僻的地方，也是一样的。

笔者：您认为像彝族教育经书《玛牧特依》、创世诗《勒俄特依》等一些优秀传统文化应不应该进入中小学课本？

这只能以讲座和辅导的形式去搞，列入教学计划，恐怕是不行的。只能作为一种民族文化，在民族地区的学校里开设一些民族文化的讲座。只能这样做。若要纳入教学计划，可能是不行的。最多也只能以校本课程的形式开发一下。

笔者：在思想品德教育课里面加入这些内容可不可以？

这个可以。思想政治教育中可以纳入这些内容。

笔者：应不应在中小学教育阶段的语文课本中列进几篇有关民族文化内容的文章？

应该。特别是在小学生的思想品德教育课程中，应该有这些东西。

"更重要的是国家要重视。"：民族文化发展与保护

笔者：您认为应该怎样促进民族文化传承和发展？

陈国光先生的妻子：传承面临很大的挑战。我认为民族文化的传承，赶不上现代飞速发展的信息工具的话，就完了。以前，可能是一点一点消失，现在是一年一年的消失，将来可能是几十年几十年地消失掉，甚至上百年地消失，一天去掉一部分，一天去掉一部分，消失的速度越来越快。

可能像她说的那样。

笔者：怎么传承和发展呢？

首先，不光是我们自己说，更重要的是国家要重视。而且，每年都要进行民族文化普查，结合中央的安排，各部门要认真对民族地区各民族的文化进行普查。通过普查摸底之后，选择具有一定的保护和开发价值的文化进行保护和开发。保护有一类、二类、三类保护。一类保护是各民族的语言文字和有关节日庆祝的内容以及传统工艺技术技能。二类是对原生态的服饰和各民族音乐、舞蹈进行保护。三类是对各个区域性的聚居区的生产生活习俗进行保护。

笔者：怎么实施保护呢？

主要是以点带面，对民族语言文字进行收集、整理、入库。像宁蒗县烂泥箐乡的彝族文化生态村，要通过政府行为进行保护。它的生产方式、生活方式、建筑特点都有统一的要求和规范。像民族音乐之类的东西，要下大力气进行抢救。具体做法，首先是把老艺人请来进行摄像、录音之后存档。养不起这个人，没有这笔经费，只能这样做嘛。文化传承方面是以文化馆为载体，把老艺人请到文化馆，派一些年轻人去跟随学习、培训。发展方面，是要结合旅游发展进行创新。像宁蒗县主要是搞一个民族演艺公司，建设一条民族工艺街，把艺人请到街上，自己制作后，结合旅游产品进行营销。每年重点结合火把节、彝族年，搞些收购和奖励。比如刺绣，我们去年在战河乡收了一条百褶裙，是最古老的一条彝族裙子。今年县庆时要展出。每年都陆续收进来好的刺绣的东西。这种做法，任务重，很艰苦，但意义很大。然而，也确实面临几个问题，就是设备、设施、展柜都很差，人的观念、思想也有问题。很多老百姓看自己的古老的手艺、技术，并不觉得是个宝贝、有价值。缺乏这方面的人才不说，许多年轻人学这些东西好像没有信心。传承上还存在很大的问题。

笔者：宁蒗县的广播电视中民族文字和语言有些什么应用？

这是有规划的，就是设立彝语部，有特色的这个不会变。在彝语之窗栏目里讲述一些彝族的东西。曾搞过一个晚上彝族文字的传授，深受欢迎。解说经典的彝族故事和《玛牧特依》等，收视率也很高的。这方面要增加投资。宁蒗县电视台主要特色是彝语之窗。认识到位的话，汉语主要是把各大新闻做好，重点特色表现在彝语的节目上。包括彝族风俗、习惯、文字、故事、节日等都可以拿来传播。还有大凉山那边搞的一些翻译过来的影视作品，也在电视台里播放。

笔者：做起来有什么困难吗？

经费困难，还有装备差。此外，人才也缺乏。

笔者：那怎么解决呢？

人才慢慢争取，主要靠从四川凉山那边引进，宁蒗县没有彝语人才。宁蒗县作为自治县，彝族文字和彝族文化教育这块始终没有抓好。现在彝语部的所有职员都是来自大凉山的。困难主要是经费、装备、人才。说实话，对一些问题，政府想的和学者想的是两种不一样的东西，政府官员思考的和学者思考的是两种思路。

笔者：但是，学者的思考也是为政府决策服务的，为老百姓服务的。学者和官员的思考最后的宗旨应该是一样的，只不过有些政府官员话不好说，不能直接说，毕竟是言论环境不一样。比如课程问题。美国各州都有自己的独立课程，各个学校都不太一样，针对不同的教育对象，如不同的少数民族有不同的课程教学内容。而我们的教材是一样的，全部都是主流文化的东西，国家统一制定。校本教材、乡土教材、城市教材等各种地方性、民族性、区域性的教材很少。山区、草原、没有公路、没有红绿灯地方的孩子就是不明白什么是"红灯停，绿灯行"。同样，很多城市里的人，分不清楚稻和谷、玉米和高粱。因此，学校里应该大力发展本土教材、乡土教材和校本教材，因地制宜。好长一段时间以来，很多民族地区双语教材的民族语言文字课本，全都是汉语教材翻译过来的。里面没有少数民族素材的东西，还有一些违背现在和谐社会宗旨的歌颂狭隘民族英雄的课文读物。因此，除了民族大学里的少数民族语言文学专业的课程以外，中学阶段的基础教育课程里，几乎没有少数民族文化的内容。您觉得呢？

我记得20世纪90年代就提出乡土教材了，但是由学者和专家提出来的，到政府采纳、实施有一个非常漫长的过程。除了一些必要的以外，教材应该结合当地的实际情况来编写。就思想品德教育来讲，彝族小孩从小接受的传统文化教育和进校后接受的思想品德教育完全是两个体系，两种价值观。还有爱护公共财物、遵守公共道德等，不用彝语去解释的话，他们根本就搞不懂是什么意思。彝族人聚到一起或初次见面，相互问候的时候，首先问对方是哪个家支的人，哪个家支的什么人的儿子或姑娘，搞清楚彼此之间应该是什么亲属关系和社会关系等，这是最起码的礼节。相互之间搞清楚关系和亲属称谓以后，就可以言行了。应该是怎样就是怎样，是有一套礼俗的。比如，是舅甥关系，应该怎么说话，怎么招待；是表兄弟姐妹关系，应该怎么对待等。这是要回归到彝族家支里面去的，回归到家谱里面去的。怎么理清？理的时候，还是从家谱开始理。像你所说的，古时候，一个彝族人，只要懂得家谱，走到哪里，都有吃有穿的。

笔者：据说如果懂得别人的家谱的话，还有可能骗吃骗喝呢。

是的，只要你懂你的家谱，你舅舅家的家谱，出门在外，连一碗荞（燕）麦面都不用带，也能有吃有穿的，能吃遍天下的。

笔者：彝族家支文化不仅仅指家谱，还包括很多内容。比如家支里的婚姻、家支之间的婚约、家支之间械斗等。

彝族的亲戚朋友，以前用家谱理清家支亲戚之间、姻亲家支之间的各种关系。这个问题我还没有很深地研究。

"毕摩做毕，是不能超过经书的规定的。"：毕摩文化传承

家支文化是毕摩文化的组成部分。而不是毕摩文化为家支服务。

笔者：为什么呢？

毕摩文化包括的不仅仅是为家支做毕，家支文化只是它的组成部分。毕摩有平安毕、反咒毕、玛都毕等。毕摩毕的范围太大了，家支毕仅仅有"细克部"、"思其只"。所以，从大的概念上讲，家支毕只是一部分内容。

陈国光先生的叔叔：毕摩毕，你说得不全对。毕摩毕，从大的角度讲，是为彝族社会服务的。从小的角度看，是为家支服务的。再小一点是为个人服务的。毕摩毕，把毕的家支搞富裕了。吉克家，是传承毕摩始祖之一的毕阿史拉则的毕经。毕阿史拉则发明了毕经给吉克家，吉克家享受了毕阿史拉则创下的很多利益。对彝族人来讲，人活着时的各种祭祀、生老病死的场合，都与毕摩的毕有关系。死后被毕摩超度，心满意足，欢欢喜喜，没有忧虑，这是个好处。用毕治病，是一种精神上的治疗。这也是件好事。此外，社会上不安定的因素等各方面也用毕治理，对彝族地区是一种治疗和贡献，是为彝族社会服务，是有意义的。对毕者个人来讲，能获得礼金、羊头、羊皮和小鸡以及一些烧肉、白酒等。对吉克家族来讲，从毕阿史拉则到如今，财富吃不完、用不完。我是这样认识的，可能不太对哦。

为社会服务很好。

笔者：毕，不管毕什么，都是为人服务，而对彝族人来讲，每一个人都是属于某一个家支的。

毕总体上为什么服务，有不同的认识，但毕摩文化为家支服务的说法，可能不太合适。

笔者：没有人的话，毕摩毕什么呢？所有的文化都是围绕着人产生的，是人的活动的产物。毕的过程，纯粹是为需要毕的家支服务的。为什么去毕，是因为家支的人有疾病才去毕的，去治疗的。间接来说，毕是为毕摩自己家的人服务的，是件好事。这些构成了彝族社会的文化内容。因此，毕摩的毕，总体上来说是为彝族社会服务的，只是在不同程度上、不同层次上有不同的表现。说毕摩文化是为家支服务的，是因为强调个人的重要性。如果作为构成家支的个人都没有了，家支也就没有了，毕摩还毕什么呢？没有毕的了。不管是"迪（坏）毕"也好，"剥（好）毕"也好，或者其他什么毕也好，都是一样的。您说呢？

陈国光先生的叔叔：毕阿史拉则创造毕经的目的性相当强，除毕摩世家以外，其他家支是不能继承的。而且，只传男毕，不传女毕，目的性很强。

笔者：除了吉克家支以外其他家支为什么也有作毕的？

陈国光先生的叔叔：其他家支的毕经是其他毕摩发明的。做毕摩有沙玛家支、依伙家支、吉木家支等，都是其他毕摩创造出来的。创始人不是毕阿史拉则，而是另外一些人。毕摩的创始人有好几个。一个毕摩的毕经只传给自己家支的人。毕阿史拉则生长的年代，确切的年代不知道了，大概是元朝末年明朝初期那个时候吧，此后，才传给吉克家支的。后来，吉克吉史毕摩把毕经传了吉史，吉史又传给吉尔，是四川凉山昭觉县吉尔家。

笔者：毕摩家支文化是个很大的课题。我的理解是凉山彝族家支文化包括毕摩文化、伦理道德文化、相互救济文化、家支械斗文化等。我认为是有了人，才有其他东西。没有人，其他东西不一定有或以另外一种形式存在。家支是由人的不断繁衍而来的。有了人，然后有家，有家之后才慢慢有了家支，这样发展而来的。包括我们这坐的，一个你是社会人，一个你是自然人。分类不同，角度不一样，结果也不一样。但是，从凉山彝族的角度说，你只能是属于某个家支的人。陈局长是吉克忍石家支的人，不是我们颇勒忍额家支的人或其他哪个家支的人。是这样的。有了人，人与人之间的交往、生活、生产等就有了文化。包括吃、住、穿等。其中毕摩最重要的工作就是"尼木措毕"，这是毕摩文化的核心。而"尼木措毕"是毕死去的父母，毕祖先的。从家支的角度来讲，没有爷爷奶奶怎么会有父母，没有父母，怎么会有儿孙呢？没有儿孙，怎么有分支呢？因此，我认为，毕摩最关键的职责就是"尼木措毕"。之后，才是刚才你说的其他毕的内容。而且，其他的毕的内容，也是为人服务的，不是为别的什么服务的。

彝家祭祀杀牲前在门前点燃引诱神灵降临的火堆

陈国光先生的叔叔：在彝族人概念当中，"尼木措毕"是最大的事件。现在，我们是淡化了，逐渐被汉族同化以后，这种意识就消失了。现在只有一些象征性的毕了，没有像古时候的彝族那样毕了。古代彝族人觉得如果没有给自己的祖先做"尼木措毕"仪式，对一个活着的人来讲，是一件最重要的责任和义务还没有完成。父母、爷奶去世后一直没有毕的话，儿孙的责任和义务就没有完成。儿孙活着的时候，连父母、爷奶等祖先的灵魂都毕不了的话，活着就没有意思、没有意义了。社会压力很大，有这么一种压力存在。因此，毕时，要把所有亲戚朋友都请来见证。父母或祖先的灵魂都毕了，社会压力就没有了，精神压力也没有了。

因为在彝族人的观念中，父母或祖先的灵魂一定要超度，没有超度的话，祖先的灵魂就没地方去，整日无所事事地游荡在人间，有可能还会变成鬼怪，到处作祟或乱来。一个人死后，如果后代人不去照顾，不去超度送走，只是把他（她）的身体火葬了，灵魂却没有送走，那是很可怜的。对死者没有进行超度，没有把死者灵魂作毕后送到理想的祖先们生活的观念中胜地而游荡人间，活着的人会感到死去的人十分可怜，认为没有超度的灵魂可能会在人间受到别人的欺辱，打杀等，可能被鬼怪骗去做坏事，而被别人咒骂、打杀等。毕走之后，死者的灵魂中所有不干净的东西，请毕摩念经、祭祀和洗尽，全部都弄清洁之后，护送到祖先居住的地方，与祖先们生活在一起。那样，死去的人就会过得幸福了。彝族人有这种观念，按汉语的意思，就是瞑目了，与人世间没有任何瓜葛了，在人世间的事情就搞清楚了，是清清白白地走了。彝族人活着，没有比毕父母或祖先的灵魂更大的事情，因为完成了"子欠父债"的义务和责任了。如果毕不了，彝族人都会说一个家支的人差劲，连父母的玛笃都毕不了，实在是太差劲了。故而，这家人的后代，代代都会差劲的。这家人不行，就是没有超度父母灵魂的原因等。

当然，我们这一代年轻人毕不了也没有关系，也不会花费什么。以前是不行的，而且，做玛都毕的仪式，要集中财力、物力来做。家庭贫穷的话，根本就做不了。如果做了的话，从此以后欠债，不管做什么，穷得叮当响，也没有关系，是心甘情愿的，是值得的。有关这些，还有灵魂作毕后怎么样的故事，有很多故事和传说。"毕嫩尔灯毕，尼嫩细嫫尼"，意思是说，毕摩作毕，是不能超过经书里的规定的。而且，只能"毕次嫫惹"的后代传毕，别的人，不能随便传承。巫师是只要显灵后祭祀，"安祭"后就随便去做了。

笔者：您知道"尼木威阶"的事吗？

知道，"尼木威阶"就是瓦扎、罗洪和热柯他们发展到七代以后，还没有找到更多的开亲通婚的对象，就请毕摩做"尼木威阶"的分支仪式。此后，他们就分成不同的家支，彼此就通婚开亲了。这是个典故。至于由哪个毕摩来作毕，我就不清楚了。彝族的这种"尼木威阶"仪式，只在黑彝中存在，在兹和白彝中是不存在的。兹是最高阶层，没有听说过做过这种仪式。白彝里也没有做过"尼木威阶"分支仪式后相互开亲通婚的情况。只在黑彝中存在，原因可能是，在它上面，兹不跟它开亲通婚；在它下面，它又不想跟白彝开亲通婚。处于中间的他们，人口较少，找不到更多的开亲通婚的对象，就做这种"尼木威阶"仪式，打通或拓展开亲通婚的路子吧。

因此，这种仪式只存在于黑彝阶层。这个阶层怎么产生的我不清楚，好像是兹的私生子。实际上，诺里面也有三个层次。以血统的纯洁与否、财富多寡来最终决定的。吉克惹石家支，有人说是黑彝家的汉族女奴的后代，有人说与罗洪家是姨表兄弟，还有人说金古惹所是补约与他的女奴生的后代，都成不了黑彝而成了白彝。吉克惹石家支，据说吉克的父亲是毕阿史拉则的儿子。关于母亲有两种说法。一种是与罗洪家有关的。有"罗洪阿木惹古，吉克阿木惹石"的说法。罗洪和吉克的老祖宗分别是叫

"尼里嫫阿其和俄里嫫阿其"两姐妹的儿子。后者是罗洪的母亲，前者是吉克的母亲。吉克的母亲是姐姐，罗洪的母亲是妹妹。另一种说法是吉克的母亲是汉族女奴。但是"朔嫫史尼惹"的说法中，到底是哪儿来的"朔嫫（汉女）"，又没人说明清楚。我个人分析，吉克惹石家的子孙后代不错。吉克的母亲是罗洪家的汉族女奴。罗洪家为了团结、增强势力，就说成是罗洪和吉克的母亲是亲姐妹。直到现在，罗洪和吉克家支的人都不相互开亲，而是以同一家支成员兄弟姐妹相称。吉克家是哥哥，罗洪家是弟弟。而且，在四川凉山昭觉县有过一次作毕仪式的传说。就是说罗洪和吉克的子孙后代之间，终身不能相互奴役，不能吃绝业，吉克家支的人不能成为罗洪家的平民百姓。吉克惹石家支的成员在很多"诺"家支的下面做平民，但是，没有一个人在罗洪家的下面做平民的。

陈国光先生的叔叔：从整个凉山来讲，从姓氏上看，没有比吉克惹石家支的人更多的家支了。海子惹所家支的人口最多，但是，他们是由不同的姓氏构成的。

笔者：吉克惹石家支有哪几个分支？

有七个分支，即吉克阿约、吉克尼色、吉克吉布、吉克吉史、吉克吉木、吉克吉恒。只能数出六家，有一家不知怎么称呼。最小的两家人都没有见过，可能绝代了。我们家是老三家。总之，我们吉克惹石家支是毕摩家支之一，在凉山彝族社会里有很高的地位和广泛的影响。

陈国光先生的妻子：你们别谈了，吃饭吧。

笔者：谢谢啦！谢谢！

别客气，先吃饭吧。

二十八、2006 年 7 月 30 日下午 16：00—19：00

被访谈人：巴且日伙，男，彝族，四川省凉山彝族自治州民族文化研究所研究员；

访谈地点：四川省凉山彝族自治州民族文化研究所资料室；

在场人：杰觉伊泓硕士生、刘世风博士生。

"家支可以无限地小化，也可以无限地大化。"：家支及其活动

笔者：您认为家支是怎么来的？

家支是从血缘关系传承下来的。凉山地理环境、自然条件比较艰苦，家支之间和彝族之间关系比较复杂。毕竟没有进入社会化生产的现代社会形态，人与人之间相互依赖的关系比较密切。所以，家支长期保存了下来，简单说，就是这样的。对这个问题我也没有更深入地了解和研究。家支是从氏族社会发展过来的，没有进入封建社会，人们相互间的依赖不像封建社会那样体现在市场运作上，可以进行社会分工。从某种意义上说，我觉得凉山彝族家支可能更主要的作用还在于政治需求。从经济上、生活环境上相互依存，更主要的是千百年来，彝族社会没有形成一个统一的政权，没有一种依托。所以，家支起到了这种相互依赖、控制地方社会势力、社会政权的作用。在凉山彝族地区，必须依赖一个个的家支来维系社会。

各个方面事实证实，凉山彝族地区，家支可以无限地小化，也可以无限地大化。无限小化就像开玩笑说的那样，"人全部死光了，我娘俩也不要死"，涉及局部的具体的利益时，就越来越细小；而涉及整体利益的时候，就越来越扩大化。甚至，仇敌之间也可以联合起来共同对外，这点可能在其他民族当中是无法体现出来的。凉山彝族遇到械斗、血亲复仇的事情，从某种意义上可能把它政治化，将政治情感与血亲复仇的世袭文化连接到一起，不断加强，无形当中巩固和强化了家支观念。再加上历代封建王朝对凉山彝族的镇压是相当残酷的。每到一个地方，都立一个碑，碑上刻记镇压时取多少首级、砍多少人头等，以碑警示后代。但是，这些做法往往也没有多少成效，没有能够征服彝族人。彝族人用顽强的家支力量使自己复苏、发展。到现在，凉山彝族地区家支仍然是根深蒂固的。当然现在的家支与过去的家支完全不是一回事了。但是，它的精神、相互依赖的程度实际上还是一样的这种意识也是存在的。

现代社会，从某种意义上说，可以用其他的方式来替代人们之间的相互依赖关系。比如，保障人们的生活、生产的组织制度，甚至具体到某种保险体制等。彝族人能利用什么呢？没有什么可利用的，只有依赖最传统、最原始的家支组织，来维持、维系人们之间的团结、互助、互济关系。家支不像一般现代社会或其他民族的社会那样，人们相互之间完全是一种社会化的关系，而是主要依靠血缘关系。这种血缘关系与彝族的祖先崇拜是一脉相承的。祖先崇拜在生活中、无形当中、无意识地表现在家支上。

某家支成员集合去奔丧

彝族祖先崇拜的最终形式,是以祭祀送灵为最大的仪式来体现的,目的就是超度自己的父母、祖先来完成自己的责任和义务。人们超度、祭祀、信仰祖先的目的,是祈求祖先保护、保佑后代。从某种意义上说,是很功利的。彝族不像有些民族那样信仰宗教。彝族人太理智了,包括信仰自己的祖先、崇拜祖先时,他们也非常理智。祖先对我好,就崇拜它、敬供它、祭祀它;祖先对我不好,就赶它、驱它。父母或上一二代的祖先、亲人变成恶鬼时,就请毕摩念经收拾它们,收来送进地洞里或驱赶掉。这在现代社会里仍然存在。

笔者：背家谱与这些有关系？

当然有关系了。代代相传，实际上也是一种认可。就像现代的科学技术中的确认原则一样，家谱就是对每个人身份的确认。没有家谱，任何一个人都可以来冒充。比如，刘世风博士今天就可以冒充是你们阿里家支的，或者她说是你们阿里家支的，只要她能背出你们家支的父子连名谱系就可以了。但是，如果她背不了家谱或背得不太清楚，你就对她产生怀疑。产生怀疑时，不光要她背父系谱系，还要背母系谱系。两个谱系都要她背出来。一环扣一环，就像政审一样。所以说，彝区一般利用家谱对人进行考查，被骗的人，一般都是很糟糕的、很傻的人，确实对彝族文化知识一点都不了解的人才可能上当。稍微有点常识的人是不会上当的。这也在无形中加强了家支成员之间的相互认可。你可能生活在一个地方，我可能生活在另外一个地方，但是，我们的祖先两三代或三五代或几十代以前有共同的血缘，在没有见面时，相互之间的认可程度和亲戚关系是很淡的；但是，有了家支谱系，能背出家支谱系的话，就不一样了。和其他民族不一样，彝族人只要能背家谱，感情一下子就有了升华，彼此之间关系一下子就升华起来，突然间就有一只无形的手猛然就拉近了彼此的关系。这可能也是家谱和家支之间的关系吧。而凉山彝族的家支，虽然说已经逐渐变化了，朝着现代社会生活方面转变，但是，在彝区，那些传统仍在，特别是在汉化程度不高的那些山区、深谷里的人群中。实际上，他们仍然沉浸在那片生活当中，沉浸在那种意识、那种认识、那种知识中。西昌发射卫星，"伊妹儿"如何传递信息，电脑如何升级等等，对他来说一点作用和影响也没有，他仍然生活在那种传统文化当中，那种意识观念当中，那种心理状态里面。仍然为"你的骨头比我硬，我的骨头比你软"、"我的骨头比你硬，你的骨头比我软"、"两兄弟之间一个老婆比另一个老婆稍微弱一点，骨头软一点"等争论不休。现在，我个人觉得家支观念改变最大的，还是在都市里面接受现代教育的这部分年轻人。据我观察，这部分年轻人已经没有家支观念了。即使有，也是觉得是一件稀奇好玩的事情。偶尔在一起，杀头牛或杀几只羊来吃，认为是一个简单的聚会，并没有理解家支聚会的深刻意义。而年龄大的人，把它看成是一件神圣的事情，是处理自己内务、处理自己家支事务或处理自己家支与其他家支之间关系的很严肃的社交场合。而年轻人仅仅把它看成是一个交友、认亲的地方，和老年人理解的家支聚会深刻含义是不同的。

笔者：您认为彝族家支教育有哪些内容？

家支教育实际上是从小时的谱系教育开始的。先认得谱系，认得哪些人与自己有父系血缘关系或母系血缘关系。有了这层血亲关系以后，就有了一种义务、一种认可。家支实际上有很多义务的。彝族人的义务就像现代社会中的选举一样，如果不收你交的费用（尔普），就是不承认你的身份、不认可。对于你来说，这是一件非常悲惨的事情。如果说严重一点的话，相当于无形当中把你开除了家门。在教育当中，用一些具体的行为来教育和引导。比如，有个同家支的人结婚了，大家一起买酒给他。当然，现在也变味了。都市里面是交钱，以前结婚，最多是买些酒，不能收礼品、礼金的，现在已经收礼金了。同家支的人结婚要拿出一二百元钱去参加婚礼，包括葬礼也是。过去参加葬礼怎么可能去送钱呢？只有有义务的人才去买牛买羊或者出一块布或别的什么，现在有钱的人，可以买一、两头牛送来，送几千块钱甚至上万元钱。而没有钱的人也要送一二百元钱，作为家支的一种义务。实际上，不仅是对家支的认可，更是一种功利，是一种索取和回报。比如，某某家，某某州长、副州长或某某县长的长辈死了，那么有面子的人，肯定会有人去表现一下，去送东西或送钱。而这种更多的不是家支的认可了。在都市里面，已经发生了很大的变化。而在农村里面，靠近城市的地方，比如凉山已经发生了变化，只有真正乡村还保持着传统。每到这种场合，实际上，无意当中，长辈们是向后辈们进行传统的家支和家支观念教育。因为在那个地方，一个八九十岁儿孙满堂的人的丧事就当做喜事来办。办这种事的时候，是各个家支炫耀自己势力的时候，是各个家支之间的攀比。比如，马家出五匹马来参加跑马比赛，杨家不出两三匹的话，就太丢脸了。过去更厉害，还有搭金桥等各种仪式，现在已经不搞这些活动了。这就是一种势力的比拼，炫耀我这个家支的同时，肯定、认定对方的家支和我是般配或者不般配的。这样，小孩子从小就受到这种熏陶和教育。

现在，有些人的家支观念还很浓。很小的时候，就觉得我们是一个家支的人，他就与你套近乎。比如，我们这些人，包括我们的小孩一到乡下，乡下的小孩子就找你、拉你的手。实际上你根本不认识他，但他已经把你当做自己家支的人了。其实，他是对亲戚的一种认可，更多的是对家支的一种认可，认为我们是一家的。如果有哪个人在城里面当官的话，他就跟你攀亲，就好像他比其他人荣耀，认为我这个家支比其他家支的人更强大、更厉害一些，觉得好像更有分量。从小受到这种教育，受到这种氛围的感染，亲戚观念、家支意识自然就增强了。我从小就生活在城里，但是和本家支的老年人接触的时候，他们就引导和教育我了，把我当做他们自己的子孙。事实上，家支中，每个家支和每个家支之间，甚至是在同一个家支当中，仍然会有许多矛盾，也在不断地分化，但是，很多人无形当中起到维系家支秩序、巩固家支集团的作用。时间长了，这些人就脱颖而出，成了一些家支头人了。优秀的、超常发挥作用的人就成了德古，成为总家支的德古。我拜访过的老人当中，因为有环境条件住在一个院子里，经常相处见面，很多都是名人，像果基木果、阿侯鲁木子、瓦扎架听那些人。我们经常在一起聊天，外面的人拜访他们的时候，就请我去帮他们翻译。他们不相信干部等其他人，只相信我，觉得我可能跟对方说的是真实话。"叫那个娃儿来翻译,其他人就别翻译了",他们经常这样说,在昭觉时,我就帮这些老人翻译过很多次。通过这些事我发现,实际上,进行家支教育也好,维持家支秩序也好,这些人确实都是一些德高望重的人。从道德品质上、人格上来说,可以说都是一些相当完美的人。相对完美的人可能是一个小头人,最完美的可能是一些大头人。而且,这些人往往并不只是口才好,能够说两句或能背家谱那样简单。更多的是,他们有思想、有宽宏大量的心态,有忍让的精神。到关键的时候,有很大的胆子,往往具备这几种很优秀的要素和意识。而且,能够驳你的情面,能够很直面的、很客观地说话的人,实际上才是受到人们尊敬和尊重的。像阿侯鲁木子就是其中一个。我记得,有一次,州委统战部把他们招呼起来开会的时候,在讨论计划生育方面的宣传问题时,主持人问:"凉山应该实行计划生育,你们有没有意见?"他马上就说有意见。等统战部部长把所有的文件传达完了,其他不是德古的人谈得很热烈,纷纷表示赞同政府的英明决策的时候,他突然说:"我不同意,搞什么计划生育嘛!凉山现在还那么落后,医疗条件能不能够保证每一个生下的儿童都健康成长,都能够成人?我娶了四五个老婆,现在有几个子女嘛。人家只娶一个老婆的,只生两三个孩子,你说能够成活多少呢?"这样一说,把主持人问倒,大家又热烈讨论起来。凡事他都有思想、有想法。还有一次,据说毛主席还没有去世的时候,他到北京去开"两会",他说要给毛主席提个意见,请瓦扎老州长给他翻译。瓦扎就说:"阿侯老人,你别提意见了。"瓦扎州长知道,阿侯老人提意见,肯定没有好事情。"你不提我自己提,你不翻译我叫其他人来翻译。"阿侯鲁木子对瓦扎说。据说他提的意见大意就是:"您毛主席也不是一个神,任何一个人都是客观存在的。我们彝族古书《玛木特依》中说:70岁时应该怎么样,80岁时应该怎么样,一个人从生理上讲不可能永远具备无限能力。您说的话怎么可能永远是正确的呢？哪个人也不可能永远是正确的。"提了这些之后，主席团就反映了上去。当时，没有一个人敢提这种不同意见。全国只有他一个人把意见提了上去。据说毛主席听到后没有表态，可能觉得提得对。

笔者：那是什么年代？

那是20世纪70年代初。大约1971、1972年的时候。关于家支问题，我们也零零星星做过一些调查研究。但现在更多的时候，觉得家支教育是一些空洞无物的东西。"我们要团结起来，我们要怎么样怎么样"等。团结起来对付谁呢？也没有说团结起来共同对付灾难什么的。它说得很模糊。现在的家支活动，有时候就是集体邀约起来，杀牛喝酒，然后就是很奇特的现象，无限地扩大、吹牛。这种无限扩大，宣传起来是有害的。还有明明过去相互开亲了的人，现在禁止，不准人家开亲了，说我们实际上是一家人，怎么能开亲？其实，现在有些家支活动确实很糟糕，以强凌弱，家支大的欺负家支小的，甚至嘲笑没有家支的人。这本身就是一种不公平。有些是讲一点互助互济的精神、帮助一下家支成员的事情。实际上，现在很多人没有投保，不可能去买保险，也不可能像以往一样等政府发福利待遇、救济。现在农村所谓的扶贫往往是部分人得到一点，多数人是没有的。因此，只好依赖家支。所以，家支现象存在有它的多种原因。有些是可以理解的，而有些确实做得过分。热衷于搞家支活动的人，往往觉得自己现在有一官半职了，可以在亲族、家支面前摆一下、炫耀一下的人。这部分人参加家支活动，特别是都市里面的家支活动很积极。农村里更多的是比较有道德、有素质的人打理着家支。当然，现在也有部分人，在农村做了生意，富了起来，他也参与家支活动，而且比较积极。比如，去年我们搞一个课题，就是"凉山彝族企业家调查"，可以看出一些趋势。现在，有很多过去不被认为是家支德古、苏易的人,现在已经在充当这个角色了。因为他有钱,做企业有钱。因此,处理一件事情时,可以依照他的意见办理。他可以出钱来买断或进行感情投资,拉拢别人;而一般的那些人,可能说的话很有道理、符合实际,但是,由于市场经济的普及,人们更趋向于现实利益。所以,很多人就更愿意听这些有钱人的话。这个当然可以理解,可能也是一种文化变迁,也不能简单说不对或对。只能说,随着外来文化的传播、普及,彝族社会也在变化和发展。我们在乡下调查的时候发现,现在不仅仅是汉族人影响彝族人,外国人也在影响彝族人。像在昭觉,到处都有外国人在那里活动,搞教育扶贫、医疗方面的扶贫等等。许多外国人的思想也渗透到彝族老百姓的思想当中。比如,以前彝族人的信仰是很坚定的,是信仰祖先神灵的。

笔者:这个影不影响家支的活动?

对家支有影响,有些人不信仰家支了,不信仰祖先,不信仰自然神灵,不依靠家支,转而信仰门徒会了。因为这是一个精神控制的东西。一种精神控制了你,另一种精神要想完全控制你,是不可能的了。实际上,人的思想总是受某一种思想的支配。门徒会支配了它,这些人就不参加家支活动了,不崇拜祖先了。所以,家支也不是铁板一块,也在受到冲击。在消失,会消失的。信仰门徒会的人认为,他已经不需要家支的支持,不需要家支的照顾了。他投靠了门徒会,因为门徒会会给他们带来比家支更大的好处和更大的利益,它取代了家支的功能。这是现在才出现的。现在的家支头人和以前的家支头人也不一样了。现在的家支头人,他的文化是断代了的。包括我们培养家支观念的时候,也是断代了的,中间受到了冲击、阻断,形成了断层。所以,我们现在接受的这种家支文化,严格地说,也不是很纯粹的家支文化了。是经过了一定的变化、变异了的,掺入了汉族的东西,现代社会的东西、甚至其他一些莫名其妙的东西、市民社会的东西等。再加上，都市里工作的这部分人，也不断地影响着农村的家支观念。所以，现在农村的家支观念也不是纯粹的家支观念了。

笔者：您觉得过去纯粹的家支观念有哪些？

过去纯粹的家支观念，德古就说明了一些问题。他是自然产生的。肯定有富有的原因，但更多的不是经济因素、政治力量在支配它。特别是在一个家支内部，在我们过去熟悉的人当中，有很多人都是很富裕的人，但是，他们不是德古。又富裕又是德古的人有没有，也有。但是，更多的德古，在我们印象当中都是一些身上甚至没有像样衣服穿的五六十岁、七八十岁的老头儿，穿一个空心的皮毡，随便得很，很邋遢的样子。没有事的时候，在墙边地角上，随便哪里都可以睡个午觉什么的。但是，一旦有事的时候，他就精神抖擞，意志坚强，换成另外的模样开始办案了，开始进入角色了。那时候，他根本不受富裕的人的左右。因为一旦走上这条路，从事这种职业，他就在不断完善自己、充实自己，使自己更加完美。昭觉城北有个叫巴且乌力的人，一直是一个很优秀的德古。但是，有一次处理一件事情的时候，他偏袒了某一方。从此以后，就没有多少人请他去调解纠纷了。他已经没有威信，被自然淘汰了。本来，他是一个很有实力很能干的人，经济上也富裕，办案方面也不错。所以，德古不像现在的法官那样，个人意志很强，靠的是个人的素质、意志和能力的展现。比如，任何一个人学了法律就可能去当法官，就可以从事这种职业。他不是从很多人当中遴选出来的一个很优秀的人。而德古是从一大堆人当中自然产生的。当然，我也不是在农村里生活的。实际上，我也是凭个人的感觉来认识这个问题。每个人只能说自己的认识。

"有彝族谚语'乌戈兹米，尼戈尔井'的说法。"：
兹、诺和土的关系

笔者：您觉得过去彝族兹、诺、土是怎样产生的？

我觉得这个等级问题是一个很古老的事，最早可能还是有血缘的关系。我们现在的等级和古代的等级可能还不是一回事。古代的等级更多的可能是与印度种姓制度类似的东西，是一种职业分工，决定了它这个等级的层次。而我们现在说的是一种个人的人身占有，个人的政治权力或经济利益或经济的富裕程度，一旦定下来就传承下来了。当然，这种血缘关系一直在延续着。比如，古代的阶层分工非常详细。很多国家，很多民族都存在这个问题。如印度现在理发师也是一个种姓，捆桶匠也是一个种姓，专门做皮鞋的也是一个种姓，金匠是一个种姓，银匠又是一个种姓。印度人大致可分四个种姓，细分是二百多个种姓，甚至有说两千多个的。其实，刚才你说的兹、莫、毕、更、卓，就是种姓制度的开始。一种种姓发展到一定阶段后，产生相类似的社会分工。但是，彝族还涉及彝族族源的问题。从《西南彝志》那些彝文古籍的研究和分析来看，彝族人进入凉山是一个缓慢的、不断延续的过程，并不是之前没有彝族人在凉山存在，一帮人进入了凉山，之后也没有彝族进来，不是那么回事。云南、贵州和四川凉山的联系从古到今都是很密切的。就在民主改革以前，凉山土司还与云、贵有联姻。土司阶层形成一个婚姻集团，与云南和贵州的人通婚。那个时候，一走就是一两个月，非常艰苦，甚至两三个月都在路上走着。从《勒俄特依》等一些书中也能看出一些蛛丝马迹。所谓的古侯、曲涅进入凉山之前，已经有彝族人居住在凉山了。更多的是一些濮人、博人在居住，后来被彝族赶走或者消失了。可能彝族人比他们更强大，更好胜。在我们生活当中，把濮人说成是不会说话的人，说话很罗唆的人，很糟糕的人，睡觉后不会醒来的人。这些在彝语当中随处可见。如"濮伙巴伙资，濮尔硕落"等。后来甚至把汉族人也包括进来了。"濮"是濮人，"硕"实际上是蜀人，就是生活在我们周边的这些人。实际上，谁聪明不聪明，不是你一个人说了算的。就是在黑彝当中，那时被称为"格伙"的这部分人跟云南的关系也是很密切的。比如说罗罗宣慰司等那些人，在嘉庆年间，通婚对象都是云南那边的人。彝族就是怪，特别注重血缘和等级关系。有时，不注重女的长得漂不漂亮，年龄大不大，一点都不在乎。这可能与欧洲过去的那些贵族观念有相似之处。比如说罗罗宣慰司娶云南的那个土司女人的时候，那个女人已经嫁给云南的另外一个人，有了一个遗腹子了在半路上就生小孩了。这种情况，在其他民族中是不可能接受的。而罗罗宣慰司很大度，"没有关系，都是土司的后代"，就这样接回来了。现在昭觉那一带的很多阿硕家就是这个遗腹子的后代。后来罗罗宣慰司被推翻时，把很多土地送给阿硕家。阿硕家成为土目，居住在昭觉这一带。再后来，阿硕家被我们巴且家赶走，慢慢蚕食掉。不久之后，巴且家占领了昭觉阿硕家居住的地方，历史是这样的。从这些事例可以看出，那个时候，古代人很讲究信誉。这可能也是家支文化当中的一个积极方面。它无形当中给人们做示范，教育人们讲诚信。给人们一种思想，什么东西更重要。

笔者：诺伙阶层是怎么来的？

关于诺伙这个阶层的来源有许多说法。一种说法是，以前无所谓诺和土，有彝族谚语"乌戈兹米，尼戈尔井"，认为兄长成为贵族，弟幼成为平民。这种说法也是成立的。因为彝族的等级不是能用简单的某个方面来解释清楚的，而是要用好几个方面来解释。因为在现在彝族人的社会生活当中，老大家是最荣耀、最有地位的。当然，过去有些人不理解这个，甚至歪曲彝族人的第一个儿子可能是私生子。曾经有一个学者说过，彝族的第一个儿子，很可能不是他自己的骨肉。

刘世风：就是说"不落夫家"的民族里都有这种看法。

对，都这么认为。实际上，彝族有"不落夫家"的习俗。另一个习俗，就是长子的地位最高。这个你可能比我更了解。

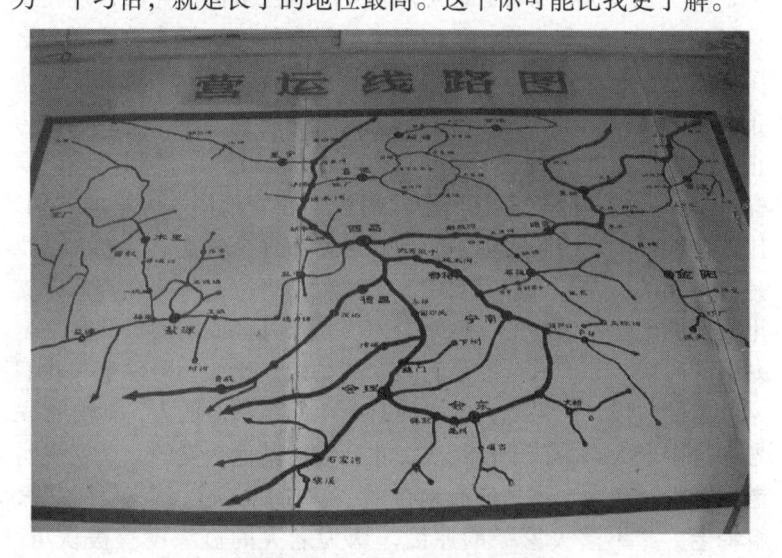

四川凉山彝族自治州公路营运线路图

刘世风：长子地位最高，为什么幼子跟父母住在一起，继承所有的东西呢？

父母与幼子是一种怜爱关系。长子的地位为何最高呢？在生活当中，父母都要投靠幼子。因为幼子是最后需要照顾的人，而长子是最先独立走出去的人。父母不可能跟着最先独立出去的人去居住，而是必须跟着最年幼的人，并一直扶持着他。把他抚养长大了以后，很自然地留在幼子家里。从逻辑上、从常理上来说都符合实际的。不然的话，大的安排出去，小的谁来安排，谁来照顾呢？不可能把小的都带到老大家里去生活。如果带去的话，仍然没有分家。逻辑上是说不通的。因此，父母留在小的家庭里是照顾小的长大，安家立业。这是一点也不矛盾的。所以，有些过去的解释是经不起推敲的。还有一个方面，在彝族人的婚姻当中，哪个是长房，哪家是老大，老大的地位最高。比如，现在不管黑彝也好，白彝也好，长房那家是最有脸面、最有地位的。幺房那家是没有地位的。就以昭觉巴且家来说，比克杰章和比克博布两家分出来以后，博布里面的老大就是阿克如尔，直到现在为止，老大这家的后代"骨头"是最硬的。因为在黑彝当中，同样一个家支的各分支家族当中，仍然存在着门第、等第的差别。比如，我说的那个阿克如尔，他就是博布这个分支家的老大。我是吉章家的。在吉章分支当中，老大就是吉章吉华。在吉章分支里面他的地位是最高的。他是老大。马家其他或别的黑彝家来娶姑娘的时候，他们首选的是老大家的姑娘。比如，阿硕家和我们家开亲的时候，如果老大家里面有一个门当户对的人，他会首先考虑这个老大家的孩子；其次，才会考虑其他分支的。这就说明老大尊贵，老大永远是最有地位的人。所以，过去有一种说法，解释老大"不落夫家"的原因，认为老大的血缘没有被认可。这种说法，实际上只看到一面，没有看到另一面，是对彝族生活缺乏了解的人说的。彝族男女之间的关系不像其他少数民族。由于等级婚姻制度，彝族表兄弟、表姐妹的关系，才有可能产生这种男女关系。而这往往又是婚姻对象。但并不像有些人说的那么开放，它有自己的尊严和名誉。不像有些少数民族那样到了公房，到了社交场合，唱两首曲子就把女人勾引得到。彝族并不是那么简单的。从某种意义上说，可能比其他少数民族更大气一些，更有男子汉气质。凉山彝族一旦有婚姻关系以后，就不能乱来了。凉山彝族一旦确立了一种婚姻关系，妻子的忠贞程度要求很严。在没有建立婚姻关系之前，可能相对比较自由一些。但是，一旦成立家庭后，一个女子对一个男子的忠不忠贞和一个男子能不能够保护一个女子,将涉及很多的家支利益和家支荣誉。所以,并不是想染指、想开人家的玩笑就能开玩笑的。一旦婚姻关系确立之后,任何一个男子都不会轻易地让自己的妻子在社会上和谁随意交往。因此,我觉得这种"老大不是自己的骨肉"的可能性不大。因为这涉及家支的荣誉、家支的力量、家支的地位。所以,并不是人们所想象的那样。当然,每个地区也有些不一样的。比如说,大裤脚、中裤脚和小裤脚各地区是不一样。比如,我们和布托是不一样的,布托的人相对我们而言要开放一些。我们和美姑的人也不一样。所以,过去那种说法,我觉得也不是完全不对的。

笔者:您觉得凉山的黑彝和云南的黑彝有无关系?

我觉得更早的时候是有关系的,只是逐渐分散开了。其实,凉山的彝族和云南的彝族很多人是沾亲带故的。过去,我们老人讲,我们哪一代祖先的老婆是哪个家支的,哪一代的,说得有名有姓,说明过去有一些联系和交往。

笔者:对此,您研究过吗?

这个方面研究得很少。但是,由于封闭的环境,在凉山,黑彝文化被进一步强化,相对完整地保留下来。在云南,受到其他民族和其他社会力量的冲击,相对就弱一些。凉山的文化更多地和贵州更为接近一些。毕节、威宁、大方那一带和过去四川古蔺那一带的文化更接近,语言也更为接近。相比较而言,可能跟云南楚雄、红河、昆明一带较远一些。这可能跟迁徙有关。凉山彝族是从贵州和云南东北部迁徙过来的。所以,在那些地方仍然可以找到很多和凉山相同的文化痕迹。现在那里的黑彝、红彝、花彝和白彝更多是以一种象征性的颜色来区分。有些地方不能算是等级,而是分成小块的族群了。而在凉山,更多地是代表等级关系,凉山的分法,相对来说,更多的是体现在等级方面的文化。因为凉山的土司和云南的土司、滇南和滇西北的土司相对而言是很少通婚的。凉山彝族和楚雄一带的彝族也很少通婚，很多土司绝嗣后，是由贵州的土司来顶替的。典型的是安土司家等。比如，阿都土司、安学才和安登银，最早都是从贵州过来的，可能跟贵州那边的关系更密切一些。随着社会的变化，由于各种原因，土司也在衰败。出于自身安全的考虑，它后来更多的和黑彝通婚。比如冷光电，他的舅舅就是阿合家的，可能也是迫于无奈吧。至于这种等级的产生，我觉得最早可能是战争的结果。有部分战败者或逃亡或成为战胜者的平民。典型的是部分阿合家，就是从普雄一带的阿孜佳诺家分出来的，就是被开除了的，像这种有不少，仍然是有血缘关系的。另外一种是黑彝男子和其他奴隶女子生下的后代，这种情况也很多。比如，现在普雄、越西一带的莫能曲木、俄持曲比，美姑的吉克等，就是彝族说的"波莫忍"。这种情况也是很多的。比如说吉克，为何现在的吉克那么多毕摩得到延续、传承毕摩文化，它就是从阿鲁家分出来的。这是第二种情况。第三种情况就是战争俘虏，包括汉族、藏族和原来的一些土著民族。因为明清以前，居住在凉山的民族成分很复杂，什么民族都有。可能有十几个少数民族。

笔者：刚才您说的从黑彝家支分出来的白彝有哪些？

很多，吉克忍石、莫能曲莫、金古阿鲁、阿迪阿细等。巴且家支中没有分出白彝来，有些可能我也记不清楚了。

笔者：您知道"尼木威阶"是怎么回事吗？

"尼木威阶"更多的是出于婚姻关系考虑而做的仪式，而不是划分等级，是为了分出不同的婚姻集团、通婚对象。

笔者：有哪些家支从这里分出来的？

"尼木威阶"是过去大族做的大型的祭祀活动，仪式非常复杂，非一般人能够承受的，要的东西很多，耗费的精力很大，而且一般是隔了几代才举行一次。主要是有些彝族家支进入凉山后，婚姻对象少，又觉得不应该大权旁落。分支后，就有通婚对象了。自己跟自己家支的人通婚,从感情上觉得接受不了,有乱伦之嫌。就用一种自己认可的仪式分家。汉族人是五服就可以通婚,彝族人实际上也是这样的。到了九代以后,就可以通婚了。但是,后来有许多人做不起这个仪式也通婚了。在过去,这是一种很不光彩的事情。有很多家支,包括一些黑彝,其实没有做分家仪式就通婚了。我们拉普圣乍巴且家支是做了大尼木的。做了后,像罗武、龙木、热柯、祝尔、补约等这些家支就分出去了。

笔者:这些家支和你们家支是一起分出来的?

最早都是这样分出来的。然后是罗洪、瓦扎。当然,有一种说法,罗洪、瓦扎的始祖的母亲是黑彝。所以说,档次要低一点。这是过去听那些老人说的。因为,其他那些是兹莫家姑娘的后代,是给伙莫忍。而罗洪、瓦扎的母亲是小老婆,是个黑彝姑娘。现在我们理解的黑彝和当时理解的黑彝是不一样的。当时的黑彝档次还很低,是地位比较低的人。不像现在,把土司推翻以后,自己的地位就上升了。当时,实际上它是为土司服务的。罗洪、瓦扎的母亲是黑彝,据说和拉普圣乍经常在一起。社交场合开会、讨论的时候,他俩兄弟就在很远的地方走过去、走过来的。每次都在观望,很想参与,但是不敢参与,因为地位不够。终于有一次,一个头人说:"哎,把他们叫进来,不要老是排除他们,毕竟是一个血缘的。"这以后,他们才被认可,参加了拉普圣乍的各种社交议事活动。据老人们说是这样的。当然,现在已经找不到证据了。罗洪他觉得自己也是老大,瓦扎觉得自己也是老大。但实际上,在过去圣乍那些黑彝的心目当中,他们还是差一点的。其他黑彝当中也有这种情况,每支黑彝当中都有可能找到这种情况。比如果基。果基是"忍日"(老大),他觉得他很硬实。但是同样的介拉、俄史这些家支的档次就低了,在果基当中,他们的地位就差了。彝族社会里,过去好像很多家支都存在这个问题,不是明媒正娶的妻子的私生子,有些是骨头不好的其他家支的姑娘生。有一种说法是，大概五百年前左右就出现了黑彝（诺伙）。那个时候就分离出了诺这个等级或阶层。在之前是模糊的，没有"诺"这个明确的等级。这种说法也不一定准确，但是也有可能。因为在家支谱系当中，分到这一代的时候，就正式出现"诺合"这个称呼了。他的婚姻关系就跟兹莫挂不上钩了。说到这儿，凉山最大的土司罗罗宣慰司，就是和我们一起分下来的。

盛装，美女，手机

叫博合巴哈……然后，分出尔额土司。博合伙支是尔额，博合巴哈—巴哈日乌—日乌日敌—日敌阿硕—阿硕列古—列古普色，普色就是分出尼木利利兹。列古拉普—拉普迪俄……一直分到洛木、瓦扎、巴且、罗武这些家支了。列古拉普—拉普迪俄—迪俄迪尼—迪尼尔你—尔你阿孜—阿孜阿黑—阿黑补约—补约阿敌—阿敌兹古—兹古阿依—阿依措品—措品吉史—吉史比克。我们巴且这边就是比克了。比克博布是一支。比克吉章又是一支。刚才我给你举例的是吉章分支家的，就是这样来的。"乌戈兹米，尼戈尔吉"，老大就是利利土司家了，老二、老三就成了我们这些黑彝了。从某种意义上说，他就成了统治阶层了，我们就成了被统治阶层，也可以这样理解。或者是他成了上一个等级的人，我们黑彝成了次一个等级的人。再细分的话，也可理解成我们黑彝成了一个等级的人，白彝又成了一个等级的人。这样继续分下去的话，就分出来很多等级了。比如俄持曲比等。有些人甚至认为沙玛曲比也是这种情况，民间有这种说法。这样哥哥当了头人，成了高等级的人，弟弟就成了低等级的人。所以你看，从哪个角度去理解，不可能一概而论。因为一个民族的历史是非常复杂的。你中有我，我中有你，把它一刀切断是不可能的。比如刘世风博士，现在你说你是汉族人，但很难确定你的家族历史中有没有少数民族的血统，你很难保证。可能有胡人的血统，也可能有越人的血统。其实，特别是居住在四川周围的汉族，没有人敢说他保证是纯血统汉族。比如乐山地区的那么多汉族、西昌这些地方的汉族都是后来移民过来的，就更不用说了，很多是湖广田、成都平原的人。实际上，他们的身份本身就是很复杂的。从湖北、湖南那边来的人，很多可能就是越人。越人的后代不能说是纯粹的汉族。真正的汉族，你到哪里去找啊？找不到的。所以说，凉山彝族的等级划分，完全一刀切断是不符合历史事实的。只不过凉山彝族的等级婚姻有一个稳定的基础，是什么呢？它是不存在就高婚和就低婚的。这种现象，在世界历史上很罕见。在古印度、古罗马等一些古国，虽然也存在贵族社会，但是，它有就高婚和就低婚的说法。也就是说，自己的儿子如果娶了一个平民的妻子，那么两代或三代以后，可能就恢复贵族的身份了，自己的女儿嫁给一个平民的话，即就低婚的话，他可能就失去贵族的身份了等。在印度也是这样。贵族身份可以恢复或失去。但是，凉山彝族很怪，它就是很坚定的。只要一方就高或就低，只要一方不是门当户对的话，就改变了原来的身份。就低婚，你就得不到这个身份了，就高婚呢，在同等级内能保持身份；如果是不同等级之间联姻的话，后代就失去地位和身份了。

刘世风：因为凉山本来人就并不多，它的发展主要是靠从周围弄一些汉族人来当娃子，可能是保持它的纯度的一种方式吧。

这个纯度实际上也是为了掌握权力，不大权旁落。

笔者：凉山彝族是特别重视权力的民族吗？

是的，因为它毕竟是奴隶社会，不可能产生那种现代观念，比如选举或竞争意识。说白了，就是不公平的竞争。允许你在经济上翻身，允许你拥有财富，但决不允许你拥有地位和权力，是这样的。在其他民族看来，这就是十分奇特的现象了。在过去，比如说一个安家娃子也可以拥有娃子，最多有达到九层的，就是娃子拥有娃子、娃子拥有娃子，一直到九层。所谓的九道娃子就是这样来的。

笔者：谁家是这样的？

有个老人说过，新中国成立前有一家达到十二层，但是，我没有记下这家人的名字。有几道娃子的说法也不一样。一般分为三个层次来说。比如，黑彝拥有白彝，白彝拥有安家，安家拥有呷西，呷西再拥有呷西，这是一种分法。还有一种说法是，黑彝拥有安家，安家拥有安家，安家再拥有安家，安家再拥有安家，一直到安家拥有呷西为止。还有一种说法是白彝拥有安家，安家拥有呷西，呷西再拥有呷西。还有一种说法是叠加起来。比如说，黑彝拥有自己的白彝，白彝拥有自己的奴隶，然后奴隶再加自己的白彝拥有的安家。安家再拥有自己的安家拥有的安家，安家再拥有自己的奴隶呷西。也就是说，一种是串联起来，叠加起来；一种是直线拉下来；一种是横起来加后弯起来再加。有多种说法。所以，真正的九道娃子只是这种情况，是非常特殊的。一般拥有两层、三层或四层，这种隶属是比较普遍的。如果加上土司的话就是五层或者十层了。

笔者：您觉得黑彝和白彝现在都不通婚是什么原因？可能还是传统观念所致，觉得自己的血统更纯洁。

刘世风：是无论维护地位还是维护纯度，都是靠婚姻维护的。如果它没有婚姻来隔断的话，就变成一样的了。

最主要的是通过婚姻。为何这样说呢？民主改革时，奴隶主说："我们可以失去土地，可以失去奴隶，可以失去森林、草场、牛羊，甚至是金钱，但我们不能失去婚姻。"这就说明所有这一切都是用婚姻来维系、发展和保持的，通过这个来保持家支的纯度。因为一旦不能保持纯度，它的权利就下降了。为了维护自己的利益，也就不断地维护自己婚姻上的纯洁度，婚姻的纯洁度，维护了血缘的纯洁度。黑彝和白彝之间不通婚，可能就是这个原因。

实际上，新中国成立以后，是一种观念的惯性作用，是一种思想意识的不断延续。它让人觉得自己很有优越感。不管怎么说，（我）仍然是这个等级的人，哪怕穷得叮当响了，还有一种精神上的满足。我想应该是这种原因吧。如果不保持这种婚姻制度，它就真的一无所有了。

经济上的东西、物质上的东西，人们可以控制，一目了然；而一个人若想控制一种思想，只有拿信仰来说话。改革开放之前，彝族人最奇怪的现象是，一方面，它接受了共产党领导的好处和利益；另一方面，不论黑彝或土司还是很多白彝，在内心深处，迟迟不肯接受共产党的思想。在乡下，在农村里面，可能一个生产队的队长或书记，在开会的时候、在政府官员面前，他就是一个大队的书记、队长，代表着共产党最基层的政权组织、一种思想的传递；但是，一旦回到他那个生活环境当中、那个社区时，又迅速融入那个环境里面。就像一个人，他穿着一件干净的衣服，但回到池塘的时候，又把衣服打湿、弄脏了。就是这样子的。回到那个环境时，他的思想又回到那个地方的习俗规矩。他有意无意当中扮演着双重性格、双重人格的角色。凉山很多文化人，包括城里的、乡下的，都在不断地变换着自己的角色，可能也是一个很不自然、很痛苦的过程。但是，往往他自己没有意识到。就像现在从事翻译的那些人，总是存在着一个思维转换、意识转换和思想转换的过程。当然，这种情况的产生可能有文化上、认识上差异的原因。

笔者：有人说列古忍石中有些人成了土司，有些人成了诺伙，有些人成了土伙，您认为呢？

列古拉普—拉普迪俄……基本上最后都成为黑彝了。列古普色……一些成了所谓的土目。实际上，现在很多人对"土司"和"兹莫"的界限分得不是很清楚。更多的不是从彝族的传统文化上、从血缘关系上来理解这层关系；而是从表面现象来理解。因为，大概从元朝开始，凉山才归入中央王朝势力范围内，在这之前，是一种相互征战、相互侵扰的关系。尽管封了一些地名，有行政区划，但实际上，中央王朝对凉山是没有控制力的。像新中国成立前，昭觉虽然设了县，但是，它的县官就在西昌办公，没指挥当地的人。

兹莫是彝语里的原词名称，土司是因为他是土官，中央王朝起用本地的土官来管理这个地方，外地派过来的叫流官。从元朝一直到明清，实际上，中央王朝对凉山实行的是让凉山人自己管自己的政策。朝廷封了官印后，兹莫这部分人就成了土司。当时不是所有的兹莫都封了土司的，而是一个地区封一个或几个，象征性地管一片，一般就抽一个特殊的人物，或占有土地比较多的，威信相对大的或者是与官府关系比较密切的那么一些人，封上土司的称号。被封了土司官印的人，并不意味着是最显赫的彝族兹莫。还有各种特殊的情况成为土司，然后又封土目、土舍。

土舍只有凉山才有，云、贵是没有这个称呼的。这些是文官。按管辖范围，又分别有百户、千户、万户等。万户是侯，由中央王朝承认。实际上，只有亲王才能封万户侯的。封了万户侯不一定是管万户人口，它是一个爵位、官位。昭觉有个巴且家，有个德古封了百户，就是因为他很出名，朝廷就封了一个百户给他。而这个百户，实际上只是对他身份的一种肯定，并不意味着他就管一百户人。有了这些封印以后，土司和兹莫就形成两个叫法了。土司是土司，兹莫是兹莫。事实上，所有的土司都是从兹莫里面产生的，但不是所有的兹莫都是土司。有些兹莫封了官印称号，成了土司后，繁衍、发展和世袭下来。比如，父亲是土司，父亲生了两儿子，一个继承土司的官职，成为土司；另一个成为土目。父亲的弟弟也可能成为土目。这是一种习惯叫法。整个凉山就成了这个样子。

笔者与吉觉伊泓（左）、翁古合加（右）
在四川省盐源县泸沽湖镇小学调研留影

刘世风：同样一个姓，比如，都姓曲比，好像有好几层，好像每个姓都分好几层。那是怎么分的？是不是因为他自己一开始是被抓来当娃子的汉族人的后代，然后主子家把姓赐给娃子，让娃子跟他姓了。但是，在通婚开亲上有区别。

以曲比来说，实际上曲比是白彝。而且，在彝族社会当中，是地位相对比较高的白彝。因为他们从事毕摩活动。在白彝当中，凡是从事毕摩职业的人，地位都是比较高的。也就是说，他们是历史比较长的人。曲比是白彝当中的毕摩的意思。曲比是简称，就是曲伙里面的毕摩。黑彝里面的毕摩叫"诺毕"。有"诺毕"和"曲毕"之分。曲毕里分沙玛曲比、俄直曲比、古尔曲比等，有很多种。曲比要结婚的话，一般都限在曲毕家支内通婚。比如，沙玛曲比只能在俄直曲比或吉尔曲比之间通婚。沙玛曲比本身就是一个家支，他们内部是不能通婚的，只能和其他曲比通婚。虽然都是曲比，但是，已是另外的家支、宗族了，不是同一个家支了，只能与这些人通婚。同一个家支里面，按道理是永远都不能通婚的。又比如古尔曲比，它只能跟其他家支的人通婚，古尔曲比内部不能通婚。俄直曲比也是如此。曲比是一种姓，历史上有很多职务、职业形成一种姓的情况，如曲木。曲木过去的意思是烧死人的时候专门管理死人的人。又如"木科"，"木科"也形成了一种姓了，"木科"本来的意思是管家的意思。曲比的意思是毕摩，是白彝当中的毕摩。

笔者：吉克家和曲毕家是可以通婚的，因为他们都是毕摩世家。

是的，他们是可以通婚的，但不是因为是毕摩世家才通婚的，而是因为都是白彝等级血缘的不同家支。实际上，等级有时是以家谱的长短来区分的。因为家谱长的人，认为自己是真正的彝根。彝根一般是白彝。所谓的汉根，就是进入凉山时间不长的人。如果哥哥找了一个彝根的姑娘做媳妇，弟弟找了一个汉根的姑娘，弟弟的儿女的骨头就软了。就是骨头的硬度不一样了，以后婚姻选择也就不一样了。来凉山历史长的人，往往骨头较硬，有些是直接从黑彝里面分出来的，他就觉得他的骨头很硬。白彝内部很讲究这个。在凉山，不仅是土司和黑彝讲究，白彝也很讲究，不是一般的讲究，有些白彝现在更讲究。他觉得现在有钱有势了，在婚姻上要尽量维持自己的尊严、地位和纯洁，有些甚至达到过分的程度。

前几年，我们在访问的时候就遇到一件个案。两兄弟，由于弟弟娶了一个据说骨头有点差的沙玛曲比家支的姑娘，哥哥娶了一个当地比较有名的白彝家的姑娘，那个嫂嫂认为我嫁到你们家，你们家的弟弟娶了一个骨头比我低得多的姑娘，我怎么能够和她同在一个屋檐下生活呢？我是很没有面子的。结果她一直唆使她的丈夫干涉这桩婚姻，直到弟弟有孩子以后还耿耿于怀。她丈夫就一直找弟弟的麻烦，大打出手。弟弟忍无可忍，但没有一点办法。弟媳就说算了，我还是走，还是回娘家，我在你们家生活下去，影响你们兄弟之间的关系，我自己生活也很困难。而弟弟坚决不干，说不可能，我们在一起生活那么多年，都有两个孩子了，怎么能分开呢？后来，嫂嫂提出如果弟媳不走的话，她坚决要走。这样，这件事情就闹大了。后来，由于德古不愿意破坏这个家庭，尽量向好的方面调解，说你们家的这种做法是错误的。现在，在彝族的习惯法中，又加进了现代法律和人民政府的新思想。德古对嫂嫂说，这样做是不对的。新中国成立那么多年了，你还讲这些，而且他们已经成立了家庭，你这样子破坏人家的家庭婚姻是不对的。这点，你应该认错，让他们继续这段婚姻。对弟弟说，你哥嫂用过去的风俗习惯来要求你，是关心你的，不是完全没有道理的。当然，现在不可能离婚了，但他们是哥嫂，你作为一个弟弟，应该向他们赔礼道歉。这样劝导调解后，弟弟向哥哥家赔礼道歉，然后，杀猪宰羊，买酒给哥哥家吃。这件事的起因，理由之一就是嫂嫂认为弟媳家的家谱不长。后来，这桩婚姻还是维持下来了。但是，弟弟家杀猪宰羊，买酒来请哥哥家喝，德古也只能这样做了。据说那个嫂嫂寻死寻活的，就是不干。最后，还是基本上和好了，因为嫂嫂挣了个脸面，既然你已经向我道歉、认错了，就认可了。据说这个嫂嫂是被劝了三天三夜后才答应的。像这种情况，在现代都市当中就不存在了。但是，在农村里面等级观念还是根深蒂固，难以轻易改变的。

刘世风：若把我放在那个圈里，我也觉得这个事很重要。因为在一无所有的前提下，能够保留住的，能够坚守住的，就是这点东西了。

他们觉得精神方面有价值的东西，可能就是这些了。

刘世风：我去美姑调查时，在一个乡村里发现，那里的一些黑彝生活很困难。人本来就少，没有特别多的人帮他们，生的孩子也少，家里人口少，不像白彝人那么多。另外，在"文化大革命"阶段，他们受到很大的冲击，受到不好的对待。还有，他们娶媳妇要花更多的钱。在同样的生活条件下，白彝可以少花钱娶到媳妇，而黑彝要娶个媳妇，要到好远好远地方去找，花更多的钱，才能娶回媳妇。因此，黑彝更穷一些，却仍然不愿改变。我问了几个娶了媳妇的黑彝小伙子，他们是美姑人，却往往要到俄边、越西那些地方去娶回媳妇，路途很远。我问的一个很帅的小伙子，他的媳妇是从越西娶来的，花了多少钱。光身价钱，就是18000元。为什么那么贵呢？因为，他结过一次婚，离婚以后，再娶新的。他不在乎对方是否离过婚，也不在乎长得什么样，一次也没有见过，只听说那边有个门当户对的人，就去娶回来了，花了很多钱。其实，他们家很穷的。

可能也不完全是门当户对。身价很高的原因，可能是越西那边的黑彝比他们要高一个等级。在我们那儿的观念是，一般中裤脚的人不与大裤脚的人和小裤脚的人通婚。因为大裤脚的人稍微好一点，可能的情况，就是在中裤脚的人里面去选择。在中裤脚里边，他又看等级的关系。如果越过了中裤脚，就是与大裤脚的人通婚。但一般不与小裤脚的人通婚。为什么呢？因为直到民主改革的时候，那些黑彝还在阿都土司的管辖范围里当平民。所以，他们不是完全独立的黑彝。他们的等级比小裤脚的人低。而且，中裤脚的黑彝觉得它上面没有领导，土司管不了他们，其他地方的黑彝比较弱一些。那么为何中裤脚与大裤脚又有区别呢？中裤脚地区的黑彝摆脱土司管制的历史最长。而且，中裤脚地区的土司，过去是凉山最大的土司，也就是最显赫、最有势力的利利宣尉司，而其他地区的土司，相对弱小一些。土司之间有区别，黑彝之间也有区别了。呷西和安家也要比较的。如果有一个呷西或安家是白彝的呷西或安家，另一个呷西或安家是黑彝的呷西或安家，他就会说，"你算老几，我是黑彝家的"。他们都有这种思想意识，就是层层攀比，这种意识体现在每一个阶层里，不仅仅是黑彝和白彝之间，包括那些呷西、安家。同样是两个呷西，那个黑彝的呷西可能连彝话都还不会说，还在说汉话或其他民族的语言，但是，他可能就对另一个呷西说，"我是黑彝的呷西，我比你高贵一点"。这种情况，我们听起来很滑稽、挺好笑的，但是，说白了，人们的这种是共通的。比如说，都市里的人有了钱后，他就追求精神上的东西，认为自己高贵了。可能昨天还是一个修鞋匠，有了钱以后，成了老板，就把自己叫什么总经理、董事长的，显得很有地位，很有面子了。就像外国一部小说里面的那个老头儿，坐在马车上喊："我们家是贵族了，我们家是贵族了。"突然间发现自己与贵族有一点关系以后，就突然觉得自己也是贵族了。人们追求这个，也是无可厚非的，也是正常的。

　　刘世风：我觉得，尤其是在那么穷的地方、什么都没有的地方，大家都差不多，如果没有一点精神上的东西，没有那种那么多年延续下来的东西，精神上就空虚了。因此，不可能轻易丢掉。不管他多难过，多穷，多不容易，他一定要维持这个东西。

这有点像印度的婆罗门，穷得叮当响，当乞丐了，但是，一个婆罗门的乞丐和其他乞丐还是完全不一样的。人们要主动去敬献他，而不是他自己可怜兮兮的去乞讨，是人们主动去敬献他的。而其他乞丐就不行，就得自己去要。

"土坎上法庭和土坎下法庭"：习惯法

这几年，我在彝区零星搞一些习惯法方面的调查研究。我就发现，为什么在凉山会出现所谓的"土坎上法庭和土坎下法庭"，这表明法律不健全，法律空间很大。而且，有少数法官的随意性很大，他的意志可能代表法律，判决之前，又受到行政的干预，这样那样的干扰，老百姓处理一个问题就很难。比如，上诉的权利、辩护的权利，他不懂，给他说了，没有人给他翻译，有十天的上诉期，他不知道，就相当于自动放弃了。从某种意义上来说，这时法律对他是不公平的，因为没有人给他说清楚嘛。没有在一个公平的层面上对犯罪的人进行判决，怎么能公平呢。

笔者：原有的彝族习惯法已经很细化了。

是很细化了。可以说非常细。所以，每个人都有自己熟悉的一套方法来充分表达自己的意志，可以根据自己所熟悉的习惯法来表达、阐释自己的观点。

刘世风：现在国家相关部门也在作调查，对德古这些人进行法律的培训，在习惯法的基础上，加强国家法制意识，在判决时将两者结合起来。在美姑、昭觉县都这么做了。

其实，我们以前很早就提出来这个了，并不断反映这方面的情况，再加上零星做些课题，并建议搞一些德古培训班。因为在彝族的习惯法当中，很多内容是比较理性的，比较合理的，甚至，从某种程度上说，更贴近生活，符合彝族人的思想情感。有些案例的当事人，需要安抚，但是，我们的法律是冷冰冰的，很生硬，没有一点人情味。当然，对一些坏人坏事必然严肃处理，严格办事。但是，在处理民事纠纷时，应该更人性化一些。也就是过去所谓的人民内部矛盾在人民内部好好处理。现在的法律把法律和老百姓之间的距离拉得太远了，使老百姓觉得国家的法律对他是一种束缚。不用说是一个彝族老百姓，就是一些在城市工作很多年的人，可能法律意识一片空白。包括我们的一些领导，有时也说些违法乱纪的话，做一些违法乱纪的事情，一点没有法律意识。作为一个州长、副州长，一个县长、副县长，说的话那样没水平，没有法律意识，却要求连汉话都不会说的老百姓用国家法律来捍卫自己的利益，这是不是太荒唐了。老百姓毕竟有自己的生活圈子和社交圈子，有自己的社会文化，民族文化，自然就选择了习惯法。这是再自然不过的事了。你看我们很多次的调查，有些法官实际上水平很低，说实在的，背了一些法律条款就上阵判案，运用法律的能力很糟糕，逻辑思维能力、法律知识都很贫乏。再加上现在社会上一些不良风气和习惯影响，就更糟糕了。我私下帮人家打过很多起官司，就是为这些老百姓的利益，民工白白干了一年等这些事情，我出于同情尽力帮忙，那些法官却公开向你要钱，律师公开威胁你的事情常有发生。

  前年，我帮一些越西的彝族老乡打官司。情况是这样的：他们打了一年的工，在山上做引水渠，修水电站，大约四十多万元的工钱，不给不说，反而说工人把工期耽误了，搞了豆腐渣工程什么的，还要让这些工人赔钱。也就是说老乡们白白干了一年不说，还要赔钱给老板，哪有这样的事？那是西昌的一个老板，很刁的一个人，财大气粗，打官司时开着豪华小车，上上下下地跳窜，这边是一些土得掉渣的农民。我们越西的一个老头子来请我去调解一下，代理他们打官司。我也不是律师，但出于同情心，就帮他们去打官司了。前面请了两个律师打了一年的官司，都没有结果，就来请我。我帮他们打了半年后，把这个官司打赢了。他们的愿望是拿回自己的工钱就可以了，结果打赢了57万元，多打回来17万元。在打官司期间，对方的两个律师找到我，说给我3万元，叫我走人，不要帮他们的忙，当着我的面对我说。我说我不会要你们的钱，多少钱我都不要。我不是因为钱而帮他们的，我是因为看到这些人这么难受，这么可怜，你们还欺负人家，才帮助他们的。人家辛辛苦苦打了一年的工，在山岩上把水渠打好了，把电站修好了。你们不给人家工钱不说，反而倒打人家一钉耙，你们太过分了。在法庭上唇枪舌剑地干。你一看就知道，现在的一些法官都是什么人嘛。那个法官的本事就是在法庭上大声叫喊："你不能说话了。"然后，就用很强硬的口气来命令，哪个是可以辩解的，哪个是不能辩解的，哪个物证可以用，哪个人证不可以用等，随意性很强，不完全按照法律及法定程序来办。后面，我和他当庭就争吵起来。我也有些激动，那个法官被我骂得狗血淋头。官司虽然赢了，但是，老乡们觉得，法律给他们印象是，谁的面子大，谁出的钱多，谁就赢官司。你说怎么办？

"是一种强烈的冲击。"：传统教育、现代教育

笔者：您怎么看彝族传统教育和现代教育的关系？

传统教育和现代教育之间的矛盾是无法回避的。彝族人想利用传统教育来挽回自己的彝族文化，但已经是回天无力了。可以这样说，不用说彝族借助自己的力量进行传统教育，就算是彝族借助政府的力量，搞一些很简单的传统文化教育，也处于一种非常弱势的状态了。比如，搞彝语言文字的教育，到中学、大学里普及彝语文，可人们去就业时，就处于一种劣势。所以说，想恢复传统教育，让人们的思想回到那种时代，是违背历史的，也是

不可能的。因为现代社会的发展，汉族文化也受到强烈的冲击，更不用说彝族这种不是很发达的民族文化。我觉得，民主改革到"文化大革命"期间，我们在社会主义、共产主义理想宣传、教育方面花了不少的力气，但是，收效甚微。原因是它不能深入渗透彝族文化当中去。再加上经济实力的原因，在当时，不能使彝族人产生根本性的改变。但是，改革开放以后，这种变化是显而易见的，是很明显的。就是和经济利益挂钩了，相对的对人们的约束减少了。过去，你去一个地方走访是很不容易的。现在，随着身份证的发放，人们的自由度高了，一旦一个人拥有了自由，他能吸取新的思想、新的文化，接触的社会面广了，接触的人更多了，就会创造并带来一种全新的文化。这种文化可能只是文化的表皮，只是一种时髦的东西，但是，对彝区相对闭塞的环境来说，就是一种强烈的冲击。我发现，现在最大的冲击不再是你穿了一件什么好衣服，有了什么新东西，而是一种利益，而且这种冲击是最大的。因为人们对金钱的欲望，是任何人都阻挡不了的。这几年，为何彝族犯罪的现象比较多，吸毒、贩毒比较多，这是因为我们现在的社会发展得太快了，而很多彝区社会还保留着原始的状态，反差太大，太强烈。面对巨大诱惑的时候，彝族人很难坚守这块阵地，它是守不住的，它只能羡慕，只能去模仿，去追求，去追赶。现在的彝区，彝族青年男女全都出去打工了。有的地方，我们下乡时，看不见一个青年男女在家里干农活。劳动全都是儿童、妇女和老人留在村子里。

去年，我们对普格拖木沟进行调查时，找不到一个年轻人，甚至三十多岁的人都找不到一个。凡是没有成家立业的人，全都到外面打工去了。当然"打工"这个词汇，内容太丰富了，所谓的打工是包罗万象的，丑恶的、肮脏的、善良的，什么都有。现代文明，从某种意义上说，给彝族人带来的冲击太大了。彝族人还没有做好充分的思想准备，包括当地的政府还没有产生一定的免疫力的时候，就猛然被放到了聚光灯下，使它茫然不知所措。所以，为什么吸毒、贩毒和其他犯罪的现象突然那么多，因为他们尝试追求属于他们自己的那份东西。这是无法控制的。他们有那个自由，他们也是正常的人。而且，彝族人历来就思想很活跃，很开放，因为彝族的宗教思想里面，没有一个明文规定说，你不能做哪些，不能干哪些事。只说超出道德范围的不能做，给你规定了一个大的范围。不像伊斯兰教、基督教或佛教有那种严格的约束机制。这就使彝族人在精神信仰上有更多的选择余地和空间。而其他民族很少有这样的选择余地和选择空间。而这样的人走出去，面对的是一个复杂的社会。

这几年，我在布拖、昭觉搞社会调查时，看到一些触目惊心的现象。我们去拜访那些得病的孤儿时，看到一个奇特的现象，往往一个很破旧的瓦板房或木头瓦板屋旁边，有一幢都崭新的现代水泥砖房或砖瓦房。在里面住着的，往往只有一两个孤儿或老人。年轻人都哪儿去了，都死了，贩毒、吸毒死了。从这两幢新旧房子上，看得到经济行为的结果，一个是贫穷的时候住的瓦板房，出去打工挣钱，走上违法犯罪的道路，比如贩毒，通过贩毒挣了一大笔钱，成为暴发户，回来很炫耀地修了一个很漂亮的新房子，老房子作为陪衬留下来或者是让老人居住。新房子建起来不久，或刚刚修完，没有搬进去，还在旧房子住的时候，他就已经吸毒成瘾了，自己的命也就走到了尽头。不少家庭都是这个样子。最后，只留下了孤儿寡母或者是老人。这说明什么呢？说明我们进入现代社会时，我们自己还没有辨别能力，还没有免疫能力，就要去应对现代社会市场经济、自由空间。我们还无法控制自己，不知道自己的欲望该如何去表达、如何去控制的时候，就失去了判断力，文化素质又很低下，就铤而走险。

我在布拖县调查时，一个小孩，一个读了三年级的小孩，连自己的名字还不会写。他是无望读书成才的，不可能像你们一样考上大学，读上硕士、博士。不可能的，没有这种奇迹。就是能够读中专，读上大专，也是凤毛麟角的。一个村庄或几十个村庄才出现一个考上中专或大专的人。但是，现在把大学毕业生推向了市场后，对那些年轻人来说，本来家庭就很贫穷，而读书又不是一条好路，读书出来升官发财或者是能够解决自己生活的，基本上没有。所以说，这是一个很现实的问题。那么，最简单的方式就是铤而走险，冒着赌一把的心理，想一夜暴富。因此，一些人走上这种绝路，原因也并不都是老百姓素质低下，几十年来我们都做了些什么呢？学校教育搞了那么多年，一会儿前进了，一会儿又后退了，一会儿又前进了，一会儿又后退了，反反复复，徘徊不前，包括医疗、卫生等。现在，别说农村的老百姓，我们城市里的人，病了药都吃不起，负担不起啊。在这种情况下，你说，他能够表现出什么样的正常行为呢？不可能的事情嘛。再加上老凉山人和安宁河谷那边的人思想观念都不一样。安宁河流域和内地人，很容易就进入了市场经济的角色，很容易转型，对一种机制的转变很容易适应。但在老凉山，突然间让他们接受那么多的新文化，肯定消化不了。消化不了就要吐出来，呕吐实际上是他们的必然反映。呕吐的具体表现就是吸毒、贩毒和搞其他犯罪活动。

笔者：您觉得凉山彝族的现代教育应该怎么发展呢？

我觉得凉山彝族地区的教育要发展起来，需要政府加大投入。这可能是个老话题，但是，必须这样。传统教育实际是道德品质的教育，行为习惯的教育，思想认识的教育。彝族有自己的教育经典，尔比尔吉是补充的部分。在生活当中不断升华自己，补充自己。作为一个完整的彝族人，一个男人，一个完整的人，应该具备什么样的素质和态度，这在教育经典里是交代得很清楚的。而且，在平时生产生活当中，很小的时候，父母或老人就用一些民间故事、动物故事来教育孩子。一方面是对孩子智力的开发，使一个人变得更聪明；另一方面是用一些寓言故事对儿童进行思想道德品质的教育，应该怎样做人，应该怎样孝敬父母等，是在点点滴滴当中进行教育的。以前，彝族地区多数地方没有学校教育，没有开办学校，最主要的教育是言传身教。长大一点、成熟一点的时候，就参与实际工作，直接面对社会，参与社会。也就是说，从幼儿教育直接进入成人教育，从家庭教育直接进入社会教育，家庭教育和社会教育有机结合。社会教育的内容更多是成人化的东西，像很多小孩十二三岁时，就被父亲带去参加纠纷调解，参加农业生产劳动，参加狩猎等。这就是在实践中学习，在学习当中不断模仿，不断体验，不断掌握，逐渐成为一个彝族传统要求的、比较成熟的彝族人，具有道德品质和法律思想意识的人。因此，一个人的学校教育，应该是在幼儿教育和成人教育之间的一个过渡的过程。小学、初中、高中、大学，我们彝族人更多是省略了这部分，使他们直接面对生活，直接和社会挂钩。当然，以前也不具备学校教育的条件。哪怕是零零星星的文化知识，也是在山上、在野外、在放牛、放羊的时候，就像师徒传承式的，你教我、我教你，不可能拥有学校教育的方式。当然，后来成立了一些学校，进行学校教育。但我觉得学校教育毕竟不是主体，最主要的是在社交场合，如红白喜事、调解纠纷等这些场合，以榜样的作用、案例的方式进行教育。而且，这种教育讲究实用性，可以在直接的真实的生活现实中去体验和使用，应付生活，应付一些特殊情况。因此，彝族人很容易成熟，很容易没有那种天真、幼稚的想法。很多人一下子就成为成人了。从这个角度来讲，可以说彝族人的思想成熟比其他民族来得更快一些。而彝族人从小爷爷、奶奶就给他讲一些动物故事、寓言故事，更多是直接面对社会，接触不同的人。对象不同，层次不同，成熟度可能就更高。所以，我觉得这是彝族传统教育当中比较闪光的部分。虽然用汉族的文化水平来衡量时，彝族人几乎是文盲；但是，用彝族人自己的知识、自己的文化或者从整个人类的思想成熟程度和思想深邃程度来看，彝族人比其他民族可能高一个档次。我们接触的这些老人，都不是知识分子，因为他们没有进过学校，彝族自己的学校也没有进过。但是，他们考虑问题、分析问题和处理问题的能力是我们许多高级干部都无法比的。我们有些干部，再培养还是达不到那个层次。而那些人，天然就具备了这种能力，可以娴熟应付一切。所以，我个人认为这是彝族传统文化教育的优势，看起来很简单，也没有系统的教育和训练，但是，接触的，都是一些实质性的东西，真刀真枪的干。不像一板一眼的学习，只有自己的家长和有限的几个老师才影响他。

四川盐源县至西昌市的一段公路

现代教育是一个很头痛的事，我们下乡之后才发现，彝区的教育是很糟糕的。用现代教育来衡量的话，是太差劲了。因为，我们一旦接受主流社会文化教育的话，我们就要面对另一种竞争。我们不是用自己的一套和彝族人自己竞争。我们不具备这个素质，可以说素质是很低下的。那如何去和别人竞争呢？没法和人家竞争嘛。为何现在很多人读书读不下去，就是这个原因。布拖县依蒙区沙鲁乡那一带，小女孩十四五岁，也就是读到小学五六年级的样子，就开始谈婚论嫁了，就有人把她娶走了，就要定亲了，就纷纷辍学了，不读书了。这是一个很让人痛心的事件。去年我们去看那个中心学校，那是州教委重点扶持的一个点，校舍修得很漂亮，校舍、办公室、桌椅等设备很齐全，操场、食堂都有，而且，鼓励女童读书。但是，我们到那儿访问时，了解到女童十四五岁时，有很多还想继续读书，但迫于当地的风俗习惯的压力和女孩读书无用观念的影响，还有家庭经济困难等原因，很多女孩就辍学了。在这种环境下，即使在布拖县城里也读不出来。所以，他们认为，读书是一种浪费，还不如回家放牛、放羊、抱孩子、打猪草。所以，一旦到了十四五岁，今天走一个，明天走一个，不请假就走完了。老师问她为何不来上课，别的同学就说，她去结婚了，定亲了。都是这种情况，也使当地的老师头痛。我们去调查后发现，这种情况在当地是相当普遍的，具有很强的代表性。在这种情况下，学校教育怎么能搞好呢？搞不好，不是学校单方面的问题。政府得采取一些有效措施才行得通。既然有《义务教育法》，就应该强制接受教育。敦促当地政府、官员、教育部门搞出一套行之有效的措施，来解决辍学的问题。

不读书的另外一个原因是贫穷。没有办法，要维持家里的生计，"两免一补"不起多大的作用，毕竟不是每个学生都能够享受到。得到免补的，也是杯水车薪，起不到多大作用。要真正解决这个问题，就应该国家全包起来。现在，全国各个地方有很多西藏班，凉山彝族可不可以呢？为什么我们不能采取多种方式呢？现在，整个凉山彝族地区都比较贫穷，这么贫穷来搞教育是搞不起来的。当然，不能说教育搞上去了，贫穷就没有了。这是鸡生蛋和蛋生鸡的问题。教育搞起来，就能改变环境。但是，现在教育搞不起来，贫穷的家庭就把她拉回去，不让她受教育。不让父母不承担上学费用，或者是减轻负担，才能让孩子好好地受到教育。这几年，学校又萎缩。从去年开始采取一些办法，各个区乡有的要恢复中学，有的又撤并。以前，区上没有中学，那怎么进行义务教育呢？义务教育就成了一句空话，只有城里有一两所初中、高中搞义务教育。乡村里面的孩子去哪里读书呢？没有地方读书，怎么进行义务教育？昭觉县竹核区准备在坝子上恢复一所初中。乌尼拉大也要恢复初中。但那么大一个区，并不是所有的人都能够到区上去读中学的。寄宿制学校很少。所以，我觉得解决不了根本问题。真正要解决问题，要多管齐下，一个是寄宿制，政府加大投入，加强管理，各种优惠政策配套实施。现在，很多学校留不住老师，好的老师都调到城里来了。调到州里、省里去了，调往内地去了。

以前昭觉那地方优秀的老师太多了。但是，现在全部都调到西昌这儿来了，这儿的骨干教师都是昭觉来的，校长都是昭觉的。昭觉的生活环境和西昌的生活环境完全是两重天。昭觉又冷、又贫困，工资和福利待遇无法和这儿比，怎么能留得住人呢？只好在外面招聘一些刚毕业的学生或一般的老师，教学质量无法保证。还有靠一些志愿者，志愿者确实是值得人们尊敬的人，但是，毕竟不是解决问题的长远之计。政府不能把教育完全推给社会，政府还得把它兜起来。这几年，政府把教育推向社会，对相对富裕的地区可能还可以，但对贫困地区，那根本就不行。小学三年级了，连自己的名字都写不出来，不使人大吃一惊吗？猴跳虎跃的几个孩子，嘻嘻哈哈的，一问几年级了，三年级了。你看那些娃娃，活蹦乱跳的，智商一点也不低，聪明得很，长得又秀气，又乖巧。但是，学什么呢？问一类还是二类，他们说，汉文也教，彝文也教，出一些简单的题给他们做时，他们就笑了，吊儿郎当地对付你，问名字怎么写，就写不出来了。

笔者：能用彝文写出来吗？

有些能用彝文写出来。有些说，他们不学彝文。说没意思，就那样回答。有些不会用汉文写，三年级了，写不了名字。这个书读了干什么用呢？有什么作用呢？

刘世风：我觉得这些孩子也挺不容易的，他们出生之后说彝语，在彝语环境中成长。到学校以后，一下子说汉语，写汉字，学汉族文化，太不容易了。

但是，我去的那个地方是久度乡，学校离乡政府没有多远。他们能听懂汉语，既然能听懂，写字应该不是很困难的。

笔者：为什么三年级了还不会写名字呢？

我也感到很困惑。后来，我问了好几个地方，竹核乡也有这个问题，也很严重。

刘世风：还有一种情况，是我在美姑县调查时发现的，如果一个孩子到了入学年龄不上学的话，就有扣退耕还林款等一些类似的惩罚，这个时候，家里有三四个孩子的，去上学时，老大上一二年级，老二长大一点了，老大就回来种地、放牧，老二去上三四年级。这样，老二上的是没有一点基础的三四年级，他前面的没有学过，什么都不会，直接上三四年级，怎么能跟上、学好呢？

这种情况是有的。还有，就是政府要开会了，要检查了，学校就去把家里不上学的孩子弄回来充数，会议开完了或检查完了，孩子又回到家里，不上学了，很多地方都是这种情况。其实，可能用彝文来教学是最关键的，把彝语文搞起来，学生学起来也容易一些。

笔者：您觉得彝语文应该怎么发展呢？

我觉得彝语文必须发展,想马上就改变是不可能的。必须使用彝语文教学,使学生们首先懂得并养成用彝语接受知识的习惯。然后,在彝语文的基础上知道教育是怎么回事,上学是怎么回事,再学习其他的知识和文化。本地的许多汉语老师不懂彝语,彝族小孩子又不懂汉语,成了几乎无法沟通的人。

刘世风:我去美姑调研时,看到老师全部都是不会彝语的从外地招聘来的老师,从宜宾、乐山等地招来的。国家投了很多钱,每个教师每月的工资是1500—2000元。招来之后就直接面对从来都不会说汉语的孩子,而老师只会说汉语,孩子只会说彝语。把这批人放在一起,把小学课本学完,我觉得是特滑稽的。

所以,这些做法都是不切实际的事情。怎么能请一些不懂彝语的外来教这些山村里的孩子?决策和措施就是错误的。内地不懂彝语的人也不了解彝文化。应该认真考虑,怎样才能将这种关系衔接起来。应该首先教彝语,用彝语作为一个过渡的桥梁或者是一根拐杖,让他们知道上学是怎么回事、传授知识是怎么回事。然后再慢慢学汉语文、汉文化、外语、外国文化。不一定到初中以后才学汉语、汉文化,而是一二年级过后,就可以学习了。那个年龄学汉语是很快的,我们现在很多人初中才学英语,都能学好。到一二年级、三四年级后开始学汉语,不是学不好的。而且,现在电影、电视、录像也发达了,有许多乡村小孩从小就受到汉语的熏陶,也不是学不好的。为何不能聘用一些当地的或者直接招收当地的人来教呢?现在,大学本科毕业的双语人才已经很多。西南民院、西昌师专等并不是没有师资,有很多人愿意去找一份工作。但是,没有这种机会,完全与教育师资需求脱节。处理这种关系,完全处于一种盲目的状态,只有等上头下了一个任务,才会轰轰烈烈地去检查一下,明明是不上学的人,还得弄回学校去凑数。我刚才说的,可能平时是不上学的孩子,突然就坐到三年级的教室里去了。

笔者：你们去了，学校就把他弄到那里坐着了。

我们去了，他们不防备我们。因为我们不是去检查的，是自己搞调查研究的，不可能防备我们。但是，对政府官员就要防备。他们为了完成上级的检查任务，有可能四年级平时只有四五个人，甚至没有，突然坐了一屋子，给这些人一块钱，杀猪请他们吃一顿饭。等检查团一走，学校检查通过了，他们也走了，又回到家里种地、放牧。很多地方就是这种情况。像这种，怎么能办好教育嘛？当地政府、还有中央、各方面都有些问题。说白了，这个地方，本来普不了九。越普不了九，资金的支持就越少，国家投资就越少，形成恶性循环。有的普九了，国家一下子投了好多钱，教育就能上去。越普不了九，越得不到钱，就越穷，越穷就越无法办教育。所以，也只能做假了，做假也是无可奈何的。竹核中心校的学生很聪明，但学不进东西，方法不对，再加上现在的一些老师责任心也不像以前那样强了。比如，他象征性的教了你一两个钟头，就走了，回家了。没有老师住在学校里面，都是骑着摩托或打的就回家了，回到城里的家里。你说这个样子怎么办呢？确实也不怪老师，乡下文化生活很贫乏，生活条件很艰苦。除了大一点的学校以外，有些连煮饭吃的地方都没有，还要生活、生存，怎么办呢？肯定不安心工作的。教师有生活环境、待遇等问题，学生的问题就更多了，特别是一些学生家长对学校已经不感兴趣了。"读书没有用"到处张扬。除了一两个互竞争而学得比较好以外，大多数都是成绩不好，只有极个别的人读出来，在工作了。

笔者：啊！谈了不少了，谢谢巴且老师。

不用谢！我们去吃饭吧。

二十九、2006年8月1日上午9：00—12：00

被访谈人：潘文超，男，彝族，四川省凉山彝族自治州彝学会常务副会长；

访谈地点：四川省凉山彝族自治州图书馆凉山州彝学会办公室；

在场人：刘世风博士生。

"难道美国总统没有自己的家族吗?"：家支和家支活动

对家支问题要正确看待，很多学者、很多外族不了解情况，完全把它当成新中国成立前那种政权来理解，纯粹把它当成阶级压迫来看，这是不确切的。在那个时候也存在家支，也存在阶级压迫，作为统治阶级工具用来镇压被统治阶级，那是统治阶级的问题。被统治阶级利用家族、家支可以争得权利、地位，如凉山的"拉库起义"或奴隶起义，都是一样的。因此，家支有其社会属性，也有自然属性。作为自然属性，哪家都有的。难道美国总统没有自己的家族吗？英国女王没有自己的家族吗？家支的自然属性是存在的。社会属性根据社会的变化体现在不同的方面。现在阶级不存在了，作为阶级压迫工具的作用就没有了。现在总是抓哪个家支开会了，哪个家支在搞活动了，不能那样看。如果谁利用家支跟共产党政策顶着干，跟法律对着干，是决不允许的，要维护共产党的政策稳定。但现在，社会上吸毒的人多，家支开个会来禁止，规定不准吸毒的条款，应该是无可厚非的。政府会利用这些家支力量来维持社会秩序，就更好了。过去，刘伯承和小叶丹的彝海结盟，也是利用家支的。他俩如何结盟了呢？因为小叶丹是那个地区的家支头人，说话算数。所以，刘伯承跟他结拜弟兄，为长征取得胜利打下了坚实的基础。刘伯承就是利用了家支的力量。为何要喝血酒呢？彝族人有迷信观念，喝了血酒以后，违反者就像鸡、牛一样死去。因此，凉山的家支问题，完全在于后面的人怎么看待，怎么利用它。这个问题，现在很多人还不敢研究它，还是禁区。我们老了，你们年轻人要好好研究，要正本清源，把这个问题说透彻，研究清楚。社会还没有发展到那个程度，能够把这些完全丢掉，要不得。当然，现在社会上宽松多了。过去一说家支就被认为是坏的。不过，认为现在家支什么事都可以做，也是不对的。就像毕摩文化，过去一说到毕摩文化，怕得不得了，毕摩都是反动的；现在又认为毕摩做的事都是好的，也不能那样看。谁研究毕摩文化，并不是把自己变成有神论者，或变成一个信鬼的人。如果是那样就错了。我们应该站在无神论者的立场来研究它，研究里面的文化，传统文化、哲学、历史、宗教、信仰、道德、天文、地理、文化、艺术，把好的东西和不好的东西都研究出来。如把信仰中鬼神观念、迷信的部分逐渐淡化、抛弃、剥离，把不好的东西抛弃，把好的部分发扬,这样,彝族才能发展。

如果研究时,强化鬼神论那部分,这个民族还能有啥进步啊?所以,对任何现象,我们都用一套死板的思路来判断,要么绝对的好,要么就是绝对的坏,没有中间的部分,那是有害的。我是这个观点。现在,凉山很多人不同意我的看法。我无法与他们沟通,说不到一起。凉山彝学研究有很强的人。但是,很多人,要么就是很左,很极端,要么就很右。马克思主义也在变化,过去的马克思主义思想当中有很多精辟的理论,现在也有很多需要发展的。

笔者:您对家支怎么看?

我的一些观点,在凉山,跟那些领导讲,他们不一定懂。他们的态度分两种。一种还是旧的观念,另一种是害怕。因为他搞不懂文化的东西,不敢说好,也不敢说差。实际上,家支在凉山是回避不了的,真的回避不了。在世界上,每个民族都有家族、家支、宗族,但是,在凉山尤为突出的是彝族的家支。为什么呢?因为恩格斯说过,社会发展层次越低,血统、血缘的作用就越强。就是这样的。整个社会发展基础差,所以家支和家支的内部关系就非常重要。他要生存,就必须依靠家支的力量,对外也要依靠家支的力量,有灾有难也要依靠家支的救济。因此,家支内部的力量、凝聚力非常强。现在,家支为何逐渐松散?因为商品经济、市场经济渗入,渗透到社会家支成员的每个人的关系网中。人与人之间的血缘关系、血缘亲族的亲密关系就开始松散。现在,社会开放了,可以不依靠家支力量,到外面去也能生存,家支观念就淡薄了。任何规则都是在一定的环境里、一定的时期起作用的。这叫做唯物主义,也叫历史唯物主义。凉山的家支,在美姑县那边突出得多。分散地区、汉族周边地区、边缘地区,家支观念就淡薄一些。这是跟它的生存环境有重要关系的。

笔者:现在您家支的尔普比普还集中在一起吗?

还集中在一起。他们叫我参加，如果我不参加，我就成为一个孤独的人。本来我把这些问题看得很淡的。我得与我的家支看齐，与我的家支联络。比如，我们在西昌工作的人，我属于哪个家支的，平时或过年过节时，大家凑些钱在一起，聚在一起吃顿饭，哪家有婚丧嫁娶、红白喜事，大家互相凑点钱，帮助一下。我也参加了。我觉得，我参加这些活动，没有什么不可以的。是一种亲戚情感嘛。人都是一样的，你又不是从天上掉下来的，每个人都有亲戚。我参加又没有违反什么，也没做什么违法乱纪的事情。世界上人那么多，中国约有十三亿人口，我不可能跟十三亿的每个人都一样的。我总是觉得，我周围的人是最亲切的，我父母亲是我最亲近的，我的兄弟姐妹是我最亲近的，我家支的人是我最亲近的。我跟社会打交道，首先跟这些人打交道。所以，有活动，我为何不可以参加呢？我有灾难，为何不可以请他们帮助呢？他们需要帮忙的地方，我为何不能帮忙呢？这是很自然的事，我参加了。我不参加，我就把我自己孤立了。是不是这个问题？生活在凉山这个地方，不随这个俗，就把自己孤立了。把自己孤立，在这个社会上怎么生活呢？所以，我觉得一个人参加家支活动应该是无可厚非的。

因此，家支有它的社会功能，只是过去那种作为压迫剥削工具的功能已经没有了，作为压迫别的家支的政权工具的功能没有了。因为奴隶社会已经被打倒了。但是，它的其他社会功能还存在。而且，这些功能又不是反动的，为何不可以存在呢？它对和谐社会也没有什么负面影响，还能促进和谐社会的建设。家支头人说，每家把自己的孩子管好，不要去吸毒、贩毒，不要去骗人、抢人，要把书读好等，这些是维护社会稳定和社会秩序的。在农村里的家支头人说，哎，现在社会上吸毒的人多得很，我们把自己家支的人叫起来，请毕摩，打个鸡，杀个狗，念过经，不准自家的娃儿去吸毒、贩毒等，起到约束和威慑的作用。乱砍滥伐的事，也是打个狗，杀个鸡，不准去砍、不能去伐，起到一些作用。这种做法，并不是站在科学的角度上去做的，但是，现在人们的思想觉悟只到这个程度，只能利用这个方法维护社会的和谐和稳定。这就是唯物的，不能说这个东西是迷信的。杀鸡、打狗是没有用的，打一只鸡或打一条狗都起不到任何作用。如果不准搞这个，那等到人们思想觉悟提高的那天，树木全都砍完了，那样好吗？刘伯承怎么跟奴隶主、奴隶社会的家支头人结盟、打鸡杀牛呢？因为在当时很需要，符合那个时候的实际情况。这就是唯物主义，这就是实事求是。我是这样看的。

笔者：您觉得对彝族家支势力和家支活动，今后应该怎么引导呢？

彝族家支观念总的趋势是越来越淡了，这和社会发展相一致。因为社会环境有了变化，家支问题也有所变化。而且，凉山已经成为改革开放的社会，凉山的大门已经敞开了，不再像古代那样封闭了。社会越封闭的民族，就越团结，为了生存，就越要加强内部的团结。社会越开放，民族之间的关系必然会松散。从历史唯物主义观点来看，落后民族想征服先进民族，最终还是被先进民族征服。满族不厉害吗？八旗子弟打败明朝军队，推翻了明王朝。但取得统治地位以后，满族人逐渐被汉化了。什么原因呢？第一，它面对的被统治者很庞大，人口太多，而且汉人文化比满人文化先进。你统治这个民族，必须借鉴它的先进文化和制度，借鉴汉族的统治制度来治理。而且，还要通婚，消除彼此之间的隔阂。一旦通婚，血统就慢慢模糊了，血统一模糊，人的差别就没有了。

笔者：家支成员里最大的经济支出是婚丧嫁娶、红白喜事时彼此帮忙。富裕的地方比较轻松，贫困的地就会比较困难，您怎么看？

这因人而异，因家庭而异。农村里有这种情况，谁家死人了，大家都有义务把尔普集中起来，不出也不行。人家出问题你出了，你家出问题人家来出，是相互的，是互相资助。谁家出事了，大家都帮助。还有各种层次的规定和划分。比如，在家支内部是什么情况，在家支以外是什么情况，但都是互相资助。谁家都一样，在一个圈子里。所以，每次彝族人婚丧嫁娶的时候，人很多，大家都被牵动了。实际上，大家都愿意牵在一起。有的其他民族人死了，锁在小屋子里，都没有人看管。子女在外面打麻将、打牌或者请人来守着。而彝族人一死，人山人海，几天里人头攒动。一般至少放两三天，每天守夜的人都有几十人、几百人，白天更多。为什么呢？都是亲戚朋友，都是家支成员。这是民族的文化，民族的习俗，彼此相互资助，有钱出钱，有力出力。再差一点，也要买两瓶酒或一箱啤酒或带点东西来帮忙或出劳力，帮助杀猪宰羊，做饭刷碗。有些拿三五十元来帮助，有些拿三五百元来资助。大家齐心协力，倾力相助，礼尚往来，场合十分热闹。所以，汉族人说："平时活着汉人大，一旦死了彝人大"。汉族人羡慕死了。有些人本来不认识死的人，只因为那是朋友的亲戚，虽然不认识死者，但我也要和你一起去奔丧或资助你。

笔者：您怎样看待家支与家支之间的婚姻？

家支外婚是众所周知的，家支内部是不能开亲通婚的，只有姻亲家支之间才可以开亲通婚。家支外婚，现在基本上还是维持着的。当然，也有极个别的家支内部有通婚的了。新中国成立前，隔七八代就举行分支仪式。分支仪式把一个祖先的后代分成两个或几个家支以后，彼此就可以通婚了。但是，没有经过这个分支仪式是不能通婚的。做分支仪式，是因为通婚对象比较狭窄，通婚范围较小，没有办法才做的。现在，一般来讲，在同一个家支内部互相开亲、通婚，还是被认为是亵渎家支的。

"土伙和诺伙有没有亲缘关系呢?":土司、黑彝和白彝的关系

笔者:您认为黑彝和白彝是怎么产生的?

这个问题也是现在凉山众说纷纭的问题。我的看法是,从历史唯物主义的观点来解释的话,也不难解释。一个社会进入阶级社会以后,就出现等级,阶级是等级的具体表现。进入奴隶社会以后,就进入了等级社会和阶级社会。社会成员就开始分化,分成等级。这是毫无疑问的。现在,很多彝族人认为,最早的等级也不是黑彝和白彝。兹、莫、毕、更、卓是哪个人都知道的。那个时候,最高等级是兹,到元朝以后,兹与土司相混淆。这是不符合事实的。虽然名称或称呼一样,但意思是不一样的。兹的时代还没有黑彝、白彝的说法。只有兹、莫、毕、更、卓的分工。兹是君主。莫是兹下面的管家,即办事人员。毕是祭师。更是工匠。卓是农夫,是从事农业生产的。这五个阶层的划分,是彝族的古诗上讲的。

元朝以后,分封土司制度,到明朝进行改土归流的时候,兹下面有一种人是"苏诺",是内人。这些人在土司面前跑后跑前,是最靠近土司的人。土司相信的人、兹莫相信的人或跟兹莫有血缘关系的这部分人,是参与内政的人。另外一种是"苏土",是外人,就是跟土司比较疏远的人,是不参与内政的人。后来,"苏诺"成为"诺",即黑彝。"苏土"成为"土",即白彝。我的看法是这样的。在百姓当中分成"苏土"和"苏诺"。"苏诺"是靠近兹的人,能办事或做警卫,是内政管家、亲近的人,甚至在血缘上有一些关系的人。"苏土"是远离兹的人,是能干活的、劳动的、较生疏的人。兹莫衰败以后,"苏诺"变成"诺","苏土"变成"土"。然后,慢慢的,有些"苏诺"就取代了兹莫,把兹莫赶走了。这些"苏诺"逐渐成为统治者。其实,"诺"和"土"也是有血缘关系的。这个世界上并不是从来

就只有这两种人，土伙和诺伙有没有亲缘关系呢？关系多得很。沙玛曲比和沙玛兹莫有关系，阿迪阿细与瓦扎有关系等，都是有血缘关系的。"乌戈兹米，尼戈尔吉"。哪怕是亲弟兄，也可以你统治我，我统治你；你可以成为我的奴隶，我可以成为你的主子。若干年以前，我们是兄弟。若干年以后，由于家庭经济和拥有财富不一样，突然间我发达了，经济状况好了，开亲也和我一样水平的人开亲。你经济不行，你就往低下的或与你一样水平的人开亲。时间长了，哥哥就成为掌权者，成为主子，弟弟没有权力，就成为平民或奴隶。这是由经济状况决定的。在汉文史料中，出现黑彝和白彝的词汇，是在明朝末期。明朝之前，汉文史料中没有出现过黑彝和白彝的词汇或术语。那是在土司势力衰退以后才出现的。之前，都是兹、莫、毕、更、卓的概念。所以，我认为黑彝和白彝的划分是这样来的，也就是才经历了几百年的时间。

过去，出于阶级斗争的需要，要抓到黑彝这部分人的罪状，把这部分人说得跟白彝没有任何关系，跟土司没有任何关系，这样以后，翻身奴隶才下得了狠心。实际上，这是错误的。白彝和黑彝有很浓的血缘关系，有很多家支是同出一源的，同出于一个祖先。包括土司跟黑彝也是有血缘关系的。所以，黑彝和白彝不通婚也是有血缘的原因，都是同一家支的人，怎么能通婚呢？再加上以经济划分等级后，就固定了下来。据说，阿迪阿细和瓦扎不通婚，本身他们是一个血缘，是一个父亲的儿子，都是出于一个祖先的，又没有做过分支仪式，怎么能通婚呢？再加上妈妈是奴隶出身，是汉族女奴的姑娘，觉得不纯洁，就不通婚了。此外，据说吉克忍石也是这样的，他的父亲是毕阿史拉则家支的阿尔亚支的人。他与一个奴隶娃子汉族女奴之间发生关系后，生了吉克这个人。吉克这个人的血缘是阿尔家的血统，但是，他母亲是抓来的汉族女奴，没有办法，又不能扔掉，只好降为白彝这个等级。还有金古忍所、尼品嘎玛、莫能曲木等。这种家支多得很。

笔者：您认为拉俄惹石、阿莫惹古等家支姓氏包括哪些内容呢？

人名变姓氏，地名变姓氏。阿莫惹古包括拉玛、海乃、吉潘，我也是阿莫惹古家的，还有吉尼、贾巴等。每个家支的每个人的姓名都是若干分支。具体我不知道，只有找资料看看，有些资料，州语委正在收集编纂。

笔者：过去产生等级也是经济的原因吗？

产生等级，最早的原因还是经济的。原始社会没有等级的时候，经济基础是很差的。后来，氏族部落首领或个别英雄人物、经济条件好的人，就逐步兴起等级。划分等级以后，又用血缘关系把它固定下来。等级好的人与等级好的人开亲通婚，等级差的人与等级差的人通婚开亲，逐渐成为固定的血缘等级婚了。"乌戈兹米，尼戈尔吉"，彝族谚语早就这样说。本来是弟兄俩，但是后来的发展，一个成为兹米，一个成为尔吉。即一个成为主子，一个成为奴仆。"威沙吉古博"（穷的家支成员变成奴隶，笔者注）。也是经济的问题，经济起最后作用。然后，用血缘来固定。血缘的划分是经济起决定性作用的，血缘的破坏也是经济起决定性作用的。

笔者：您认为土伙和诺伙成员之间很少通婚的原因是什么呢？

这种情况，在农村里通婚的很少，基本上没有，机关里有一些。这是传统思想、传统观念在作怪。自认为高等级的黑彝这部分人还比较顽固。认为我们祖祖辈辈都不跟你们开亲，现在为什么与你们通婚呢？我跟你通婚是降级的。白彝这部分人也比较顽固，认为黑彝自来都不是我通婚的对象，我为何跟你通婚呢？你现在势力都衰败了，我为何跟你开亲？但是，机关的人就不这么认识了，现在机关里黑彝和白彝通婚也不少，甚至黑彝和汉族通婚也不少。现在，已经有不少凉山人嫁给外国人了，都在变化。所以，一个社会最后起决定作用的，还是经济，这个真的不假。现在，只要经济条件好，谁都愿意嫁给你，外国人也如此。黑彝也愿意嫁给新中国成立时的娃子或者汉族人。只要经济条件好，有什么不愿意的。总之，起最后决定作用的还是经济。马克思说的这句话是对的，是千真万确的真理。

"彝族地区的一类模式教育是很好的。"：传统教育与现代教育

笔者：您知道凉山彝族的传统教育有哪些内容吗？

我原来是搞教育的，但离开教育界很长时间了，有些搞不清楚了。但是，现在凉山的教育很糟糕。凉山的教育走了很多弯路。在改革开放、商品经济和市场经济条件下，彝族人在这个问题上是太亏了，形式上很公正，但实际上是并不公正的。

笔者：表现在哪些方面呢？

表现在录取分数上，能不能读书的问题上，学彝语课程出路的问题上等。彝族地区的一类模式教育是很好的。国家法律规定各民族平等，首先是语言平等。但实际上，语言平等了没有？学了这个语言出来，就业上平等了没有？社会需求上有没有平等？其实，存在着很多事实上的不平等。这是没有办法的。法律上是平等的，政治上是平等的，但事实上是不平等的。尽管搞义务教育，但很多人依然读不起书，读了书也没有什么出路，老百姓也不愿意让自己的子女读。因为老百姓已很穷，供你读了半天的书，也找不到一个工作，回到农村去，需要多少文化知识呢？有力气就能干活，没有力气，读多少书也没用。而且，读了几年书以后，农活也不会做了、不能做了。老百姓很现实，去外面找工作也找不着，干什么呢？现在，西昌街上老板们招打工的，有时候还在招聘信息上写明各种条件，并特别注明不要彝族人。民族

平等并不是几天就能平等的，还要一个过程，一个很长的过程。而且，在人们观念上还照样存在。观念是个人头脑里的东西，有什么办法呢？

泸沽湖远景

笔者：您认为一类模式教育的大学毕业生在就业上给一些优惠政策是不是更好一些？

到哪里去就业呢？人家用人单位要不要呢？现在毕业就业都是双向选择的，不像过去那样给你分配。现在我是老板，我是单位领导，我要不要是我的权力，我做主。你到哪儿去呢？你用彝文给北京的某个人写信，邮电局还无法给你投递呢。所以，这个问题，许多地方值得研究。现在，谁也说不清楚该怎么办。学了彝文后考上了大学，大学毕业后能强迫哪个单位接收呢？出了凉山州以外，哪个单位能用得着彝文呢？回到凉山来，不可能都聘用。这就是中国的国情。中国的国情是90%以上的人口是汉族人，而彝族的人口1%都没有占上，不可能让90%的人来将就1%的人吧。在这种情况下，彝族一类模式教育体制和二类模式教育体制怎么办？一类模式教育体制的学生出路在哪里？从读书到就业，落实到就业怎么办？我觉得有很多问题还要进行思考，还要进行研究。

　　彝文，作为一门重要课程或一个专业，把传统文化这部分传承下去、传播开来，是很重要的。因为现在我们少数民族的先进文化、科学知识，主要是从汉族那儿学来的，不可能直接从美国、英国、日本去学来。首先要学的对象是汉族，汉族又从外国那儿去学。这个事实是改变不了的。现在我们很多人的认识有问题。"汉人都是从外国那儿学来的，我们不学汉族的，直接从外国那儿去学。"去学嘛，有几个人能到外国去学？这是不符合实际的。我是这种看法。所以，我的许多看法跟现在的主流看法甚至与搞教育的人看法是不一样的，是谈不到一起的。每次在一起辩论时，没有哪个人能辩得赢我，而且被我问得哑口无言。事实就是这么回事。所以我们很麻烦。在凉山这个地方，令人担忧的地方很多，你们在北京，可能没有什么担忧的事情。民族融合是一件好事。但是，这里面，已经丢掉了我们自己很多有价值的东西了。现在，农村里没有多少人了，小伙子走完了，年轻姑娘跑完了。只有爷爷、奶奶在了，只有小孩、老人在了，其他全走了。这是好事还是坏事？是好事，出去学些东西，见世面，挣点钱，是好事情。漂亮的姑娘全嫁给汉族人或其他民族人了。从民族融合角度、开阔眼界的角度、学点东西的角度来讲是好事。但是，从另外一个角度讲，因为他们自身的素质很低，到外面去照样受气，照样学些很不好的东西回来，这是坏处。还有，在这个过程中逐渐把自己民族的一些优秀的文化也丢掉了。农村里的很多矛盾也出来了。所以，我们是很矛盾的。你们从北京下来的这些高层次的人说说看，出点主意，想点办法。我是觉得很矛盾的。

"不在其位就不谋其政嘛。"：彝区现状和发展思考

在我的家乡，很多年轻人都走完了，不在家了。老人死了，也找不到年轻人帮忙杀猪宰羊、送上山火葬了。到外面去也好，能挣到钱，学到东西。但是，反过来讲，有些人连汉语都不通，文化也不同，人家外面的人不要你打工，你就挣不到钱。可是每天要吃要喝，饿了找不到饭吃，又回不来，怎么办呢？只能铤而走险，去偷、去抢或者干别的坏事。地方行政组织太差。前段时间开会时我发言，说这次凉山冬旅会是很好的一个机会，投资20多亿，多好呢，凉山从来没有这样过。可是在外面街上做活的那些人，需要一点技术的，全部由外地的建筑集团或公司来承包做。不需要多少技术的挖水沟、铺地面的事，也没看到几个彝族人在那里干活。我说凉山彝族人挖不了水沟吗？铺不了地板吗？在凉山投资那么多钱，凉山的彝族人在这里找个挣钱的机会都没有，全部被外面的人挣了。有些公司老板不要彝族人，这是他的权力，但作为一级人民政府，政府怎么组织、怎么和老板们沟通、商定，把有些工程和项目让一点给本地的彝族人来做嘛，甚至把彝族人组织起来，选定一个负责人，统一给老板们打工也可以嘛。然而，有谁去组织呢？有谁去考虑呢？所以，在这里投资几十个亿，跟彝族老百姓一点关系都没有。跟昭觉、美姑的彝族人有什么相干呢？钱都被别人挣走了，凉山本地人得到一点好处了吗？没有啊。凉山几百年、上千年的大森林、原始森林，砍了几十年，砍树木的那些工人、伐木工人全部都是内地的，彝族老乡一个也没有。砍树木，彝族老乡砍不来吗？如果当时我们这些领导人比较有头脑，如果凉山州的领导人有头脑，砍树木就由就近的彝族人来干，让彝族人当伐木工人，还可以挣点钱嘛。他祖宗栽的树木让他来砍，让他来挣点钱，为何不可以呢？也可以嘛。可是一个彝族老乡也没有，全部是外地人。几万、十多万人，在深山里，使劲地砍伐。最后，森工部门垮台以后，这十多万人口又回不去，就待在凉山，成为凉山的一个包袱。这是什么问题呢？我们彝族领导人的思维有问题。现在，一些彝族领导人是为了当官而当官，只要发一个官给他当，就满足得很了，什么话也不敢说，什么事也不敢做，什么办法也不想，更不敢为彝人说句好话、办件好事。怕为彝人说了话、做了事，就被戴上民族复古意识、民族主义的帽子，故而不敢说，只能顺着别人说的做。我是当着领导的面说过他们的，他们也不敢把我怎么着。

笔者：您觉得凉山今后应该怎么发展呢？

不知道。这是他们当政者的问题。我是没有办法了。不在其位就不谋其政嘛。是他们的事情，想怎么办就怎么办吧。

笔者：从您作为一个学者、专家的角度看呢？尤其是教育应该怎么发展？

提高民族的素质。凉山要发展，真正走出来，还是要提高人口素质，加大教育投资，提高教育质量。老一代人不说了，他们赶不上了。这个民族真正要觉醒，真正要立得住脚，关键还是培养后代，培养后代的关键还是教育。怎么能让彝族孩子都能读书，能读书的都读得起书，让他们多读书，读得起书，读好书，多长本事，这是凉山发展的根本问题。至于怎么做，现在国家对西部地区有倾斜政策。进行"两免一补"政策，要执行好。还有彝汉双语教学之间的关系要处理好，寄宿制教育要支持，要发展好。还有很多问题应该怎么办，我就不懂了。

现在凉山彝族怎么样呢？彝族哪点还有彝族人原来的样子？哪里还有纯彝族人的地方？凉山腹心地带，到处都有汉族人，交通四通八达，学校到处都有，医院到处都是，用的东西都是汉族和其他民族的。汉族人和汉族文化已经渗透到彝族社会的各个方面、各个角落。所以，必然会慢慢地被同化、被融合。做得好点、体面点，我们能够保留点民族意识、自我认同，能保留一些优秀文化就不错了。若干年后，成为一个被改造过的新型民族存在下去，这是好的。如果坏一点，再过两三代人以后，全部被同化了，文化习俗也没有了。

笔者：您了解其他一些宗教对彝区的渗透吗？

我没有具体研究过这个问题，但听说了。这是个真空，家支失去了作用，人们的思想没有寄托了，空虚了，信仰上出现真空，加上本身自己的民族文化基础低，当今社会急剧变化，在社会上生存还有很多压力，彝族人自己的信仰开始变化，自然就进来了一些新的宗教。

凉山彝族人的一种生活方式

笔者：请您讲讲您的基本情况吧。

我原来是教书的,当老师的。我是中央民族大学历史系的毕业生。是1962级的。

笔者:有几个子女呢?

三个子女。两个儿子已经工作,一个姑娘还在川大读研究生。我今年65岁,做过老师,做过翻译、编辑、博物馆研究员、宣传部部长,现在是彝学会常务会长。

现在很多人不敢说真话了,领导怎么说他就顺着怎么说,领导怎么做,他就跟着怎么做,实在可怜。这是要不得的。彝区的发展需要一批有识之士努力去思考,努力去实践。真的,不能人云亦云。

笔者:谢谢您。担误您时间了。

没事的,以后有机会再聊吧。

三十、2006年8月1日下午15：00—17：00

被访谈人：何刚，男，彝族，四川省凉山彝族自治州西昌学院彝语系副主任、副教授；

访谈地点：四川省凉山彝族自治州西昌市某茶馆。

"因为它太复杂了，不能轻易排除和接纳。"：家支及其活动

　　就我们颇勒惹额家支来讲，包括阿孜阿里、布古依伙、玛质杰觉，还有阿都且萨、能尔吉恒。有不同的说法。在颇勒惹额之间也有不明确的分支。现在认准的、走到天下哪儿都认可的，就是阿孜阿里和布古依伙。就是说，阿里和依伙是谁都认可的，是同一个家支繁衍下来的。所以，现在在西昌工作的凉山人，家支内部凑些钱或参加带有娱乐性质的聚会，阿孜阿里和布古依伙是在一起活动的。其他一些家支说他们是从我们家支分出去的，如居住在越西的阿古家支说他们是从我们家支里分出去的，美姑那边有个毕兹家支和古尔曲比家支都认为自己是从我们颇勒惹额家支分出去的。在美姑那边的古尔曲比说是从鸠土木古、阿兹布约那里发源传承下来的。说法都不一样，也不知从哪个地方哪一代分出去的，但公认的是阿孜阿里和布古依伙。因此，这两个分支比较紧密，其他那些分支较为松散。

按彝族人的说法，在你们不知道的情况下，某个家支说是你这个家支的人时，你不可能拒绝人家。因为没有任何史料能证明他们是否是从你的家支里分出去的，何时分出去的，所以只能搁着不谈。某个家支可能本来是从你这个家支里分出去的，但他要说他不是你这个家支的，你也不可能承认他们。因为太复杂了，不能轻易排除和接纳。还有日兹家支也说是从我们家支里分出去的。喜德县那边有人说，日兹和阿都且萨是一家的，是最早搬迁到安宁河边的彝族人之一。从事农耕劳作的这部分人，为何叫日兹呢？据说因以捕鱼为生而养有鱼鹰成名。鱼鹰，彝语叫日兹。这个家支的人主要居住在喜德和冕宁一带。但这一支在这一带以外居住的人，就说不清楚了，也没有哪个人公开说自己是阿都且萨家的。因此，家支的构成没有一个统一的标准，包括凉山和内地一些民间的或官方的彝学专家说法也不完全一致，甚至两兄弟的说法也不一样。有些日兹家支的人是毕尔拉达正儿八经的依伙，但为何叫兹莫这个姓呢？据说是因为以前居住在毕尔拉达时，依伙这个家支非常厉害。有个祖先头人有一天开玩笑说："哎，我们这些依伙家的人，成为兹莫，只差点声了。"意思是说按照他们的经济实力和其他方面的实力，已经跟兹莫一样了。有些人就开始兹莫、兹莫地称呼他，后来"兹莫"就变成他后代人的姓了。在凉山彝区，每个地方都有很多这种情况。凉山州境内，乐山的峨边、马边、攀枝花的盐边、米易、仁和，云南的宁蒗、维西等地，都有我们颇勒惹额家支的人居住。拉俄忍石家支包括俄迪吉布、拉阿肯吉、阿累俄骨、阿克吉古等分支。海子惹所家支包括沙玛曲比、吉木、诺博等分支。在凉山彝族家支中，没有太多分支争议的家支好像只有吉克忍石家支。

笔者：刚才您说的颇勒忍额里面的阿里、依伙、且萨、古尔曲比、吉尔日兹等，从同一个家支里分出来的不同分支之间有无开亲通婚的？

据我所知目前还没有开亲通婚的。但是，也不很清楚，我也不是所有人的行踪都知道、都掌握。

笔者：您是依伙普威小支还是依伙毕尔、依伙毕木小支家的？有几代了？

我是依伙毕尔小支家的，到我身上已经有13代了。家支活动是历史的产物。某一个事物的存在，有它正的方面，也有负的方面，有积极的因素，也有消极的因素。每个时期都是不一样的。有时候积极因素多于消极因素，正面的价值也很高。有的时期可能不一样，甚至是相反的。就像人家所说的"三十年河东，三十年河西"。如果某个时期，它的负面因素爆发出来的话，消极因素就远远超过积极因素。不过，每个时代都有它存在的道理。比如，现在家支已经开始演变、演化了。我认为已经不像以前那么重要了。以前是全身心地去做，认为家支的事情就是他的事情。家支里头出事了，他走在最前面，无私地全力以赴，甚至献出生命。但现在已经不是那样了，不是以前的那种观念了。现在更多的是带有很浓的世俗色彩，功利性很强了。因为现在也不可能像以前那样打冤家了。国家政策、法律也不允许打冤家，加上市场经济大发展，过去家支的核心作用也没有了。以前，家支凝聚力强，家支存在，个体就存在，家支不存在，个体就不存在。家支常常聚在一起，与仇敌家支打冤家，保护本家成员的生存和发展。必须去打，不去打的话就被驱逐或开除家支，只能沦为奴隶或远走他乡。以前打冤家时，如果没有家支的话，个体就保不住，个体就无法生存和发展。另外，新中国成立前是集体社会，什么事都集体行动，是一个组织或群体。而现在越来越凸显个人的个体性和个体行动。过去，集体性的个体也是集体的。现在不一样了。我吃我的工资，我干我的农活，不需要你的保护。很多事都有法律、有政策的保障，除非是万不得已，遇到天灾人祸，婚丧嫁娶等这些大事情，自己能力不够的时候，才请求家支帮忙，向家支伸手。平时都是各吃各的饭，各做各的事。同一个家支的人，过去有共同的居住地域，共同的火葬场，共同的山林、牧场。现在已经全被打破了，天南地北，城市农村，到处都有。

现在，假如我们家支有人去美国定居了，他是不是彝族？还是彝族。是不是我们这个家支的人？还是我们这个家支的人。但是，他居住的地域已经是美国的领土了，离我们凉山的彝族有多远不说，他已经不居住在中华人民共和国的领土范围内了。当然，地域不是很重要的因素，重要的是民族心理的因素，亲情情感的因素。我认为现在的家支是新中国成立前家支的惯性。现在是刹不住脚的，想刹一脚都刹不住，就像飞速开着的火车，立马刹一脚是停不下来的。涉及的等级也是一样的。有些是自己可以改变的，有些是不能改变的。不能改变是有它的原因的。比如，你现在说你不想要这个家支了，但你内心里面还是有这个家支的。就像一个人在社会上生活着，有一两个知心朋友一样。家支是不需要花很多精力去了解就自然而然亲近了，朋友是经过一段时间的了解以后，性格怎么样，行为怎么样，价值观怎么样，值不值得交，值不值得成为知心朋友，最后才决定下来。而家支成员之间却不需要这个过程。因为传承下来的东西就摆在那里，传统的东西就摆在那里，传统就是这个样子。同属于一个家支的人，不需要考虑其中某个成员可不可以交、可不可以成为知心朋友。如果值得交，我就交这个家支成员，如果不值得交，我就不承认这个家支成员，这是不可能的。所以说，这是一种惯性，改变这种惯性只能慢慢来。以前那种接受家支资助的形式还在流传。如依伙木牛的儿子考上泸州警校了，木牛就说："哎，同志们，儿子考上了，很高兴，到我家聚一下吧。我杀一只羊子或一头小猪给你们吃，来庆贺庆贺，你们还是表示一下吧。"在这种情况中，依伙木牛并不是出不起他儿子的学费，他只是象征性的，做个传统文化的象征性的仪式。就是通过这么一个仪式，让家支的人知晓，起到联络亲情的作用。当然好的方面比较多。现在也好，以前也好，以后也好，家支成员之间的亲密关系是存在的。

新中国成立前，一个人是离不开家支的。这种情况，有大量的彝族尔比尔吉（格言）说明。现在有总比没有好。有了家支，开了家支会议之后，篡党夺权或干些违法乱纪的事是不可能的。每个家支成员都晓得，不可能干些违法乱纪的事情。现在，有了家支，就像有了朋友一样，今天晚上很空虚或很寂寞，找几个朋友诉说一下。遇到事情时，找到家支头人或家支成员协商解决。所以，据我所知，现在有个现象是，在我们颇勒忍额家支也好，其他的家支中也好，在政府部门工作的人，在位时没有时间、没有精力参加家支活动，当然，有一些是想参加但有些顾虑，但是退下来以后，这些人参加家支活动、家支聚会很活跃，而且往往变成组织者、策划者。为什么？第一，退下来以后，没有事做，但有时间，有精力。第二，退下来以后想找点什么事情做。第三，他在位时，不是家支的人都往他家里跑；他一退下来，人走茶凉，只有自己回归到家支里来。家支成员之间的情感是很纯洁的，很实在的，没有其他杂七杂八的成分在里面。所以这些人积极组织或积极参加家支活动。

笔者：你们这个家支在西昌有几个组？

统一组织的，目前分四个组。

笔者：四个组有哪些？

依伙分支家的人多，分成三个组；阿里分支家的人自己成立一个组。

　　笔者：三个依伙家的组都谁负责，是怎么分组的？

　　一般都由年轻而有责任心有一定组织能力和热心于服务的家支成员来担任，分组是以西昌市的各个区域为主分组，适当调节一下。比如某个区域组的人员达到 10 人，而另一个区域的那个组只有五六人，那么就从人多的那边分过来一两个人到人少的组里。搞活动的时候，由哪个组负责搞活动，费用就由哪个组负责，并召集其他组的人全部参加。上个月，阿里分支那组（第一组）把我们组织起来，在城郊玩了一天。杀羊宰牛，买酒吃喝，放松了一天。一般由各个组轮流组织活动。哪个组组织活动，所有吃喝玩乐的花费都由哪个组的负责人筹划、出资和召集，其他组的人都来参加，即通知所有家支的成员都来参加。这种活动的目的并不是想打倒某个人或干点什么坏事，而是为了联络情感，沟通信息，加强亲情，放松游玩。

　　笔者：某个家支成员死的时候，有一个人出多少钱的规定吗？

　　文字上没有，口头上有。

　　笔者：是多少？

　　七八年以前，规定不是国家的正式职工、不是西昌市户口的家支成员出多少钱随便，叫了就去。去时买两三件啤酒也好，凑钱也好，买些白酒去也好，或者能安排车的就安排辆车。对在西昌市周围居住的人或临时来打工、来出差的这些人，就是这样规定。以前只认西昌市的人。后来，在喜德、美姑等县工作、退休后搬到西昌来居住的这些人，包括户口不在西昌市的那些人，只要死后放到西昌殡仪馆去的人，也都加进去了。前面那些人也不能说前面的人出钱多、后面加进来的人出钱少的话。谁前谁后，谁多谁少，不能去追究，只要加入以后出资就行。死者包括自己的父母和爱人那边的父母。父母和岳父母这四个人是认定了的，口头上规定得很清楚。七八年以前，这四个人中某一个死了，每家人都出资 50 元来帮助。没有四个人而只有三个人或两个人的，可以算到叔伯或岳父母的兄弟中去冲抵。假如哪儿有这么一个人去世了，向小组长说清楚与死者的关系和冲抵的情况，大家一起凑给即可。这些年 50 元钱不行了，已经提高到 100 元。每次出死人这些事情时，以家支的名义买一头牛。因此，规定为 100 元了。有条件的，买牛去现场，没有条件的，把钱交齐后，交给当事人。事件结束通告时，以几头牛或几百斤白酒或多少件啤酒来通告，而不是以几千元钱、几万元钱来通告。是这样做的。超出这个范围的家支成员，也必须通知到，能去的人就去，能表示一点钱或买一些酒或出一点汽油或出一辆车子都可以。个人自愿，不强求。

我的看法是，家支活动没有什么害处，好处很多很多。参加家支活动，主要是联络感情。尤其是现代城市人，住在公寓高楼里，自己把自己封闭了。可是，人是需要沟通、交流的。因此，仅仅从这点来讲，家支活动就很有必要存在。当然，有了家支之间的交往、沟通，并不是不参加其他社交圈子的活动了，还是参加的。只是在大的社交圈子中，家支社交是个小的圈子。在这种小的圈子里，没有什么心理负担、心理防范。因此，很有必要提倡。说害处还是有的。城市里不存在这类问题，但在农村里，随着社会的发展，人们的思想观念、价值观、伦理观等都在发生变化。有些人冒充家支成员来骗家支的钱财，也是有的。这些人说自己居住在什么什么地方，在很远的农村里，说家里出事了，没有办法；或谎称见过家支中有名有姓有权的什么头人，是从他那儿来的，头人给了他多少钱，你能不能再给我一点车费等，要钱、要吃、要喝的骗子也不少。遇到这种人的时候，你不可能跑到他说的那个地方去调查，然后才行事，也没有那个必要。有时候，明明知道他是一个骗子，但碍于情面就给他一些钱或请他吃饭、喝酒，这样的人也不少。这种事情在"单位里"不存在，不可能存在；但在边远山区的人就难说。有些可能真的是家支成员，有些可能是了解你的情况，就打着家支成员的牌子来找你了。比如，他说他是依伙家的、阿里家的，住在什么地方，认识哪些人等，说得你不信都不成。有一次，有个人还来到我这儿，依伙家的家谱、阿里家的家谱不用说了，我们颇勒忍额家支的整个家谱他全都知道，比我还熟，倒背如流。而我又不怎么熟悉这些家谱，没有理由怀疑他。给了钱以后，才反应过来，肯定是上当受骗了。很长时间以后，了解到果真上当受骗了。上当受骗就上当受骗了，有什么办法呢？追也追不回来，也没有必要去追回，就当做资助社会闲杂人员，当做社会捐助了。这种负面的事情以前也存在。但现在感觉到，这种事情把家支的情感给糟蹋了。家支会长期存在的，同时，家支的发展和演变也是肯定的。与以前比较，现在的家支活动只是停留在表面上、表层上的东西；以后，下一代，再下一代，一代又一代，肯定也是表层上的、表面上的。那样，对社会发展的积极作用和消极作用，肯定就越来越小了。不能说必须要把家支活动、家支文化发扬下去，也不能说它一文不值或就是糟糕的东西，要立马清除它。顺其自然的同时，应该发扬优秀的部分，抛弃糟粕的部分，这是值得提倡的态度。不过，大的趋势是与主流文化逐渐融合了。

"死也要死得像英雄一样壮烈。"：传统家支教育

家支教育是往好的方面教育，不可能这样教育你：你这个人不行，你这个人必须雄起，把那些你觉得不顺眼的人杀了、砍了等，不可能教育这些的。它还是教育好的东西，要好好地跟着政府走，听党的话，升官发财以后也不要忘本。升官发财以后我们这些家支的人到你家里去的时候，喝杯酒，抽支烟，也不要心痛。都是这样教育的，不可能往坏的方面去教育。只有积极的、正面的教育，没有消极的、反动的、反面的教育。

笔者：您认为彝族传统家支教育有哪些内容？

传统的家支教育首先是立德。传统也好，现代也好，都离不开道德教育。一个人怎么在社会上与人相处、怎么待人接物等。要有礼貌地与亲戚朋友交往，要绅士般对待邻里和亲朋好友。不可能说不礼貌地对待亲戚朋友，没有这种教育的。这种家支教育是很好的。但有一点，在传统家支教育当中，涉及维护家支利益的时候，与现代社会教育理念就不同了。比如"打杀的一天拔不出剑"，这是形容过去打冤家时，表现不行，不是勇敢者。在那个复仇连连的年代，这样的教育也是对的。今天你不杀人，改日你可能被杀掉。这是维护个人安危和家支利益、维护家支权威和社会地位的教育。现在看起来，当然是不好的。现在是能说就说，能忍就忍，讲道理、摆事实来解决和处理问题。在当时只能这样教育。如果不这样教育的话，在当时，打冤家的那天，你可以不来，你可以不管，认为打冤家是与我不相干的事情，那就糟糕了。如果那样教育的话，到现在，你这个家支就可能不存在了。家支不存在，整个民族的事就更说不清了。家支不存在，等级就说不清楚。等级不存在，这个民族就说不清楚。凉山彝族几千年来，都是这个样子的。没有家支的话，还有什么呢？因此，从这个意义上说，传统文化不全是消极的。

当然，涉及家支与家支之间的利益时，用有些不合情理或超出理智的手段也是有的。还有家支内部出现乱伦就糟糕了。也是有不能乱伦的教育的。"威忍色能次却，威莫扯能所却"，意思是杀死一个家支成员是一次罪，拐走家支成员的妻子是三次罪，是干不得的。也就是说，杀死一个家支成员只要抵一次命就可以了，而拐走家支成员的妻子要抵三次命。抵三次命是指抵命死了是一次，死了火葬后挖掉火葬场是第二次，请毕摩来诅咒灵魂是第三次抵命。这是很严厉的。尽管这样，还是偶尔出现这样的事例。因此，乱伦后，被开除家支，被命令自杀的事就发生了。还有一些惩罚的手段更恶毒、更惨烈。就是发生乱伦后，召开家支大会，杀牛让当事人吃，随便吃，买酒让当事人喝，随便喝。吃完、喝完以后，让他自行了断自己的性命。彝族人是很顾面子的，死也要死得像英雄一样壮烈。既然家支成员都开会、做出决定了，肯定是要自行了断的。没有这个勇气者，就命令把他捆绑来活活烧死或推下山崖摔死。被开除家支后逃跑者，到哪里居住或沦为奴隶，家支再也不去过问、不去管了。那是他自己的事情。不是一来就马上逼迫你自杀，是有一个过程，让你说理由，给你讲道理，使你明辨是非，使你忏悔认错，使你自杀也毫无怨言。

笔者（左三）与四川省彝文学校的部分老师合影

这些都是正面教育，对现代教育是很有影响力的。对现在中小学校、高校彝族学生的教育依然起作用。尤其是对来自老凉山的在高校读书的彝族学生，不一定仅仅按高校的统一规定来管理。在具体操作上,如在喝酒问题上,学校规定不能酗酒是对的,但不能饮酒的规定实际上形同虚设,根本不起任何作用。因为许多从农村来的彝族学生,从小在家里受教育时,老人和大人一边灌输怎么怎么做人、如何如何处世的道理,一边在那里喝碗碗酒、喝转转酒,都已喝惯了,一下子规定不能喝一口酒,往往起反作用。去年我在美姑县调研时,有一天发现男女生们都在抽烟、喝酒。以前没有看见这种情景的时候,认为高校里抽烟、喝酒的女生是不是社会上那些乱七八糟的姑娘影响的,但看到美姑的情景以后,觉得在民族学生集中的高校里,不能硬性规定和要求边远民族地区来的学生不能抽烟和喝酒。按照以前老师教育我们的方式,一个女生在那里抽烟,是多么不像样子。但在美姑那里,女孩子抽烟是很自然的事情,喝酒也是很自然的事情。这些学生在家庭里面接受了这种教育和熏陶,进入高校后要求他们一下子适应高校的管理模式、管理范式,肯定不行。可以允许他们喝一点,但要求他们喝到哪个程度,要自己把握好。如果自己把握不好的话,就不配是高校的大学生了。只能这样去教育和引导,学生才能听进去,才去节制、去自我约束,会认为这个老师管理有方法,不像其他老师那样武断,自己再喝酒、再酗酒就没意思了。这样就不多喝了,老师都这么说,我也应该注意点,给自己长脸面。这样的教育和引导才有效果。因此,关键是如何引导的问题。如果引导好了,对学校学生管理能起到很好的作用。如果引导不好,就可能适得其反。估计中国的很多少数民族学生都有这个问题,甚至学生家长都这样。去年美姑的一个学生家长来学校看望他的儿子,结果喝多了,从他儿子宿舍的上铺掉了下来,摔了一个大包。遇到这种情况,不可能把家长弄来教训一顿就好了,只能教育他,在孩子面前不能喝多喝醉,尤其是到学校来以后,应该以身作则,率先垂范,才能对孩子起到榜样的作用。

家支传统教育对民族学生多的高校的教育和管理有很深的影

响。一些在学校里面的学生,也开家支会议、搞家支活动。开会以后活动以后,喝多了与其他学生发生摩擦,打架斗殴的事也有。学校一再强调不能开家支会议,不能集会等,但这个事情还要一分为二地看。现在许多高校不提倡学生过生日、开老乡会、开同学会等,但过生日的学生多得很,一个接一个,而且大过特过,大办特办,比老师过生日还隆重。因此,以前家支存在,有其合理的地方,有其价值和积极意义,在特殊的时期,必须是那样的。历史发展到今天,作为一种文化现象,难道家支就不应该存在了?不能这么说,从哪个角度出发都不应该这么说。因为它的存在不影响国家政治秩序、经济发展秩序、社会进步秩序,相反,还能促进社会治安的好转,起到稳定社会、促进社会和谐的作用。再说,现在也不可能像以前那样,开家支会议后进行械斗或干什么坏事。这是现代家支教育的基本理念。

四川省凉山彝族自治州盐源县笔者所属家支部分人招待笔者的彝家菜肴

三十一、2006年8月4日上午9：00—12：00

被访谈人：马尔子，男，彝族，四川省凉山彝族自治州民族文化研究所副所长；

访谈地点：四川省凉山彝族自治州图书馆茶楼。

"家支对凉山彝族社会的稳定起着很大的作用。"：家支及其活动

笔者：您知道凉山彝族比较有名的家支有哪些？

阿苏忍海、什里忍古、海子忍所、拉俄忍什、吉克忍石、阿莫忍古等家支比较大、比较有名，好像都有自己的家谱书。还有一些单行本，很多家支都有。

笔者：你们家支的名称是怎么说的？

我们家支的名称是海子忍所,是海子忍所当中的曲比。海子忍所分支的时代非常古远,是从雅古署布开始分支的。雅古里面说法也不一样,有些分成兹莫,有些分成诺(黑彝),有些分成土(白彝)。土里面又分三家,说法也有些不一样。海子家支的人口非常多,从海子里分出来的有四十多个分支。我们是沙玛更布分支的后代。更布的来源有个典故。就是说,我们最早的祖先繁衍到十来代的时候,有一年过火把节前收打荞麦的时候,因为喝酒喝多了,躺在荞麦秆下休息,结果被荞麦秆盖压后,窒息死掉了。"阿普(爷爷)去哪里了?阿普去哪里啦?"一些大人问小孩,小孩子们就说:"阿普躺在荞麦秆堆里睡觉呢。"结果从荞麦堆里找出爷爷的时候,他已经死了。这件事发生之后,有个家支头人就说,我们家以后不能吃荞麦了,我们沙玛家再也不能吃荞麦了,因为有个阿普被荞麦秆害死了。就这样,沙玛更布的名称就出现了。"更布"的"更"就是荞麦的意思,"布"就是不适应、麻醉或过敏的意思。"更"和"布"合起来就是被荞麦麻醉了或吃了荞麦就过敏的意思。"更布"就这样成为沙玛家支更布分支的名字。现在,我们沙玛更布分支的后代过年过节时不用荞麦来祭祀,不用酒来祭祀,还把所有的酒杯、酒瓶都扔掉或藏起来,也不能喝酒。过年这三天也不能喝酒。

笔者:也不吃荞麦吗?

吃荞麦,但不作为祭祀用。

笔者:您认为研究家支有何意义?

家支对凉山彝族社会的稳定起着很大的作用。研究它很有历史和现实意义。凉山的不稳定也有家支不团结的原因,包括一个家支内部不团结和两个或几个家支之间不团结。以前,血亲家支和姻亲家支之间好像总是同仇敌忾,只要家支有事情,大家就在一起与另一个家支械斗,给人这么一种印象。不知道你们读了书或一些文章后,有没有这种印象。包括胡庆钧的书也好,孙自强的书也好,《凉山彝族奴隶社会形态》一书也好,(都给人这种印象)。但是,我所了解的恰好是相反。凉山的械斗,主要是家支内部的械斗,是涉及家支内部利益问题的。"沙里古正忍尼沙,特里俄迟忍尼特","古正忍尼"是没落的"诺伙",是两兄弟的后代,是同一个家支的两个分支。这两家的后代相互残杀,最后不用调解就自然和好了。"俄迟忍尼"居住在美姑腹心地区,为一件争抢的事出纠纷,相互比赛杀牲口。如比杀牛,看哪家杀得多,哪家就赢,输者还要赔。此外,罗洪家支内部各个分支之间几乎都有相互械斗、内斗、厮杀。喜德县的、冕宁县的、盐源县的,都是你杀过去我杀过来的家支内斗。还有,昭觉、美姑这一带的阿鲁家和马家。马这个家支常在内部你杀过去我斗过来的,没有办法。因此,主要是家支内斗,而不是外部。还有,瓦扎家支也是内斗狠。土目里面的尔额家支也发生家支内部械斗。械斗主要是家支内部内侵、等级权利争夺,从某种意义上讲毫无意义、毫无用处。如果家支势力强就有等级,有权力,有意义;如果家支势力不强,谁管你是哪个等级的、哪个家支的。所以,以前是为了阶级斗争的需要,把这方面描述得太强烈,好像黑彝多么高贵,多么了不起,说要抓一下黑彝的头发,手就要断掉。那么,在凉山彝族地区,抓过黑彝头发的人那么多,民主改革以前为什么没有找到一例剁了手的案例呢?如果按他们描述的,剁了手的,起码有几十个人甚至上百人。黑彝的头发被抓的多得很,当然,最终还是依据你的势力来断案。像布托,是阿都统治的地方,在美姑这些地方,"诺"的势力强大一些,其他地方就难说了。

凉山最霸道的还是白彝。从某种意义上讲,孙子汶这些人是"靖边副司令"。孙自吾各,他想缉拿哪个黑彝,谁敢违抗?他叫你什么时候到什么地方,任何黑彝谁敢不到?像你们学校潘教授的父亲潘学源还有自己的军队,是军队的首领,谁敢把他怎么样？兹莫还靠他的势力生存。但是，因为对凉山彝族奴隶社会的描述已经成为一种标准答案式的，定格了，大家看了这些书以后，以为真是那样的社会历史。实际上，那些描述是不符合凉山社会历史的真实面貌的。

笔者：您对家支活动是怎样看的？

在城里，我认为家支活动是一种文化的传递，它主要承载着一种文化传承的使命。其实，谁也不会如此投入的。但是，它又存在一个互相利用的关系，也存在互相教育的机制。比如不能为非作歹、不要对社会做不利的事，不要抛弃家支和家支成员等。我参加过很多家支活动，家支开会时都强调这些。参加家支活动，为什么不可以呢？应该提倡这个。在农村，家支还有一个救济功能，相助、互济。比如，婚丧嫁娶，出事故了，的确，民政部门的救济，还不一定能够让老百姓真正拿到钱；拿到了，拿到手上的钱也不多。但是，家支互相帮忙就很容易实现，很实际。我想，为什么有家支，它是一个家庭的延伸。而一个家庭的延伸，最先也是基于经济因素，就是实现我的利益的最大化。因为在那样的社会里，在很封闭的时候，只有利用和依靠自己的家支。一个是劳务互助，如"恒兹、恒沙、恒更、支恒"，这些最早都是从家支成员之间产生的，没有或很少在姻亲之间发生。如一个家支让姻亲来帮忙或给姻亲家修房屋的话，是被别人看不起的；但给家支做是很光荣的事情。另一个是人身安全得到保障。没有家支，自己就没有势力，有了家支，自己又怕家支的威力。"威佳齐瑟瑟"（意为"怕家支怕得瑟瑟发抖"，笔者注），我的势力没有你大，你可以欺负我，我没有反抗的能力。但是，我可以死给你看，这就是"死给"。"死给"不是我自杀的，而是算作你杀的。在彝族人的理解和认知上，是"人命"问题，你是欠人命的。因为你污辱了我，是你逼我死了的，不是我情愿自杀的。判案也视为他杀的。在农村，近年来，彝族家支干扰政治，尤其是在基层选举的时候，这种现象也是存在的。家支活动的问题，有好的方面，也有弊端。但弊端是次要的。

笔者：都有些什么弊端呢？

比如，法制不健全的时候，难免出现一些偏颇。但也不是普遍的。有些时候，大家支还能忍让，不乱来，互相牵制。没有家支，彝族可能就完蛋了。因此，不能强调不好的方面，应该强调好的方面。家支教育也不是封闭的教育，彝族所有的东西都是开放性的，愿意接受任何新鲜事物。他可以自然调节和自然淘汰。现在在机关单位，有些家支功能已经消失了。至于它以另外一种形式出现，是因为社会利益关系的存在，因为权力、经济等方面的因素存在。

笔者：你们家支现在还出尔普吗？

出的，出尔普是很自然的。

笔者：一般怎么做呢？

一般我们是一年一户100元，出这个钱，大家很高兴。比如一个人承担婚丧嫁娶的费用，不管汉族、彝族的家庭，负担都很重；但是，以家支的形式负担，就轻松了。我是比较赞同这种形式的，因为它能把这种文化习俗保留下来。尤其是在城市里面，在很多东西都在变的情况下，通过这种形式传承下来一些文化很好，不然，大家见面都很难。比如，这个地方有人结婚或死个人，大家通过这种方式聚在一起，吹一吹，聊一聊，多好呢。平时大家都各忙各的，周六、周日聚在一起玩玩，多好啊。死人的时候，家人多么的孤独、悲伤，但你去那儿，无论是年轻的或年老的人，死了都一样，大家一起聚聚、交流、沟通、支持、鼓励，一方面对传统文化的传承起到比较好的作用；另一方面，人与人之间通过这种形式相互交流感情，沟通信息，彼此依赖，互帮互助。在这种场合中、这种活动中，家支起到主人翁的作用。无论买酒、分肉或做什么活，家支个体成员都是有责任和义务的。家支成员在这里就是服务的。比如,"我叫你去拿酒,你必须去"、"叫你去分肉,你也得去"等,有特别的义务,也感觉很荣耀。

"彝族的本来面目是什么呢?":土司、黑彝和白彝的关系

笔者:前面您说一些分成兹,一些分成诺,一些分成土,这是怎么回事?

这些是家谱里说的。雅古署布麻额玛额(是还是不是,笔者注)。雅古署布的父亲有三个妻子。其中有一个妻子是兹莫家的姑娘。在嫁给雅古时,她有两个海乃更持家支的亲姐妹作为陪嫁女一起去的。但是,在出嫁的路上,兹莫家的姑娘(新娘子)死了。

笔者:是从哪儿嫁到哪儿去呢?

是在美姑和昭觉之间。现在,那里还有一个地名叫雅古山梁,是雅古署布家古时候居住的地方。海乃家两姐妹本来就非常漂亮,兹莫家的姑娘死后,送亲的人与她俩协商,由其中一个人装扮成兹莫家的姑娘,另一个作陪嫁女,这样嫁到雅古兹莫家里生活。后来,在兹莫家里一个当媳妇一个当丫环的生活过程中,本来隐藏姐妹身份的两个女人之间产生了纠纷,于是,扮作陪嫁女的那个把真相揭发了出来。雅古署布麻额玛额就这样产生了。意思是说,雅古署布是兹莫还是不是兹莫。

笔者:您认为兹、诺、土是怎么产生的?

彝族谚语里有"乌戈兹米,尼戈尔吉"的说法,已经很清楚地说明了。而且,有"兹要找亲戚找到家里的奴仆"的说法,意思是说,有一些兹与女奴仆之间发生性关系后生下后代的事情。我写过这方面的一些论文。还有些特殊的亲属称谓,其他民族奴隶就是奴隶,一般直呼姓名;彝族主子和奴隶之间是有亲属称谓,始终分长上幼下的关系。比如,我是你的奴隶,但我年龄比你大，你不能随便称呼我。你应该按照亲属称谓的规则，该叫我叔叔或哥哥就叫叔叔或哥哥。诺也是一样的。"土几诺细里究，土乌诺萨里阿久"，意思是说白彝和黑彝之间有血亲家支关系，没有姻亲通婚关系。

某家支串在竹竿上去祭祀逝者的尔普（数千元人民币）

笔者：为什么有这种说法呢？
主要是有等级的原因。等级一旦形成以后，就固定了下来。等级最先是基于权力和经济因素产生的，权力和经济是基础，然后不断分化，形成了等级。"乌戈兹米，尼戈尔吉"，"乌"是哥哥，"尼"是弟弟，"戈"是分家。分家后，哥哥成为兹米，弟弟成为百姓。

笔者："更几才付细"是什么意思？
"更几"是百姓，是土司手下的百姓；"才付细"是很多的意思。"阿来给伙忍，沙玛给吉忍"中的"给"是官名，"吉"

是奴隶的意思。土司称诺为吉，诺称土为吉，土称他家的奴隶叫吉。有人讲，凉山彝族的先祖古伙和曲涅是诺的祖先，其实不是这样的，是从古伙和曲涅的家谱发展而来，曲涅传到井木忍什时，家谱有三十多代近四十代，而且，不可能全是独子，因此，其他男子可能变成其他阶层了。可能也有兹，也有诺，也有土。按照人类学理论的繁殖系数来推测的话，所有凉山彝族都是这个祖先的后代都不够。古伙和曲涅传到现在这些活着的人身上，家谱都有七八十代了。一代按两个人计算，两代就有四个人，三代就有八个人，四代就有十六人，这样计算下来，现在所有的凉山彝族人都计算在内也是不够的。所以，有些很有名很有势的人成为高等级以后，认为只有他属于"老大"，产生这种心理。家谱原来在毕摩经书里写得比较详细，后来的不怎么懂家谱，最多知道二三十代。但是，古伙和曲涅是谁都认可的彝族祖先。在毕摩经书里，有曲涅—更更—甘甘—能恒—阿毕—古史—俄木—阿里—布加—拉玛—阿米—敢硕……到井木忍什开始大量分支。分出了黑彝、白彝，还有土司。在《玛牧特依》里也有详细的记载。《玛牧》成书不是很早，大概在明末清初的时候。这个时候，一个"诺"也没有。所以，"诺"的形成比较晚。作为一部彝族的教育经典，这本书里还没有涉及"诺"这个等级，与此同期的汉语书籍没有涉及，所以，"诺"（黑彝）的崛起是比较晚的。实际上，谁崛起谁就强大。这个历史基本上也不像有些书里所描述的那样。《玛牧》里没有"诺"，只有兹和百姓（兹和尔井）。书里有"兹瑟尔尼布"（兹和尔两家）的说法。

笔者：有人认为只有黑彝才有家支，白彝是没有家支的，您认为呢？

不是那样的。这种认识是大错特错的，纯粹是不了解凉山彝族的历史。一般黑彝家支的谱系是比较短的。白彝有三十几代谱系的家支多得很，这还是不计原来从古伙、曲涅的谱系而来的代数，只是从某个地方分支开来开始计算的，黑彝没有那么长的家支谱系代数。比如，罗洪家支的谱系只有十几代，瓦扎家支也只有十几代，其他只有十几代的家支也不少。而白彝的谱系很多都有二三十代。那种认识是他们不懂彝族的家支，不了解彝族的谱系。我过去写文章专门批判过这些说法。因为有些学者把三本书当成一种标准答案。我也从来没有认为这三本书是造假的。这三本书，一本是胡庆钧的《凉山彝族奴隶社会形态》，另一本是社科院的一个学者写的，还有一本是凉山彝族奴隶社会编写组编写的。这三本书，我没有怀疑他们作假，但问题是，它里面用的典型案例是在一个既定的学术框架之下来选择的，到底有多大的普遍意义，是值得探讨的。因此，有位教授曾经批判我："他爷爷不知道的，他知道吗？他怎么……"这样批判我，我也没有反驳。但是，学术的东西，不是哪个爷爷知不知道的事情。孔子的《论语》已经研究了差不多几十代，历时几千年了，现在的研究，据说比以前还好呢，这你怎么理解呢。我也讲，我们也不是反对你们的，我们所有的学术研究，必须建立在科学的学术基础上，我们才会有进步，有提高。我们只是认为对那个时代写下的东西，应该做必要的反思。你们知道，那个时候，真正的民族学、人类学、社会学功底好的人全部成为右派，成为被打倒的对象，而你们当时刚刚大学毕业，来这里写书，况且你们也不是以调查者的身份，而是以工作队的身份，对你们是以军事化的形式来管理的。今天，你们对这几本学术著作还没有产生一点动摇吗？如果没有产生过一点动摇，那么，我觉得你们不是一个客观的人或者缺失大家风范了。因为当时是依据社会演进的理论，即任何社会都必须经历原始社会、奴隶社会、封建社会、资本主义社会、社会主义社会和共产主义社会，在凉山就能找到这样一个活化石。可是，凉山人是遭殃了。那些吃不饱、穿不暖、一双鞋子都没有穿过的黑彝，活活地被情绪化的老百姓打死了。这个时候,你们的良心如何?你们的心是怎么想的?虽然那样的结果不是你们造成的,是社会造成的,但是,你们是学者,学者写这样的东西,就成了错误政策的工具。所以,凉山的阶级斗争比全国哪个地方都厉害,都残忍。然后,彝族与彝族之间就有一种心理隔阂,什么"黑彝是极其贱视劳动的,黑彝都是贵族"等论调就产生了。我本来知道,他爷爷的父亲是天天劳动的那些孩子,现在说他们是黑彝,不同于其他人,他们是不劳动的。我调查过,很清楚的。如果他爷爷、他父亲真的是不劳动的。那么,是谁给他吃的,给他穿的,他又没有奴隶娃子,他不劳动吃什么。他更愿意说他是贵族,什么贵族,哪来的贵族,他贵在哪里,经常吃不饱,穿不暖的,贵什么族啊。所以,这些是很值得反思的,很值得研究的。

笔者:是不是民主改革以前黑彝和白彝之间是自然的关系,是彼此相互依存的自然关系?民主改革以后,因为有这样的话语,大家产生就一些情绪,矛盾加大,就不是自然的关系了?

是的,有这种变化。这种变化在"文化大革命"期间又有一些演变。然后到20世纪80年代之后,又有新的变化。经济因素的涉入,政治上的宽松,社会的开放,这些都是最强大的力量。经济影响出现后,又塑造了新的社会环境。改革开放的时候,凉山的经济变化影响很明显,许多老板利用家支资源,包括人力资源和财力资源,给家支成员找一些无偿或无息的贷款。还有劳力之间帮忙也是无偿的。来帮忙的人,如果家里不出事,就不给工钱,大家一起吃一起喝酒就行了。但是,后来就变化了,某个家支成员跟着家支老板干了五六年以后,老板的腰包里的钱越来越多,而跟着干的人没有多少钱。这个时候,这个家支成员与其跟你一起干,还不如去别的地方打工,自己挣钱。因此,家支成员之间因为经济利益产生一些纠葛就不可避免了,也是没有办法的事。企业的老板可能变成"成也萧何,败也萧何"的人了。原来是家支的头人，后来，给他家支成员的累赘太大了，一些家支成员不劳动，不出力，整天只跟着吃喝。在彝族人的规矩里，有"你吃什么，我就吃什么"的习惯，认为你老板和我是一个家支的。所以，企业老板就不喜欢聘用自己家支的成员了。由于出现了利益上的冲突，家支成员也不愿意跟着自己家支的老板干活了。因此，经济上的东西真是势如破竹，最有力量了。

笔者：您知道彝族的尼木威阶吗？

尼木威阶是针对瓦扎、罗洪这些家支而言的，他们家支做了这个尼木威阶仪式以后，就成为两个家支了，成为可以开亲、通婚的两个家支了。因为当时他们的婚姻圈子很狭窄。请毕摩做了这种仪式之后，他们就不再是一个家支了，已经成为两个家支了，彼此之间可以相互通婚了。尼木威阶的仪式，大概相隔七八代或八九代的时候做，据说他们只相隔七代或九代。家支有"次"和"威"之说。次是指七代以前，还可以在一起转头祭祀；七代以后就是"威"。分家是在八代，通过这种宗教仪式，他们就不再是一个家支了，彼此可以通婚了。目前，我们知道做过尼木威阶的，只有"拉普什乍"分出来的一些黑彝，包括果基、龙木、罗洪、瓦扎、补约、热柯等家支。其他诺家支里有没有做过这种仪式，目前，我还不知道。黑彝里面，阿合家支非常厉害，主要分布在美姑的红果乃托、红旗、越西的普雄、甘洛等地，这些地方都属于阿合家支的领地，是阿合鲁木子他们的。这些家支里不存在尼木威阶的事情。所以，真正的所谓的大黑彝，各自都有各自领地，有自己地方的标准。"土"里面也不存在尼木威阶的家支。

笔者：有人说瓦扎地方的阿迪阿细是朔莫什尼忍，这是怎么回事呢？

这个好像有一些不同的说法。有的说，是瓦扎地方阿迪和阿细的势力很大的意思；有的说，阿迪和阿细是瓦扎和他家的汉族女奴间发生性关系后生下的后代。

笔者：金古跟补约有血缘关系，吉克与罗洪有血缘关系等，这些有血缘关系的家支，不是因为等级不同而不通婚，而是因为有血缘关系才不能通婚的。是这样吗？

农村彝族妇女

有这种现象。还有吉木和阿海家支之间也是不通婚的。而且，现在尔普都集中在一起了。现在合在一起交纳尔普的白彝和黑彝家支已经很多了。因为，彼此都承认是一个家支繁衍而来的，而过去是主仆关系，只是不能苛刻、不能打骂而已。在凉山，这种现象比较多，出现在几个家支里。比如，据说阿海忍所中的热柯和金古阿纽都是他家汉族奴女之子。现在在西昌范围里，都是一起交尔普的。而且，头人不一定都是黑彝，是白彝的居多。目前，我知道的还有阿合家支，也是从阿合黑彝家支分出来的。现在在西昌范围里，尔普都交在一起的黑彝和白彝已经很多了。这是很好的事情。

笔者：所以，过去的"诺"和"土"很多都是同一个家支的亲属关系，当做一家人一起生活的。只是在20世纪五六十年代，可能因为阶级斗争的需要，把他们之间的矛盾激化和扩大化了。之后，很多变成了彼此不容的等级关系了。

是这样的。有许多人为的矛盾和冲突。在那种政治斗争和阶级斗争很厉害的时期，有些人为了泄私愤、图报复，就利用这种东西去整人家。有时候，真正的等级是很奇怪的。比如说，没有在黑彝领地居住的白彝是彝族真正的白彝。白彝和白彝中的嘎加、呷西一起打击黑彝的情况很少。黑彝和黑彝之间有矛盾才相互打冤家的。所以，有些观念需要澄清一下。不然，民族的矛盾被一些错误观念歪曲或激化了。我自己是白彝，我的前辈人说，黑彝他们很好的，没有人说哪个黑彝是一个作恶多端的恶棍。但作为一种制度是必须推翻的。因为它是一个等级制度，它占有一些奴隶，这是必须推翻的。只是在这个等级里面，作恶多端的不仅仅来自黑彝，很多白彝也是作恶多端的，还有一些嘎加也可能是作恶多端的。所以，不能把一个等级设想成天生就有作恶倾向的阶层。如果这样就完蛋了，是违背历史的，也是不真实的。黑彝有穷的人，白彝也有富的人。富人自然就占有奴隶和生产资料。民主改革时，根据表现，一般说有多少土地、多少牲口加上几个奴隶，就被划为奴隶主。后来占有的奴隶标准加到好几个。当时以这种标准划分的话，白彝奴隶主是最多的。有些不了解凉山社会、不了解彝族奴隶社会状况的人，说百分之七十土地所有权是黑彝所有，这是非常错误的认识。有些地方可能有这种现象，但对整个凉山而言是不真实的。有很多黑彝还租种白彝的土地进行耕种呢。只是在表述时，说这个地方是罗洪的地方，那个地方是阿合的地方。但是，事实上，罗洪的地方不是全部都是罗洪家的土地。有些地方，过节时献个猪头，有些或大多数连猪头也不献。如"四十甲"，谁上猪头呢？献给谁呢？没有嘛。包括越西那一带，王济民、潘学源那些献什么猪头呢？还有甘洛的尔支沙呷的白彝，谁献猪头？

笔者：有人说黑彝势力强大是从巴且家支的阿依措品开始的，一些诺合联合起来把利利土司家推翻以后，才逐渐强大起来的。您怎么看呢？

可能是这样的。但也不是那时才有等级。严格来说，这之前也有等级和家支了。当时，他们联合了几股势力。巴且家支把与他家有姻亲关系的家支联系在一起，联合起来推翻了利利兹莫家。之前，在利利兹莫家下面的各个家支都有各自的职责的。哪家是管酒的，哪家是管猪圈的，哪家是管打柴的，哪家是管婚丧嫁娶的，哪家是负责耕种的等。具体哪家管的是什么，我记不起来了。

笔者：这样看来，当时，凉山彝族兹莫统治的社会，实际上已经不是奴隶社会了。可以这样理解吗？

可以。但是，仍然是有家庭奴隶的。不过，把凉山彝族社会定性为奴隶社会，从某种意义上说，我是不接受的。我已经提出过这个观点。比如说，黑彝不是贵族，白彝不是被统治者，嘎加不是奴隶。我阐述这一观点的论文，已经在1993年的川大学报上发表过了。黑彝、白彝是如何产生的，黑指什么，白指什么。好像收在《当代凉山彝族社会婚姻家庭》这么一本书里。我所说的，在学者圈里引起了反响。还有命名制度问题。我提出彝族不存在父子连名的命名制度。它有父子连名的谱系，但"父亲名的最后两个字是儿子名的最前面两个字"，这种说法不准确。我专门写过这个问题，这两篇论文奠定了我在学术圈里的地位。

笔者：有人说彝族过去没有姓，您觉得呢？

怎么说呢，彝族历史已有几千年了，有些不能牵强附会。比如"海子"、"拉俄"、"颇勒"等这些词，最初都有它的来源，可能是用跑得快、力量强的动物来作为家支的代表或象征物,就像汉族史书里说的"熊姓"这种类型。但是,后来姓就多了。民族的故事、百家姓等,应该说有上千种以上。所以,大姓里有小姓,比如,雅古是姓,"海子忍所"中的"海子"可能是姓,也可能是名字。后来的吉木、吉则这些已变成了姓氏。但它们的来源也不一样。大姓当中包含小姓。再比如,颇勒忍额中的"颇勒"是大姓,阿里、依伙是小姓。

笔者:您觉得姓和等级是先有姓还是先有等级呢?

这个东西很难说清楚。海子都是"阿普雅古"的后代。"雅古"本身不能说它是哪个等级的,兹莫也是雅古,白彝也是雅古,黑彝也说是雅古。比如,沙玛兹莫。但是,严格意义上的沙玛兹莫已经不存在了。它是兹莫绝代以后,别人去接代的。实际上已经不存了。

笔者:巴且、罗洪……这些称呼是怎么来的?

这些是以地名命名的,是地名变成了姓氏,有些解释不清楚了。彝族有人名变成姓氏的,有地名变成姓氏的,有动物名称变成姓氏的。龙木是"阿海忍所",这样宣扬的。

"在旧社会,出现这种情况是要杀头的。":婚姻关系

你现在看婚姻吧。有些人在反对传统婚姻。我说黑彝为什么不能够只跟黑彝开亲呢?这个也是婚姻自由嘛。我跟谁开亲都可以嘛。你不能说黑彝老跟黑彝开亲就不行、不好。为何不行了、不好呢?国家法律上没有这一条规定嘛。所以,只要他们愿意,就可以继续开亲,也可以跟其他的人开亲。现在黑彝跟其他的人开亲的也不少了,在凉山已经很多了。我提出一个"血缘搅拌机"的概念,上可以跟黑彝开亲,下可以跟呷西开亲。这个时候,它就成了血缘搅拌机了。

在旧社会,出现这种情况是要杀头的;或者把两个当事人动

员在一起，让他们吃毒药死掉。有的地方还要活活烧死。一个家支内的人员，无论相隔多少代，只要彼此理清楚了的话，男女成员之间是没有开亲的，也不能有性关系。这是禁区，是一个文化问题。比如，我们海子忍所这个家支，从古伙、曲涅那一代算下来，已有七八十代了。如果从阿普海子开始计算下来，也有三十多代了。除因为互相不清楚关系而结婚、而成事实的那些以外，知道的是不可能结婚的。

笔者：您认为这是什么原因呢？

这是父系血缘的原因，是文化的原因。等级是由经济决定的，经济变化了，等级也发生变化。家支以血缘来决定。比如，同属于龙武家支里面的男女，是不能通婚的。通婚是不可饶恕的事情，是以乱伦来处理的。汉族是五服以外就可以通婚了。现在国家法律规定是三代或五代以后就可以开亲了。彝族的姑表优先婚，在汉文文献里或者在有些论文中被理解成很狭义的姑表亲。实际上，彝族的姑表太多了。我跟一些学者说，我的姑姑可能有成千上万的人。因为我父亲这一代的、这一辈的所有沙玛曲比家支的女人都是我的姑姑。因此，它不是一个狭隘的通婚范围。比如，在美姑生活的我姑妈这一辈的女人很多，在昭觉，在越西，在甘洛等各个地方都很多。这些女人与我是姑妈和外侄子关系，可能是我父亲的亲姐妹，也可能与我父亲相隔两三代或四五代或十多代，甚至是几十代的平辈姐妹。比如，杰则家和我已经相隔十五六代了，但他们家里面，有不少我的姑妈呢。所以，在凉山，有许多东西很值得去研究，去著书立说。但是，我们这些地方条件差一些，环境差一些，学术氛围也差一些，就靠你们这样的人去多研究了。我是从农村里出来的，家支成员来打扰的时候太多了，需要帮助的地方也太多了，没有办法静下来去做学问、搞研究。这是我们这里的弊端。有时候，我很想把我知道的东西全部记录下来，但经常做不到。客观地讲，过去的彝族，在婚姻上包办的事例，不只是在女孩子中存在，男孩子也一样受到约束的，不是哪一方才受益的。有许多黑彝家支，男方很有名，很有势，但是，他的爱人怎么怎么差的故事流传很多。只要是包办婚姻，是不存在哪一方是受益者、哪一方是受害者的。而原来的很多描述，都认为男方是受益者，女方是受害者。实际上这是简单的问题，稍动脑筋，换位思考一下，就不会出现这些有问题的描述了。

刘世风：我在调查时，碰见一个黑彝家的男孩子，长得特别帅，特别好看，但是，在他结婚之前，从来没有见过自己的未婚妻长得什么样子，就这样结婚了。问他怎么能够接受时，他说他的祖祖辈辈都是这样子，那么多老辈都是这样走过来的，我为何不能接受呢？

现在美姑可能还有一些包办婚姻。但是，已经在逐渐变化了。转房，现在也有个别的存在。但是，不多了。我的姑妈二十八岁就开始守寡了，她不愿意再改嫁。包办婚姻受害者不只是一方，是双方的。运气好，一个比较差的女的找到一个比较好的男的。运气不好，一个漂亮的女孩子找到一个比较差的男孩子。但是，这都不是某一方能决定的。所以，应该好好认识，好好研究，这是一个人类现象。凉山彝族人也是一样，随着各自的生活标准、经济条件、社会地位和个人身份的变化，观念标准也有所差异的。"身价钱"是一种文化，是一种名气，有象征的意义。当然，也有一些贪财的。

"家庭教育还包括讲故事、神话、谚语等。"：传统教育

笔者：您认为彝族传统教育有些什么内容呢？

彝族社会关系的核心有三点，其一是邻居，其二是家支成员，其三是亲戚。彝族的传统教育都围绕这些来进行的，而且各种活动的教育方法和内容也不太一样。首先是礼仪教育。礼仪教育是从家庭教育开始的，怎样接人待物，怎样迎客侍客，怎样送客等,从小就有这方面的训练。长上幼下应该怎样对待,怎样称呼,都有详细的教育内容。其次是劳作教育。怎样去做活,什么时候做什么,传授劳动技能等,都是通过家支成员的互动来进行。再次是知识的教育。这方面的教育始终贯穿在婚丧嫁娶节庆活动的过程中。当然,家庭教育还包括讲故事、神话、谚语等。这些大都是大人讲,小孩听,小孩互相讲,睡觉的时候或哄小孩睡觉的时候、聚会的时候等都在讲述,包括克哲、尔比、故事、神话和家谱繁衍分支等。家谱教育是一个男孩小孩时代最重要的教育,每一个人都要背诵和学习自己的家谱。而且,还要背记舅舅家支的家谱,要懂舅舅家的谱系是很厉害的表现。这些是离不开传统教育的。

　　婚丧嫁娶、逢年过节时的教育内容是不一样的。死人的时候,对《勒俄》进行传颂。出嫁的时候,传颂《阿莫尼惹》和《哭嫁歌》。一个人懂得这些知识,才能聪明圣达。最初教育是以家支为单位的,如某个老人死了,可能涉及五六个家支。因为一个儿媳妇的娘家就是一个家支。女婿有可能又是另一个家支,几个姑娘可能分别嫁给不同的家支。这样就出现了很多个婚姻圈子。在某个老人死时,每个家支都派出代表队参加活动。包括摔跤、对歌、抬尸体上火葬场等,都是由各个有婚姻关系的家支代表来参与和完成的。一般来说,这些家支都会与主人家的代表争胜负。对表现杰出者、胜利者,在场的老百姓都会不约而同地给予称赞、奖赏。要么敬酒,要么拿礼金给他。比如,一个老人有3个女儿,分别嫁给了3个家支的人,那么,这3个家支以姨表亲的身份出现,选派一队或多队与主人家的代表队进行比赛。有些是以各自家支的形式出现,比如,有一家可能是颇勒忍额家,另一家可能是吉克忍什家,再一家可能是海子忍所家。活动包括赛马、摔跤、对歌等。我记得小的时候参加过很多这类活动。

　　笔者:您认为凉山彝族传统教育有哪些内容?

主要是《玛牧特依》里的内容。包括家庭、社会、人生、礼仪等，比较全面地对行为、道德等各个方面进行规范和要求。应该怎样做、怎么说，甚至包括一些等级之间的规范，规劝高等级的人不要作恶，不要太仗势欺人。这些作为现代教育的内容也是很不错的。现代教育进入凉山以后，主要是汉语和汉文化的教育，这方面已取得了很大的成果。在民主改革以前，除了《玛牧》以外，凉山彝族社会很少接触真正意义上的汉族文化的教育。《玛牧》在彝族社会里是家喻户晓的，是儿童成长教育的主要内容。从小孩一生下来就开始教育了。一岁时怎么样，两岁时怎么样，3岁、4岁时怎么样，一直到70岁时应该怎么样，直到120岁都有规定。《玛牧特依》这本书是粗线条的，根据这里面讲的专门衍生出来的教育内容就多了。不管是哪个家支哪个等级，都是一样的教育，特别强调高等级应该怎么做。比如"扫帚扫得快，粮食颗粒就到处飞；统治者太狠了，奴隶就会跑掉的"。

"见彝人说彝话见汉人说汉话，不可以吗？"：
现代教育与传统文化

笔者：您怎么评价凉山彝族现代学校教育中的一类和二类教育模式？

二类教育模式比较好。一类模式现在是从小学直通到大学的教育。通常认为应该加大二类模式的学习和推广力度。有时候，我还想写一下民族院校的书。比如，中央民族学院20世纪50年代少数民族学生有多少，现在有多少。现在好像只看分数录取，大部分名额是被汉族挤占了吧。西南民族学院的少数民族大多也是唱歌、跳舞的，连这样的民族高等学校的招生名额都被侵占了，你说能干什么呢？如果没有一类教育模式的话，民族语言文字可能消失得更快。作为政府，从世界的角度讲，倡导的是文化多样性、生活多样性。但世界上出现了一些问题。生活模式相同、文化趋同出现了。全部都是高房子、汽车化、水泥化。你们那里有些教授，我跟他们讲过，他们匆匆调查了一些老百姓以后，就认为老百姓已经不需要彝文了。我跟他们讲，你去东北调查一下，哪个东北人还需要东北虎；你到内蒙古去调查一下，哪个老百姓还需要学习博克。作为一个高层次的人，作为一个学者，从人类文化遗产保护这个角度讲，对某一种少数民族的语言文字、文化传统，不说大力发展它，也应该保护它。不保护就完蛋了，这是必然的。

现在，对少数民族，学不学汉语的事，就不用说了，是非学不可的。就像内地汉族或大城市里的人或整个中国人都在学习外国语言文化一样，是用不着说的。今天世界已经经济一体化，是全球化的时代，必须适应。而这个时候最需要的是怎样保护少数民族的东西。何况从世界的角度和层面，已经提出文化的多样性、生活的多样化问题。这是我们国家和政府倡导的，也是世界认可的。连这点都没有了，那还行吗？应当用自己的民族文化创造自己民族的文明。坐在彝区说彝语，坐在汉区说汉语，为什么不可以呢？也就是说见彝人说彝话见汉人说汉话，不可以吗？我经常跟州政府的官员们讲，凉山地区经济发展固然很重要，不过能发展到什么程度呢？应该好好保护彝族文化，支持彝族文化的发展和保护。把这些工具保护好后，拿什么装在里面吃都可以，有不可估量的经济价值。我说要改善人们的经济状况，是最容易来得快的。一夜之间，有些海南的黎族就成了暴发户。但是，文化的贫困是不一样的。一旦失去了是难以挽回的。美国的印第安人，他们要什么就有什么。但是，他们的文化已经失掉了。所以，这一代至少不要发生这样的事情，希望以后也不要发生。

笔者：一类教育模式的毕业生就业很困难的原因是什么？

就业难是政府的责任，文化权益保护没有做好。比如生活的诉求，文化的诉求，法律的诉求。彝族人本民族的语言文字，应当使用的时候为何不使用呢？必须保障这些权益的。如果不保障这些权益，彝语言文学毕业的学生去哪里就业呢？从这个角度讲，不好好整好彝族的东西，老百姓的权益也就得不到应有的保障，一类模式毕业生的权益也无法得到保障。1996年，当我听说中央民族大学不招彝语班学生的时候，我还跟中央民族大学的彝族老师吵过架。为何不能招彝语专业的学生了呢？有彝语班在，彝族学生不一定只学彝语课程嘛，也不一定只请彝族老师来教嘛，学生可以去听民大其他开放的大课嘛。比如，戴庆厦教授在哪里上课，学生可以去哪里听他的语言学课，王仲翰先生在哪里上课，学生也可以去听他的课嘛。甚至还可以跑去北大听课、人大听课、北师大也可以去。本来开通那么一条路就非常不容易，把它封杀了就非常不对了。

所以，少数民族的许多东西，我们不能发展它，也应该保护它，需要保护的。保护不好，后果将很严重的。现在是根本用不着讨论学不学汉语的时候了。都要学的，必须学的。我认为彝族人对学汉语、外语的问题，是根本用不着说太多了，是必须学的。同时，怎样保护彝族文化的问题就成为很重要的问题了。全世界都在提倡生活的多样性、人生的多样性、生物的多样性、文化的多样性。等大家都知道、快完蛋了的时候，成为濒危状态以后，才不惜一切代价去抢救和保护，还不如早些觉醒，加以保护，保留起来，多好呢。

但是，在中国，少数民族的东西，有些完蛋了，有些正面临完蛋，多么可惜啊。所以，有些学者通过访谈一些老百姓，就认为老百姓都不主张学习彝语了，这是严重错误的。如果到美姑县的老百姓家中去调查有无需要保护熊猫的话，你说老百姓需要吗？主张保护吗？可是，熊猫是国宝，而美姑县的老百姓哪个需要熊猫，任何人都不需要。但是，在国家层面，政府层面，已经达到这样一个高度，大家就要重视它，保护它。比如，前不久报纸和电视上说，要把熊猫送到台湾去，很多内地人还给它取名字。从老百姓的层面讲，这与他们有何相干。所以，学不学彝语，不是老百姓需不需要、主不主张的问题，而是我们应该从另一种高度来谈需要和保护的问题。东北虎，没有人需要它，它还可能伤害人的生命和财产，但它是生物存在多样性的表现。如果这个东西灭绝了，这个物种就永远不存在了。今天，满世界不是都在复原、复制恐龙文化吗？

可爱的彝族农家孩子们

笔者：对于民间文化、官方文化和妇女文化，您觉得怎么把握好呢？

1956年以前，凉山是一个特定的社会，实际上与外界的接触也不少。有人到汉族办的学校去学习，国民党到凉山以后，也办过一些学校。彝族的传统教育经典《玛牧》，大家都学习过。甚至还有人说，《玛牧》的作者是一个兹莫的女儿，是兹莫的女儿写的。对文字，妇女也是可以掌握的。但具体的分工与文化、性别是有关系的。妇女，有的很累，有的很轻松。比如杀牛、杀猪、盖房、撕木板等粗糙的活，主要是由男的做。而做饭、喂猪、刺绣等一些轻巧的活，主要是由女的做。现在也是一样的。民主改革以后，妇女更是全面介入男性的生产和生活世界了。你看，现在彝族博士多数都是女的。比如，巴莫二姐妹、胡素华、蔡华等。彝族妇女的参与能力是很强的。有些德古也是妇女。在解决各种纠纷和矛盾时，妇女的意见也是很重要的。在家里，来了客人，招待杀牲是必须通过女主人的许可才能进行的。我调查过许多冤家械斗的事件，在械斗得无法解决的时候，还是由妇女作主，妇女说了算。在社会话语当中，有时候把妇女的能力和地位提得很高；有时候，又把妇女打入十八层地狱。所以我只能说，你叫我写好的，我就全部写好的；你叫我写对谁不利的，我就全部写不利的。总的来看，在彝族人的观念里，应该说，其实男女还是平等的。你不信就好好观察一下吧。现在，有时候洗衣服和做饭的事，全是男的在做，不像有些其他少数民族的男子，对妇女比较歧视。彝族妇女抽烟的抽烟，喝酒的喝酒，其他民族的妇女可能吗？只有北欧人可能。对传统教育的理解也不一样。原来认为接受教育的人是不好的，认为你跟着汉族学，就会跟着汉族跑了，或跟着别人跑了。

在彝族人的表达里，并不认为学了汉语是好的，不是现在这种观念。最先接触汉语教育时，男孩子比较随便，不是受到教育了，而是他没有看到成功的机会，尤其是我们父亲那一辈以前。比如，无意之中伤害某人时，会说愚蠢的农民，你算什么；而另一方则认为，你说我是农民，我跟你说，你爷爷逃荒的时候，我爷爷骑着骏马呢。他手下和周围，不知有多少壮汉在为他服务。我父亲五岁的时候，背着手枪训练士兵打靶时，你父亲在干什么呢？可能正在被转送给别人呢。我父亲年轻时，有自己的领地，你父亲可能被当做壮丁抓去当兵了。现在我们两个不一样了，原来父亲是逃荒的，现在儿子成了吃皇粮的人，而我父亲却成了农民。而且，有人叫我父亲去参加工作、当干部的时候他不愿意，还出钱请人去顶班呢。所以，彝族人的观念是独特的。有时候我们用现代人的角度去思考这些问题时，会觉得很有趣、很有意思。现在，都认为干部或工人或教师都比农民强，是身份、地位的提高，是改变处境的一个办法，知道是从教育入手的，是教育的结果。于是，大家都重视教育了，不经意之间，男孩子入学的人就多了。现在，男孩、女孩都是一样的，至少在城市里是没有区别的。在农村也基本上没有区别了，只是有些腹心地带稍差一些。或因经济困难或因家庭劳动力缺乏等因素女孩不能入学。但是，通过一两年来"两免一补"政策的实施、寄宿制的推行等得到很大改善。还有，跟生育率、生育观念也有关系。

有的彝族学者，有把自己民族文化的东西描述得更好一些或特别好的趋向。有些汉族或别的民族的学者，在描述凉山彝族文化的时候，与官方意识形态有关，有一种自己是英雄的感觉，不和谐的方面写得多一些。还有一种先入为主的观念。20世纪50年代的一些学者，是带着目的来的，那个时候，他们认为少数民族极其野蛮，极其落后，吃的是什么东西，穿的是什么东西等全是戴着这种有色眼镜看的。后来，到了20世纪80年代初，国家政策调整以后，在描述少数民族的时候，都使用"勤劳的、勇敢的、灿烂的、优秀的、悠久的"这些词语了。50年代，少数民族当中出现了一批感恩派，有很多"不是党的话，不是国家的话，我们就完蛋了"的人。好像我们彝族从来就很糟糕，几千年来都没有一点好的东西。应该说到了20世纪80年代末90年代初，才有一些比较客观的分析和描述，到90年代末21世纪初以后，客观的论述和评断才比较多，交流和分享也增多了。

笔者：啊！今天从您这里学到不少东西。谢谢您。

哪里，哪里，不用谢！

三十二、2006 年 8 月 6 日晚 19：00—21：00

被访谈人：吉好好达，男，彝族，四川省凉山彝族自治州普格县民族中学副校长；

访谈地点：四川省凉山彝族自治州普格县县城火锅城；

在场人：吉木日哈先生、毛志华先生、刘世风博士生。

"关键是教材问题。"：当今凉山彝族双语教育的基本状况

笔者：你们学校目前有多少学生？

目前，我们学校有学生 900 多人，一共 17 个教学班，初一 7 个班，初二、初三各 5 个班。

笔者：你们学校始建于什么时候？

我们学校是民族中学，过去普格县没有民族中学，直到 2003 年才建立起来的。因为进入 2000 年以后，四川省实施教育十年行动计划，解决了贫困地区教育教学上的一些经费问题，贫困地区的民族教育进一步得到了重视。省里下拨的教育经费一部分用来解决初中学生的生活费和学杂费困难，一部分用来建设硬件设施包括校舍、教职工宿舍和学生宿舍等。

笔者：近年来实施的"两免一补"政策上，每个学生都享受到了吗？

这个不一定。在少数民族学生当中，农村小学生是百分之百享受，机关单位的，主要解决下岗职工和特困职工子女以及部分贫困职工的子女上学问题。在普格县的中学生中，享受"两免一补"政策的学生达到 80% 左右。

笔者：这里面有汉族学生吗？

有，汉族学生当中，农村人口里面，特困和贫困家庭的孩子还是享受到了的。但是，由于地理、出产等原因，少数民族贫困学生还是比汉族贫困学生多。

笔者："两免一补"实行几年了？

两年了。

笔者：一个学生能免多少？

每个学生可能不一样。过去，学校收费也不一样。城镇中学、农村中学的收费也不一样。"两免"部分，初中学生，一年只需交 140 元左右就可以入学了。"两免"是免学费和杂费。"一补"是补助生活费。

笔者：一般每个学生补助多少？

补助生活费每个人也不一样。不过人均 40 元到 50 元。有补助 25 元的，有补助 30 元的，有补助 40 元的，有补助 50 元的。分好几个档次，最高的补助 50 元。各个地区来的学生也不一样。

笔者：你们学校少数民族学生所占比例大约多少？

民族学生占比大约在60%。

孩子,你在看什么?

笔者:女生的比例呢?

三分之一强一点。在少数民族学生当中,少数民族女童占三分之一强一点。尽管解决了学杂费,但是从山区家庭来县城上学,还要车费、生活费等开销,仅靠补助还是远远不够的。因为山区的农民太贫穷了。而且,在普格县城里消费,每个学生的生活费每月在一百元左右。国家补助最多补50元,还有50元的缺口需要自己出,还有日常用品的开支也不少。因此,还有许多学生不能入学,不能升学。此外,还有重男轻女的观念存在。农村里,在贫困家庭中,如果生有两男一女,不会让女孩子去读书的,而是让男孩子去读书,尽管女孩子的成绩很好,男孩子的成绩一般或不好,也只让男孩子去读书。在机关单位,前几年办了一些希望女子班、春蕾班等，是由凉山州妇联主办的，就是专门针对这些问题办的。但实际运作起来很难，解决不了多少问题。因为基础太差了。

笔者：你们学校2003年成立以后，一类模式和二类模式双语教育发展得怎么样？

普格县已经没有在搞一类模式教育了。

笔者：你们民族中学也没有吗？

也没有，不存在了。整个县除了个别小学以外，初中学校里都不存在一类模式了。

笔者：您怎么评价一类模式教育呢？您以前接触过一类模式教育吗？

我以前从事过三年的一类模式教育。一类模式教育在少数民族地区还是很有意义的，但不能一味地为一类而一类。因为一类模式教育出来的学生，就业和升学出路较窄。我觉得一类模式教育可以作为一种辅助教育，并适当分流。以前，开了一类模式教育以后，没有强调汉语和汉文知识的学习。而且，老师的意识跟不上，都是一些老教师在教学汉语，都是一些水平相当低、能力相当低的人来搞，来教。结果，许多老师没有用发展的眼光来教学，也没有搞清一类模式教育的最终目的是什么。尽管小学阶段教学效果相当好，但是，到初中以后，汉语课的学习就很吃力了，跟不上其他班级的学生了。我觉得在高山小学校里、没有汉语基础的地方，很有必要搞一类模式教育，并逐步过渡到汉语模式教学，效果可能好一些。

笔者：您觉得这样做的话，何时过渡好呢？

我觉得在小学三年级的时候过渡比较好。过去老师想在这个时候过渡，但是教材跟不上。

笔者：这样做的话跟二类模式教育有何区别呢？

二类模式教育，实际上只多了一门彝语言课，其他跟汉语学校的教育模式一样。一类模式教育是从小学一年级起,以民族母语起步学习和教育的。对没有汉语基础的学生而言,接受这种教育和学习非常好,并逐步教育和学习汉语,到三年级的时候,汉语基础就强了,就可以过渡了。

笔者:那样的话,直接进入二类模式教育不是更好吗?

但是,二类模式教育在小学低年级的时候孩子会比较吃力。因为在高山地区,孩子们从来没有接触过汉语,全部用汉语教学不人道,也不可行。

笔者:所以,您认为一类模式教育应在三年级以下进行,三年级以后逐步过渡到二类模式教育或其他模式教育。在高山彝族地区里开展一类模式教育,二半山区的彝族学生可以直接进入二类模式教育,沟坝地区的彝族学生可以直接进入汉族学校的汉语教学,进入全国统一的教学模式。

是的,这样做很好。但是,把一类模式教育取消也不好,是不行的。因为在高山地区的彝族孩子没有汉语基础,没法学习。因为那里的老师也不太懂汉语,而且在普格县境内,涉及的面也很大。普格县有13个乡镇在高山地区,学生没有或很少接触到汉语,小学毕业生的成绩与沟坝地区的学生相比反差太大。孩子成绩很不好,家长很失望,孩子也没有信心上进,因为积极性受到了打击、辍学、失学者增多。这样,入学率、巩固率和升学率自然就低了。

笔者:跟居住环境有关系,高山都是彝族聚居区。半山有可能是彝族和汉族杂居。而且,那里的彝族地经常下城里来赶集。沟坝地区的彝族跟汉族就没有多少区别了。

是的,是的。

笔者:您认为一类和二类模式双语教育搞不好的主要原因是什么呢?

一类模式教育没有针对性,没有根据当地的地域情况来设置和实施教学计划。国家或凉山州是强制性地搞。比如，凉山州教委划拨指标下来，在普格县办一个班，而且，办在条件好的地方，也就是办在汉语基础好的沟坝地区。殊不知，这些地区是不必要办这种模式教育的。这样，该办的地方没有办，却办在了不该办的地方，结果家长就不欢迎了。因为孩子已经懂汉语了，家长认为再学彝语增加孩子的负担。而那些需要办的高山、半山区却没能办起来。所以，精力和钱财都花了，但没有起到应有的作用，没有解决实际问题，反而造成不良的影响。我认为在凉山彝族地区，二类模式教育应该大力提倡。因为彝族学生接受这种模式教育后，更加了解本民族的文化知识，掌握本民族的语言文字。如果失去了这个机会，就可能再也没有机会去了解和掌握本民族的文化知识和语言文字了。同时，二类模式教育的教材也需要改变，需要重新编写。不能一味地翻译、照搬全国统一的教材、版本或将汉语言文学的教材翻版，没有足够的本民族文化知识。在保持汉民族或其他民族优秀文化知识和语言文字的基础上，应该把有些彝族的生活习俗、文学作品、传说典故、神话故事、谚语格言等优秀的东西写进去，充分体现彝族的文化气息，使学生了解彝族人的人生观、世界观和道德观等民族文化知识和民族精神世界，培养学生的民族自尊心和自豪感、民族文化传承意识和民族团结大局意识等。这样，二类模式教育才有意义。

现在，彝族的文化传承非常脆弱，完全靠民间传承，没有政府引导或主导。国家给了政策，政府给了政策，但实际上，在学校教育教学问题上、教材内容中、课程内容里，没有太多的体现。应该把教学内容和课本内容与当地的实际和民族文化传统内容结合起来进行编写，使人文知识的教育教学更加符合当地的实际情况，易于学生理解和掌握。二类模式教育中，只开设一门彝语语文课。而这门课中，很多内容是学生在汉语教材中已经学习过了的东西，再翻译成彝语来学习，是没有多大意义的。有时候，对汉语教育和学习问题，根据当地的实际和发展情况进行调整会更好。一般到了初一时，才开始学小学三年级的教材，学生思维已经达到初一的水平了，还把汉语三年级的内容翻译过来学习，完全不符合教学规律，学生自然就失去了学习的兴趣，也就导致现在的双语学习，学生不愿意学。因此，搞一些校本教材、地方教材、民族教材是很好的。我们几个同学还编写过一些这方面的教材，使用效果非常好，其中选择了著名彝族诗人罗庆春先生用母语创作的《傍晚时我忆起我的母亲》那首诗。我在讲课时把《大堰河，我的保姆》和《傍晚时我忆起我的母亲》两首诗对比起来讲，罗庆春先生的诗对学生的感染力更强、更浓，许多学生都泪流满面。因为诗中浮现出来的情景，学生们大同小异地都经历过。而艾青的诗，离学生们的生活经历太远了，对学生来讲，那是陌生的场景，引不起他们太多的共鸣和感受。因此，自编彝语教材有许多余地和潜力。这样，民族文化也能传承下去了，学生们学起来也容易多了。然而，现在很多老师、很多人是没有这个意识的。

笔者：也就是说，您认为二类模式教育的教材里应该大量收入彝族本民族题材的诗歌、散文、小说、格言、谚语等民族文化知识，是吗？

是的。除了这些，还应该收进和编入凉山彝族的《妈妈的女儿》、《玛牧特依》、《勒俄特依》等一些优秀的传统文化内容。现在，我们正在编写这方面的教材。

笔者：您认为一类和二类模式双语教育各自的优势是什么？

一类模式教育只能起到一种起步时的辅助作用。二类模式教育是民族文化传承的有效途径，如果离开二类模式的话，就没有民族文化传承可言了。但是，在二类模式中只是翻译汉语教材来学和教育，是没有多少意义的。

笔者：您认为在二类模式教育教材中使用本民族题材的内

容，是从小学开始还是从初中开始呢？

家支成员聚集去悼念死者

　　当然是从小学开始了。就像汉语一样，从众多民间文学中选取一些好的童话故事编入小学教材中去。对学生进行教育、学习、熏陶，逐步传递、传承民族文化，是很有必要的，也是很有意义的。不只是我们凉山彝族这么做，其他民族也在这么做。几年前，我去过吉林延边朝鲜族地区的学校参观和考察，那里的很多学校早就这样做了。因为现在少数民族离开这种双语教学，孩子们就几乎没有接受本民族文化的机会了。小学的历史课、中学的历史课中有多少有关彝族历史的内容呢？没有。大学教材里面有几篇关于彝族的文章呢？也没有。如果二类模式不搞好，将来的彝族人最多只会说自己民族的几句话了，只会点语言了，而精华的、灵魂的东西却消失了。翻译过来的教材，只是语言变了，内容没有变，也没有一点具有民族特点的东西。从文学创作、艺术欣赏来讲，彝族人和汉族人毕竟由于地域、历史、文化的原因，生产生活方式、言谈举止、行为习惯、精神世界思维方式等很多方面都是不一样的，都是有差异的。

笔者：您觉得彝族的教育以后应该怎样发展？

我觉得二类模式教育应该从教材入手，在每册的教材里把汉族经典翻译几篇进去，把彝族古典的、现代的、来自于彝族的原汁原味、精心创作出来的文章编进去，培养民族的情感、思想等。一类模式教育也应该这样做，不能只学习汉语翻译过来的课本。

笔者：你们学校从2003年到2006年已经有一届毕业生了，在校期间的巩固率怎么样？

巩固率很好。如果只算从初一开始建立档案的学生，而不算中途加入的学生，巩固率就差一些。但是，从在校人数来讲，巩固率是百分之百的。最差的时候也在98%以上。流失的学生主要是转学或退学打工去了。流失的主要原因是经济困难。

笔者：流失的学生当中，男生多还是女生多？

女生多一些。

笔者：为什么？

意识问题、观念问题。入学的女童只占应该入学女童的1/3强一点。

笔者：非常严重，怎么解决好这个问题呢？

应该加强行政执行力度，不读书应该怎么办，充分利用《义务教育法》去改变观念。因为在凉山，党政有时候抓一下，有时候松一下，没有延续性政策，没有长效机制。所以，抓的时候，好好抓一两年，成绩出来了，成绩就上来了；有些领导没有这种意识，不抓就下滑了。最主要的原因是男尊女卑的观念和经济困难，尤其是经济困难没法一下子解决。农村家庭好不容易供一个学生出来，但就业非常艰难，甚至没有就业，也是一个方面的原因。农村学生的家长看到这种就业情况，觉得还不如把供孩子读书的钱拿来给孩子娶媳或出嫁，早一些安家，然后做农活或出去打工，这样更实惠、更实际一些。很多人觉得，出生在农村的孩子，如果读书能够读出去了还可以。如果没有读出去，初中、高中毕业后，开阔了眼界，头脑里有了一些东西，身体也肉嫩皮薄了；这样回到农村，干不了活不说，生活也有些不适应了，思想意识反差很大，心理落差很大，不可能安于现状，有可能就去外面漂泊了。有的去打工，有的去流浪，有的还干一些违法乱纪的事，甚至变成好吃懒做、不思进取、浑浑噩噩的人。初中毕业后一部分进中专，一部分上高中，大部分回家或去外面打工。在农村经常劳动、锻炼，就能养成吃苦耐劳的习惯，但出来读了几年书，几年没有劳动，回去后落差就比较大，反差就比较大，甚至什么都不会干或不想干了。所以，培养出一个中学生，有可能就成为废人了。除非出去打工，到外面去打拼。可是，去打工，如果没有技能，没有一技之长，也挣不了大钱。听说有些女孩子，干脆就去卖身或嫁到他乡去了。这些年好一些了，初一、初二学好功课，初三逐步学一些技能，进行劳动技术培训、职业技能学习。

笔者：作为民族中学校的校长，您认为民族教育最大的困难是什么？

我认为民族教育最大的困难还是经济上的贫困问题。首先经济是根本问题，学校硬件跟不上，也是经济原因。学生辍学、失学，也有经济上的原因。其次是观念意识还比较落后。再次是当地政府抓教育的力度还远不够。

笔者：您认为民族文化应怎么发展？

我认为首先是政府和媒体应该好好抓，好好保护、建设、挖掘、开发、宣传和利用，才能有发展。应树立一些民族标志性的东西，作为招牌，吸引国内外的游客，感染感动当地人。其次是充分利用二类模式教育，在教材上做文章，使学生从小就能够受到民族文化的教育和熏陶，让学生自己自觉地学习和掌握本民族的文化知识。如果不把握不发展这些东西，许多彝族学生将来就成为只会说一点彝话的彝族人了。甚至彝话也不会说了，成了没有思想、没有灵魂的人，对彝族是从哪儿来的，怎么来的，有些什么风俗，有无悠久历史和灿烂的文化等一无所知，更谈不上民族自豪感了。

矗立在西昌市中心的刘伯承和小叶丹结盟雕塑

笔者：双语教学师资上有无问题？

现在师资上没有问题了。前几年双语教育刚起步时，师资差一些。这些年，从事双语教学的老师都是大中专毕业的人。因此，师资是没有问题了，关键是教材问题。教材还有一些问题，甚至有些问题还很严重。

笔者：您认为彝族传统教育有哪些内容？

彝族传统教育主要是家庭教育。家庭教育很关键，非常关键。比如，彝族人尊老爱幼，养成好习惯，待人接物等方面的教育，是很重要的。在一般彝族人的思想意识里，在一个地方，老人应该坐哪个位置，都是约定俗成的，是很自然的事情。哪个人应该坐在哪儿，是非常清楚明白的事情。还有相互尊重、团结协作等方面的教育，一些优秀的神话故事、格言谚语、笑话、谜语等，还有天文历法和生产劳动知识也在教育的范围里。

笔者：请简单介绍一下你自己吧。

我今年三十四岁，有一个孩子，现任普格县民族中学副校长。在西昌师范毕业后，在高山小学从事过一类模式双语教育，1990年开始教了两年，后来又在沟坝中学教了一年。1993年到西南民族学院进修，1996年毕业回来后，担任一类模式教育的物理课教师，后来又教汉语课，现在在民族中学教物理课。我认为语言不仅是交际工具，而且也是一种民族或一个人与生俱来的东西，是赋有民族特点的。

笔者：谢谢您。

不用谢！

附　　录

一、盐源县泸沽湖镇彝语、摩梭语语言使用情况调查报告

刘正发（阿里瓦萨）　杰觉伊泓　翁古合加

[摘要]：泸沽湖镇位于四川省凉山州盐源县西北部，这里主要居住着摩梭人（身份证上也称蒙古族，本报告中统称为摩梭人）、彝族、纳西族、普米族、汉族等6个民族。全县摩梭总人口约2万人，其中泸沽湖镇有6000多人，这是摩梭语保留得比较好的地区。彝族是凉山州的主体民族，这里的彝族仍然使用本民族语言。中央民族大学研究生学术创新暑期社会调研活动给了我们很好的机会，让我们对泸沽湖镇及周边的彝语、摩梭语、纳西语、普米语等语言使用情况及语言本体进行调研。在调查过程中我们发现：由于摩梭人母系文化旅游业发展及汉语文化强势推进，这些语言正在逐步走向濒危。

[关键词]：彝摩　语言使用　调研

[刘正发（阿里瓦萨），男，彝族，1970年生，四川省攀枝花市盐边县人，中央民族大学教育学院2004级博士研究生。杰觉伊泓，男，彝族，1970年生，四川省凉山彝族自治州人，中央民族大学少数民族语言文学系2005级硕士研究生。翁古合加，男，彝族，1972年生，四川省凉山彝族自治州人，中央民族大学少数民族语言文学系2005级硕士研究生。]

我们四川省盐源县泸沽湖镇彝语、摩梭语使用调查队一行3人，自7月13日至8月20日对泸沽湖镇进行语言调查，共用了一个多月的时间，圆满完成了调查任务。在调查期间，我们不忘出征誓言，不畏酷暑和暴雨，跋山涉水，克服种种困难，对泸沽湖镇的彝语、摩梭语及泸沽湖周边（包括云南宁蒗县永宁乡的一部分）其他民族语言、风俗等作了全面调查了解。现报告如下：

一、泸沽湖镇基本情况

一、泸沽湖镇地理位置

泸沽湖镇位于盐源县西北部，地理坐标位于盐源县城西北部，泸沽湖东岸在东经100°50′—100°55′、北纬27°41′—27°45′，西南面与云南省宁蒗县永宁乡接壤，东北与该县盖租乡、前所乡、长伯乡相邻。全镇面积283平方公里。属高山地貌，是北高南低的高山盆地。最低海拔2668米，最高海拔4330米，平均海拔2944米，镇政府驻地多舍村，海拔2700米。距盐源县城118公里，距宁蒗县92公里。

二、区域划分及民族成分

泸沽湖镇是一个多民族的贫困镇，也是一个临省界的省级风景名胜区。全镇8个行政村，93个小组，农户1980户，11447人，其中摩梭5114人，汉族2313多人，彝族2469人，纳西族793多人，普米739人。由摩梭（蒙古）、彝、汉、纳西、藏、普米6个民族组成。全镇实有耕地面积28648亩（其中退耕还林二万亩），林地面积216平方公里，泸沽湖水域面积（包括亮海和草海）58平方公里，该镇管辖35平方公里，平均水深43米，最大水深90.8米，透明度达11米，常年储水20亿立方米，湖岸线长44公里，湖中有6个小岛。

三、气候

泸沽湖镇属于高原区大陆性暖湿带气候,年平均气温10.7℃,12月平均气温为3.7℃,7月平均气温为15.9℃,年最低气温为—12.5℃,年降水量为953毫米,多集中在6—9月份,占全年降水量的81%,干湿季比较分明。年平均日照时数2584小时,无霜期200天左右,平均稳定通过积温(10℃)为2830小时。冰雹和洪涝灾害是泸沽湖镇的主要自然灾害。

泸沽湖畔的摩梭人

四、交通与经济

由于受交通、市场等因素的制约,全镇经济十分落后,1994年被列为国家级贫困县的贫困乡(镇),全镇现有贫困建卡户1547户,7987人;民政救济对象346户1232人。农业以种植业和养殖业为主,种植以玉米、土豆、大豆、荞子、白瓜子等为主,畜牧业主要养殖牛、马、猪、鸡。2002年年末牛存栏数

3580头，马存栏数3037匹，猪存栏数13329头，羊存栏数9871只，人均占有粮食361公斤，人均纯收入528元。农民现金收入主要依靠出售鸡、鸡蛋、羊、白瓜子，但一般是在急需用钱时才卖，少数农户上山挖取中药材、采集菌类换钱。另外，湖边住户有的靠渔业和旅游业获取部分收入，近年来，旅游业收入大幅度上涨，2004年达1200万元，人均占有粮食446公斤，人均纯收入1145元，经济条件特差的农户甚至靠打柴出售换取现金，一背柴一般可卖5元。

五、生态问题

秀丽的泸沽湖和神秘的摩梭文化令人神往，然而严重的生态破坏正在损害泸沽湖的魅力形象，危及整个景区长期的旅游开发前景。造成这种恶果有两个主要因素：（1）当地农民无论是汉族还是其他少数民族均有居住木楞子房屋的习俗，建房用材量较大。（2）社区农户薪柴采伐过度。农户一方面是生态破坏者，一方是生态恶化的受害者，灾害主要表现为洪水泛滥冲毁河堤、淹没土地、冲垮房屋、淤积拦沙坝等。特别是薪柴采集越来越难，距离越来越远（一般在10—15公里以外），沉重的劳动负荷令农民苦不堪言。打破这种恶性循环怪圈可能需要从多方面入手，当前各级政府主要是加强天然林保护和推动荒山造林及退耕还林工程，但这些措施仅能治标，要治本，就必须鼓励和推广使用沼气和节能灶，减轻对植被的压力。

六、燃料使用情况

泸沽湖镇每个家庭都有上火塘、下火塘和猪灶（酒灶），群众有煮酒煮茶的习惯，牲畜有喂熟食习俗。因此一户人家每天炊烟不断，用柴量比其他汉区多5倍左右。据初步调查与统计，全镇3000多匹骡马中，80%以上是成年骡马，全部用来驮柴。平均每天上山驮柴的马匹近2000匹，每匹驮运150斤，一天的采集量就达3万斤，农户每天用柴量在150斤以上（市场价格约7

元)。

在泸沽湖镇直普村彝家调研

七、自然风光与旅游

该地区1993年被列为四川省级风景名胜区,旅游业主要由两个部分构成,一是自然风光,二是独特的摩梭文化。泸沽湖以其绮丽的自然风光和独特的人文风情享誉海内外,湖四周青山环绕,森林茂密,流水潺潺,景区主峰格姆女神山海拔3754米,雄伟壮观,终年云雾缭绕。珍奇万千的草海水草茂密,面积9000余亩,为全国面积最大的湿地,被誉为"高原水生动植物宝库"。草海上有横跨草海的木质长桥,悄无声息划过水面的猪槽船,湖水碧波荡漾,藻花点缀其间,湖中6个岛亭亭玉立,林木葱郁……构成了泸沽湖秀丽的自然风光画卷。世居湖畔的摩梭人至今仍保留着"男不娶,女不嫁"阿肖走婚制,以及转山转海、格姆女神庆典、摩梭成丁礼、日月祭祀、生殖崇拜等奇风异俗，被誉为世界上唯一的母系氏族社会"活化石"、"东方女儿国"。

八、摩梭人介绍

在56个民族中，没有摩梭的族称。当地有把摩梭人划为蒙古族的；有划为纳西族的，在56个民族中是把它划在纳西族中的；有的直接称其为摩梭人。泸沽湖镇摩梭人的称谓来源比较复杂。据《盐源县志》记载，有人认为，这一称谓是源于秦献公时南下的羌人；有人认为摩梭人是元初忽必烈南征大理的士卒后裔；有人认为摩梭人是清朝中、后期从外地迁来的。这三种说法各有其理，其中源于氐羌说比较合理。以下分别介绍如下：

一是据史记载，公元前384—前362年秦献公时，羌人南下。据《后汉书·西羌传》（羌无弋爱剑）载："遂俱之入河湟间，诸羌见爱剑被焚不死，怪其神，共畏其事，推以为豪……起后世为豪，只爱剑忍时，秦献公初立，欲复穆公之迹，并立畏首，灭狄元戎。忍季父卯畏秦之威，将其种人必附而南，出赐之河曲西数千里，与众羌绝远，不复交通。其后子孙分别，各自为种，任随所之，或为牦牛种，越西羌是也；或为白马种，广汉羌是也；或为参狼种，武都羌是也。"

秦朝时，其统治势力已达到盐源县。蜀郡守张若"取笮及其江南地也"，李冰为蜀郡守时又"通笮"。汉武帝经营西南夷，设定笮县，以"笮人"所居之地名县。至汉末，不见"笮人"记载，而有了"摩梭夷"。《华阳国志·蜀志》越西郡定笮县条说："笮、笮夷也……渡泸水（今雅砻江）宾刚徼白摩沙夷，有盐池"。泸水以西至"刚徼"一带，即今盐源县雅砻，西至木里、滇西北（中甸、永宁）一带为白摩沙夷聚居区。南北朝至唐天宝前，称"摩沙蛮"，与"磨些"同音，先后译写不同而已。《蛮书》卷四说："磨些蛮……土多牛羊，一家即有羊群，……男女皆披羊皮，俗好饮酒舞。"唐天宝以后，史书写作"么西"。《明史·四川土司》说："贺头甸，南昭香城郡，至大理为贺头甸。"么西、罗罗所居，有盐井；如库部，又名利宝，与吐蕃接，元代仍称摩沙。《元史·地理志》柏兴府说："摩沙所居，元十四年盐井摩沙酋罗将，如库附。"又《滇云历年传》卷九谓："丽江，汉属益州郡，为邪龙县，后属越西郡，为定筰县……宋为么些蛮醋醋城，元丽江路宣府司，始有丽江名。"再有《元史·百官志》说：元至元十年（1273），摩些酋长茹库归附元朝，至元十四年于茹库立金州。"边地官吏多用土人为之。"明朝也称"摩梦"。明范守已《建昌疆域考》建昌卫打冲河中所千户所："……西番、僰人子、伯夷、摩梦、狇比、鞑靼、回回、温人此八种"。清代称"摩些"、"摩梭"，道光《盐源县志》"麽些、各所土司皆有之"；光绪《盐源县志·土司》说："筰之土司凡三种……曰摩梭，即若水宾刚徼白摩些，史记滇同姓，摩些之流，所其诏盛于丽江，左、右、前、后、中所、瓜别、古柏树及三码头其裔也。"民国时期，也记作"摩梭"。《川康边政资料辑要·盐源》说："摩梭盐源最多，盐边次之，九所土司，摩梭占其七。"

1944年10月《民族学研究集刊》第四期方国瑜《么些民族考》说："么些"，纳西语为"人"之意，"牦"即后来的"么"或"摩"的转音，所以牦牛即汉晋时期的"摩沙"，自称"纳日"，即其汉语对音。

新中国成立初期，一些汉文献资料记"摩梭"为蒙古，但在《新亚学术集刊》第六期《中国人类学专号》中，李绍明《论川滇边境纳日人的族属》一文说："新中国成立初期四川境内的纳日人，未经过识别，而沿用了某些上层人士的说法，被称为是蒙古族或蒙族。虽然1962年四川省志民族志调查组和1979年四川省民委民族识别工作组先后两度对纳日人进行了民族识别调查，但在民族内部进行族称协商的工作尚未进行，故这一说法沿用至今。"

访谈摩梭老妇人

第二种说法是：摩梭人源于忽必烈士卒后裔。现今可查找的最早资料是洛克（美）所著《中国西南古纳西王国》下篇，其中说："他（指已故永宁总管阿云山）很是以他为蒙古族而自豪……他自认为是蒙古族人……但在明初（1831年）出现在他们家史上的第一个祖先不是蒙古族，而是十足的纳西名字。"在"民国"时期，国民政府军委会编纂的《川康边政资料辑要·盐源》说："摩挲此族又称靻子，当系靻靼族，蒙古人也。"但同时又说："一摩挲即么些，摩沙之族属西南夷，于隋之时见于史册……摩挲古也有之，殆非元宝之裔耶。"对摩梭人是否蒙古族未下断语。李宗放在四川省社科院《西南民族问题新论》第一集《源蒙古族部分资料浅析》一文中说，明代建昌蒙古族的记载只有在建昌东北（约今凉山昭觉、喜德交界处）的"蒙古军营"（见万历四十七年〈四川总志〉卷一前的地图），提出了蒙古族军营在现今凉山一带的说法。据史料记载，蒙古士兵在盐源及附近地区的活动主要是元初忽必烈率部南征大理时，曾经过盐源、宁蒗，并在泸沽湖附近的永宁驻扎。明万历《云南通志》卷四永宁府说："元世祖住日月和，即此。"这时可能留下蒙古族士兵，虽然盐源的摩些酋归顺元朝较晚（至元十年盐井摩些罗罗将鹿鹿、茹库内附，元十四年立盐井管民千户），但盐源土司与永宁土司世为婚姻，因而盐源的摩梭人也可能被融入蒙古族血缘。

在田间访谈记录

第三种说法是从外地迁来。盐源县余姓自认为是蒙古族。据多种《余氏家谱》录,该姓氏系一两百年前迁入县境。卫成镇余文华老人所藏的家谱记载:"第十三代祖郎俊公,祖妣赖氏。公生于雍正甲寅(1724年),于嘉庆(1800年)由金堂举家迁至宁远府属南乡(今西昌市)黄连坡之五道桥,寿终葬于此,孺人与公合葬。"其后迁至盐源县城居住至今。据金河乡余有贵手抄家谱、梅雨乡长春沟余姓家谱所载,盐源余氏迁徙入境均在一两百年前。

1982年第三次人口普查时,摩梭人统一被称为蒙古族,并于1984年建立了沿海、大坡两个蒙古族自治乡。

从以上盐源县志资料可知,摩梭源于彝语支民族是可靠的。盐源摩梭人的姓氏多以亲族组成的血缘集团命名,以"尔—斯日—衣舍"为纽带,依照"斯日"、"衣舍"之命名为家名,即相当于姓氏。由于长期受到汉文化的影响,渐次有汉姓出现,汉姓有:王、张、熊、杨、喇、纪、阿、甘、李、伍、郎、叶、郭、陈、白、田、马、周、沈、彭、吴、余、蓝、康、聂、郑、何、徐、朱、毛、杜、曹等四十多种。

宗教:"喇嘛为西番、摩些诸族所崇,其土司尤信之。经堂……五所土司寨亦有之(附后)。凡喇嘛梵诵,热藏香,燃酥油灯,趺跏环坐,无膜拜诸仪。前置炒面、酪各一器。"割牛羊肉如掌,牦牛脯蛆蠕蠕动,且焚且涌,无虚口;是东巴,亦是焚呗,其经与喇嘛不同。

盐源县各所"摩梭"土司均建有经堂(喇嘛)、瓜别寺院在摩梭语中称"则拉"处。初时,红教、黄教并存。摩梭人信黄教,第一任住持叫喇格格;藏族信红教,第一任住持叫巴丁绒布,第二任叫"六指仔",第三任叫巴呷尔使。后来瓜别土司与木里土司联合,黄教派独存。1923年,胡安富、马六斤及瓜别土司之起,瓜别寺院与衙门同毁。摩梭人的主要寺庙如下:

1. 古柏树寺院:在小堡子(今双河乡五村一组)一带。

1983年毁于"郎杨之战"中。

2. 中所寺庙：藏语称"拉母洼"，意为神女，位于今黄草大村，初为白教派，后为黄教派取代。1923年，在雷云飞"两盐之乱"时，寺庙被焚。

3. 后所经堂：明末清初属白教派，后被黄教派取代。1966年随乡政区划归木里县管辖。前所经堂：先信奉白教派，继改奉红教派，再改奉黄教派。清康熙、雍正年间，前所土司投靠木里土司时，经堂建在摩梭语"窝根"之地（今前所中村），故叫"窝根贡巴"，亦叫"瓦入经堂"，1959年前仍有喇嘛124人，1960年改作小学，1968年拆毁。1986年县府拨款4万元重建，1989年竣工。

4. 左所经堂：摩梭语称"阿鲁贡巴"。

调研组员杰觉伊泓修补走破了的鞋

5. 沿海大经堂：下设山南、南瓦、五支落、北窝落、格撒、母支、祝比空村等。

6. 大嘴瓦古坡上有纳西族早已建成的小经堂，供女神"巴登拉木"。

住房："摩些，西番屋，多架纵横木，如栏棚，门仅三尺许，如室，前居牲畜，后即其室，室不隔内外，近南支长木床，男子俱寝。旁设高火坑，其左立橱为祀神所。室就西平地为大火坑，昼以炊，夜则妇女环而寝。火坑中立石如鼎足曰锅桩，莫敢偶触，谓神鬼所依也。"

丧葬："摩沙则缚木如床，置尸其中，千户外，亲属各以酒面至，男女屈一足相携而跳，歌呼达旦，谓之跳锅庄。其大户则数男兜鍪藤甲，执剑旋折而舞。送葬时并以前马，麽沙焚尸已，全收灰骨而归，贮于匣，妇女环向歌哭，明乃延夷巫，诣深山埋之，各有痉所，上坚喇嘛幡，岁时亦往酹也。"

摩梭人地区呈三种状况：1. 盆地各乡镇、树河等山河地区的摩梭人因清末民国时期汉人大量涌入，加之本民族人口锐减，其语言文字、生产生活方式及宗教、节日、婚姻丧葬等习俗已基本汉化；2. 瓜别大坡摩梭人聚居区，世居土著较多，故能继续使用自己的语言，保持较丰富的传统文化与习俗。3. 占有全县摩梭人口约1/3的泸沽湖聚居区仍较充分地保留着浓郁的古风古俗，鲜明的民族特点。由于其历史源远流长，其生活方式、服饰及丧葬习俗较多地影响着自称"普米"的藏族和纳西族，不同民族呈现雷同与交融的状况。

九、彝族简介

彝族总人口共有760多万，分布在云南、四川、贵州及广西等省、自治区，其中凉山有170余万，盐源县有18余万，在泸沽湖镇彝族只有2469人，占该镇人口21%。彝族语言分为6大方言，即东部方言、东南方言、南部方言、西部方言、中部方言和北部方言。泸沽湖地区的彝语属北部方言，与凉山州其他地区的彝语一样。彝族不但完整保留了自己的语言，而且还有丰富的文献资料，如《勒俄特依》、《兹兹尼乍》等，现收集下来的文献有一万多册，还有大量的文献散存在民间。

二、语言使用调查

修建在泸沽湖草海上的"走婚桥"

我们四川省盐源县泸沽湖镇彝语、摩梭语使用调查队在语言调查中，将"坚定信念，志存高远，服务社会，任劳任怨，深入调研，不畏艰险，学以致用，知行相连；情牵学术，心系西部；传播知识，共谋发展；求真创新，开拓实践；博学慎思，笃信明辨；团结互助，携手并肩；保质保量，胜利凯旋"的出征誓词牢记在心，深入村寨，不怕日晒雨淋，不怕稀泥巴路，也不怕陡峭的山路，踏踏实实搞调研。根据本次调查的特点，我们分步骤分阶段，采取了分工合作的方法，顺利完成了调查任务。我们把工作分成语言普查、具体的语言本体记录、采集影像、采访记录4个部分。第一阶段通过当地政府的支持，用10天时间对整个泸沽湖镇周边民族语言进行全面普查。第二阶段用半个月的时间进行语言记录，同时采集影像资料。第三阶段用两天时间进行数据统计、分析总结，用三天时间进行补充调查。我们原计划按北京—西昌—盐源—泸沽湖的线路到达目的地，但在西昌收集资料时得知西昌—盐源途中的平川处发生泥石流，淹没了一个村庄，40多人失踪，公路阻断，十天半个月可能都修不好，在这种情况下，我们改变了考察调研路线，改为走北京—西昌—攀枝花—永胜—宁蒗—泸沽湖镇——盐源县城—西昌—北京的路线，在宁蒗县城与前期在那里作田野调查的领队刘正发博士会合（原定在泸沽湖镇会合）。

7月23日，我们从宁蒗县城来到落水村，住在一品居旅店里，店主是一家摩梭人，男主人原是普米人，名叫阿丁达布，是走婚过来的，一家人对我们非常热情。在落水村，我们能听到摩梭语、汉语、彝语、普米语、纳西语以及英语、日语等各种语言。

7月24日，我们在阿丁达布家吃完早饭后，到了摩梭历史文化研究会办公室，通过他们介绍，对泸沽湖周围摩梭人、彝族等民族的风土人情、语言文化等多方面有了大致了解。中午1点，我们租了一辆面包车来到盐源县境内的泸沽湖镇，驾驶员把我们带到一个姓杨的摩梭人老师家住下，他家雇用两个服务员，一个是摩梭人，另一个是叫阿呷莫的彝族人，她们用摩梭语交谈。

7月25日，我们在泸沽湖镇人民政府、镇党委采访了姓廖的副书记兼纪委书记。访谈中我们了解到，他1987自西昌财贸校毕业以后一直在泸沽湖镇工作，分管安全、旅游、纪检、国土工作，承包和联系多舍村的工作，已有18年的工作经历，对该镇的情况非常了解。廖书记向我们介绍了该镇的基本情况：泸沽湖镇有6种民族语言，实际使用的有5种语言，即摩梭语、彝语、汉语、纳西语、普米语，当地人称普米语为藏语，摩梭语为蒙古语，而湖对面的云南宁蒗县境内仍称普米语和摩梭语（以下都称普米和摩梭）。全镇8个村，93个自然小组，11447人，其中摩梭5114人，汉族2313人，彝族2469人，纳西族793人，普米族739人。8个村是：木跨、多舍、海门、匹夫、博树、山南、直普、舍垮。其中木跨有17组，1—6组纳西族，7、8组为汉族，15、16组为汉族。多舍村有16组，1—8组为摩梭、汉族，9、10组为彝族，11、12组99%为摩梭人，15、16组为80%。海门村有700多人，彝族占90%，5组是普米族。匹夫村95%是彝族，5%是普米族。布树村1—8组（杂窝社1—2组99%是摩梭，汉族1户）。直普村1—4组为彝族，5—7组为普米族、汉族，8、9组为彝族，10、11组为彝族、普米族。舍垮村1—10组为摩梭、汉族，1、2、5、6组为汉族（以上数据为2005年12月25日统计）。

以下是我们对多舍村村长告木（摩梭人）的访谈记录：

告木母基村长，你们在族源上有没有与彝族同源的说法？

没有，我们是成吉思汗的士兵的后代。

成吉思汗的部队当时有没有走婚习惯？

没有，可能受到各方面的影响。

问个隐私问题，你走婚吗？你走过多少次婚？

以前我在这方面不太爱好，中学毕业以后，出去赶马帮，认识了四个女人，发生了感情，走过四次婚，最后一个就定下来了。

有没有跟彝族走婚的？

没有，耍朋友的也很少。

为什么呢?

因为我们信藏传佛教,与彝族不一样。

在普米寨里调查

你现在汉语讲得那么好,你在家里讲什么话?

讲摩梭话,和老祖母、姐妹家的娃娃等都讲摩梭语。

那我到你家来你讲啥?

只有讲汉语了。

一个摩梭人到你家来你讲啥?

摩梭语啰。

你的母亲给藏族、彝族干部讲什么语?

汉语、摩梭语都讲,会什么就讲什么。懂的就讲汉语,不懂就只能讲摩梭语了。我们这里有两家汉族,这两家汉族在屋里都讲摩梭语。

他们在学校里用什么语言学习?

用汉语。

如果老师是摩梭人的话，讲什么话？

是摩梭人的话用双语，摩梭语也说，汉语也说。特别是一年级到二年级之间听不懂汉语，做不来作业，只能用摩梭语说了。低年级老师大部分是摩梭人。

摩梭学生之间讲什么话？

讲摩梭话。

在小学校里同时有摩梭、汉族、彝族的班吗？

有。

这里的摩梭人会不会说彝语？

基本上会说一两句。

那你会不会？

我会50%以上。因为我们这里两个村子都是彝族，不会彝语怎么沟通呢？有时开会、搞宣传都说彝语。

多舍村小湾子彝家村落

那你是怎样学会彝语的？

我这个人平时好学，遇到彝族同胞、彝族朋友就相互学。彝族话全部听得懂了，蒙不住我了，藏族话也听得懂一些。

那他们之间讲什么话？

答：他们摩梭话也讲、彝族话也讲，汉话也讲。

"火葬"摩梭话怎么说？

等一下我给你们说，现在想不起来了。

尽管告木母基村长说彝族与摩梭没有族源关系，但我们在告木村长的话语中听出彝族和摩梭人有着密切联系。

我们的调查得到了泸沽湖镇政府、镇党委的大力支持，他们向我们提供了有关资料，泸沽湖镇乡亲也积极配合。我们的语言使用调查分三步：一是做语言记录，二是社会语言使用调查，三是采访记录。

我们选择了三种居住类型情况进行语言使用调查，一是摩梭人聚居区，二是彝族、摩梭人杂居区，三是彝族聚居区。从7月26日到8月20日，我们分别对木跨、多舍、海门、匹夫、博树、山南、直普、舍垮等村组的342户进行全面调查了解。

在多舍村小湾子调查时，我们采访了一位彝语教师，他叫苏有生，彝姓属阿苏家支的，从省彝文学校毕业以后一直在泸沽湖镇中学任教。他主要教彝语文课，学生有摩梭、彝族、纳西、普米、汉族等，学生学习彝语兴趣较浓，彝语成绩也很不错。三年前，由于中学取消了彝语教育，他不得不到小学任教。

你对现在不教彝语怎么看？

彝语是彝族人自己的语言，彝族自己不学谁来学。

你在教彝语时学生的学习兴趣浓吗？

如果高考、中考加彝语分数，学习兴趣就更浓。

彝语教哪些内容？

主要是语文，也就是彝语文。

用什么教材？

凉山州统编教材。

只学汉语行吗？

不行，虽然汉语是强势语言，但它取代不了彝语，特别在彝族内部交流、彝族文化的继承和发展上，彝语有其特殊功能。

现在不上彝文了，你心里怎么想？

不教彝文还教汉文嘛，不过，总是很遗憾的。

你们这个村有几个民族杂居？有哪些民族？

我们这里主要有摩梭、汉族、彝族还有纳西，是个杂居村。

一类模式和二类模式教学，哪一种好？

两种都好，因为两种都有汉语课，两种都能满足不同地区的需要。

快乐的摩梭孩子们

你们这里呢?

我们这里彝族不是主体,二类比较合适。这些仅限于凉山,不能用到全国各地,也不能用到云南、贵州等地。

在调查的路上,我们碰见几个摩梭学生在找猪草,于是对他们进行了基本情况和语言使用情况的调查了解。

你叫什么名字?

瓮几拉姆。

你今年多大?

14岁。

你现在读几年级了?

小学六年级。今年毕业了。

准备到哪里读初中呢?

到泸沽湖镇中学。

你们现在学不学英语?

答;六年级的最后那学期才学。

你学得怎么样?

学A、B、C、D。

在家里是说汉语还是说摩梭语?

说摩梭语,一般不说汉语。在学校里摩梭学生较多,大部分说摩梭话,只是课堂上说汉语。

那你们几个在一起的时候说什么话?

当然是摩梭话啦。

跟汉族人说什么话?

摩梭话、汉话都说。

跟老师说什么话?

摩梭老师说摩梭话,汉族老师说汉话。

在家里你喜欢说摩梭语还是汉语呢?

两种都喜欢。

最喜欢说什么语言?
我最喜欢英语。
除了摩梭语、汉语以外,你还懂其他语言吗?
不懂。
你会说彝语吗?
不会。我学都没有学过。
没有彝族同学?
有,但我们基本上都说汉话。
你跟父母说什么话?
说摩梭话啦。
你们有几姊妹?
有三个,三个都是姐妹。

正在纳西村记录纳西语

想有个哥哥或弟弟吗?
三个都是姐妹,当然想有一个啦。
你在家里是老几?
老二。
你的姐姐呢?
我有个姐,今年初中毕业。
她考到哪里去了?
她考不起,再过几天就到县上去打工了。
打什么工?
在餐厅里面打工。
你想去餐厅里面打工吗?
不想,想读书。
那你们这里有跳舞的地方吗?
我们有客人就有晚会。

泸沽湖镇小学的"训语"

问:在什么地方?

摩梭家,蓝天湖民俗园,好多小学生都去跳,我们都经常去跳。

你们去跳有没有报酬?

客人包场的话一次三百元,我们每个人可以得七元、八元。

你们有多少人跳?

我们镇上分两个组,每组轮换跳一个晚上,一次有四十人。

你是哪个村的?

是多舍村二组。我爸爸是队长。

你在学校里喜欢学哪一科?

我不喜欢数学,我喜欢语文、英语、音乐。我是我们班的音乐委员。

那你可以给我们唱一首歌吗?

不唱。

音乐课教你们什么歌?

就是书本上的那些。

学谱吗?

今年才学,以前都学一些歌。

教摩梭歌曲还是现代歌曲?

现代歌曲,如像刘德华的、王菲的等。

你喜欢唱摩梭歌还是现代的?

两样都喜欢唱。

摩梭有山歌吗?

有。

能不能给我们唱两句?

山歌我不会唱。

你会唱民歌吗?

我唱一首《千里送花香》(马上就唱起来)

玛达咪是什么意思?

是可怜的意思。
你唱得挺好的，练过唱歌吗？
没有，是我自己学着唱的。

瓮儿拉姆是纯真的，虽然她热爱摩梭语、爱唱摩梭歌曲，但学校里没有摩梭语课程，也没有文字，摩梭语只是在口头说说，在强势语言面前显得无力，她只好说我最喜欢学英语，她向往人类共同语，她希望用共同语来与更多的朋友交流。

在一次调查途中，我们遇到一个骑自行车的叫黄小华的汉族学生，对话记录如下：
你住在哪里？
我住在前所乡六村九组。
前所在哪里？
在山的那一边。
你会摩梭语吗？
会一点儿。
听得懂还是会说？
听得懂。
会说吗？
这边的我不懂，那边我会一点儿。
哪边你会说？
我说的是跟他们在一起的时候，我才会，自个儿我一般不说。
他们说的你听得懂吗？
听得懂。
你爸爸、妈妈听得懂吗？
听得懂。
你听得懂摩梭语？

嗯。
你爸爸跟摩梭人在一起的时候说不说摩梭语?
一般说汉语。

在泸沽湖镇政府办公室了解情况和查询资料

你的摩梭同学在一起的时候说什么话?
说汉族话。
你会英语吗?
答:不会。
你会彝语吗?
彝语我会一点儿。跟你们交流是没有问题吧。
那你为什么会彝语呢?
因为我们那儿有彝族、有汉族。
你们那儿彝族人会说摩梭语吗?
会。三种语言大家都会说。

从小就会说吗?
从小就会说。
你现在读几年级了?
八月份开学就读初三了。
在哪里读?
就在镇上。
你们家有几个人?
我还有一个妹妹,加上爸爸妈妈共四个人。
你叫什么名字?
我叫黄小华。

乌云下的泸沽湖草海

　　我们在做语言调查的同时,尽可能地采集影像和语音资料。先后拍了 3 个 G 的照片、两盘录像带,和两个多 G 的语音资料。我们进行了细致的语言记录,先后找了三位语音合作人,即摩梭语发音合作人扎西，多舍村人；纳西语合作人各马尔岑，嘎哈列达施、俄甲苯尔岑、阿拉吉兹、宙加吉才等纳西族人也协助发音；普米语发音合作人兵马拉姆，做了三份基本词汇记录表，即纳西语、摩梭语、彝语，摩梭语与彝语词汇表，并进行了整理和归纳及初步分析研究。因为篇幅有限，这里省略掉942组汉语翻译而成的摩梭语与彝语词汇对照表。

三、调查总结与感想

泸沽湖镇彝语摩梭语使用情况调查历时一个多月，我们深入摩梭、彝族、纳西、普米、汉族村寨，接触泸沽湖周边各少数民族的语言文化，了解了他们的居住情况、风俗习惯、语言特征，看到了美丽的泸沽湖自然景观，也看到了泸沽湖畔古老的母系家庭和摩梭式的喇嘛寺庙，还有古朴的木楞子房屋，感触较深。在调查中除了语言使用和语言本体调查外，还发现一些值得深思和分析的问题。在整个调查期间，我们共调查了342户，其中彝族120户，408人。

其中彝语使用情况：第一语言熟练者400人，占98%，不会者8人（一岁以下）占2%；第二语言熟练者（汉语）118人，占29%；一般者200人，占49%；不会者90人，占22%；第三语言（摩梭语）：一般者49人，占12%。

摩梭语使用情况：调查180户，612人，第一语言熟练者575人，占94%；一般者18人，占3%；第二语言（汉语）熟练者214人，占35%；一般者323人，占53%；不会者74人，占12%；第三语言（彝语）一般者37人，占6%。

普米语使用情况：调查20户，68人，第一语言熟练者58人，占100%；第二语言（汉语）熟练者36人，占53%；一般者32人，占47%；第三语言（摩梭语）一般者16人，占23%。

纳西语使用情况：调查18户61人，第一语言熟练者61人，占100%；第二语言（汉语）一般者56人，占92%；不会者5人，占8%；第三语言（摩梭语）一般者30人，占49%。

汉语使用情况：调查6户，20人，第一语言熟练者20人，占100%；第二语言（摩梭语）熟练者15人，占75%。

从这些语言调查中我们发现：

第一、泸沽湖周边的少数民族——摩梭、彝族、普米、纳西都保留了自己的语言并在本民族人之间使用。

第二、一个民族的人语言使用情况有三种：一是能说一种以上其他民族的语言，如一个摩梭人能说彝语和纳西语；二是少数民族都会说汉语；三是只会说本民族语言。

第三、大部分被调查者只会本民族语言和汉语，而不会其他民族的语言，如一些摩梭人只会摩梭语和汉语，有些彝族人只会彝语和汉语等。

在摩梭村长家调查

第四、泸沽湖周边会汉语的各个少数民族，在使用本民族语中汉语借词很多，许多词汇被汉语替换。

第五、许多青壮年外出打工，不仅使农村劳动力空虚，而且使当地少数民族逐步放弃了自己的民族语言。

第六、在学校里没有民族语文课，当地政府也没有制定关于保护民族语言的法律和政策。

第七、有些民族语言使用的人数越来越少，逐步走向濒危。

第八、经过我们调查，发现摩梭语与彝语比较接近，特别表现在语音、词汇、语法上等，应归属于彝语支语言。

由于旅游业发展，汉语功能进一步加强，各少数民族语言功能在泸沽湖周围逐步减弱，已成了不争的事实。

一个民族语言文化的延续和发展，不全是靠旅游开发来维持的，更不应以旅游为借口来破坏文化生态，应连续不断地培养后备力量，这需要国家出台有关政策和法律以及政府相关部门的有力支持。

本次调查工作已结束，我们做了大量深入细致的具体工作，完全按计划实施。从调研结果统计、分析和研究看，我们感到本次调研是成功的。但是，我们也深深感到这次调研的经费和时间严重不足，基本的食宿费也不够开支，更不用说语音合作人以及被调查人的劳务费了，这些大部分都是自费。由于时间仓促，许多该调查的内容都没有调查，还有待补充。今后，在类似调研中应充分利用有限的条件，努力做得更好。这里也特别的感谢所有接受我们采访的各族儿女和提供帮助的各界朋友。衷心的感谢你们！

2006 年 9 月

主要参考文献

1. 盐源县志办：《盐源县志》，四川民族出版社，2000年5月。
2. 郑飞洲：《纳西东巴文字字素研究》，民族出版社，2005年10月。
3. 朱崇先等：《中国少数民族古典文献学》，民族出版社，2005年11月。
4. 方国瑜：《么些民族考》，载《民族学研究集行刊》，1944年第四期。
5. 李绍明：《论川滇边境纳日人的族属》，载《中国人类学专号》（《新亚学术集刊》），1981年第六期。
6. 孔祥清：《彝文的源流》，民族出版社，2005年8月。

附表一　盐源县泸沽湖镇语言使用现状调查访谈提纲
被访者的基本情况：
　　性别：　　民族：　　年龄：　　职业：　　家庭人口：　　年均收入：
　1. 您们这里有几个民族杂居？有哪些民族？
　2. 您会说几种语言？会说哪几种语言？您的母语是什么？您最喜欢说哪种语言？
　3. 您和家人一起说话时说哪种语言？和本民族的人一起说话时说哪种语言？和非本民族的人说话时说哪种语言？
　4. 您在公共场合和家人说话时说哪种语言？和本民族的人

说话时说哪种语言？和非本民族的人说话时说哪种语言？

5. 您在宗教祭祀场合说那种语言？您能听懂宗教主持人说的话吗？

6. 您懂非本民族语言吗？若懂是怎么学会的？是谁教的？是什么时候学会的？

7. 您认为说哪种语言最适合您？为什么？

8. 您知道您的孩子在学校说哪种语言？老师用哪种语言教学？孩子们之间说什么语言？

9. 您知道政府在宣传、传达各项政策时用哪种语言？

10. 您认为说哪种语言能给您来最大的好处，是什么？为什么？

11. 您会本民族的其他方言吗？会非本民族的方言吗？

12. 您知道本民族语属于哪个语支吗？

13. 您是否知道本民族语的古语？

附表二 不同时期、不同场合语言使用情况调查表

调查点：_____县_____乡_____村_____组
调查时间：2006年____月____日

场合 \ 时期	新中国成立前	改革开放前	改革开放后	备注
（见面打招呼）				
（聊天）				
田间地头（劳动）				
集市、商店（买卖）				
卫生院、邮电局				
开会（开场白）				
开会（传达上级指示）				
开会（个人发言）				
政府机关（办公用语）				
广播用语				
学校 课堂用语				
学校 课外用语				
节日（过年）				
婚嫁仪式				
丧葬仪式				

附表三　家庭内部语言情况

调查点：_____县_____乡_____村_____组
调查时间：2006 年___月___日

对象 \ 语种		汉语	摩梭语	彝语	其他语言	备注
长辈对晚辈	父母对子女					
	祖辈对父母					
晚辈对长辈	子女对父母					
	孙辈对祖辈					
同辈之间	兄弟姐妹之间					
	父母之间					
客人来访	亲戚					
	干部					
	老师					
	熟人					
	陌生人					
其他						

磨盘山下的雅砻江水

特别说明：本报告主要由杰觉伊泓硕士生整理和执笔。

二、笔者田野调查访谈路线

北京→昆明→楚雄→大理→丽江→宁蒗→新营盘→跑马坪→沙力坪→战河→蝉战河→跑马坪→烂泥箐→宁蒗→红桥→红旗→泸沽湖→盐源→西昌→普雄→越西→喜德→西昌→普格→宁南→普格→西昌→成都→北京。

三、笔者父子连名谱系

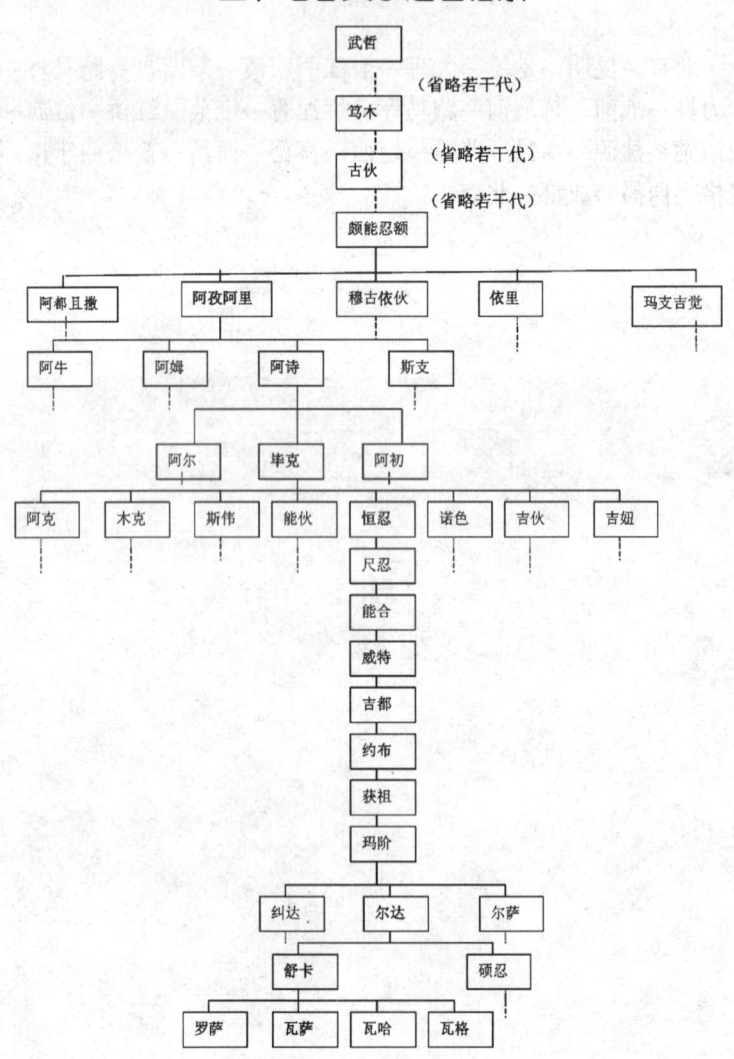

武哲
　│
笃木　（省略若干代）
　│
古伙　（省略若干代）
　│
　　　（省略若干代）
颇能忍额
　│
├─阿都且撒─阿牛
├─阿孜阿里─阿姆
├─穆古依伙─阿诗─┬─阿尔─阿克
│　　　　　　　　├─毕克─木克
│　　　　　　　　│　　　└─斯伟
│　　　　　　　　│　　　└─能伙
│　　　　　　　　└─阿初─┬─恒忍
│　　　　　　　　　　　　├─诺色
│　　　　　　　　　　　　├─吉伙
│　　　　　　　　　　　　└─吉妞
├─依里
└─玛支吉觉

斯支
　│
恒忍
　│
尺忍
　│
能合
　│
威特
　│
吉都
　│
约布
　│
获祖
　│
玛阶
　│
├─纠达
├─尔达─舒卡─┬─罗萨
│　　　　　　└─瓦萨
└─尔萨─硕忍─┬─瓦哈
　　　　　　　└─瓦格

后　记

　　这部口述文化集能面世，凝结着很多人的心血和情谊。要感谢的人很多。

　　首先，要真诚地感谢我的导师王军教授，有了他的指导，我才能很好地完成田野调查任务，顺利完成学业并不断上进。

　　其次，真诚地感谢接受我访谈的三十三位凉山彝人及在场人，有了他们的思想、情感和话语及认真的校注与审核，才有这部口述文化集的丰满内容。

　　真诚地感谢在我进行田野调查和本书成稿过程中，所有帮助、鼓励和支持我的人及有关单位，特别是蒋日木几博士、马新民博士、赵新国博士、毛旭博士、杰觉伊泓硕士、吉木日哈先生、毛志华先生、段环云先生、朱明高先生和谢文荣先生的鼎力相助。有了他们的关爱和情谊，我才克服了很多麻烦和坎坷，顺利地完成了田野调查任务，并使本书顺利出版。

　　真诚地感谢中央民族大学党委办公室主任兼校长办公室主任曲木铁西教授在百忙之中抽空为本书写序，给予我巨大的支持、鼓励和鞭策。

　　真诚地感谢中央民族大学出版社社长云峰教授和总编辑莫福山教授以及编辑部杨爱新编辑对我的鼎力支持和帮助。

　　真诚地感谢我爱人代韧女士和家人对我的理解和支持。

　　还有，真诚地感谢我的同事们、同胞们和朋友们对我的厚爱。

　　需要特别说明的是，这部口述文化集是通过访谈录音资料整理而成的，有些用彝语讲述的内容是在我本人理解的基础上，翻译后再整理组合而成的"中转交接式文本"，可能有些误差，加上本人水平有限，不当或错误之处在所难免，诚望被访谈者见谅，也请各方斧正。

阿里瓦萨（汉名：刘正发）
2009 年春节于北京寒舍